Não erre mais!

28.ª edição

LUIZ ANTONIO SACCONI

editora HARBRA

Direção Geral:	Julio E. Emöd
Supervisão Editorial:	Maria Pia Castiglia
Editoração Eletrônica:	Alberto Massanobu Honda
Capa:	Fernando Mendes
Impressão e Acabamento:	RR Donnelley

Não erre mais! – 28.ª edição

Rua Joaquim Távora, 629
04015-001 – São Paulo – SP
Promoção: (0.xx.11) 5084-2482 e 5571-1122. Fax: (0.xx.11) 5575-6876
Vendas: (0.xx.11) 5549-2244, 5571-0276 e 5084-2403. Fax: (0.xx.11) 5571-9777

ISBN 85-294-0273-1

Impresso no Brasil *Printed in Brazil*

É isto

Um indivíduo só pode dizer-se inteiramente livre, no âmbito da comunicação lingüística, quando conhece **todas** as modalidades de língua a seu dispor e **escolhe** aquela que melhor convém ao momento do discurso. É pouco, portanto, conhecer apenas uma língua funcional ou a sua variante sociolingüística. O ideal é que o indivíduo seja um poliglota dentro da sua própria língua.

Conhecer a norma culta, assim, de certa forma, é sentir-se mais livre para comunicar-se. Norma culta, ou seja, a língua utilizada segundo os padrões estabelecidos pelos clássicos ou bons escritores da língua, pode comparar-se a etiqueta social: não é preciso usá-la para viver, mas é absolutamente indispensável conhecê-la para **conviver**.

Há os que, quase simploriamente, afirmam que o importante é **se comunicar**. Sim senhor! Isto é rigorosamente o mesmo que dizer que, no ato da alimentação, o mais importante é a **digestão**, não importando os meios como se leva o alimento à boca. Não nos podemos esquecer, porém, que são justamente esses meios que diferenciam o ser humano educado, civilizado, dos demais de sua espécie. Cada qual vive à sua própria moda, é certo, mas todos têm o direito de conhecer caminhos, para poderem fazer a **sua** escolha. É justamente essa escolha que determina a posição e o papel que cada um de nós deve ocupar em nosso meio, na sociedade.

Ademais, bom-senso, sem falar em bom-gosto, é fundamental. Há, no entanto, os que pensam diferente. Merecem o nosso mais profundo respeito.

Por isso tudo, esta obra, desde a sua primeira edição, nos idos de 1975, surgiu como uma opção aos que pretendem conhecer a norma culta, a fim de usá-la no **momento** que for ou que achar conveniente. Não se trata de um instrumento tirano, mas de um meio de levar você, caro leitor, a alcançar um pouco mais da tão sonhada liberdade, da possibilidade de **escolha**.

As brincadeiras, ironias e às vezes até alguns sarcasmos encontrados neste ou naquele caso ficam por conta de uma índole espirituosa, quando não de uma caturrice sem conta. Nada tem que ver com desprezo ou menosprezo aos ignorantes. Afinal, todos têm o direito de ser felizes à sua própria moda...

Em relação à crítica particular e muitas vezes contundente que nesta edição faço aos grandes dicionários, adianto que ela não tem o intuito de denegrir, nem traz consigo o objetivo do menoscabo. Tem, sim, o propósito de corrigir, de colaborar, a fim de que as próximas edições saiam cada vez mais perfeitas, aliás, como é a própria orientação do Ministério da Educação e Cultura (MEC), em relação às obras que avalia. Mesmo com falhas e senões, no entanto, esta ou aquela obra não deve ser condenada como um todo. Algum mérito ela sempre terá.

Cremos que esta edição do **Não erre mais!** seja a melhor dentre todas as outras: mais objetiva, mais didática, mais arejada, mais agradável de ler e, por conseqüência, muito mais útil: eis os aspectos de destaque desta edição, que ora sai por uma nova e simpática casa editorial.

Luiz Antonio Sacconi.

P.S. 1) No corpo da obra, o que se encontra entre aspas equivale a *inadequado, inconveniente, transgressão à norma culta.*

2) Na separação dos exemplos, usamos três asteriscos: ***.

Devo escrever *Aírton Sena* ou *Ayrton Senna*?

Pelas normas ortográficas em vigor, fixadas pela Academia Brasileira de Letras, hoje devemos escrever *Aírton Sena.*

É bem provável que o leitor tenha ficado surpreso com a resposta. É compreensível; nós também não somos favorável a tamanha mutilação, principalmente nos sobrenomes.

Pelas regras vigentes, no entanto, após a morte de uma pessoa, seu nome passa a estar sujeito às normas ortográficas em vigor: *Philomeno* vira *Filomeno, Raphael* vira *Rafael, Thomaz* vira *Tomás, Teophilo* vira *Teófilo, Josephina* vira *Josefina, Manoel* vira *Manuel, Newton* vira *Nílton, Walter* tem de se tornar *Válter* e assim por diante. Os sobrenomes nacionais com letras dobradas, como *Villa-Lobos* e *Villas-Boas,* devem perder uma dessas letras, tornando-se, portanto, *Vila-Lobos, Vilas-Boas,* etc. Não considero isso razoável, por isso desobedeço aqui e em outras obras minhas a essa norma, mas apenas no tocante aos apelidos ou sobrenomes. Convém lembrar, porém, que *Thomé de Souza* passou a *Tomé de Sousa* (e ninguém reclama); que *Adhemar de Barros* virou *Ademar de Barros* (e ninguém reclama); que *Paes Leme* passou a *Pais Leme;* que *Rodrigues de Moraes* passou a *Rodrigues de Morais;* que *Viriato Correa* virou *Viriato Correia;* que *Carlos Goes* passou a *Carlos Góis;* que *Osman Lins* virou *Osmã Lins.* Um dia, também eu virarei *Luís Antônio Sacconi.* (E já estou indignado.)

Mesmo com relação aos nomes, é preciso haver alguma condescendência. Veja o caso de *Wílson.* Alguém aceitará *Uílson?* Ou *Vílson?* Não, creio que já seja hora de mudarmos isso. Toda mudança, contudo, tem de ter a chancela da Academia Brasileira de Letras, que não se manifesta.

Tom Jobim não aceitava que alguém escrevesse *Vinícius* (com acento) *de Morais* (com **i**). Queria que todos respeitassem a grafia constante do registro civil do grande poeta: *Vinicius de Moraes.* Mal sabia Tom que seu próprio sobrenome deveria ser escrito, após a sua morte, *Jubim* (esta é a forma correta).

Os sobrenomes estrangeiros ou de origem estrangeira ficam, até pela norma, imutáveis. Portanto, grafaremos sempre *Drummond, Goulart, Kubitschek, Matarazzo, Sacconi,* etc.

Eis uma relação dos principais nomes e sobrenomes que oferecem dúvida de ortografia:

Aguinaldo
Alcibíades
Andréia
Arsênio
Baltasar
Bernadete
Cácia (ou Cássia)
Caciano (ou Cassiano)
Calasãs
Cármen
Cassilda
Cavalcante
Cinira
Clarisse
Creusa (ou Creúsa)
Débora
Dejanira
Denis
Diná
Diocleciano
Dioclécio
Dorotéia
Dorval (ou Durval)
Dulcinéia
Edgar
Edite
Édson (ou Édisson)
Élio (ou Hélio)
Elisa
Elisabete
Elpídio (ou Helpídio)
Elza
Êmerson
Enéias
Ercília
Ermelindo
Estela
Estênio
Ester
Estêvão
Étel
Eurípides
Eusébio
Fani
Felisberto
Filinto
Filipe
Góis

Gumersindo
Gurjel
Gutierres
Haidê
Hamílton
Hamurábi
Haraldo
Haroldo
Hedviges
Hélen
Helena
Heli
Heloísa
Hermenegildo
Hermengarda
Hernâni
Hersílio
Hilca
Hilda
Hildebrando
Hortênsia
Humberto
Ifigênia
Ildefonso
Inês
Irineu (ou Ireneu)
Isabel
Isaías
Isaque
Isaura
Isilda
Ivã
Jaques
Jeni
Jerusa
Josafá
Josina
Juarez
Juberto
Jubim
Juçara
Judite
Léia
Leo (ou Léu)
Leocádio (ou Leucádio)
Leonilde
Luís
Luísa
Lurdes
Luzia
Malasartes
Mançur
Manuel
Marisa
Matusalém
Meneses
Míler
Míron
Misael
Mitridates
Moniz (ou Muniz)
Morais
Muçum
Najibe
Neli
Neusa
Ochoa (ou Uchoa)
Osvaldo
Ozias
Pascoal
Persival
Peres
Pessanha
Queirós
Raquel
Raxide
Resende
Rosa
Rubem (ou Rubens)
Rute
Sara
Selma
Sigisberto
Sigismundo
Simira
Sintra
Sousa
Susana
Teresa
Tibaji
Tomás
Travaços
Tucídides
Ursino
Vágner
Valdemar
Válter
Vanda
Vanderlei
Vanderléia
Virgílio
Ximenes
Zaratustra
Zilca
Zósimo
Zuleica

Em vez de *Haraldo*, no entanto, muitos têm seu nome grafado "Araldo" ; em vez de *Creusa*, há muitas que se chamam "Cleusa", em claro preciosismo; em vez de *Ursino*, muitos se chamam "Orsini" e assim por diante.

O "falecimento" de Aírton Senna consternou o país.

Não. O piloto brasileiro não "faleceu". **Morreu**. Só *falece* aquele que sai da vida naturalmente, por doença ou velhice. *Morre* todo aquele que perde a vida, brutalmente ou não. Toda pessoa que falece, morre, mas nem toda pessoa que morre, falece. Uma pessoa assassinada não "falece", **morre**. Um nonagenário, num asilo ou num leito de hospital, *falece*. Só a *morte* pode ser violenta; o *falecimento*, ao contrário, apenas exprime um efeito natural e é sereno, calmo, tranqüilo. Por isso, rezemos todos para *falecermos*, bem tarde, muito tarde!

"Mogi" é palavra de origem "tupi-guarani"?

A palavra de origem tupi é, em verdade, *Moji*, de que sai *mojiano* (a grafia "mogiano" não existe). "Mogi" é apenas a forma tradicional.

O tupi e o guarani constituem línguas distintas. Na verdade, o que existe é o grupo, a *família tupi-guarani*, não a língua.

O tupi era a língua usada pelos jesuítas na catequese; era falada do Maranhão a São Vicente (SP), a primeira cidade brasileira. O guarani, um dialeto do tupi, era a língua falada pelos nativos de São Vicente ao Paraguai, onde até hoje é a língua oficial, ao lado da castelhana.

O tupi é o idioma indígena que mais contribuiu para o léxico português. Foi a língua da catequese e a língua das bandeiras: os bandeirantes conheciam muito bem o tupi, o que lhes facilitava a comunicação com os índios, na busca do ouro e das pedras preciosas.

Na Universidade de São Paulo (USP), no departamento de Letras Vernáculas, existe uma cadeira, e apenas uma: *Tupi*. Ninguém, ao menos até agora, apresentou-se para ministrar aulas de "Tupi-Guarani"...

Mogi-Guaçu

Os intransigentes preferimos grafar *Mojiguaçu*, além de *Embuguaçu* e *Mojimirim*. Primeiro, porque *Moji* é palavra de origem indígena; segundo, porque os sufixos *-açu* ou *-guaçu* (= grande) e *-mirim* (= pequeno) só se ligam por hífen a palavras terminadas em vogal acentuada graficamente (p. ex.: *amoré-guaçu*) ou em tônica nasal (p. ex.: *capim-mirim*).

Fora daí, o emprego do hífen é desnecessário e, naturalmente, incorreto. Note que ninguém escreve *"cupu-açu"*, mas *cupuaçu*. Sendo assim, cabe-nos a nós, os intransigentes, corrigir o que os antigos fizeram errado. Aliás, eles escreviam *"Mogi-Guassu"*, *"Embu-Guassu"*. Alguns preferiram corrigir parcialmente; os intransigentes preferem a correção total...

Jaboticabal / Pirassununga / Bagé

Estão no mesmo caso de "Mogi": devem ser preteridas tais formas. Uma das grandes virtudes do ser humano é a coerência. E não há coerência naqueles que grafam *Jaboticabal* a par de *jabuticabalense*. Ora, escrever que *jabuticabalense* é aquele que nasce em Jaboticabal é uma notória incoerência. A menos que ainda queira escrever "jaboticaba". Como a Reforma Ortográfica de 1943 veio corrigir todas as discrepâncias que havia na nossa maneira de escrever, não posso aceitar que ainda haja pessoas que não a tenham acatado. Quem for a qualquer bom dicionário só encontrará *jabuticabalense*, *piraçununguense*, *bajeense*. Como, então, querem morar em Jaboticabal, Pirassununga e Bagé?

Quais são os principais nomes próprios de lugar que continuam em desacordo com a Reforma Ortográfica de 1943?

Veja os principais (as formas corretas encontram-se grifadas, à direita):

Alaska	*Alasca*
Alcácer-Quebir	*Alcácer-Quibir*
Antofogasta	*Antofagasta*
Bagé	*Bajé*
Brodósqui	*Brodowski*
Cachemira	*Caxemira*
Chavantes	*Xavantes*
Chingu	*Xingu*
Chuí	*Xuí*
Coritiba	*Curitiba*
Cotia	*Cutia*
Cresciúma	*Criciúma*
Curaçao	*Curaçau*
Elíseos	*Elísios*
Ghetsemani	*Getsêmani*
Goitacazes	*Goitacases*
Guaianazes	*Guaianases*
Guassu	*Guaçu*
Hawai	*Havaí*
Hiroshima	*Hiroxima*
Iguassu	*Iguaçu*
Industão	*Indostão*
Ipaussu	*Ipauçu*
Jaboticabal	*Jabuticabal*
Jericoacoara	*Jericoaquara*
Joá	*Juá*
Joaçaba	*Juaçaba*
Juqueri	*Juquiri*
Lages	*Lajes*
Madrid	*Madri*
Magé	*Majé*
Mandchúria	*Manchúria*
Meyer	*Méier*
Mossoró	*Moçoró*
Mogi	*Moji*
Mogi-Guaçu	*Mojiguaçu*
Mogi-Mirim	*Mojimirim*
Montemor	*Monte-mor*
Mont Serrat	*Monserrate*
Nagasaki	*Nagasáqui*
Oiapoc	*Oiapoque*
Orenoco	*Orinoco*
Paissandu	*Paiçandu*
Paraguassu	*Paraguaçu*
Pequeri	*Pequiri*
Piassagüera	*Piaçagüera*
Pirajussara	*Pirajuçara*
Pirassununga	*Piraçununga*
Pirineus	*Pireneus*
Quilimandjaro	*Quilimanjaro*
Rezende	*Resende*
Reritiba	*Riritiba*
São Manoel	*São Manuel*
Shangai	*Xangai*
Singapura	*Cingapura*
Suzano	*Susano*
Taboão da Serra	*Tabuão da Serra*
Tanganica	*Tanganhica*
Tchecoslováquia	*Checoslováquia*
Turiassu	*Turiaçu*
Xique-Xique	*Xiquexique*

horas "extra"

As pessoas fazem horas *extras*, vôos *extras* e lêem edições *extras*. A palavra varia normalmente no plural, e a pronúncia correta é *êstra(s)*. Mesmo que haja um supermercado com esse nome, a pronúncia continua a mesma: *Êxtra*.

"extra-terrestre"

O prefixo *extra-* (que se pronuncia *êstra*) só exige hífen antes de palavras iniciadas por *vogal* (*extra-escolar, extra-oficial, extra-uterino*), *h* (*extra-humano*), *r* (*extra-regulamentar*) ou *s* (*extra-sensorial, extra-solar*). Portanto, sem hífen: *extraclasse, extraconjugal, extrajudicial, extramatrimonial, extraprograma, extraventricular*, etc.

Em Fortaleza há um apresentador de televisão famoso por imitar Sílvio Santos. Recentemente, perguntou a um de seus "jurados": *Dr. Lima, o senhor acredita em "extras terrestres"?*

A imitação era, realmente, perfeita...

Mapa é substantivo masculino ou feminino?

Qualquer aluno da primeira série sabe que *mapa* é substantivo masculino, pois nenhum deles, mesmo ao nascer, disse "a" mapa. Mas um minidicionário, distribuído oficialmente nas escolas, dá a palavra como substantivo feminino: "a" mapa.

E não fica só por aí. Segundo esse mesmo dicionário, distribuído oficialmente às nossas crianças, são palavras femininas: *brioche, rolimã, sistema, capacete, planeta, carma, ídolo, rocambole, miasma, deságio, biriba, diapasão, sifão, guache, sorvedouro, clã* e *ribamar.*

Segundo o mesmo dicionário, são palavras masculinas: *soja, manobra, mecha, bólide, tribo, abusão* e *piracema.*

Quem são as vítimas? Nossas crianças.

-isar / -izar

A terminação *-isar* aparece sempre que a palavra que der origem *ao verbo* trouxer *is + vogal.* Por exemplo*: análise* traz *is + vogal;* então, escreve-se *analisar.* Da mesma forma: *pesquisa/pesquisar, aviso/avisar, friso/frisar,* etc.

Se não aparecer *is + vogal* na palavra primitiva, escreve-se *-izar.* Assim, *civil,* pela razão exposta, só pode dar *civilizar; simpatia* só pode dar *simpatizar,* e *sífilis* só pode dar *sifilizar.*

Atenção, porém, para estas duas exceções: *bis/bisar* e *íris/irisar.*

Está na hora *dela* chegar.

Há uma tendência no português contemporâneo de contrair a preposição *de* com o artigo ou o pronome antes de orações reduzidas de infinitivo, em benefício da eufonia. De fato, os melhores escritores portugueses e brasileiros efetuaram a contração. Por isso, não há nenhum risco **da** língua ruir...

Sinta-se, portanto, plenamente à vontade para construir frases como estas: *Ele sai para o trabalho antes* ***do*** *Sol nascer.* *** *Em vez* ***dele*** *ir ao cinema, foi ao estádio.* *** *No momento* ***do*** *avião decolar, começou a pane no motor.* *** *Já passou do tempo* ***do*** *governo perceber que a falta de segurança é gravíssima.* *** *Chegou a hora* ***desses*** *caras se mancarem.* *** *O fato* ***do*** *Brasil ficar na América do Sul não significa que seus habitantes falem espanhol.* *** *Apesar* ***dela*** *ter-me feito isso, ainda a amo.* *** *Não gosto do modo* ***dela*** *me beijar.*

Afinal, todos dizemos *Chegou a hora* ***da*** *onça beber água.* Ou alguém prefere separar?...

recomendar "para"

Ninguém recomenda "para". Quem recomenda, recomenda alguma coisa **a** alguém: *Recomendei a meus filhos que voltassem cedo.* *** *Recomendei-lhes que voltassem cedo.* ***

*Recomendaram-me que não viajasse hoje. *** O médico lhe recomendou vitamina C e cama.*

Os jornalistas, no entanto, gostam muito de recomendar "para": *O senador paranaense irá recomendar a FHC "para" viajar "o" quanto antes após entregar o cargo a Lula.*

Recomendo-lhes que estudem.

patinar / patinhar

Só *patina* quem anda em patins. Como carro não possui patins, na lama ou na neve ele *patinha*, ou seja, suas rodas giram em falso, fazendo um movimento parecido com o dos *patos* na água.

Usa-se *patinhar* em sentido figurado por *escorregar* ou, então, por *não evoluir* ou *não progredir, estacionar. O jogador patinhou na hora de fazer o gol. *** A cultura musical brasileira regrediu, patinhou ou evoluiu depois da bossa nova?*

De um âncora de telejornal: *A economia mundial "patina": só na Alemanha, o PIB caiu 2%.*

Manchete do Jornal da Tarde: *Corinthians "patinou"em Salvador: 0 a 0.*

É difícil imaginar que economia e equipes *patinem*, ainda que seja o Corinthians...

O uso de *patinar* por *patinhar* é tão descabido, que nenhuma palavra da mesma família de *patinar* tem ligação semântica com *patinhar*. Há dicionários que contrariam tudo isso.

todo *o* mundo

Sempre com o artigo, a exemplo do francês (*tout **le** monde*) e do espanhol (*todo **el** mundo*). Nossos jornalistas, no entanto, insistem em usar apenas "todo mundo".

Na Veja, ed. 1.810, a Embratel anuncia em duas páginas: "*Todo mundo" vai se comunicar melhor. Use o 21 para fazer DDD e DDI pelo celular. "Todo mundo" fala mais, ouve mais e vê "o" quanto é barato.*

Comunicar-se melhor desse jeito?!

Não faz muito, um famoso ex-jogador de futebol comentou, por uma revista de informação, o fato de o homem, de repente, sentir-se incapaz sexualmente: *Acontece com "todo mundo"*. De fato, acontece com *todo **o** mundo.*

A Veja, ed. 1.818, pág. 34, reproduziu assim uma declaração do presidente Lula: "*Todo mundo" sabe que nunca aceitei o rótulo de esquerda.*

Como se não bastasse, surge agora um dicionário registrando "todo mundo". Mas nele, como veremos logo adiante, tudo é perfeitamente compreensível.

A gente "véve" bem aqui.

Imagine se não vivesse... Pessoas a quem falta alguma escolaridade costumam usar "véve" por *vive* e também "asséste" por *assiste.* São pessoas que devem ter muita afinidade com Bento Carnêro, "vampir brasilêro", aquele que "véve" no além e no aquém...

os "sem-terra"

Há quem defenda esta "concordância". Nesta vida há mesmo de tudo! Se há até os que vivem no aquém, temos de compreender...

Na verdade, o que as pessoas fazem é uma ligeira confusão entre a expressão *Movimento dos Trabalhadores Rurais sem Terra,* (legítima, já que *sem* aí é preposição) e *Movimento dos Sem-Terras* (aqui *sem* já não é preposição, mas prefixo, daí por que o substantivo **tem** de variar). O diabo é que poucos conhecem a diferença entre um elemento e outro; daí, a confusão.

Vamos, contudo, ao cerne da questão. Existe uma regra que preceitua o seguinte: todo substantivo composto formado de prefixo + substantivo faz o plural com variação do segundo elemento. Assim, temos: *os ex-ministros, os vice-prefeitos, os sem-vergonhas, os sem-tetos, os sem-lares, os sem-carros, os sem-culturas, os sem-dentes, os sem-túmulos, os sem-responsabilidades, os sem-juízos* e, naturalmente, *os sem-terras,* etc.

Há dicionários que dão o plural de apenas alguns compostos desse tipo, mas incompreensivelmente se omitem em outros. Por que dar o plural, por exemplo, de *sem-fim* e de *sem-justiça,* mas não de *sem-terra*? Só o aquém explica...

No *site* do Jornal da Tarde: *Na terra dos "sem-delegacia" o tráfico é rei.*

Na ed. 1.809 da Veja, pp. 50 e 51, em letras garrafais: *Rossetto todo feliz no palácio...e os "sem-terra" botando pra quebrar.*

Na edição 1.803 da mesma Veja, pág. 28: *A Vale do Rio Doce entrou para o movimento dos "com-avião". É agora proprietária de um Cessna.*

É, de fato, uma criatividade emocionante!

Os que desatinadamente aceitam "os sem-terra" ou "os sem-teto" são obrigados, por coerência, a aceitar concordâncias grotescas, como estas, que já apareceram e continuam aparecendo em revistas e jornais brasileiros: *"Sem-terra seqüestram" caminhão em Pernambuco.* *** *Obrigados pela Justiça a desocupar uma fazenda em São Paulo, "sem-terra roubaram" eletrodomésticos e mataram animais.* *** *"Sem-terra prevêem" intensificação de invasões.* *** *"Sem-terra tomam" secretário como refém em Alagoas.* *** *"Sem-teto fazem" manifestação em frente ao INCRA.* *** *"Sem-teto da República vão" para Rua Aurora.* *** *"Sem-teto tentam" invadir cinco imóveis em São Paulo.*

Recentemente, a Veja trouxe isto: *Um grupo de sem-terra "ocuparam" uma fazenda da multinacional Monsanto, para queimar plantação de transgênicos.*

Ou seja: a mais clássica concordância de índio.

Com esse tipo de "concordância", os jornalistas brasileiros conseguem inovar, invertendo uma situação sintática, pois as pessoas iletradas costumam deixar o verbo no singular, quando o sujeito está no plural (*As pessoas "vive" bem aqui. Nós "fica" em casa quando chove.*).

Como continuo acreditando na evolução do ser humano, repudio tal "concordância". Mas se o jornalismo brasileiro "véve" bem com elas, que fique à vontade, que vá em frente!

atender "o" telefone

Quando o complemento é coisa, o verbo *atender* se usa com a preposição *a*: *atender **a**o portão, **à** porta, **à** campainha, **a**o pedido, **a**os seus próprios interesses* e, naturalmente, ***a**o telefone.*

Quando o complemento é pessoa, podemos dispensar a preposição: *atender* o (ou *a*o) pai de aluno, *atender* os (ou *a*os) deputados, *atender* os (ou *a*os) empregados.

O secretário da Educação de São Paulo, no governo de Franco Montoro, escreveu: *O governo "atende uma" reivindicação justa dos professores.*

Atente, por favor: o homem era secretário da **Educação**! Depois há quem fique fazendo troça dos vestibulandos que cometem pérolas nos exames. Já se sabe onde está a fonte dessas pérolas.

ir "à" cavalo / ir "à" pé

Antes de palavras masculinas não pode haver **à**, a não ser em casos especialíssimos, que a gramática prevê.

A verdade é que todo o mundo vai mesmo ***a** cavalo* e ***a** pé.* (Mesmo porque não dá para ir "a" carro...)

Repare nesta notícia de um famoso provedor da Internet: *Os ruralistas aceitaram na reunião "deste domingo" suspender a barreira na ponta se os "sem-terra" "voltassem" à localidade de Passo do Verde, onde também há colonos acampados. No entanto, o MST não concordou com a proposta. Neste momento, fazendeiros "à" cavalo e "à" pé, munidos de pedaços de pau, lanças e "cacetetes" estão de um lado da ponte, e os "sem-terra" permanecem no outro com bandeiras do movimento.*

No lugar de "deste domingo" deveria estar *hoje*; no de "sem-terra", *sem-terras*; no lugar de "voltassem", *voltarem*; no de "à" cavalo, *a cavalo*; no lugar de "à" pé, *a pé*; e, finalmente, no de "cacetetes", *cassetetes.*

O nível desse jornalismo é de arrepiar!

Logo abaixo, voltava-se a ler: *O efetivo policial, que contava com dez viaturas, além de homens "à" cavalo e "à" pé da Polícia Militar e da Polícia Rodoviária Federal, está sendo reforçado por Batalhões de Operações Especiais das cidades próximas.*

Caso de polícia?

"Chega" ao fim os erros dos jornalistas?

Não, eles continuam soberanos nos erros que cometem. Veja o que um deles escreveu no *site* de A Gazeta Esportiva, em manchete: *"Chega" ao fim as trajetórias de Hierro e Del Bosque no Real Madrid.*

Quando é que **chegam** ao fim? Nunca?!

empatar / empatado / empate

Uma equipe empata com outra sempre *de* (ou *por*) determinado placar, e não "em". Ex.: *O Flamengo empatou com o Vasco* ***de*** (ou ***por***) *2 a 2.*

Empatado se usa com as mesmas preposições, porém, *empate* só aceita *de*: *O jogo terminou empatado* ***de*** (ou ***por***) *2 a 2. O empate* ***de*** *2 a 2 agradou às duas equipes. O jogo terminou em empate* ***de*** *0 a 0.*

No *site* da Folha de S. Paulo: *Com um futebol completamente apático, o Brasil não saiu do empate "em" 0 a 0 com a seleção da China.*

Há até um dicionário especializado em regência nominal que registra "empate em". Coisas da vida!

continue / "continui"

Sempre que o verbo terminar em *-oar* ou em *-uar*, use *e* nas formas da 3.ª pessoa do singular: *abençoar/abençoe; soar/soe; acentuar/acentue, atuar/atue, autuar/autue, continuar/continue, cultuar/cultue, efetuar/efetue, excetuar/excetue, flutuar/flutue, pactuar/pactue, tatuar/tatue.*

Se o verbo terminar em *-uir*, porém, use *i* nessa mesma pessoa e número: *influir/influi; contribuir/contribui; possuir/possui; retribuir/retribui.*

Sobe hoje a gasolina e o álcool.

Frase perfeita: quando o verbo vier antes de um sujeito composto, a concordância poderá ser feita com o elemento mais próximo: *Já* ***chegou*** *da praia o pai e os filhos.* *** ***Morreu*** *o motorista e todos os passageiros do ônibus.* *** *Hoje só* ***existe*** *a forma criar e suas derivadas.*

Lembre-se de que Cristo disse: ***Passará*** *o céu e a terra, mas minhas palavras não passarão.*

O verbo anteposto ao sujeito composto só vai obrigatoriamente ao plural quando exprime reciprocidade de ação: ***Brigaram*** *Paula e Hortênsia.* *** ***Cumprimentaram****-se o professor e o aluno.*

“Quem gostaria?”

Esta é a pergunta que todos ouvimos de alguém que atende ao telefone, quando desejamos falar com outra pessoa. Existem atendentes, ainda, que acentuam e prolongam a primeira sílaba do verbo, tornando-se ainda mais dolorosa a pergunta: “Quem gosssstaria?”.

Atendentes sensatos preferem perguntar de outra forma: *Quem deseja falar com ele(a)?*

No futebol, uma vitória por 4 a 3 é *goleada*?

Não. *Goleada* é uma vitória por uma diferença igual ou superior a três gols. Por exemplo, quando o Palmeiras vence o Corinthians por 4 a 1. Outro exemplo: quando o Palmeiras é derrotado pelo Vitória por 2 a 7.

Os jornalistas esportivos têm dito, em vitórias de 4 a 3 e de 5 a 4, que o time vencedor aplicou *goleada.* Equivocam-se (aliás, quase sempre): *goleada* não é *vitória por muitos gols.* A goleada existe na *diferença,* e não na quantidade.

perder por “5 a 0”

Só as vitórias merecem os placares favoráveis; as derrotas merecem, naturalmente, os desfavoráveis. Assim, em rigor, um time vence por 5 a 0 e perde por 0 a 5.

No *site* de um provedor da Internet: *Bastou uma derrota na primeira partida da temporada 2003 para conturbar o ambiente no São Paulo. Cartolas do clube bateram cabeça após os “2 a 1” contra o Paulista de Jundiaí, pelo Paulistão.*

Perder de “2 a 1” agrava ainda mais a dor de cabeça...

Escreve um jornalista esportivo: *O Santos perdeu por “2 x 0” para o Vitória, da Bahia, pois não soube aproveitar as chances.*

Ora, se o Santos **perdeu**, como partir do número positivo?

trave = travessão?

Não. *Trave* é o nome de cada um dos postes ou barras verticais que sustentam o *travessão,* a barra horizontal que une as traves, delimitando a altura do gol ou arco. Assim, uma bola que bate na *trave,* vai de encontro necessariamente a um dos postes laterais; se bate no *travessão,* evidentemente, não bate na *trave.*

Alguns radialistas esportivos, no entanto, falam em bater na *trave,* em referência ao encontro da bola contra o *travessão.* Na emoção do gol que não saiu, a torcida nem percebe o dislate. Mas há quem, em meio ao uuuuuuuuuuuuu da torcida, está atento e grita sozinho: uuuuuuuuuu (agora não é emoção, é vaia mesmo...)

Não vi ninguém: redundância?

Não. Nossa língua admite dois tipos de negação: a simples e a enfática. A negação simples é aquela expressa por um só elemento (anteposto ao verbo); *não* vou lá; *ninguém* chegou aqui. A negação enfática é aquela expressa por dois elementos (o elemento anteposto passa agora a posposto ao verbo): *não* vou lá, *não*; *não* chegou *ninguém* aqui.

Quando, porém, a segunda negativa é representada por um prefixo, este anula a primeira. Ex.: Eu *não* sou **des**leal. = Eu sou leal. Ela *não* é **in**capaz. = Ela é capaz.

dengue

Tanto o nome do mosquito quanto o nome da doença são femininos: ***a*** *dengue*. Recentemente, porém, o apresentador de um programa de esportes pela televisão, armando-se de grande autoridade em assuntos do idioma, disse que era "*o*" *dengue*, e não ***a*** *dengue*. E falou com uma segurança de arrepiar criancinha!

Pessoas desse tipo só prestam desserviços. Há indivíduos que se julgam sábios só porque conhecem de cor escalações de equipes de futebol do tempo do Onça. É muito pouco! Mas sempre se consegue enganar alguém. E o homem recebeu o título de cidadão paulistano em 2003. No Brasil, é assim...

Rui Barbosa foi cognominado "o" Águia de Haia?

Seria uma afronta, e não um elogio, se conferissem a Rui Barbosa o cognome de "*o*" *Águia de Haia*, porque ***o*** *águia* é o mesmo que *o velhaco, o espertalhão, o vigarista, o cabra-safado, o sabichão* (com toda a carga pejorativa que o termo encerra).

No feminino, *águia* é o mesmo que *inteligência, sagacidade*. Sabe-se que *a águia* é a ave que representa a perspicácia, a sutileza, o talento, a inteligência, virtudes que se acumulavam em Rui, a quem com justiça denominaram **a** *Águia de Haia*.

O mesmo apresentador de um programa de esportes da televisão que garantiu a todos os espectadores que era "o" dengue, afirmou que Rui Barbosa foi "o" Águia de Haia.

Como pululam os águias por aí!...

cólera

Em qualquer sentido, só existe ***a*** *cólera*.

Certa vez uma fábrica de desinfetante provocou muita cólera, ao anunciar:
Não deixe "o" cólera atacar. Proteja sua família.

Continuavam: "*O*" *cólera é uma doença infecciosa que ataca o sistema digestivo, produzindo diarréia, podendo levar à morte. Para proteger sua família contra esse inimigo, alguns simples cuidados devem ser tomados.*

Falar em proteção e em inimigo a esta altura já é demais!

Na campanha presidencial de 2002, um dos candidatos declarou (sem ficar vermelho): *Quando Ciro foi governador do Ceará, a dengue e "o" cólera tiveram os índices mais altos do Ceará. Ele chegou a ser apelidado de governador "do" cólera.*

Mentira dá nisso.

Roraima

A pronúncia correta deste nome é *Rorãima* (o ditongo é nasalado), assim como dizemos *Bãima.* A razão é muito simples: todo ditongo *ai* que antecede consoante nasal (*m, n* e *nh*) se nasala. Repare como todos pronunciamos estas palavras, que trazem o mesmo ditongo antes de consoante nasal: *amaina, paina, faina, Taino, Elaine* (que no Nordeste sai "Eláine"), *andaime, Jaime* (que em São Paulo sai "Jáime"), *polainas,* etc. Todas têm o ditongo nasalado.

Portanto, quem diz "Roráima", com o ditongo aberto (e há os que insistem nessa pronúncia) fala mal, dá mau exemplo, presta desserviço à educação, já que nas salas de aula se aprende que a pronúncia correta é *Rorãima.*

Na verdade, quem diz "Roráima" imita os índios ianomâmis da região que, impossibilitados foneticamente da nasalação, dizem "Roráima". Ora, mas eles assim pronunciam, porque não conseguem articular fonemas nasais. Nós não conseguimos?

TV *E*

Diz-se TV *é* (as vogais *e* e *o*, pronunciadas isoladamente, soam abertas).

Vamos, então, ler em voz alta: vitamina **E**, a turma **E** da escola, Tafman **E**, lâmpada G**E**, o TR**E**, o DN**E**R, o D**E**R, a **E**CT, o BND**E**S, a série **E** da Mercedes-Benz, o grupo **E** da Copa do Mundo, Toyota X**E**, o Corolla S**E**-G; o S**O**S, o **E**T (= extraterrestre), etc.

A Mercedes-Benz resolveu, recentemente, divulgar pela televisão os seus automóveis. Uma voz que se ouvia antes do início do Jornal Nacional anunciava: *Mercedes-Benz Classe "ê" oferece o Jornal Nacional.*

A marca é boa, o carro é bom, mas o apresentador furou os quatro pneus do carro...

sobressair

Este não é nem nunca foi verbo pronominal, o que equivale a dizer que nunca devemos usá-lo com o pronome oblíquo ("sobressair-se").

No *site* do Terra: *Não se pode negar que o Omega foi um carro que passou por problemas, afinal, ele veio para substituir o mito Opala, talvez o carro mais querido do Brasil. Porém, suas qualidades "se sobressaíram" e ele se tornou um líder de vendas, assim como seu antecessor.*

Num jornal: *Cazuza foi, sem dúvida, um cantor e compositor que "se" sobressaiu no rock nacional.*

Noutro jornal: *O fato de o cacto "se" sobressair em regiões áridas deve-se à capacidade de armazenamento de água em seu interior.*

Noutro: *Num setor onde as maiores multinacionais investem bilhões de dólares, a Gurgel "se" sobressaía usando tecnologia e recursos nacionais, que, porém, não foram suficientes para evitar a sua falência.*

Escrever assim, francamente, é querer levar a língua à falência.

Aliás, à falência também andam querendo levar a língua certos dicionários, tidos por muita gente como a fina flor da lexicografia portuguesa, mas que registram este verbo como pronominal. Deste assunto, trataremos minuciosamente adiante.

Sua "senhora" já chegou?

A palavra feminina que corresponde a *marido* é *mulher*, somente *mulher*.

Esposo e *esposa*, por sua vez, são termos que se usam em meios bem específicos (jurídico e administrativo), além de se aplicarem propriamente quando se faz referência a pessoas ilustres e a deuses da antiguidade: *O duque veio acompanhado da rainha, sua **esposa**.* *** *A primeira-dama não soube explicar por que o presidente, seu **esposo**, deixara de usar aliança na mão esquerda.* *** *Júpiter era o **esposo** de Juno?*

Não tenho nada "haver" com isso.

Na verdade, esta frase é que não tem nada **a ver**...

Sim, porque esse é um caso de emprego da preposição *a* + o verbo *ver*, e não do verbo *haver*, que não tem nada **a ver** com isso. Por isso, estas são as frases que têm tudo **a ver**: *Sua opinião não tem nada **a ver** com a minha.* *** *Seu papo tem tudo **a ver** comigo.*

Como se vê, trata-se de um uso eminentemente popular, restrito à língua falada despretensiosa, princ. dos jovens. No português castiço, usa-se assim: *Não tenho nada **que ver** com isso.* *** *Sua opinião não tem nada **que ver** com a minha.* *** *Seu papo tem tudo **que ver** comigo.*

A garotada, porém, não quer nem ouvir falar nisso. Com razão, porque esse uso está muito mais próximo de Portugal que do Brasil.

brasileiros e brasileiras

Esta é uma invenção de um ex-presidente da República, no afã de agradar ao eleitorado feminino.

A expressão não teve o mesmo brilho com Collor, mas foi reabilitada pelo Sr. Fernando Henrique e, agora, parece prestigiada, se bem que de forma mais ou menos alterada, por Lula, que recentemente declarou: *Esta é a hora de cada "brasileiro e brasileira" pensar menos em si mesmo e mais no país.*

Ora! Não há nenhuma necessidade de usar o adjetivo pátrio no feminino. Quando dizemos *O Brasil espera que cada brasileiro cumpra seu dever*, já estamos nos referindo ao homem e à mulher.

Quando afirmamos que o Brasil tem mais de 140 milhões de *eleitores*, já estamos nos referindo ao homem e à mulher. Acrescentar "e eleitoras" é de uma primariedade imperdoável. Isso de querer agradar às mulheres, ofendendo a língua, não me parece boa política. Ademais, com aquele acréscimo injustificado, a frase acabou trazendo erros elementares de concordância, pois *pensar* e *mesmo* deveriam estar no plural.

O presidente Lula declarou em setembro de 2003 que erradicaria o analfabetismo do país até 2006. Vejamos como um jornalista nos trouxe a notícia: *Segundo Lula, os "brasileiros e brasileiras" que aprenderam a ler e a escrever devem socializar esse conhecimento com aqueles que não tiveram a mesma oportunidade e, assim, será possível acabar com o analfabetismo no país.*

Realmente, com um pouco de esforço até que dá...

Quem usa essa expressão equivocada fica obrigado, pela coerência, a usar também "eleitores e eleitoras", "telespectadores e telespectadoras", "leitores e leitoras", "lixeiros e lixeiras", etc., como, aliás, fez o ministro da Previdência, em 2003, em carta aberta aos funcionários públicos.

O início da carta estava assim: "*Caras servidoras e caros servidores*".

Ora... A seguir por aí, uma escola não tem tantos mil *alunos*, tem tantos mil "alunos e alunas". A seguir por aí, não existem hoje no país 175 milhões de *brasileiros*, mas 175 milhões de "brasileiros e brasileiras".

Agora, o dia 15 de outubro já não é o Dia do Professor. É o Dia do Professor e "da Professora". Veja você!

Brincadeiras têm hora e lugar! E brincadeiras de mau-gosto não têm nem hora nem lugar.

O presidente Lula se redimiu, em discurso improvisado, no congresso da CUT, em junho de 2003, quando afirmou: *Eu não tenho que falar inglês para ser respeitado no mundo. Eu tenho que falar português. Eu só tenho que falar a língua de 175 milhões de brasileiros para merecer o respeito do mundo.* Falou e disse...

Mas por ocasião da comemoração dos 50 anos de criação da Petrobras, no final do discurso, a recaída: *Parabéns, petroleiros e "petroleiras" de todo Brasil!*

Ninguém é perfeito...

paisinho ≠ paizinho

Convém não confundir. *Paisinho* é diminutivo de *país*; *paizinho*, de *pai*. Há, ainda diferença de pronúncia: na primeira, existe hiato, portanto se diz *pa-**i**-si-nho*; na segunda existe ditongo, portanto se pronuncia ***pai**-zi-nho*.

Em setembro de 2003, por ocasião da formatura de alguns diplomatas, o presidente brasileiro emitiu uma nota afirmando que o Brasil já não é aquele "paizinho" do Terceiro Mundo, aquele "paizinho" só do futebol, aquele "paizinho" só do carnaval.

Paizinho, presidente, o Brasil nunca foi mesmo!

caça-níqueis

Usa-se assim tanto no singular quanto no plural: o/os *caça-níqueis.*

Recentemente, porém, o presidente da República, discursando em Caxias do Sul, em meio à divulgação do primeiro escândalo no seu governo, declarou, orgulhoso: *Vou acabar com os "bingo" e com os "caças-níquel".*

Só, presidente?...

a cavaleiro

Significa perfeitamente à vontade: *Estou* ***a cavaleiro*** *para falar neste assunto.*

Depois de um discurso na ONU, afirmou uma autoridade brasileira: *O Brasil hoje é um país que está a "cavalheira", e não precisa renovar o acordo com o FMI.*

definição de ilha

A correta definição é: *ilha é uma porção de terra cercada de água marinha, fluvial ou lacustre.*

Em alguns livros de Geografia, no entanto, lê-se redundantemente: *ilha é uma porção de terra cercada de água "por todos os lados".*

Há quem já tenha visto alguma coisa *cercada* que não seja *por todos os lados?*

A toda ação corresponde uma reação igual "e contrária".

Frase que muito se ouve no dia-a-dia, mas também redundante, uma vez que na palavra *reação* já existe a idéia de *força contrária. Reagir* significa *opor a uma ação outra que lhe é contrária.*

A terceira lei de Newton, ou seja, a lei da ação e reação é enunciada geralmente assim: *A toda ação corresponde uma reação, com a mesma intensidade, na mesma direção "e em sentidos contrários".*

O melhor mesmo é enunciá-la assim: *A toda força corresponde uma força contrária, de mesma intensidade e direção.* Ou: *A toda ação corresponde uma reação igual.*

prova dos *noves*

Prova corretíssima. A prova sempre foi dos *noves.* Veio o burro, não soube fazer a prova e saiu dizendo que *prova dos "nove"* não era com ele. Burro é sempre burro...

O nome dos números varia normalmente: *os uns, os quatros, os cincos, os setes, os oitos, os noves,* etc. Só os que terminam em *-s* ou em *-z* não sofrem variação: *dois, três, seis* e *dez.*

Assim, 44 se faz com dois *quatros* juntos; 111 se faz com três *uns* juntos. Nenhum ser humano normal forma 99 sem servir-se de dois *noves* juntos, um ao lado do outro. Hoje, existe até dicionário que traz "prova dos nove"! É o tipo de dicionário que tem *vítimas*, em vez de consulentes.

anos "sessenta"

É o que mais se vê e ouve. Mas está errado. Há um notório erro de concordância aqui, que poucas pessoas querem (ou podem) ver. Quem sabe distinguir numeral de substantivo, no entanto, facilmente vê; quem não sabe não vai ver nunca.

O numeral é invariável; o substantivo não. Ter *sete* irmãos é uma coisa; pintar os *setes* é outra. No primeiro caso temos um numeral, por isso, jamais caberia ali "setes"; no segundo caso temos um substantivo, portanto: *setes.*

Vamos ver isto, porém, com mais calma! A década de 1960 é composta, naturalmente, de dez anos:

1960 – mil novecentos e **sessenta** (já temos 1 sessenta);
1961 – mil novecentos e **sessenta** e um (temos, agora, 2 sessentas);
1962 – mil novecentos e **sessenta** e dois (temos 3 sessentas);
1963 – mil novecentos e **sessenta** e três (temos 4 sessentas);
1964 – mil novecentos e **sessenta** e quatro (temos 5 sessentas);
1965 – mil novecentos e **sessenta** e cinco (temos 6 sessentas);
1966 – mil novecentos e **sessenta** e seis (temos 7 sessentas);
1967 – mil novecentos e **sessenta** e sete (temos 8 sessentas);
1968 – mil novecentos e **sessenta** e oito (temos 9 sessentas) e
1969 – mil novecentos e **sessenta** e nove (temos 10 sessentas).

O fato se repete com as décadas de 1920, 1930, 1940, 1950, 1970, 1980 e 1990. Já com a década de 1910, não é possível usar "anos dezes", primeiro porque *dez* (que termina em *-z*) não varia (1010 se faz com dois *dez*, e não com dois "dezes"); segundo, porque a década de 1910 é assim formada:

1910 – mil novecentos e **dez** (portanto, 1 só dez);
1911 – mil novecentos e onze;
1912 – mil novecentos e doze;
1913 – mil novecentos e treze, e assim por diante.

Ou seja, não se repete o *dez* em mais nenhum ano da referida década.

Agora, que – espero – tudo está maravilhosamente mais claro, deixe-me revelar uma coisa: se você não viveu os maravilhosos anos *sessentas*, os dourados anos *sessentas*, esteja certo: você não sabe o que perdeu!

Importante: sabemos que, apesar de todas as evidências, apesar dessa prova matemática, muita gente vai continuar vivendo dos seus anos "vinte", dos seus anos "trinta", dos seus anos "noventa", etc. Cada um que viva do jeito que quiser, mas que ao menos tenha consciência!...

“esteje” / “seje”

Só existem as formas *esteja* e *seja*. Por isso, *seja* sempre atencioso e *esteja* sempre atento: anos sessentas!...

Muito pior do que usar “esteje” e “seje” é usar “teja” por *tenha*, como fez recentemente o goleiro de um clube paulista, tido pelos jornalistas esportivos como “intelectual”: *Por mais experiência que você “teja”, antes de uma partida importante você sempre fica meio tenso.*

protestar *a favor da paz*

Expressão perfeita. Muitos pensam que só se protesta *contra*. Enganam-se.

Protestar significa levantar-se, insurgir-se, clamar, bradar. Assim, todos podemos (e devemos) protestar a favor da paz, protestar a favor do amor, a favor da alegria e – sem dúvida – protestar contra os incêndios na Amazônia, protestar contra a matança das baleias, protestar contra o contrabando de nossos animais silvestres. Enfim, protestar a favor do ser humano e contra o homem, este predador!

anético / anistórico

São, à luz da coerência, as formas rigorosamente corretas, mas muito se vê “aético”, “aistórico”.

Ora, em nossa língua, palavras iniciadas por *vogal* ou por *h* recebem o prefixo *an-* (*analfabeto, analgésico, anidro, anistórico*); as iniciadas por consoante recebem o prefixo *a-* (*amoral, apartidário, apolítico, ateu, atípico*).

Se assim é (e não há exceção a essa norma), por que, então, “aético”? Por que “aistórico”?

Um deputado paulista, ex-ministro de vários governos militares, declarou: *Economia é uma ciência “aética”.*

Definição *anética.*

Conhecido jornalista escreveu: *O Estado vem se revelando um ente “aético”.*

Normal...

A Folha de S. Paulo, ed. 21.095, pág. 22, trouxe uma entrevista com uma conhecida professora universitária, que declarou: *O texto é “a-histórico”, equivocado e um desaforo!*

Isso é português ou é desaforo?

o tratamento *vós*

O tratamento *vós* costuma ser usado, em documentos, nos casos em que o signatário ocupa posição inferior à do destinatário. Por exemplo: de chefe para diretor, de funcionário para chefe, e assim por diante. Fora daí, não tem cabimento o seu emprego.

Vale acrescentar que essa pessoa tem emprego bastante restrito na língua contemporânea, reservada que está apenas para as ocasiões verdadeiramente cerimoniosas, solenes, formais. Ou quando nos dirigimos a Deus, nas nossas preces.

Por ocasião do encerramento do discurso de abertura da sessão do congresso constituinte, em fevereiro de 1987, o então presidente do Supremo Tribunal Federal disse, com propriedade, referindo-se aos constituintes: *Os olhos conscientes da Nação estão cravados em* ***vós****. Que Deus* ***vos*** *inspire!*

A ocasião era oportuna e propícia ao emprego da segunda pessoa do plural, dada a formalidade do momento e a importância do evento.

Mesmo expressando-se com propriedade, Deus não lhe deu ouvido: os congressistas elaboraram a pior carta magna da nossa história, que certos míopes ainda taxaram de constituição cidadã. A demagogia, realmente, não tem limites.

Voltando à vaca-fria: há pessoas que numa fala qualquer, de nenhum interesse nem nenhuma relevância, disparam *vós* e *vosso* por todos os lados, mostrando com isso desejo de agradar a seus ouvintes, desejo de conseguir deles algo que lhes apeteça (votos, por exemplo). Ocorre muito isso em época de eleições, quando o pobre do eleitor ganha *status* de *vós.*

Exemplo singular de emprego desnecessário dessa pessoa nos deu o secretário da prefeitura de Itumbiara (GO), ao recomendar que alguém levasse esta mensagem ao ex-presidente do Paraguai Alfredo Stroessner, assim que este lá chegou, fugindo do seu país: *Quero que vossa pessoa leve de nossa pessoa para a pessoa do general Stroessner o abraço pessoal de uma pessoa que sabe que todas as pessoas passam por problemas pessoais terríveis nestas horas difíceis.*

Como se vê, neste mundo existem mesmo pessoas de todos os tipos...

Me dá um beijo!

É assim que todos nós, brasileiros, pedimos ao ser amado. Os portugueses não. Pedem diferente: ***Dá-me*** *um beijo!* Por quê? Porque em sua fala é mais fácil dizer *dá-me* que *me dá.* A nós, brasileiros, ocorre justamente o oposto.

O português falado no Brasil guarda algumas diferenças de ordem fonética em relação ao português lusitano, e não poderia ser mesmo diferente: todo um oceano nos separa.

Entre nós, a próclise (colocação do pronome oblíquo antes do verbo) tem preferência em quaisquer circunstâncias, mesmo que em início de período. Tal preferência se explica e se justifica pelos padrões fonéticos por nós utilizados.

Os brasileiros preferimos a próclise com alguma razão. Em Portugal, a preferência pela ênclise (colocação do pronome oblíquo depois do verbo) faz os lusitanos construir com visível duplo sentido uma frase como esta, por exemplo: *Os jornais chamam-****nos*** *de animais.*

Os brasileiros evitamos a ambigüidade, ao construirmos: *Os jornais* ***os*** *chamam de animais.*

Que brasileiro cantaria "***Dá-me*** *um dinheiro aí?*" Que brasileiro pede, ao balcão do bar, um cafezinho usando *dá-me*?

Não se amofine com o assunto colocação pronominal, caro leitor: use sempre como aliado o ouvido! E siga em frente!

Certos exames vestibulares continuam insistindo em exigir conhecimentos de colocação pronominal com base na colocação portuguesa. Exigência esdrúxula. É bom parar com isso.

O Sr. Antônio Ermírio de Moraes escreveu na Folha de S. Paulo, ed. 22.796: *A reviravolta soviética é estimulante.* ***Nos*** *faz pensar.*

Tal colocação torna seu autor um inovador, um vanguardista, um verdadeiro revolucionário. *Adelante*, camaradas!...

degenerescência da retina

É um mal da visão relacionado com a idade e uma das principais causas de cegueira.

O dia 9 de outubro de 1999 foi muito triste, caro leitor, muito triste! Morreu João Cabral de Melo Neto.

A noite do dia 9 de outubro de 1999, no entanto, foi dramática: o apresentador do Jornal Nacional nos informou que o grande poeta recifense passou os seus últimos dias sem poder ler. Estava cego. Por "degenerância" da retina.

E o poeta é que era cego...

TEXACO – Produtos "que" o mundo confia.

Hoje em dia está muito perigoso viver, caro leitor! Está muito difícil confiar *em* alguém, *em* alguma coisa. A gente abre o jornal, vem a bomba; lê um anúncio, vem outra bomba; abre a revista, mais bomba; liga o televisor, eis nova bomba! Vai a um posto de gasolina, leva **bomba**!

Não está fácil. Realmente, viver não está fácil!

Se quem confia, confia *em* alguém ou *em* alguma coisa, como pode a TEXACO, empresa simpática, que nos vende gasolina boa e barata, adotar um *slogan* mambembe desses?

Todos estamos certos de que na TEXACO se encontram produtos **em** que o mundo todo confia. Então, por que nos causar tanta decepção?

Recentemente, a mesma TEXACO, empresa simpática, que nos vende gasolina boa e barata, anunciou numa revista, em letras garrafais: *Leve seu carro "num" posto TEXACO para conhecer a gasolina "que" os pilotos do mundo todo confiam.*

Ora, sim senhor! Levar o carro "num" posto? Para abastecer com a gasolina "que" os pilotos do mundo todo confiam? Não, prefiro levar meu carro **a** outro posto, para conhecer outra gasolina, menos sofisticada, é bem verdade, mas a gasolina **em** que eu mesmo confio...

Em vista disso tudo – a simpática TEXACO que me perdoe! –, mas a pergunta me parece inevitável (e pertinente): confiar **em** quê?

penal = pênalti?

Não. Em futebol, a infração cometida por um jogador dentro da sua grande área é punida com um chute livre direto, ou seja, com uma *penalidade máxima* ou *pênalti.*

Certos jornalistas esportivos acham lindo usar "penal" por *pênalti,* sinonímia inexistente, mas nem por isso fora de registro de certos dicionários.

motosserra

É esta a forma correta, assim como *motobomba, motomecanizado, motonáutica, motoniveladora,* etc., sempre sem hífen, porque o elemento *moto-* nunca o exige.

A revista Veja, contudo, na capa de sua ed. 1.592 (repare bem: na capa), traz em letras garrafais, amarelas: *O massacre da "moto-serra".*

Era matéria exclusiva.

O erro, primário, chocou, principalmente por ter saído onde saiu, mas não teria sido tão chocante se não houvesse a tentativa grotesca, na edição posterior, de corrigir o equívoco. A emenda foi muito, muito, muito pior que o soneto.

A Veja é a melhor revista de informação do Brasil – disparado! Não precisava disso. Bastava reconhecer, numa linha: *Erramos. Afinal, quem não erra?*

E, então, todos os seus leitores perdoaríamos.

Chorou, "ao" ponto de desmaiar.

Não existe a locução *"ao" ponto de,* mas apenas *a ponto de,* de valor consecutivo nas orações reduzidas de infinitivo. Portanto: *Chorou,* ***a*** *ponto de desmaiar.* (= Chorou tanto, que desmaiou.) *** *Gumersindo ficou nervoso,* ***a*** *ponto de esmurrar a mesa.* (= Gumersindo ficou tão nervoso, que esmurrou a mesa.) *** *Juçara se humilhou tanto,* ***a*** *ponto de beijar os pés do namorado.* *** *O ministro está* ***a*** *ponto de pedir demissão do cargo.* *** *A população de São Paulo e do Rio de Janeiro está assustada* ***a*** *ponto de já não sair de casa à noite.*

No sentido de *prestes a* é ainda ***a*** *ponto de* que se usa: *Manuel se endividou tanto, que está* ***a*** *ponto de perder tudo o que possui.*

Um dia antes do jogo final da Copa do Mundo no Japão, escreveu um jornalista esportivo: *O goleiro Marcos, da seleção brasileira, disse que não vê tanta qualidade assim no goleiro da Alemanha, "ao" ponto de elegê-lo como o melhor do mundo.*

O homem tem – no mínimo – 500 anos de jornalismo esportivo. E ainda não aprendeu.

Sem sair do esporte, escreve outro jornalista: *O Palmeiras continua a oscilar muito dentro de um mesmo jogo. Há momentos em que ele dá um sufoco no adversário. Em outros, todo seu time parece ficar paralisado "ao" ponto de deixar o adversário livre para realizar qualquer tipo de jogada.*

fome

Pronuncia-se *fôme.* Se não estiver com *fome,* convém pronunciar *fôme.* Mas se estiver com muita *fome,* é melhor pronunciar *fôme.* Isto é, sem abrir muito a boca (porque não há nenhuma necessidade).

Creio que me fiz entender: é sempre melhor estar com *fôme.* Há, no entanto, os que preferem estar sempre com "fóme". Cada um tem a *fome* que merece.

Quando o governo de Lula lançou o programa *Fome Zero,* alguns apresentadores de telejornais diziam corretamente: *fôme* (principalmente os cariocas e nordestinos). Outros, bem, outros ainda continuam com "fóme"...

homem

Pronuncia-se *hômem.* Toda vogal que antecede consoante nasal é fechada. Não há exceção a esta regra. Jamais encontraremos na língua portuguesa falada no Brasil uma vogal aberta antes de consoante nasal. Repare: ***e**ma, **a**ma, c**a**ma, l**e**nha, b**a**nha, fr**o**nha, d**o**na,* etc.

Por que, então, as pessoas dizem "fóme", "hómem", "lobisómem"? Ora, porque cada um vive e diz como quiser. Aqueles que quiserem, podem ficar à vontade e continuar dizendo: *O "hómem" que "cóme" sem estar com "fóme" vira "lobisómem".*

A gente sempre entende...

Toninho / Tonho / Tonhão

Todos estes três nomes são hipocorísticos de *Antônio.* Todos têm o primeiro **o** fechado, justamente pela presença da consoante nasal (*nh*). Curioso é que no Brasil todos escrevemos *Antônio,* com acento circunflexo no *o* (indicando som fechado), e quase todo o mundo diz "António", que é a pronúncia e a escrita lusitanas. Daí por que, no meio popular, também se ouve "Tòninho", "Tónho", "Tònhão". Além desses, há mais um: *Totonho,* que o vulgo pronuncia "Totónho".

Note, todavia, que outro hipocorístico de *Antônio* muito comum é *Tôni* (e não "Tone"). No interior paulista, todavia, existem muitos "Tones" (claro, com "ó" na pronúncia, por coerência...).

EM TEMPO – *Hipocorístico* é o nome curto e carinhoso, retirado do próprio nome de batismo, geralmente duplicado ou no diminutivo, ao qual o povo chama *apelido.* Assim, *Lili, Ciça, Lulu, Chico, Zezé, Toninho, Toninha, Tonho, Totonho, Tonhão,* etc. são *hipocorísticos,* nome difícil para designar coisinhas tão curtas e carinhosas.

Jonas

Também se pronuncia com *o* fechado: *Jônas.* Repare na presença da consoante nasal (*n*). São apenas três as consoantes nasais: [m], [n] e [nh]. Se a vogal tônica estiver antecedendo qualquer dessas consoantes, nem tenha dúvida: ela é fechada. Portanto: *Jônas.* Em boa parte do Brasil, contudo, se diz "Jónas". Mas por que diabos ninguém diz também "dóna", "lóna", "sóno"?

Jaime

Pronuncia-se com o ditongo fechado: *Jâime.* O ditongo *ai,* quando antecede fonema nasal, soa fechado. Repare: *andaime, paina, faina, Baima, sotaina, Taino, Elaine* (no Nordeste, porém, toda Elaine é "Eláine").

quilômetro, têxtil, têxteis

Note: estas três palavras têm acento circunflexo na vogal tônica, indicando que se trata de vogais fechadas. Então, por que quase todo o mundo pronuncia "quilómetro", "téxtil", "téxteis"?

Só o sobrenatural consegue dar resposta a essa pergunta.

o Zé / *a* Ciça

Usamos o artigo antes de nome próprio somente quando se trata de pessoas íntimas ou que gozam da nossa amizade. O emprego do artigo, neste caso, é próprio da língua falada. Assim é que temos ***o** Zé, **a** Chiquinha, **o** Mané, **a** Ciça, **o** Carlinhos, **a** Nandinha,* etc.

Em certas regiões brasileiras, porém, usa-se o artigo antes de qualquer nome de pessoa, conhecida ou não, simpática ou não, amiga ou não. Assim, ouve-se comumente: ***o** Antônio Carlos* (em referência a Antônio Carlos Magalhães). Ou: ***o** Maluf* (em referência a Paulo Salim Maluf). Ou: ***a** Maria Betânia.* Ou: ***o** Caetano.* Ou: ***o** Palocci.* Ou: ***o** Genoino.*

Mesmo quando se trata de nomes inteiros (neste caso, a língua culta rejeita o artigo), costumam usá-lo: *"o" Fernando Henrique Cardoso, "o" Caetano Veloso, "a" Marta Suplicy, "a" Roseana Sarney.* Já ouvimos pessoas que, ao referirem-se a Machado de Assis, disseram: "*o*" *Machado.* Aí já é intimidade demais...

Se essa não é uma intimidade nada boa, que se dirá daquela que insinuou a primeira governadora do Rio de Janeiro que, desesperada com a presença em seu Estado de um perigoso bandido e querendo livrar-se dele, sem o conseguir, declarou: *Espero que algum governador aceite receber "o" Fernandinho Beira-Mar.*

Que intimidade mais estranha!...

O motorista ia "à" 180km/h.

Deve ser multado o motorista e também o guarda que lavrar multa vazada nestes termos. Antes de numerais não se usa o acento da crase. Por isso, o motorista ia mesmo é **a** 180km/h.

Agora, que mal lhe pergunte: como vai sua vida **a** dois?

Atendemos de segunda "à" sexta-feira.

Atende-se melhor ***de*** *segunda* ***a*** *sexta-feira.* Ora, se não se usou o artigo contraído com a preposição *de* (da), não pode haver acento no *a*, já que aqui não há o artigo. Afinal, crase não é o nome da fusão de dois *aa*?

Note, agora, esta frase: *Os alunos estão em prova,* **da** *quinta* ***à*** *oitava série.* Por que, agora, o ***à***? Porque antes tivemos *da*, e não "*de*". Se usarmos, portanto: *Atendemos* **da** *segunda* ***à*** *sexta-feira,* também é obrigatório o uso de ***à***.

TV *a* cabo por TV *por* cabo?

A expressão consagrada é a primeira, mas a legítima, sem dúvida, é a segunda. Mesmo porque nunca vi ninguém aderir à TV "à" assinatura, mas sim à TV **por** assinatura; nunca vi ninguém afirmar que alguma comunicação tenha sido feita "a" satélite, mas sim *por* satélite.

Há os que usam, ainda, *TV "à" cabo,* o que é quase um duplo homicídio qualificado...

bode "expiratório"

Quando sobre uma pessoa recai a culpa de outrem ou quando é o alvo predileto de chacotas de outras, diz-se que é *bode* ***expiatório***.

Um famoso seqüestrador, no entanto, ao ser preso, declarou aos repórteres que estava sendo mero bode "expiratório". Ou seja: ele estava querendo no fundo, no fundo (porque bem o merecia), expirar antes do tempo...

uma contato "publicitário"

Contato, usada como sinônimo de profissional que estabelece um elo entre uma agência de publicidade e um cliente, é nome comum-de-dois, ou seja, usa-se **o** *contato* para o homem e **a** *contato* para a mulher.

Se, todavia, a palavra vier modificada por um adjetivo, a concordância se fará com o artigo, naturalmente, assim como se dá com **a** *modelo fotográfic**a***. Portanto: **a** *contato publicitári**a***.

No *site* da Folha de S. Paulo: *Joseane, a "Miss" Brasil, foi eliminada hoje do Big Brother Brasil 3 com 64% dos votos. Ela disputou o paredão com a contato "publicitário" Andréa.*

números que indicam quantias: ponto separativo

Os números que indicam quantias são separados por ponto: R$1.385.876,00. A vírgula só separa a parte inteira da decimal.

O ponto não deve substituir a vírgula nesse caso, ao menos na língua portuguesa. A indústria automotiva, no entanto, lança seus veículos "1.8", "2.0", "2.5", rigorosamente como fazem os ingleses e norte-americanos, já que a língua inglesa usa ponto onde usamos vírgula.

números comuns

Nos números comuns, ou usamos o ponto, ou deixamos um espaço em branco que lhe corresponda: 5.692 ou 5 692.

Convém lembrar, todavia, que os números que identificam o ano não têm ponto nem intervalo: 1958, 2004, etc.

retornar "a" ligação

Faltou só o acento grave aí, pois o verbo *retornar* (dar retorno a telefonema, recado, etc.) é transitivo indireto.

Portanto, se ela ainda não *retornou **à*** ligação que você fez, por algo será...

abuso do gerúndio

Há certas pessoas (principalmente as nossas lindas e charmosas secretárias) que acham elegante usar o gerúndio. E despejam gerúndio: *Vou estar "retornando sua" ligação em alguns minutos.* Nota-se aí mais um inconveniente: a transitividade do verbo *retornar* (v. caso anterior).

Basta usar: *Retornarei à sua ligação em alguns minutos.*

Mais exemplos de abuso do gerúndio: *Estarei "enviando" a nota fiscal amanhã.* (Aliás: Enviarei a nota fiscal amanhã.) *** *Amanhã vou estar "viajando" para o Rio de Janeiro.* (Aliás: Amanhã *viajarei* para o Rio de Janeiro.) *** *Seu vôo vai estar "saindo" dentro de quinze minutos.* (Ou seja: Seu vôo *sairá* dentro de quinze minutos.) *** *Vou estar "mandando" seu dinheiro amanhã.* (Isto é: *Mandarei* seu dinheiro amanhã.) *** *Ela vai estar "se apresentando" neste teatro na próxima semana.* (Aliás: Ela *se apresentará* neste teatro na próxima semana.)

O abuso do gerúndio tem nome: *gerundismo.*

uso "abusivo" do gerúndio

Combinação redundante. Deve ser substituída por *abuso* ou, então, por *uso excessivo, uso exagerado, uso imoderado,* etc.

Num jornal: *O uso "abusivo" de antibióticos prejudica a saúde.*

Noutro jornal, um título: *STF critica o uso "abusivo" de MPs.*

Escreve um artigo um professor e o intitula assim: *O professor e a prevenção ao uso "abusivo" de drogas na escola.*

É só abuso!

A França é três vezes "menor" que o Amazonas.

Não. *O Amazonas é que é três vezes* ***maior*** *que a França.*

Se uma coisa pode ser tantas vezes maior que a outra, isso não significa que esta pode ser tantas vezes "menor" que aquela, porque, evidentemente, apenas *uma vez menor* já é igual a zero.

ministro de "descendência" árabe

Pode haver ministro de *ascendência* árabe, e não de "descendência" árabe. O que produz um filho ou a prole é *ascendente*; o que resulta disso, ou seja, o filho ou a prole se diz *descendente.*

Assim, pergunta-se corretamente: – *Você tem ascendência italiana?*

Responde-se: – *Sim, tenho ascendência italiana.*

cerveja que desce *redondo*

Frase perfeita. *Redondo,* aí, é advérbio, e não adjetivo; equivale a *de modo redondo.* Nessa frase, tem sentido figurado e significa: *fácil e gostoso* (= de modo fácil e gostoso).

Experimenta! Experimenta! Experimenta!

Nada contra esta forma verbal nem muito menos contra cervejas. Convém apenas ressaltar que, na fala brasileira, com exceção de Santa Catarina e do Rio Grande do Sul, no imperativo afirmativo a preferência é pela forma da terceira pessoa, e não da segunda. Tanto é que normalmente dizemos: ***Escreva** isso para mim!* (E não: ***Escreve** isso para mim!*). *** ***Leia** a carta para mim!* (E não: ***Lê** a carta para mim!*)

Ora, se assim é, por que, então, contrariar um uso quase generalizado numa propaganda? Ou ela foi feita apenas para gaúchos e catarinenses? A forma *experimenta* é da segunda pessoa (que a maioria dos brasileiros rejeita); *experimente* é que é a forma da terceira pessoa. Portanto:

Experimente! Experimente! Experimente!

Assim, ninguém rejeita!

O mais curioso é que na propaganda que a fábrica faz, ela faz uma advertência absolutamente correta: ***Aprecie** com moderação.*

E *aprecie* de que pessoa é mesmo?...

Um mês depois do lançamento do *Experimenta!*, saiu novo anúncio, novamente equivocado: *Se experimentar, não dirija. Se dirigir, não "experimenta".*

Assim, a cerveja vai acabar descendo quadradinho, quadradinho...

"Sobrou" muitos ingressos do jogo.

Há muita gente que usa o verbo no singular, mesmo que o sujeito, posposto, esteja no plural.

Por isso, é comum encontrarmos aqui e ali pessoas que falam ou escrevem assim: *"Sobrou" emoções no filme.* (Por **Sobraram**.) *** *"Caiu" duas pedras do morro.* (Por **Caíram**.) *** *"Pode surgir" novidades ainda esta semana no clube.* (Por **Podem surgir**.) *** *"Está sobrando" desempregados no país.* (Por: **Estão sobrando**.) *** *"Existe" rios no deserto?*

recém / refém

Estas duas palavras são oxítonas, mas aqui e ali sempre se ouve "*récem*", "*réfem*". É perigoso! Já pensou, caro leitor, ter um "*récem-nascido*" como "*réfem*" de bandidos?

É torturante!...

Filme pode agradar "o" público?

Não, filme só pode *agradar **ao** público. Agradar* só se usa como transitivo direto, quando o sujeito é ser animado: *Por mais que se esforce, ela não consegue agradar o chefe.* *** *Por mais que se esforce, ela não consegue agradá-lo.*

Se o sujeito é ser inanimado, convém usar este verbo apenas como transitivo indireto: *A notícia agradou **ao** presidente.* *** *As pesquisas estão agradando muito **à** oposição.* *** *A notícia chegou ao presidente e não **lhe** agradou.*

O antônimo, *desagradar*, é rigorosamente transitivo indireto: *A notícia desagradou* ***ao*** *presidente. A notícia* ***lhe*** *desagradou.*

Na mídia: *Berzoini diz que proposta é boa porque "desagrada opostos".* *** *A nova proposta da Fiesp não agradou "os" sindicatos.* *** *Novos preços do arroz não agradam indústria do RS.* *** *Mudanças na Unesco para agradar "os" EUA.* *** *Aumento da meta de superávit, de 3,75% para 4,25% do PIB, agrada "o" FMI.*

Durante a realização de um de nossos salões do automóvel, um instituto de pesquisa distribuiu um folheto com a seguinte pergunta: *Qual o automóvel nacional que mais "o" agradou neste salão?*

Por ocasião do lançamento do Honda FIT, a revista Quatro Rodas trouxe na capa a foto do veículo junto com uma pérola: *Será que o campeão de vendas no Japão vai agradar "o" brasileiro?*

Carro *agradar* gente é mesmo coisa do outro mundo.

Em suma: essa gente não anda agradando **a** ninguém...

ao + infinitivo

Neste tipo de construção, o infinitivo varia obrigatoriamente. Ex.: ***Ao entrarmos****, encontramos tudo revirado.* *** ***Ao ouvirem*** *isso, todos ficaram preocupados.* *** ***Ao derreterem-se****, as amostras de gelo deixaram grossas camadas de sedimentos negros.*

Manchete de um grande jornal paulista: *Classes média e alta não são civilizadas "ao dirigir".*

Manchete do *site* da Folha de S. Paulo: *Autoridades russas confirmaram a morte de 32 estudantes que dormiam em alojamento, em Moscou. Mais de 139 ficaram intoxicados "ao inalar" fumaça ou feridos "ao pular" das janelas.*

Nem vírgula nem concordância. Não são ótimos nossos jornalistas?

"sócio-econômico"

O elemento *socio-* (redução de *social*) não exige hífen: *socioeconômico, sociocultural, sociolingüística, sociopolítico*, etc.

No *site* de O Estado de S. Paulo: *Lula tem aprovação de 83,6%, diz CNT-Sensus. O índice de satisfação com a atual política "sócio-econômica" dos entrevistados foi de 34%, mas mostrou que a expectativa de melhoras para os próximos meses é de 63,5%.*

E a expectativa de melhoras para os jornalistas? É para quando?

"Reage Rio"

Há uma regra singela de pontuação que preceitua o seguinte: todo vocativo deve vir isolado por vírgula. Portanto: **Reage, Rio!** (Note, ainda o ponto de exclamação, também obrigatório, porque se trata de frase imperativa, com caráter enfático.)

Um partido político saiu-se recentemente com esta: "*Competência Brasil!*" (Foi justamente o que eles esqueceram: a competência.)

Não faz muito, o Ministério da Saúde lançou um programa muito interessante pelas televisões educativas, apresentado por um conhecido médico, que tinha ainda o mérito de ser bastante didático. Mas o nome do programa padecia de doença grave: *O que eu faço doutor?*

Se usar camisinha, nos dias de hoje, é importante; se fazer exercícios físicos sempre foi uma necessidade do homem; se fumar ou deixar de fumar é apenas uma questão de ser inteligente ou não, convém saber que a vírgula nunca deixou de ser importante.

Portanto, pra frente, Brasil!

mais vírgula

A vírgula é um sinal de pontuação importante, mas cada vez mais desprezado, não por redução de sua importância, mas por queda de conhecimento, queda de cultura, queda até de bom-senso, ao escrever.

Antes de orações reduzidas temporais iniciadas por *ao + infinitivo*, por exemplo, é obrigatório o uso da vírgula. Veja, porém, o que se leu no editorial da Veja, 1.802: *O governo do PT está brincando com fogo ao permitir que diversas autoridades dêem livremente sua opinião sobre taxa de câmbio.*

A falta da vírgula depois de *fogo* e antes da oração reduzida iniciada por *ao + infinitivo* revela que o redator não tem pleno domínio do que escreve.

O texto continua assim: *Até o presidente contribuiu para o erro ao dizer, dias atrás, que o real não deveria valorizar-se muito para não atrapalhar as exportações.*

São duas, agora, as vírgulas faltantes: uma depois de *erro*, e a outra antes de *para* (que inicia nova oração reduzida).

Na página 27 se leu: *Há dois anos os epidemiologistas americanos ficaram intrigados ao encontrar traços de um dos vírus mais antigos de que se tem notícia, o da malária, em Boston.*

Ou seja, os jornalistas da revista não usam vírgula antes de *ao + infinitivo* NUNCA!

a vírgula outra vez

Qualquer estudante do ensino médio sabe que o sujeito não pode vir separado do predicado por vírgula. Por isso, nenhum deles escreve: *Minha namorada, queria me dar um beijo.* Mesmo porque, seriam duas mentiras...

Jornalista que mente, porém, é intolerável. Veja esta "mentira" de um deles: *Os CDs de Inezita Barroso, Teca Calazans e Isaac Brasil, mostram que há no país música rural de qualidade. Não é apenas aquele lixo das duplas sertanejas disponíveis no mercado.*

A música popular brasileira, nos dias atuais, está não no lixo, está no lixão! É uma pobreza de fazer dó! Mas os jornalistas precisam, também, sair dessa...

ainda a vírgula

As orações explicativas vêm obrigatoriamente antecedidas de vírgula. Por quê? Por arbitrariedade da língua? Não, porque esse tipo de oração exige pausa. Daí a razão pela qual escrevemos: *Não chore,* ***que é pior!*** *** *Não faça isso,* ***porque é feio!***

Os vocativos, como já vimos, desde o surgimento de Camões devem vir sempre separados por vírgula: ***Juca,*** *venha cá.* *** *Aonde foste,* ***Mônica?***

No editorial de uma revista: *Vamos lá que o desafio não é pequeno.*

A bem da verdade, faltaram dois sinais: a vírgula, antes da oração explicativa, e o ponto de exclamação, encerrando o período, já que as frases imperativas normalmente exigem seu término com esse sinal.

Ao virarmos a página, encontramos: *Salve simpatia.*

Salve, língua portuguesa!

finalmente, a vírgula

A vírgula é obrigatória, para separar orações iniciadas pela conjunção *e*, quando os sujeitos forem diferentes. Eis exemplos singelos: *A mulher chegou, e o homem saiu.* *** *O presidente discursou, e o ministro apenas falou à imprensa.*

De um famoso jornalista carioca, sediado em Brasília: *Nossa economia estagnou e a luz de alerta está acesa no Palácio do Planalto.*

Uma singela vírgula depois de *estagnou* elevaria o conceito do jornalista perante muitos leitores.

Esse mesmo jornalista é autor desta frase (completamente sem vírgula): *A privatização além de piorar os serviços públicos também os tornou mais caros.*

Ele truncou a oração principal e não indicou graficamente. A leitura correta dessa frase é esta: *A privatização* (pausa) *além de piorar os serviços públicos* (pausa) *também os tornou mais caros.*

A pausa da fala é marcada na escrita, nesse caso, por vírgula.

Esse mesmo jornalista escreve (totalmente sem vírgula): *Nessa torre de babel que é a reforma da Previdência não há ninguém para zelar por nós trabalhadores que temos uma aposentadoria limitada.*

Em português escorreito, essa mesma frase deveria ser publicada assim: *Nessa torre de babel, que é a reforma da Previdência, não há ninguém para zelar por nós, trabalhadores, que temos uma aposentadoria limitada.*

Não é só a aposentadoria...

Esse mesmo jornalista é autor desta frase: "*Nesses*" *primeiros seis meses de governo Lula uma coisa ficou clara: uma coisa é prometer outra é conseguir cumprir as metas de campanha.*

Além do emprego de "nesses" por *nestes*, nota-se falta da competente vírgula depois de *Lula* e de *prometer.*

Conclusão: o homem é mesmo jejuno em questão de emprego da vírgula.

Esta é de outro jornalista, não menos "inimigo" da vírgula: *Lula e Fernando Henrique continuam trocando farpas e uma ruptura é iminente.*

A Serasa faz, então, propaganda por ocasião dos seus 35 anos de fundação. Depois de um histórico, o encerramento foi com esta frase: *Mais consumo significa mais produção, que gera mais emprego, que gera mais consumo, que por sua vez gera mais produção e o resto da história você já conhece.*

Só conheço esta história: a falta da vírgula depois de *produção.*

confraternizar

É verbo transitivo indireto ou intransitivo, mas nunca pronominal: *Ao final da partida, alguns jogadores **confraternizaram** com o árbitro.* *** *Ao final da partida, alguns jogadores e o árbitro **confraternizaram**.*

Nada, portanto, de 'confraternizar-se", "confraternizaram-se".

No editorial do Correio Braziliense: *O Movimento dos Trabalhadores Rurais Sem Terra vive momento de grande contradição. Seus líderes vão ao Palácio do Planalto, "confraternizam-se" com o presidente da República, que, apesar do evidente desgaste, se deixa fotografar com boné da entidade na cabeça, mas, em vez de ceder ao diálogo, continua a se utilizar da força.*

Agora, repare como define *confraternização* um de nossos dicionários: ato ou efeito de "confraternizar-se". Logo abaixo, está o verbete *confraternizar,* mas o autor não classifica esse verbo como pronominal. Então, é o caso de perguntar: o que é "confraternizar-se"?

Classic

A palavra é inglesa, portanto, pronuncia-se *kléssik.* Se a palavra é inglesa, devemos lê-la à inglesa. Conforme fazemos, aliás, com *Sprite, Nike, Hilux, Goodyear, Firestone, American Airlines,* etc. Se a palavra é francesa, devemos lê-la conforme sua língua de origem, ou seja, à francesa. Por exemplo: *Air France, Renault, Michelin,* etc.

Nos anos setentas, despontou nos Estados Unidos um conjunto vocal chamado *Classics Four.* Nenhum locutor por aqui, naquela época, ousou dizer "klassíks fór".

No Brasil, o ensino tem regredido tanto da década de 1970 para cá, que as pessoas, ao invés de progredirem, regridem.

Pouco tempo atrás, o próprio Banco do Brasil lançou um cheque especial chamado *Classic.* Tudo seria normal, se o banco não fosse o do Brasil e não o anunciasse como "klassík".

O *Boticário* lançou recentemente uma fragrância masculina e lhe deu o nome *Classic.* Mas nenhum dos seus funcionários fala em suas lojas em "klassík".

Por aqui, é normal termos pessoas pronunciando equivocadamente os nomes estrangeiros. Existe um clube de futebol no Peru de nome *Alianza.* Sabe-se que no espanhol não existe o som zê: a consoante [z] equivale ao nosso **c** ou **ç**. Então: *aliança.* Há, contudo, uma casta de repórteres esportivos que lêem a forma castelhana como se portuguesa ela fosse: “alianza”. Parece brincadeira.

Existe um clube de futebol na Espanha chamado *Zaragoza.* Os repórteres esportivos são incapazes de dizer corretamente. Só sai “zaragôza”. De arrepiar!

O Palmeiras disputou dois jogos no final dos anos noventas com o San *Lorenzo* de Almagro. Você, naturalmente, já sabe como é que eles pronunciaram o nome da equipe argentina.

Há um jogador colombiano que anda rondando vários clubes brasileiros: *Aristizábal.* Bem, o caro leitor já sabe como é que eles pronunciam o nome do jogador.

O correio eletrônico, no Brasil, é chamado *e-mail,* como nos países de língua inglesa. Naturalmente, se a palavra é inglesa, devemos lê-la integralmente à inglesa: *i-mêil.* Pois já existe gente por aí dizendo **e**-*mêil.* Mas ainda ninguém chegou a dizer “e-ma-íl”. Graças a Deus! Não deixa de ser um progresso...

brincadeira de “mal gosto”

Esta é, de fato, uma brincadeira de muito *mau-gosto*: escrever *mal* por *mau* é coisa que tem relação, no máximo, com a quinta série do ensino fundamental.

Não faz muito, o ministro da Casa Civil deu uma declaração um tanto ou quanto meio estranha, que o Jornal do SBT reproduziu assim: *O governo é “mal” como um pica-pau.*

Nem mesmo o *u* do *pica-pau* serviu para ajudar...

Certa feita, um famoso apresentador da televisão brasileira, também empresário, resolveu fazer uma brincadeira com uma repórter de uma revista e declarou, lá dos Estados Unidos, que estava à beira da morte, que já havia vendido seus bens e que nunca mais voltaria ao Brasil, porque queria morrer em paz.

Muito bem. A coisa repercutiu enormemente. A editora vendeu tantas revistas, que conseguiu equilibrar o orçamento do ano inteiro. Dias depois, como o rumo que o caso tomou foi bem diverso do pretendido, o “moribundo” resolveu desmentir.

Eis como foi, pelo *site* da Folha de S. Paulo: “*Foi uma brincadeira que não saiu como eu queria e que passou a ser uma brincadeira de “mal gosto”.*

Esse é o tipo de brincadeira que nunca acaba em boa coisa.

disparado

Esta palavra é invariável quando funciona como advérbio; equivale a *de longe, sem comparação*: *O Brasil tem os melhores jogadores de futebol do mundo* ***disparado****!* *** *As mulheres brasileiras são as mais bonitas do mundo* ***disparado****!*

Tudo isso, todo o mundo já está cansado de saber. Dia destes, porém, um participante do programa *Manhattan Conection,* da Globo News, saiu-se com esta, lá de Nova Iorque: *As reservas de petróleo da Arábia Saudita são maiores que as do Iraque "disparadas".*

Seria o caso de perguntar: quem foi o gigante que espantou as reservas, a ponto de elas saírem disparadas?

torcer "para" o Palmeiras

Torcedor que se preza torce *por* seu time, e não "para" seu time. Por isso, é melhor torcer **pel**o Palmeiras.

Quem torce pelo Palmeiras é "palmeirista"?

Não. Quem torce pelo Palmeiras é *palmeirense.* Ou *esmeraldino.*

Mas agora é também *porco,* denominação recente e grotesca, que considero de profundo mau-gosto, coisa incompatível com um autêntico palmeirense. O bicho-símbolo do Palmeiras sempre foi o periquito. De repente, apareceu um espírito de porco que achou de conferir ao time o seu animal preferido. Daí, a equipe só poderia mesmo cair para a segunda divisão do campeonato brasileiro. E sofrer goleadas humilhantes em pleno Parque Antártica. E perder títulos e mais títulos para humildes times do interior. Mau-gosto nunca deu bom resultado.

Os corintianos gostam de chamar os palmeirenses de *porcos.* Os palmeirenses revidam, chamando-os de *gambás.* Aí começa uma rivalidade não muito inteligente. O Corinthians e o Palmeiras são, na verdade, clubes coirmãos, quer queiram, quer não queiram os seus torcedores; suas histórias estão intimamente ligadas, assim como intimamente ligadas estão as histórias do Flamengo e do Fluminense, também clubes coirmãos.

São, todavia, os clubes de maior rivalidade em São Paulo. Os corintianos se orgulham de formar a segunda maior torcida do país (a primeira é – disparado – a do Flamengo). Os palmeirenses, na eterna "guerra" de gozações que empreendem contra os corintianos, não se incomodam com isso. Dizem que o importante mesmo é ter saúde.

Agora, para desespero maior dos corintianos, surgem os astrônomos norte-americanos e declaram, para espanto do mundo (não meu) que o universo é verde. Essa realmente é de ficar orgulhoso. Será mesmo que o Criador também tem seu clube preferido?!...

O Palmeiras é "alvi-verde" ou alviverde?

O Palmeiras sempre foi *alviverde.* Quem escreve "alvi-verde", naturalmente, deve torcer por outro time. Por um *alvinegro* qualquer, por exemplo...

O Palmeiras foi "super-campeão" em 1959.

Não. O Palmeiras, de Valdir, Djalma Santos, Valdemar e Geraldo, Zequinha e Aldemar; Julinho, Romeiro, Américo, Chinesinho e Geo, foi, na verdade, *supercampeão* em 1959, disputando três jogos decisivos com o poderoso Santos F.C., de Pelé, Zito e Coutinho.

O alviverde ganhou, assim, naquele ano, o *supercampeonato* paulista de futebol. Aliás, o Palmeiras (permita-me dizer, caro leitor) foi a única equipe no futebol paulista que conseguiu interromper a série de títulos do então fabuloso Santos F.C. Por isso, merece lembrança e menção honrosa aqui. Só por isso...

O prefixo *super-* só exige hífen antes de palavras iniciadas por **h** (*super-**h**omem*) ou **r** (*super-**r**ealista*). Fora daí, não há hífen.

Uma de nossas revistas especializadas em automóveis trouxe, certa feita, na capa (ed. 45), isto: *Tigra! – o "super-segredo" da GM.*

A verdade é que esse modelo, o *supersegredo* da GM, por coincidência ou não, acabou sendo um fracasso de vendas no Brasil.

Palmeiras: uma curiosidade.

Há quem faça esta pergunta: se o nome integral do clube é Sociedade Esportiva Palmeiras, por que se diz, então, *o* Palmeiras, e não *a* Palmeiras?

Em rigor, deveria ser mesmo ***a** Palmeiras.* Ocorre que, antes de ter este nome, o clube se chamava *Palestra Itália* (que era **o**). Ao ser mudado o nome do clube, em 1942, o gênero acabou permanecendo. Por isso é que hoje só se fala n**o** *Palmeiras.*

Em Limeira existe um clube chamado *Associação Atlética Internacional.* Quando a sua equipe entra em campo, todos falam em **a** *Internacional.* Correto. Já o homônimo do Rio Grande do Sul é **o** *Internacional,* porque seu nome completo é *Sport Club Internacional.*

Alguns clubes italianos têm tradicionalmente seus nomes antecedidos do artigo **a**: ***a** Roma,* ***a** Juventus,* ***a** Fiorentina,* ***a** Lazio,* ***a** Internacionale,* etc.

Corinthians: campeão do "IV.º" Centenário?

O Corinthians foi o legítimo campeão do *IV* Centenário (1954), mas não do "IV.º", que isto não existe.

Os algarismos romanos não devem vir acompanhados do sinal .º, porque eles já são lidos como numerais ordinais. Tal sinal só acompanha numerais cardinais: 1.º, 2.º, etc. Aliás, convém acrescentar que não se usa tracinho nesse caso, mas ponto.

Na sala de troféus do Sport Club Corinthians Paulista, guarda-se a bola com que foi disputado e ganho o título do IV Centenário da cidade de São Paulo. Na velha bola marrom, vê-se: *Bola do "IVº" Centenário.*

Como deverá ser a bola do **V** Centenário?...

por ora / por hora

São duas expressões que se usam em situações distintas. A primeira equivale a *por enquanto, por agora*: ***Por ora**, estou satisfeito com o meu salário.* *** *Vou aplicar* ***por ora*** *apenas metade do que eu tenho.*

A segunda equivale a *cada período de sessenta minutos*: *Você ganha vinte centavos* ***por hora*** *e diz que* ***por ora*** *está satisfeito com seu salário?*

Numa das principais revistas de esporte do país lemos isto, recentemente: *É praticamente certo que Luiz Gonzaga Belluzzo disputará a eleição do Palmeiras contra o atual presidente, que "por hora" conta com o apoio da maioria dos conselheiros "alvi-verdes".*

O jornalista nem sequer soube escrever *alviverde*. (Adivinhe, então, qual é o time dele...)

Bem, *por ora* é só, caro leitor. Não. Ainda não. Tenho só uma perguntinha: Ganhas quanto *por hora*?

site

Trata-se de um anglicismo consagrado no âmbito da Internet, assim como consagrados estão os anglicismos *shopping, show, slalom, skate*, etc.

Os portugueses usam *sítio*, aportuguesamento que, como tantos outros, não soou muito simpático entre nós, brasileiros, que preferimos usar essa palavra para significados mais singelos...

Os puristas, que adoram uma novidadezinha dessas, já estão por aí, no entanto, a empregar *sítio* por *site*. Seria interessante saber se esses puristas (ou aficionados), em vez de *mouse*, usam *rato*; se, em vez de *bidê*, também usam *semicúpio*; se, em vez de ver *vitrina*, eles vêem *escaparate*...

cal

É palavra feminina: ***a** cal, **uma** cal, cal hidratad**a**, cal viv**a**, cal nov**a**.* *** *Quando viu a mulher, ficou branco tal qual* ***a*** *cal.* *** *O susto a fez branca como* ***a*** *cal.*

Na imprensa esportiva, todavia, usam-na como palavra masculina: *O árbitro marcou a falta dentro da área e apontou a marca "do" cal.*

Hoje, porém (façamos justiça!), só os jornalistas de quinto escalão cometem tal equívoco.

Região "Centro-Sul"

É uma região brasileira que ainda não existe. Mas, se existe, nem mesmo o IBGE a conhece. Os jornalistas brasileiros, no entanto, referem-se a ela quase todos os dias.

O IBGE divide o Brasil apenas nestas regiões: Norte, Nordeste, Centro-Oeste, Sudeste e Sul. A Região "Centro-Sul" é um adendo jornalístico, talvez para corrigir uma "falha" do IBGE...

Eis uma referência a essa região, feita por um de nossos jornalistas: *A previsão da próxima safra é otimista, com a área do milho crescendo em todo o "Centro-Sul".*

E eu continuo curioso de saber: onde fica?

destinatários do tratamento *Vossa Excelência*

Use este tratamento para:

1) vice-presidente da República;
2) presidente, vice-presidente, secretários das mesas diretoras e membros do senado federal e da câmara dos deputados;
3) ministros de Estado;
4) chefe do Estado-Maior das Forças Armadas;
5) governadores de Estado e do Distrito Federal;
6) chefe do gabinete militar e do gabinete civil da Presidência da República;
7) consultor-geral da República;
8) generais das Forças Armadas;
9) presidentes e membros das assembléias legislativas estaduais;
10) secretários de Estado dos governos estaduais;
11) prefeitos municipais;
12) presidente e membros de tribunais superiores;
13) juízes de direito, juízes do trabalho e juízes eleitorais;
14) procurador-geral da República; e
15) embaixadores.

Na correspondência dirigida ao presidente da República, use *Vossa Excelência*, sempre por extenso, por ser mais respeitoso. Na invocação, use: *Excelentíssimo Senhor Presidente da República.*

EM TEMPO – É possível usar a forma contracta *Vossência* por *Vossa Excelência*, quando a concisão se faz necessária. Num telegrama, por exemplo, onde a economia de palavras é fundamental.

tratamento devido a vereadores

É *Vossa Senhoria*, que se abrevia *V.S.ª*

Alguns vereadores não aceitam de jeito nenhum serem chamados de *Vossas Senhorias*. Exigem o *Vossa Excelência*. Elejam-se deputados. Ou senadores. Só aí poderão ser chamados, justamente, Vossas Excelências.

"uma" BMW / "uma" Mercedes-Benz / "uma" Ferrari

Coisa boa isso não é. Atrás do nome de qualquer carro está uma idéia masculina:

automóvel. Daí por que só devemos sonhar com ***um*** *BMW*, com ***um*** *Mercedes-Benz*, com ***um*** *Jaguar*, com ***um*** *Porsche*, com ***um*** *Ferrari* e até com ***um*** *Romi-Isetta.*

Muita gente, porém, usa "*uma*" *Ferrari*, "*uma*" *Mercedes* (às vezes até no diminutivo: "*uma*" *Mercedinha*), talvez por desejar fazer prevalecer a idéia de *poderosa máquina* sobre a de um simples *automóvel.* Tolice.

esquizofrenia

Penso que poucos duvidarão da ortografia desta palavra e de suas derivadas, que também se grafam com *z*. Recentemente, porém, lendo um respeitável colunista do Jornal da Tarde, deparamos com a grafia "esquisofrenia" como subtítulo de seu trabalho. Estranhamos. Fomos, então, ao corpo da matéria, onde lemos ainda estarrecidos: *Não falta quem considere "esquisofrênicas" atitudes desse tipo.* E completa, para desespero ainda maior dos que padecem: *O presidente Lula é um dos poucos chefes de estado em condições de contribuir para a transformação desse mundo "esquisofrênico".*

Pois é...

tentativa "em"

Tentativa é um nome que não pede *em*, mas apenas *de* antes de infinitivo, ainda que também aceite *para*: *A tentativa* ***de*** *acabar com a inflação deu certo.* *** *Aquela era a minha tentativa* ***de*** *recuperar o terreno perdido.*

No *site* da Jovem Pan, escreve conhecido e respeitado editorialista: *A tentativa do Ministério Público Estadual "em" impedir a construção de um auditório musical no Parque do Ibirapuera a pretexto de garantir a cobertura vegetal é só para aparecer na foto.*

Conseguiu aparecer mais o editorialista.

"resseção"?!

No *site* da Jovem Pan, escreve o mesmo conhecido e respeitado editorialista: *A Fiesp avisa que a "resseção" está chegando, mas 'São Palocci da Boa Garganta' garante que nós já chegamos ao fundo do poço e agora vamos crescer. Deus queira que ele esteja certo.*

Deus queira, também, que os jornalistas, um dia, consigam escrever direitinho!

indústria "automobilística"

A bem da verdade, esta indústria não existe, nunca foi instalada.

O adjetivo *automobilístico* se relaciona com *automobilismo* (modalidade esportiva). Assim, só se aplica adequadamente quando se trata de corrida de automóvel: *prova automobilística, corrida automobilística, pista automobilística,* etc.

Não sendo assim, é o adjetivo *automotivo* que deve ter uso (em Portugal se usa também *automóvel* como adjetivo): *indústria automotiva, setor automotivo, peças automotivas, oficina automotiva, poluição automotiva, evento automotivo,* etc.

Quem usa indústria "automobilística" por que não afirma que o Salão de Frankfurt é um evento "automobilístico"?

O jornalismo brasileiro, revelando estar tão perdido no assunto quanto cego em meio a cerrado tiroteio, escreve: *Ontem, o ministro do Planejamento, Guido Mantega, confirmou que o governo continua negociando um plano de auxílio ao setor "automobilístico".*

Mas arremata: *Furlan descarta a visão de que o Fórum esteja sendo criado simplesmente para solucionar uma questão pontual na atual crise do setor* ***automotivo.***

No *site* de O Estadão: *Setor "automobilístico" convoca estagiários.*

Que beleza!

Escreve um jornalista italiano há muito tempo radicado no Brasil, comentarista de esportes e de automóveis: *Como o Brasil saiu atrasado na corrida rumo "a" segurança e controle de poluição "automobilística" está sempre uma etapa atrás.*

Poluição é bem a palavra...

A revista Veja, ed. 1.833, p. 94, no entanto, dá uma demonstração de conhecimento e maturidade: *Os utilitários esportivos, como são classificados os jipões de luxo, representam metade das vendas dos veículos de passageiros nos Estados Unidos. Mina de ouro da indústria* ***automotiva****, eles detêm a preferência dos motoristas graças à aparência possante e à fartura de espaço interno.*

E na mesma reportagem: *É a primeira vez que a indústria* ***automotiva*** *reconhece o problema de segurança dos utilitários esportivos.*

A Veja, realmente, de uns tempos para cá, anda diferente. Tão diferente, que já passou até a dançar *chachachá,* quando antes preferia rumbar ao ritmo do "chá-chá-chá"...

Evolução é isso!...

talvez

Esta palavra, quando usada antes do verbo, exige o subjuntivo: *Amanhã eu talvez* ***vá*** *ao estádio. *** No futuro talvez eu* ***faça*** *uma viagem dessas. *** Talvez o pessoal* ***tenha*** *chegado e ainda não* ***tenhamos*** *sabido.*

Após o verbo, porém, a palavra não interfere no emprego do modo: ***Irei*** *ao estádio talvez amanhã. *** O pessoal* ***chega*** *talvez ainda hoje.*

Num editorial: *Talvez "chegou" a hora do Brasil.*

Hora de quê?...

árbitro ≠ juiz

Árbitro é mediador de jogos esportivos. *Juiz* é magistrado que julga nos fóruns ou tribunais. O *árbitro* nem precisa ter curso superior; basta ter diploma de curso médio (que alguns ainda falsificam, para conseguir apitar jogos). O *árbitro* nunca julga nada, seu papel é seguir as 17 regras do futebol e decidir instantaneamente no campo de jogo (o que não é tarefa fácil), ao contrário do *juiz*, que estuda, reflete e decide nos autos.

Portanto, nos campos de futebol existem *árbitros*, e não "juízes", apesar de os torcedores só chamarem "juiz ladrão".

No *site* do Jornal da Tarde: *O São Paulo venceu. Mas quem brilhou foram as "juízas". Apesar dos protestos do Guarani, que teve dois gols anulados, as meninas acertaram em todas as jogadas polêmicas.*

Sim, as meninas acertaram em tudo. Mas... e os jornalistas?

"auto-falante"

Esta é uma das grandes invenções modernas. As pessoas acham que estão se referindo a **falantes** de **auto**móveis. Então, não têm dúvida: escrevem "auto-falante".

Veja: *Foi o próprio governo, por seus "auto-falantes" expostos ou embutidos...* *** *Montado em seu triciclo equipado com gravador, amplificador, "auto-falantes", bandeiras e espelhos...* *** *Informação de "auto-falante" poderá influir.*

Até algumas montadoras estão anunciando que seus veículos têm seis "auto-falantes". Deve ser uma barulheira daquelas!...

"showmício"

É uma excrescência: mistura palavra estrangeira (***show***) com o final de palavra vernácula (***comício***). Mas consta num dicionário! Nesse, porém, tudo é perfeitamente normal, como veremos adiante.

Os neologismos surgem por necessidade de momento. Para serem incorporados ao vocabulário, é necessário que não possuam equivalentes no idioma e que estejam de acordo com os princípios da língua, ou seja, que sejam bem-formados. *Comício-show* me parece muito mais razoável que essa excrescência.

Conheço "o" Marrocos.

Marrocos é nome que não exige artigo: *Conheço Marrocos.* *** *Já estive em Marrocos.* *** *Gostei muito de Marrocos.* *** *Passei rapidamente por Marrocos.*

As revistas semanais de informação repetem o erro várias vezes até numa mesma edição: *região montanhosa "do" Marrocos; pesquisadores "do" Marrocos; "o" Marrocos quer transformar em parque turístico: rei "do" Marrocos.*

Uma delas trouxe, na ed. 1.712, pág. 20: *Espanha retoma ilhota "do" Marrocos.* Note ainda a falta do artigo antes de *Espanha.*

No *site* da Folha de S. Paulo: *Barco inflável afundou e matou pelo menos 18 pessoas afogadas "no" Marrocos.*

No mesmo *site*, dias depois: *Vinte e quatro pessoas morreram em cinco atentados, três deles com carros-bomba, em Casablanca, "no" Marrocos.*

No mesmo *site*, no dia seguinte a esse, a manchete era: *Polícia prende 27 por atentado em Marrocos.* (Ufa!, pensamos, eles finalmente corrigiram o erro.) A euforia durou poucos segundos. Abaixo se lia: *Nenhum grupo assumiu a autoria do ataque que teria deixado 41 mortos e cem feridos em explosões ontem em Casablanca, capital comercial "do" Marrocos, onde várias bombas explodiram simultaneamente.*

É uma no cravo e a outra bem na ferradura...

Na mesma época se leu no *site* do Jornal da Tarde: "*O" Marrocos está decidido a castigar sem clemência os terroristas.* Castigo só para eles?!...

Vejamos, finalmente, o que trouxe a revista Veja na ed. 1.761, pág. 42: *Espanha e Marrocos brigam por uma ilhota* (subtítulo). Na matéria se lê: "*O" Marrocos sempre reivindicou a posse dessa ilhota.* E ao longo dela só se vê o nome *Marrocos* antecedido do incompetente artigo.

Jornalistas, em princípio, deveriam conhecer a língua, porque vivem dela, é seu instrumento de trabalho. Os diretores do jornal suíço escrito em francês *Les Temps*, cansados de ver erros lingüísticos na publicação, decidiram multar os jornalistas em três dólares por erro cometido, seja de ortografia, seja de sintaxe. Se a medida fosse adotada no Brasil, os diretores de jornal já não precisariam preocupar-se em vender suas publicações: estariam milionários...

Mas não são apenas os jornalistas que padecem desse mal: entre eles há até dicionaristas! V. item seguinte.

um "tira-teima"

Em português só existe *tira-teimas*, assim como só existe *tira-dúvidas* (e não "tira-dúvida").

"Tira-teima" é brincadeira do mais refinado mau-gosto. Mas, mesmo assim, foi agasalhada por dois dicionários: a um chamaremos, doravante, *dicionário 1*; ao outro, *dicionário 2*, em razão do grande número de "recheios" que traz, sem nenhuma necessidade, além do sem-número de equívocos, alguns grosseiros, realmente imperdoáveis.

O dicionário 2 criou uma acepção especial, só para incluir esta cacografia. É um privilégio realmente encantador.

Tudo seria muito bom, se ambos não pecassem mortalmente. Confiança, afinal, adquire-se, não se vende nem se empurra goela abaixo.

Atenhamo-nos inicialmente a alguns (apenas alguns) dos equívocos do dicionário 1:

1. coco-da-baía

Esta palavra seria melhor grafada *coco-da-bahia*, mas o Vocabulário Oficial não traz esta forma. O dicionário 1 registra *coco-da-baía*, mas no verbete *água-de-coco* usa justamente a forma não autorizada oficialmente (embora seja a melhor): *coco-da-bahia.*

2. "arquisseguro"

Os dois dicionários trazem esta forma. Ora, mas o prefixo *arqui-* exige hífen antes de palavras iniciadas por *s* (*arqui-sacerdote, arqui-sinagoga,* etc.) Por que, então, "arquisseguro"? Não se sabe: é um mistério.

3. reduzir "a menos"

Qualquer pessoa vê nesta combinação uma redundância. Mas na acepção 3 de *atenuar,* o dicionário a traz. Seria possível, então, também "reduzir a mais"?

4. "azeite-de-dendê"

A grafia correta é *azeite de dendê,* sem hifens. O dicionário 1, no entanto, registra "azeite-de-dendê", mal de que não padece o outro, dicionário 2.

Ora, se devemos escrever "azeite-de-dendê", somos obrigados, pela coerência, a grafar também "azeite-de-oliva", "azeite-de-oliveira", "óleo-de-soja", "óleo-de-amendoim", etc. Mas isso nenhum dicionário traz. Por algo será...

5. "dona-de-casa"

É outra bobagem. A grafia correta é *dona de casa,* sem hifens.

O mais interessante nisso tudo é que os dois dicionários registram palavras hifenizadas quando elas não exigem hifens e, por outro lado, deixam de empregá-lo quando há necessidade deles. Por exemplo: *buraco-negro* (no sentido astronômico), *disco-voador* (ovni) e *mala-direta* (no sentido publicitário).

Há grande diferença entre um *buraco negro* e um *buraco-negro*. Um *buraco negro* é um buraco que não é branco, nem verde, nem amarelo, etc. O *buraco-negro* é um termo da astronomia; daí por que o vocábulo deve ser hifenizado.

A *caixa-preta* das aeronaves não é uma *caixa preta* (ela tem a cor laranja), assim como um *buraco-negro* não é um *buraco negro*. Se alguns dicionaristas conseguissem entender isso, evitariam muitas complicações.

Façamos justiça, porém: na edição do século XXI já se mudou de "manteiga derretida" para *manteiga-derretida* (pessoa que chora à toa). Mas no dicionário 2 continua a "manteiga derretida". Ora, não haverá sensível diferença semântica entre uma manteiga que se derreteu (*manteiga derretida*) e uma pessoa que chora com facilidade (*manteiga-derretida*)?

Ou tudo é a mesma coisa?

6. "pôr-do-sol"

É outra brincadeira. É preciso sabermos admirar o verdadeiro *pôr do Sol*. Note: sem hífen e com S maiúsculo (de preferência).

Quem escreve ou registra "pôr-do-sol" tem de, por coerência, escrever e registrar também "nascer-do-sol". Que dicionarista já teve a coragem de fazê-lo? Nenhum. E por que, então, alguns se enchem de coragem para registrar "pôr-do-sol"?

Dia desses vimos uma frase que nos deixou ao mesmo tempo entusiasmado e esperançoso: *De todos os fenômenos celestes, o mais visível é o nascer e o pôr do Sol.*

Alguma luz sempre se faz...

O dicionário 1 registra "pôr-do-sol", mas no verbete *sol-pôr*, sinônimo, incompreensivelmente, traz correto: *pôr do Sol*. Não é maravilhosa a coerência?

Já o dicionário 2 não comete a mesma asneira: traz essa expressão sem o hífen, mas não com S (maiúsculo): *pôr do sol*. Não deixa de ser uma esperança.

A Editora Abril lançou recentemente o seu Guia Brasil, em que destaca uma lista dos poentes mais bonitos em nosso país. E anunciou: *O melhor do "pôr-do-sol"*.

Que tal lançar, para breve: O melhor do "nascer-do-sol"?

7. "escola de samba"

É outro equívoco dos dois dicionários. O nome correto da agremiação que desfila no carnaval, geralmente com carros alegóricos, é *escola-de-samba*.

Quem, contudo, quer aprender a sambar vai a uma *escola de samba*, assim como quem quer aprender a dançar forró vai a uma *escola de forró*; assim como quem quer aprender a dança do ventre vai à *escola de dança do ventre*.

É muito fácil estabelecer a diferença entre uma escola e outra. Os dicionários conseguiram?

8. cagüira

Todo o mundo sabe o que é isso: muito medo e também azar no jogo. Com trema, naturalmente. Mas os dois dicionários trazem ""caguira". Alguém já teve "caguira"?

9. vereador "municipal"

Qualquer pessoa detecta de pronto a redundância existente nesta combinação. O vereador só pode ser municipal. Mas o dicionário 1 define *camarista* assim: *vereador municipal.* Existiria, então, o "vereador estadual"? O "vereador federal"?

10. sineta "pequena"

Qualquer criança sabe que *sineta* é sino pequeno. Assim, a combinação acima é redundante. Ao definir *campainha,* o dicionário 1 traz: *sineta pequena e manual.* Mas em *sineta,* o próprio dicionário define: *sino pequeno.*

Durma-se com tanto sino batendo...

11. "Esporte Clube Coríntiãs Paulista"

Eis aqui o que nem mesmo o mais fanático palmeirense reconheceria. Existe este clube no Brasil? Os corintianos sabem que não. Mas no verbete *corintiano* está lá. Quem torce por esse clube?

12. tecnicólor

É assim que devemos escrever e pronunciar esta palavra. O dicionário 1, no entanto, registra *tecnicolor,* ou seja, como oxítona, rimando com *trator.*

O caro leitor, por acaso, já assistiu a algum filme em "tecnicolôr"?

13. dengue

É palavra feminina, em qualquer sentido: ***a** dengue.* O dicionário 1 registra a palavra, na acepção de doença, como masculina. Quem pegou "o" dengue que se cuide!

14. lhama

É nome masculino (ruminante andino). O dicionário 1 dá corretamente a palavra como masculina, mas no verbete *alpaca* trata o animal de "a lhama".

15. dundum

É nome masculino (projétil). O dicionário 1, no entanto, dá a palavra como feminina. É para ferir menos?...

16. colocar

Não se aconselha o uso deste verbo como sinônimo de *expor*. Por isso, não fica bem "colocar" uma questão. Mas o dicionário 1 registra a sinonímia.

17. "mais" superior

Esta combinação é redundante, porque a idéia de *mais* já se encontra no adjetivo. No verbete *escápula*, acepção 4, porém, está: *a parte "mais superior" do membro superior.*

Tudo, naturalmente, muito superior...

18. embora "sendo"

Combinação reprovável: *embora* não aceita a companhia de gerúndio. Leia, porém, a acepção 10 do verbete *independente.*

outros equívocos imperdoáveis do dicionário 1

1. Em *amigado* dá *amasiado* como sinônimo, mas não traz esta palavra.
2. Confunde verbo unipessoal (usado nas terceiras pessoas, do singular e do plural) com verbo impessoal (só usado na terceira pessoa do singular), no verbete *anoitecer.*
3. Dá *atobá* como substantivo feminino.
4. Dá *atrito* como substantivo masculino (corretamente), mas define-o, na acepção 5, como adjetivo: *que tem atrição.*
5. Confunde adjetivo com particípio, como se vê no exemplo fornecido no verbete *ativado.*
6. Confunde verbo transitivo indireto com verbo intransitivo, como se vê pelo exemplo do verbete *batalhar.*
7. Registra *caixa-de-fósforos* como substantivo masculino.
8. Dá *cambeba* como substantivo feminino e remete o consulente a *cambeva*, que já não é feminino, mas masculino.
9. Registra (imagine!) "camondongo", remete o consulente a *camundongo*, mas neste verbete não se refere à cacografia "camondongo".
10. Registra "cerusita", em vez de *cerussita.*

11. Registra *chuva-de-ouro* como substantivo masculino e "dobermann", quando a raça do cão é mais singela: *doberman*.
12. No verbete *cianotipia* aparece *azul-da-prússia*, que o dicionário não registra.
13. Confunde verbo transitivo direto e indireto com verbo transitivo direto e adjunto adverbial, como se vê na acepção 17 do verbete *cobrir*.
14. No verbete *coincidir*, acepção 7, fornece exemplo em que se tem claro erro de concordância verbal e falta de competente vírgula.
15. Registra corretamente *desabafar* como verbo intransitivo, na acepção de desafogar-se, revelando o que sente ou pensa, mas no verbete *desafogar* faz constar, na acepção 12, "desabafar-se". O mesmo equívoco acontece em *desapertar*, acepção 6.
16. Dá *blastoderme* como substantivo masculino. A propósito, o dicionário 2 dá *blastoderma* como feminina e *blastoderme* como masculina. E é justamente o contrário.
17. Na acepção 3 de *desaperceber*, dá como sinônimo desprover-se (verbo pronominal), mas não registra o verbo como pronominal.
18. Dá *dina* (física) como substantivo feminino, mas no verbete *erg* traz *um dina*. Qual seria o gênero correto de *dina*?
19. Dá *parteiro* (pasme!) como sinônimo de *obstetra*. Se um dia, caro leitor, estiveres numa maternidade, chama o obstetra de parteiro e verás como nascem os maiores palavrões (sem o uso de fórceps)...
20. No subverbete *ciclo suetônico*, menciona "Meton", em vez de *Méton*, astrônomo ateniense do séc. V a.C.
21. Em *esquinado* dá *facetado* como sinônimo, mas não registra esta palavra.
22. Dá *focal* (óptica) como substantivo masculino, mas três linhas abaixo aparece *duas focais*. Qual seria o gênero correto?
23. Dá *forcejar* como verbo transitivo indireto e fornece exemplo em que o verbo é intransitivo.
24. Em *garantia*, acepção 1, define: *ato ou efeito de garantir(-se)*, mas não registra o verbo como pronominal.
25. Dá *inocular* como verbo transitivo direto e indireto e fornece exemplo em que o verbo é apenas transitivo direto. Fato idêntico ocorre com o verbo *interdizer*, em que confunde o pronome *lhe*, objeto indireto, com o pronome *lhe* com valor possessivo.
26. Confunde *continuidade* e *continuação*, conforme se percebe pela acepção 1 de *interromper*.
27. Confunde *mandato* com *mandado*, como se vê pela acepção 2 do verbete *mandatário*.
28. Insiste (desde a antiga edição) em registrar *manganina* como substantivo masculino.
29. Insiste (desde a antiga edição) em dar *numeração* como substantivo masculino.
30. Insiste em registrar o verbo *refinar* como pronominal, mas fornecer exemplo de verbo intransitivo.
31. Insiste em registrar *sacar* como verbo transitivo indireto, fornecendo exemplo em que o complemento é objeto direto preposicionado: *sacou de um canivete*.
32. Insiste em confundir substantivo sobrecomum com substantivo comum-de-dois, remetendo o consulente de um verbete para o outro.

33. Confunde objeto indireto com adjunto adverbial de finalidade, como se vê no verbete *pelejar.*
34. Em *perpetuar,* acepção 8, fornece este exemplo: *segundo a Bíblia, o homem não se perpetuará "para sempre".* (Graças a Deus!...)
35. Em *subtangente* usa "seguimento" por *segmento.*
36. Dá *último* como adjetivo e fornece exemplo com um substantivo: *o último da fila.*
37. Em *vidrar,* dá o verbo como transitivo indireto e fornece este exemplo: *O mineiro é vidrado em mar.* Não seria *vidrado,* aí, um adjetivo?
38. Dá *voltado* e *volvido* como sinônimos de *virado,* mas não registra nenhum daqueles verbetes. Ou, melhor: dá, sim, *voltado,* mas não como sinônimo de *virado.*
39. Dá "fim de semana", sem hifens, em vez de *fim-de-semana,* como sinônimo do anglicismo *weekend.*
40. Dá *eliminante* como substantivo masculino.
41. Registra "epistase" por *epístase* e "epistoma" por *epístoma.*
42. Em *derby,* informa que a corrida de cavalos na Inglaterra teve início no século XVII, quando na verdade foi no século XVIII (1780).
43. Em *palavra-filtro,* dá "máscara (26)" como sinônimo, quando é *máscara (27).*
44. No verbete *nove horas,* ora usa *nove-horas,* ora "nove horas". Afinal, o dicionário é cheio de "nove horas" ou de *nove-horas?*
45. No verbete *noticiar,* dá *notificar-se* como sinônimo, na acepção 3, mas não registra *notificar* como verbo pronominal.
46. Em *nistatina,* a fórmula química está completamente errada. (Não explode?...)
47. Em *neutrófilo* usa *granulócito* como adjetivo, quando ele próprio só registra esse nome como substantivo.
48. Registra *neoprene,* em vez de *neopreno* e dá *coxão duro* como sinônimo de *chã-de-fora* (no que está correto), mas não registra nem *coxão duro* nem muito menos *coxão mole.* É mole?
49. Em *nefanálise* existe um estranho "metereológicas". Existiriam mesmo informações desse tipo?
50. Usa "independente" por *independentemente* no verbete *nécton.*
51. Em **nascer**, corrompe a ordem alfabética, ao trazer *Não ter nascido ontem* depois de *Nascer ontem.*

Bem, paremos por aqui, mesmo porque **51** sempre dá uma boa idéia...

omissões imperdoáveis do dicionário 1

O dicionário 1 não registra inúmeras palavras corriqueiras do nosso dia-a-dia, tais como: *aliche, aditivar, apagão, babuxa, betacaroteno, brachola, bronzina, cacume, caipiríssima, caipirosca, canaleta, capciosidade, cartelização, cartografar, cauterizador, celtibérico, chachachá, cheirada, chenila, chuleta, cinema-verdade, colchão-de-ar, comanda, confrei, correlatividade, coxinha* (alimento), *derrapada, desembaçador, desembaçar, empelotar, empolgado, encharcado, engripar, entreeixos, esterçamento, esterçar, fascinado, filiado, fotossensor, futessal, gargantada, holerite, horrorizado, irrealidade, jubarte (baleia), parquímetro, parvovirose, piscada, pré-temporada, preto-velho, retroescavadeira, sapólio, trambulador.* Sem falar em *ebola, biodiesel, videocassetada, mecatrônica, metrossexual, vanerão, degustadora, pegadinha, chocólatra...* **Preocupado**? Também não traz. **Chateado**? Também não. **Decepcionado**? Pois também não traz. **Estarrecedor**? Também não traz.

E esse (atente bem!) é o dicionário do século!!! Temos mais de noventa anos ainda pela frente...

alguns equívocos imperdoáveis do dicionário 2

1. Registra "todo mundo", em vez de *todo o mundo*, e dá "furoa" como feminino de *furão*.
2. Registra corretamente *antidepressivo*, mas ao longo do dicionário usa "anti-depressivo" (v. o verbete **psicotrópico**).
3. Registra *neo-imperialista* como partidário do neo-imperialismo (e o é, de fato), mas não registra *neo-imperialismo*; registra *polarográfico* desta forma: relativo a polarografia ou a polarógrafo, mas não registra *polarógrafo*.
4. Dá *teta, mama, seio* e *úbere* como sinônimos. (Ora, mulher tem teta?! Mulher tem úbere?!)
5. Registra os adjetivos relativos a *microfauna* (*microfauniano* e *microfaunístico*), mas não faz sequer alusão aos adjetivos relativos a *macrofauna*.
6. Registra corretamente *conto de fadas* (sem hífen) e, logo abaixo, em outro verbete, usa "conto-de-fadas". (Ora, a palavra é ou não é hifenizada?)
7. Dá *peão* como sinônimo de *pedestre*. (Ora, então, todas aquelas pessoas que caminham pela Avenida Paulista, em São Paulo, são peões?!)
8. Dá *xirimbambada* como variante de *turumbamba*, o que é correto, mas em vez de registrar o verbete *xirimbambada*, registra outro, que não existe, "xirimbamba".
9. Dá "portas-e-janelas" como plural de *porta-e-janela*, quando se sabe que o plural das palavras ligadas por **e** se faz com variação apenas do último elemento (p. ex.: *ponto-e-vírgulas, quarto-e-salas*).
10. Registra "toca-fita" ao lado de *toca-fitas*, mas não registra "toca-disco". (Ora, aquele que registra "toca-fita", que não existe, tem de ser coerente e registrar também "toca-disco", que também não existe. Por que não o faz?...)
11. Dá *largo* como sinônimo de *praça*. (Ora, então, podemos dizer indiferentemente: *Largo* ou *Praça* da República, *Praça* ou *Largo* do Ouvidor?!)
12. Dá *musicista* como sinônimo de *músico* e, como conseqüência desse equívoco, define *retretista* como "musicista de retreta".
13. Registra *patinar* como sinônimo de *ganhar (concreções terrosas)* e fornece este exemplo para "elucidar" a acepção: *O tempo patinou o mármore da Acrópole.* (Ora, segundo a definição, temos: "O tempo ganhou concreções terrosas o mármore da Acrópole", ou

seja, totalmente sem sentido.)

14. Procede corretamente, ao não registrar "aficcionado", porque a palavra não existe, mas emprega justamente "aficcionado" na obra, no verbete *micreiro*.

15. Define substantivo como se fosse adjetivo (*prodigalidade*, acepção 2) e define adjetivo como se fosse substantivo (*mudo*, acepção 4.2, *combinado*, acepção 7 e *macrofilo*).

16. Registra corretamente o verbo *obedecer* como transitivo indireto, mas usa-o como transitivo direto (*ato*, acepção 5).

17. Registra *biopoese* e *microcâmara* como substantivos masculinos.

18. Registra "por causa que" e até (imagine!) "por causo que". (Só faltou registrar "mendingo" e "mortandela"...)

19. Registra "tutti frutti" sem hífen, classifica corretamente a expressão como locução substantiva, mas a define como adjetivo.

20. Registra *trecentésimo* sem fazer nenhuma referência à forma *tricentésimo*, mas registra esta forma e, no verbete (sem se referir a *trecentésimo*), muda o texto usado em *trecentésimo*, como se existissem acepções distintas para as duas palavras.

21. Confunde objeto indireto com adjunto adverbial e, conseqüentemente, verbo transitivo indireto com verbo intransitivo, fato claro no verbete *pular*.

22. Registra, no verbete *pé*, "pé de atleta" e faz o mesmo registro em verbete próprio (*pé-de-atleta*). (Afinal, qual a palavra correta, com hífen ou sem hífen?)

23. Registra, também no verbete *pé*, "pé quente" e faz o mesmo registro em verbete próprio (*pé-quente*). (Afinal, o dicionário é "pé quente" ou é "pé-quente"?)

24. Registra *muçarela* e *mozarela*, mas dá a primeira como palavra masculina. (O caro leitor já experimentou comer "um bom" muçarela?)

25. Define *tamborete* assim: assento quadrado ou redondo, sem encosto "e" braços. (Ora, a correlativa de *sem* é *nem*, e não "e"; daí por que temos dicionários sem eira *nem* beira, dicionários sem pé *nem* cabeça, etc.)

26. Registra a excrescência "showmício". (Só faltou registrar "menas" e "questã"...)

27. Usa, a exemplo de Odorico Paraguaçu, famosa personagem de Dias Gomes, "adredemente", no verbete *conhecimento*. (Ora, "adredemente" é absurdo tão grande quanto "apenasmente", "emboramente", "somentemente".)

28. Usa, a exemplo de criança da quinta série, "rabujento" (verbete *coroca*).

29. Usa a incrível palavra "imparciabilidade", em vez de *imparcialidade*, no verbete *eqüidade*.

30. Usa "calcáreo", em vez de *calcário*, no verbete *bezoar*.

31. Dá *bituca* como palavra masculina (!) e confere-lhe significado totalmente diverso do que todos conhecemos.

32. Registra corretamente *ponto-de-venda*, mas no verbete *bandeira* usa "ponto de venda". (Afinal, a palavra é ou não é hifenizada?)

33. Classifica os verbos segundo a antiga nomenclatura (*bitransitivo*, p.ex.).

34. Não usa ponto no final das frases nem vírgula antes de *etc.*, contrariando o que preceitua ou sugere o Vocabulário Oficial.

35. Confunde *juiz* com *árbitro* e vice-versa. (Um torcedor que xingue o árbitro de "juiz ladrão" é compreensível, mas um dicionário confundir um ofício com outro é imperdoável!)

36. Registra *xerox,* considerando-a palavra oxítona e também como masculina, além de registrar o verbo "xerocar", corruptela grosseira de *xerografar.*

37. Confunde *vaporar* com *evaporar* e *vaporizar,* e *vaporizar* com *vaporar, volatilizar* e *evaporar.* (Faz uma bagunça daquelas entre esses verbos, que não são sinônimos: a água não "se evapora" nem "se volatiliza" a 100°C, mas *vaporiza-se.*)

38. Registra direitinho *Via Láctea,* no verbete *via,* mas em *galáxia* tem uma recaída e usa quatro vezes "Via-Láctea". (Afinal, o nome da nossa galáxia é *Via Láctea,* sem hífen, ou "Via-Láctea"?)

39. Troca a nacionalidade de pessoas, registrando como médico norte-americano o britânico Joseph Bancroft, em *bancroftíase.*

40. Registra "conto-da-carochinha" com hífen e ainda dá a palavra como feminina.

41. Registra *miorrelaxante* como substantivo feminino (!), mas o define como adjetivo e substantivo masculino; com *cerebral* faz justamente o oposto: define o adjetivo como se substantivo fosse, na acepção 6.

42. Considera transitivo direto e indireto o verbo da frase *voltei do trabalho para casa* e transitivo indireto o verbo das frases *voltei ao início da página* e *quando voltará você à nossa casa.* (Ora, o verbo das três frases é unicamente intransitivo, seguido de adjuntos adverbiais, e não de complemento verbal.)

43. Registra "bandoneon", palavra oxítona com *-on* final, totalmente incompatível com a índole do idioma. (A forma correta é *bandônion.*)

44. Usa acento grave na expressão *a distância,* em *xeta.* [Ora, qualquer estudante sabe que só se usa acento grave nessa expressão quando ela vem determinada: *Vejo algo a distância.* (Sem acento.) *Vejo algo à distância de vinte metros.* (Com acento.)]

45. Registra *microaerófilo* como substantivo masculino, mas o define como se fosse um adjetivo.

46. Acentua corretamente *fórum, pia-máter* e *vade-mécum,* mas não faz o mesmo com *quorum.* (Ora, quem não acentua *quórum* também não deverá acentuar *fórum, álbum,* etc.)

47. Confunde *frade* com *monge* (existiria mesmo o frade budista?) e faz enorme confusão com os nomes científicos (p. ex.: *Myrcia multiflora* não é o nome científico da *pedra-ume,* mas sim do *cambuí,* e ele dá ambos os termos como sinônimos, que não são).

48. Dá *accessível* e *accessório* como equivalentes, respectivamente, de *acessível* e *acessório,* mas nestes verbetes não faz referência àquelas formas. (Aliás, neste particular, o dicionário é um pecador inveterado.)

49. Define verbo como se fosse um substantivo (v. *arrastar,* acepção 11); define substantivo como se fosse verbo (v. *acidificação*); define um adjetivo como se fosse substantivo (v. *condigno,* acepção 1); define um adjetivo e fornece um substantivo como exemplo (v. *comandante,* acepção 1).

50. Usa *Marrocos* com artigo ("o Marrocos" e "do Marrocos"), nos verbetes *almorávida* e *marroquino*? (*Marrocos* é nome que não admite artigo.)

51. Registra os verbos *sobressair* e *avultar* como pronominais ("sobressair-se", "avultar-se"), coisa que a língua nunca admitiu e, por outro lado, não registra o verbo *branquear* como pronominal, fazendo lá o que deveria ter feito aqui. Enfim, um desastre!

Bem, mas agora é preciso parar: afinal, **51** sempre dá uma boa idéia...

Mas há mais, muito mais ao longo da obra. É só ter paciência. Por exemplo: o que um filho pensaria do pai, se ele lhe perguntasse o que é *degelo*, e o "velho" respondesse: *Meu filho, degelo é degelo mesmo!* ?

Outro exemplo: *arrebentação* e *arrebentamento*. O dicionário traz, na primeira acepção: ato ou efeito de arrebentar(-se). Mas não registra o verbo *arrebentar* como pronominal. Como pode uma coisa *arrebentar-se*, se isso, para o dicionário, não existe?

Outro exemplo: uma obra séria não pode registrar *cabra* como feminino de *bode* nem *vaca* como feminino de *boi*, porque tais nomes não são "femininos" dos respectivos nomes masculinos.

Outro exemplo? É só ir folheando o dicionário: a cada página, uma ou mais surpresas, cada qual com seu tamanho. O verbo *conceituar* é mesmo bitransitivo? Ou é verbo transobjetivo?

Tudo isso para lhe mostrar que "tira-teima" é mais um de seus grandes equívocos, mais uma de suas formidáveis invenções.

Suponhamos que, em vez de "tira-teima", a emissora de televisão que criou e propagou essa excrescência, tivesse escolhido "tira-dúvida". Será que o referido dicionarista iria mudar o vocábulo correto *tira-dúvidas* para "tira-dúvida"?

A revista Quatro Rodas, na sua edição de agosto de 2002, estampa na capa: *Civic x Corolla: o "tira-teima" dos faixas pretas.*

E se o infeliz manchetista da revista quisesse, por hipótese, usar o sinônimo? Usaria "tira-dúvida"?

Qualquer dia destes ainda vai aparecer dicionarista que registrará "auto-falante". Para atender ao interesse das montadoras, que quase sem exceção, fazem propaganda afirmando que seus carros têm seis "auto-falantes". Estamos desde já à espera do registro.

EM TEMPO – Os dois dicionários não registram *chapoletada.* Nem *bola-murcha...*

omissões do dicionário 2

Não traz, além de milhares de outras: *abdução* (na acepção ufológica), *barista, beleza* (na acepção da física), *bioflavonóide, bolsa-d'água, botulina, calcetamento, cartografar, cauterizador, chagásico, cheirada, chocólatra, cibercafé, coloboma, colorretal, colorreto, compelido, comunicacional, comutatriz, conformacional, consorciação, copidescagem, cosmetização, coxinha* (alimento), *copidescagem, correlatividade, customização, customizar, degustadora, desatrelamen-*

to, descalibrar, descontratação, descriterioso, descruzamento, desdemonização, desembreagem, desentrave, desferimento, desfiliação, desfiliar, desfluoração, desfluorar, desfocagem, desgalhamento, desgrude, desindustrializar, deslacre, destroncamento, desunificação, didaticismo, dilatometria, dilatômetro, disfuncional, disponibilização, drive thru, *ebanização, ebola, ecovírus, eletrocirurgia, eletrometalurgia, emassamento, embaçado* (gíria), *embasbacamento, emendação, emendamento, empelotamento, empipocamento, encapotamento, encaroçamento, encarreiramento, encarrilamento, engatilhamento, epa!, esbofeteamento, esbravejamento, escoiceamento, esfumaçamento, esganamento, espanação, espanejamento, espicaçamento, espichamento, estarrecedor, estigmatização, estrangeiramento, esvaimento, esverdeamento, excetuação, extasiante, factóide, farmacodependente, farmacogenética, farmacogenômica, farmacognóstico, faucial, feminização, ferromanganês, fio-terra, folclorização, fotossensor, fototransístor, fraquejamento, gangrenamento, gasdinâmica, guinchamento, habitáculo, heliponto, hepa!, hidroclimatologia, hidrômetra, hidroponista, hidrossanitário, hidroterapeuta, hidrotratamento, himenal, homem-bomba, hospedagem* e *hospedar* (na acepção da informática), *micropintura, pegadinha, radiorrelógio, sapatênis, sars, tolerância zero.*

Com *tolerância zero,* naturalmente, convém parar...

"às custas de"

Esta locução não existe em nossa língua. O dicionário 2, no entanto, não só a registra, como a usa no verbete **astúcia**.

Se um marido vive *à custa d*a mulher, ninguém tem nada a ver com isso, mas se um jornalista ou um dicionarista vive "às custas do" leitor, do consulente ou do assinante, bem, aí a coisa muda.

Veja como escrevem os jornalistas, talvez embasados no maravilhoso dicionário: *Néstor Kirchner, 53, assumiu a Presidência da Argentina diante de 13 chefes de Estado. Segundo ele, o país honrará seus compromissos financeiros, mas não "às custas da" fome e da exclusão do povo.*

viking / viquingue

Os *vikings* ou *viquingues* (aportuguesamento) eram piratas escandinavos que saquearam as costas da Europa desde o século IX até o século XI. Até aqui, nenhuma novidade.

O dicionário 1 não faz nenhuma referência à forma *viking*; prefere registrar o aportuguesamento *viquingue* (paroxítono). Já o dicionário 2 não registra *viquingue,* mas apenas *viking,* porém, cometendo um erro palmar de ordem alfabética: inclui o verbete depois de *vípero,* quando deveria figurar antes de *vil,* que, aliás, assim como 51, também nos dá uma boa idéia...

esgotar

Na acepção de *vender até o último artigo ou exemplar*, é verbo pronominal: *O estoque de televisores da loja se esgotou em dois dias.* *** *O livro* ***se esgotou*** *em pouco tempo.* *** *Esta obra* ***se esgotará*** *brevemente.*

No dicionário 2, registra-se este verbo também como intransitivo.

Na verdade, somente na acepção de *esvaziar-se ou vazar-se completamente*, ou na de *consumir-se, gastar-se completamente* é que este verbo pode ser usado como intransitivo ou como pronominal: *A água do reservatório* ***esgotou*** (ou ***se esgotou***) *em três tempos.* *** *A fortuna do pai* ***esgotou*** (ou ***se esgotou***) *em poucos anos, com suas extravagâncias.*

espreguiçar

É verbo pronominal, e não intransitivo: *Hortênsia saiu do quarto* ***espreguiçando-se***. *** *Eu nunca* ***me espreguicei*** *na vida.* *** *Não é muito aconselhável* ***espreguiçar-se*** *em público.*

No dicionário 2, todavia, vê-se também como intransitivo nesta acepção. Normal.

estilhaçar

É verbo pronominal, e não intransitivo: *As vidraças do prédio* ***se estilhaçaram*** *com o terremoto.* *** *O pára-brisa* ***se estilhaçou,*** *ferindo o motorista.* *** *Este vidro trinca, mas não* ***se estilhaça***.

No dicionário 2, no entanto, o verbo tem registro como intransitivo. Não é normal?

estragar

É verbo pronominal, e não intransitivo: *Vinho aberto* ***se estraga*** *facilmente.* *** *Fora da geladeira, qualquer leite* ***se estraga*** *em pouco tempo.*

O dicionário 2 registra este verbo também como intransitivo. É ou não é normal?

sujar

Este verbo é rigorosamente pronominal, na acepção de tornar-se sujo: *Com este ar poluído, a pele e os cabelos facilmente* ***se sujam***. *** *O chapéu* ***se sujou*** *logo ao primeiro uso.*

O dicionário 2 registra este verbo direitinho como verbo pronominal. Parabéns! Mas...

Mas no verbete **salvaguarda**, acepção 6, usa-o como verbo intransitivo. Afinal, o verbo é pronominal ou intransitivo?

azaléia / azálea

As duas formas existem, mas a segunda é mais aconselhável, embora a primeira seja a mais popular.

O dicionário 2, no entanto, arrumou uma terceira forma, inexistente: "azaléa" (no verbete **murchar**).

"mais" anterior

Palavras como *anterior, posterior, inferior, superior,* etc. não admitem modificadores como *mais, menos,* etc., porque sua terminação já dá a idéia de *mais* ou de *menos.* Não existe, portanto, um fato "mais" anterior a outro. Existe, sim, fato anterior a outro. Não existe, em rigor, um produto "mais" superior a outro. O que temos é um produto superior a outro.

No dicionário 2, todavia, se lê no verbete *clitóris*: *porção "mais" anterior da vulva.*

Isso existe?

parusia

Todo bom católico sabe o que esta palavra significa: retorno glorioso de Jesus Cristo, no final do tempos, para estar presente ao Juízo Final. A palavra nos vem do grego *parousia* e é rigorosamente paroxítona, com acento na sílaba *-si-*.

O grande dicionário, todavia, registra "parúsia", coisa naturalmente relacionada com a chegada do demo...

assim, assim

Quando alguém nos pergunta como vamos, e a nossa saúde não anda lá essas coisas, costumamos responder: *Vou assim, assim.*

Mas o dicionário 2 não vai *assim, assim.* Vai "assim-assim".

sociocultural

É assim que se escreve esta palavra, e o dicionário 2 a registra corretamente, mas...

Mas no verbete **ambiente**, acepção 8, se vê diferente: "sócio-cultural".

Afinal, para o dicionário a forma correta é esta ou aquela?

crisântemo

É esta a única prosódia da palavra. Não há outra, pois este nome é rigorosamente proparoxítono. O grande dicionário registra direitinho a palavra como proparoxítona, mas...

Mas no verbete **variante**, ao fornecer exemplo de variantes prosódicas, lasca lá um "crisantemo", a par de *crisântemo.*

Coisas do dicionário 2.

"infectocontagioso"

A palavra é hifenizada: *infecto-contagioso.* O fantástico dicionário, no entanto, registra "infectocontagioso".

Ora, se *infecto* é adjetivo, tem vida independente. Não há, por isso, nenhuma razão para a omissão do hífen. Repare que escrevemos sempre com hífen: *econômico-financeiro, gráfico-industrial,* etc.

literocientífico / literomusical

É assim que se escrevem estas palavras, ou seja, sem hífen. Muitos grafam "lítero-musical" equivocadamente: *litero-* não é adjetivo, como *infecto,* do caso anterior, mas elemento prefixo-radical, a exemplo de *aero-* (aeroclube), *agro-* (agroindústria), *audio-* (audiovisual), *bi-* (bicampeão), *cardio-* (cardiorrespiratório), *eletro-* (eletroeletrônico), *morfo-* (morfossintaxe), *musculo-* (musculomembranoso), *radio-* (radiopatrulha), *socio-* (socioeconômico), *turbo-* (turbocompressor), etc., que nunca exigem hífen, a não ser em raríssimos casos.

A primeira palavra (*literocientífico*) tem uma variante gráfica: *literário-científico.* Por que, agora, com hífen? Porque *literário* é um adjetivo, e não um elemento prefixo-radical. Curiosamente, o fantástico dicionário não registra nenhuma daquelas duas palavras. Se registrasse, talvez o fizesse ambas com hífen. Só para ser coerente...

musculocartilaginoso / musculomembranoso / musculotendinoso

É assim que se escrevem tais adjetivos compostos, ou seja, sem acento no elemento *musculo-*, que, como vimos no caso anterior, não exige hífen.

Os consulentes daquele maravilhoso dicionário encontrarão no verbete **diafragma** uma novidade, que também não chega a ser uma GRANDE novidade. O mais curioso é que o dicionário não registra a referida palavra.

destarte / dessarte

As duas formas existem. Mas nenhuma delas se classifica como advérbio; trata-se de palavra denotativa de continuação (v. **Nossa gramática**).

Eis, porém, o que escreveu um jornalista, que também, nas horas vagas, põe-se a professor eletrônico, para dirimir as dúvidas das pessoas (que quase sempre acabam ficando ainda com mais dúvidas): *Quando o erudito deputado Roberto de Oliveira Campos usou o "advérbio"* ***dessarte*** *em um de seus artigos pela privatização, a bandeira maior do neoliberalismo, os ossos do padre Vieira chacoalharam de satisfação na Bahia, onde foi enterrado há trezentos anos: ele usou* ***dessarte*** *em um de seus sermões no Século 17.*

O grandioso dicionário está com o jornalista: classifica a palavra como advérbio.

franco-atirador

Como este composto é formado de adjetivo (*franco* = livre) + substantivo (*atirador*), ambos os elementos variam no plural: os *francos-atiradores.* Houve época em que se confundia o adjetivo com o elemento *franco-* = francês, o mesmo de *franco-alemão, franco-belga, franco-canadense,* etc. Daí por que se vulgarizou o plural *franco-atiradores,* que tem a preferência da mídia.

peso-pesado

É assim que se escreve este nome do mundo do boxe, assim como estes: *peso-galo, peso-leve, peso-leve-ligeiro, peso-médio, peso-meio-médio, peso-meio-médio-ligeiro, peso-meio-pesado, peso-mosca* e *peso-pena.*

Muito bem. O dicionário 2, todavia, registra corretamente *peso-galo, peso-mosca* e *peso-pena,* mas incompreensivelmente "peso leve", "peso leve ligeiro", "peso médio", "peso meio-médio", "peso meio-médio ligeiro", "peso meio-pesado" e "peso pesado". Ou seja, faz uma lambança muito a gosto de crianças, que misturam tudo quanto podem, quando brincam. Mas só quando brincam...

indochinês ≠ indo-chinês

Convém não confundir. **Indochinês** é da península da Indochina, península do Sudeste asiático. **Indo-chinês** é da Índia e da China ou entre esses dois países: *as relações indo-chinesas.*

Repare: a Indochina fica no *Sudeste* da Ásia. Pois bem. O dicionário 2, no entanto, traz justamente o oposto: que a referida península fica no "Sudoeste" asiático.

E agora?

ISO

Esta é uma sigla inglesa. De ***I**nternacional* ***S**tandard* ***O**rganization* = Organização Internacional de Padronização. O dicionário 2, no entanto, acusa: "International Organization for Standardization". Ora, como é que a sigla ISO pode sair dessa expressão? Por milagre?

avultar

Este verbo não é pronominal. Portanto, ninguém "se" avulta. Entre os cientistas do mundo, *avulta* Einstein. Entre os escritores brasileiros *avulta* Machado de Assis. Neste caso, *avultar* significa *sobressair, destacar-se.*

Também na acepção de *crescer, aumentar, tomar vulto,* este verbo é rigorosamente intransitivo: *As baixas norte-americanas avultam no Iraque.* *** *O prestígio do PT só tem avultado com a extraordinária e surpreendente gestão do presidente Lula.*

O fantástico dicionário 2, no entanto, registra este verbo como pronominal, que ele não é.

mala-sem-alça

Quando se usam, em sentido figurado, nomes de coisas em referência a pessoas, se tais nomes forem femininos, a norma é passarem a sobrecomum, no masculino. Assim, se *banana* (feminino) se aplica a uma pessoa, usamos: *Ele* (ou *Ela*) *é **um** banana.* Se *picareta* (feminino) se aplica a alguém, empregamos: *Esse homem* (ou *Essa mulher*) *é **um** picareta.* Se *laranja* (feminino) se aplica a uma pessoa, usamos: *Esse rapaz* (ou *Essa garota*) *é só **o** laranja, o chefão não aparece nunca.*

Muito bem. Passemos, agora, ao caso de *mala,* redução de *mala-sem-alça,* termo que se aplica no Brasil, como gíria, ao indivíduo cacete, chato, cricri, cuja companhia nunca é agradável ou bem-vinda. Trata-se, como *banana, picareta* e *laranja,* de um nome de coisa em referência a pessoas. Portanto, o nome é sobrecomum, e não comum-de-dois, como querem dicionaristas menos avisados. Portanto: *Esse dicionarista* (ou *Essa dicionarista*) *é **um** mala!*

Cremos ter sido claro...

pé-de-atleta / pé-quente

É assim que se grafam estas palavras; a primeira é da área dermatológica (micose); a segunda se aplica à pessoa que dá ou traz sorte. O dicionário 2 registra ambos os verbetes corretamente, mas...

Mas no verbete *pé,* registra os subverbetes "pé de atleta" e "pé quente", reproduzindo a significação dada naqueles verbetes.

Afinal, o dicionário provoca "pé de atleta" ou pé-de-atleta? É pé-quente ou pé-frio?...

"reúso"

Qualquer estudante das séries mais adiantadas do ensino fundamental sabe que não se acentua palavra paroxítona terminada em *-o*. Daí por que todos escrevemos: *caso, rabo, sapo, nabo, tacho, rato, papo, vaso, uso,* etc.

O dicionário 2, no entanto, registra "reúso" e repete a insipiência no verbete seguinte. Afinal, dicionário não é, tradicionalmente, uma obra em que devemos confiar de forma absoluta em relação à ortografia, ao menos em relação à ortografia?

"cremáster"

O nome de cada um dos dois músculos que elevam e envolvem os testículos, nos mamíferos, é *cremaster* (oxítono). Em português, todos os nomes com a terminação *-er*, quando esta vogal é aberta, são oxítonos. Confira: *cateter, colher, masseter, mulher, ureter,* etc.

Trata-se de mais um equívoco do dicionário 2, que, a bem da verdade, registra o nome oxítono, mas, ao referir-se também ao paroxítono, se perde.

teimar "com insistência"

Visível redundância: quem teima já procede com insistência. Mas o dicionário 2 é um poço sem fundo de inépcias. No verbete **amuar**, acepção 3, traz a redundância.

É por isso que aqui a gente sempre teima: **Não erre mais!** (Será que, para alguns, vale a insistência?)

derivar

É verbo transitivo indireto ou pronominal (originar-se, provir; resultar): *Jibóia **deriva*** (ou ***se deriva***) *do tupi.* *** *O queijo e o iogurte **derivam*** (ou ***se derivam***) *do leite.*

Quanto a este verbo em particular, caro leitor, queira ir àquele fantástico dicionário!

Tomamos o verbete **derivar** apenas como o modelo de bagunça que campeia na obra, na classificação dos verbos. A ânsia por economia de espaço obrigou o autor a englobar várias classificações num só item. O resultado é um imbróglio que confunde até mesmo o consulente mais atento. Acrescente-se a esse imbróglio a escolha infeliz do autor de usar nomenclatura arcaica: *bitransitivo*, p. ex.

Outro fato que salta aos olhos é a classificação errônea dos verbos. Em **derivar**, p. ex., na acepção 10, o que para o autor é transitivo indireto, na verdade se trata de verbo intransitivo, já que campeia confusão, em toda a obra, entre objeto indireto e adjunto adverbial, mal de que padece também o dicionário 1.

E saber que uma revista semanal de informação alardeou, à época do seu lançamento, a obra como a melhor no gênero já publicada no Brasil. Cego julgando cego dá nisso.

Habemus papam dominum?

parodiador = parodista?

Não. O *parodiador* é aquele que faz imitações humorísticas. Existem apresentadores de televisão que têm muitos *parodiadores,* alguns bons, outros sofríveis. Quantos *parodiadores* não tem o presidente?

Parodista é a pessoa que escreve paródias, é o escritor ou a escritora de paródias.

O dicionário 2, todavia, registra ambos os termos como sinônimos. Normal.

apogeu ≠ perigeu

Todo o mundo sabe disso, não é novidade nenhuma: *apogeu* é o oposto de *perigeu.* Em astronomia, *apogeu* é o ponto da órbita de um planeta ou de um satélite no qual este se encontra mais **distante** da Terra; *perigeu* é o ponto da órbita de um planeta ou de um satélite no qual este se encontra mais **próximo** da Terra.

Em sentido figurado, *apogeu* significa o grau máximo de desenvolvimento ou de perfeição que uma pessoa ou uma coisa pode alcançar, o ponto ou grau mais alto. Uma mulher pode estar no *apogeu* da sua juventude. Uma pessoa pode estar no *apogeu* da carreira. Minha geração viu o *apogeu* e a derrocada do império soviético.

Ora, se *apogeu* e *perigeu* são antônimos, como pode *perigeu* significar também o ponto ou grau mais alto? Pois é. Aquele fantástico dicionário veio mesmo para mudar tudo.

Habemus papam dominum?

"mais" inferior / "mais" superior

Qualquer estudante mais ou menos aplicado já sabe que *inferior* e *superior* são palavras que não admitem modificadores, como "mais", "menos", "muito mais", "muito menos", etc. Também não aceitam "que" ou "do que", mas apenas *a*: *Esse produto é inferior **ao** meu.* *** *O preço desse carro é superior **ao** meu.*

Muito bem. Espantar-se-ia o caro leitor se deparasse "mais inferior" num dicionário? Talvez não. Talvez sim. Pelo sim, pelo não, queira consultar o verbete **escorralho.** Daquele grandioso dicionário, naturalmente.

cabra-da-peste / cabra-da-moléstia

É assim que se grafam corretamente estas palavras, mas se o caro leitor for a qualquer dicionário vai encontrar "cabra da peste" e "cabra da moléstia". Ora, se as duas palavras se prestam a função adjetiva (*homem cabra-da-peste, mulher cabra-da-moléstia*), como não hifenizar? E por que com hífen trazem esses mesmos dicionários todas estas palavras: *cabra-de-chifre, cabra-de-eito, cabra-de-peia, cabra-escovado, cabra-feio, cabra-macho e cabra-sarado* e não *cabra-da-moléstia* e *cabra-da-peste*?

Só os ETs explicam.

habeas corpus / habeas data

É assim que se escrevem estes latinismos, ou seja, sem acento nem hífen.

O dicionário 2, contudo, registra *habeas corpus* (corretamente), ao lado de "hábeas-data". Sua coerência é formidável!

habitar

Este verbo pode ser transitivo direto ou intransitivo. Como transitivo direto: *Habito uma casa modesta.* *** *Ele habita favela.* Como intransitivo: *Habito numa casa modesta.* *** *Ele habita em favela.*

Como intransitivo, costuma ter adjunto adverbial regido da preposição *em* (***n**uma casa modesta, **em** favela*).

Qualquer estudante da oitava série sabe distinguir um objeto indireto (complemento de verbo transitivo indireto) de um adjunto adverbial de lugar.

O dicionário 2, todavia, revela desconhecer a diferença entre um e outro, e isto está claro em muitos verbetes, inclusive em *habitar*, em que considera transitivo indireto um verbo que é claramente intransitivo.

descongelar

Cubos de gelo *se* descongelam: o verbo *descongelar* (derreter-se, degelar) é rigorosamente pronominal. No microondas, uma carne congelada *se* descongela mais rapidamente.

O dicionário 2, todavia, registra o verbo também como intransitivo. Nele, normal.

"aquarelismo"

O caro leitor já ouviu falar em "aquarelismo"? Decerto que não: a palavra não existe! Mas se um consulente quiser saber o que é *aquarelista* e for a certo dicionário, verá que lá está a palavra (que nem mesmo o próprio registra).

Afinal de contas, o que será "a-qua-re-lis-mo"? Onde encontrar esse verbete? Não consigo. Fico, então, sem saber o que é "aquarelismo". Quem sabe se na próxima edição...

consistir

Este verbo rege a preposição *em*, e não a preposição "de": *O esqueleto humano consiste* ***em*** *muitos ossos. *** Minha biblioteca consiste* ***em*** *algumas obras raras. *** A Terra consiste* ***em*** *três quartos de água. *** A vida consiste* ***em*** *muitos anos de tolices e* ***em*** *muito poucos anos de lucidez.*

Muito bem. O dicionário 2 traz exemplos perfeitamente corretos com este verbo. Mas ao usá-lo, ao longo da obra, faz justamente o oposto. Consulte os verbetes **escorregador** e **número**!

Podemos até afirmar, para sermos bem didático, que o dicionário consiste **em** muitos equívocos...

E que "tudo mais" vá para o inferno!

A exemplo de *todo o mundo*, a expressão em destaque não dispensa o artigo. Portanto, quero, sim, que você me aqueça neste inverno. E que *tudo* ***o*** *mais* vá para o inferno!

"questã" de cultura

Quem usa "questã" está perto de usar também "coraçã", "limã", "mamã", "melã", "sabã", "bobã", que tudo é uma simples *questão* de cultura.

Há ainda os mais corajosos, que dizem "kuestã"! Aí é mesmo para ficar maluco! Certa feita uma senhora, muito simpática, depois de uma de nossas palestras, chegou e nos convidou, à queima-roupa: *Professor, eu faço "questã" que o senhor jante com a gente.*

Está claro que preferi a fome...

"mendingo" / "menas"

"Mendingo" e "menas", a exemplo de "questã", são farinha do mesmo saco.

pantera negra

Não se trata de uma espécie diferente de animal. Trata-se apenas de uma pantera que, por ter excesso de melanina, apresenta a pelagem totalmente negra. Por isso, não há nenhuma necessidade de usar o hífen aqui. O dicionário 2, todavia, registra "pantera-negra". Na década de 1960, nos Estados Unidos, havia os *Panteras Negras* ou os "Panteras-Negras"? (Eita perguntinha marota!)

penal

Não se usa esta palavra, estritamente do meio jurídico, na linguagem do futebol. A prática esportiva só conhece *penalidade máxima* ou *pênalti*, quando a infração do jogo é cometida dentro da grande área. O dicionário 2, no entanto, registra a palavra por *pênalti*.

Isso é de somenos importância.

Assim como não existe "menas", também não existe "somenas". Recentemente, porém, um presidente de tribunal, numa entrevista pela televisão, afirmou com toda a segurança que o problema da morosidade na justiça é de "somenas" importância.

O que, então, é realmente importante?

nomes das horas

Os nomes das horas exigem o artigo: *Trabalho d**as** 8h **às** 18h.* (E não: *Trabalho "de" 8h às 18h.*) *** *Cheguei por volta d**a** meia-noite.* (E não: *Cheguei por volta "de" meia-noite".*) *** *As lojas, aqui, abrem a partir d**as** 9h.* *** *Esperei-a desde **as** duas horas.* *** *Antes do meio-dia estarei lá.* *** ***Da** zero hora aos trinta minutos, passamos muito frio lá.* *** *Telefone-me por volta d**o** meio-dia!* *** *Estarei de volta entre **as** duas e **as** três horas.* *** *Só a encontrei depois d**a** uma da madrugada.*

É justamente esse artigo que justifica o uso do acento da crase em: *Voltei **às** nove horas.* *** *Cheguei **às** 15h.*

Se não houvesse o artigo, frases que tais dispensariam o acento grave, porque não haveria a ocorrência de crase. Por isso, quem usa o acento grave aí e não usa o artigo nas frases como as que se viram acima não sabe nem mesmo por que acentua o *à* ou *às*.

Alguns jornalistas acham exagero exigir o uso do artigo antes dos nomes das horas. O valor ou a importância das coisas, para eles, certamente, se mede pelo seu tamanho.

No *site* da Jovem Pan: *Morre Joel, campeão mundial em 1958: o corpo será velado a partir "de" 19h30 na sede da Gávea.*

Na ed. 1.813 da Veja, pág. 48: *Entre "10h40" da manhã e "21h20" da quinta-feira passada, Paulo Maluf fez um programa diferente dos que costuma cumprir em suas férias anuais em Paris.*

Veja, agora, caro leitor, o exemplo que encontramos no verbete *bacurau*, acepção 5, em ambos os dicionários: *ônibus que circula entre "uma" e "seis" horas da manhã.*

Estamos ou não estamos muito bem de dicionários?

O maior lateral-direita do mundo foi Djalma Santos.

Frase corretíssima. O futebol, na verdade, possui *lateral-direita*, e não "lateral-direito".

Se *lateral* e *ponta* são palavras femininas, só poderemos ter (corretamente, claro): *lateral-direita, lateral-esquerda, ponta-direita, ponta-esquerda.* Por que é que nenhum jornalista usa "ponta-direito", "ponta-esquerdo"? Por algo será...

Nos dias que correm, alguns substituíram *lateral* por *ala.* Mas nenhum deles usa "ala-direito" nem "ala-esquerdo". Todos dizem ou escrevem direitinho: *ala-direita, ala-esquerda.*

O nosso futebol é pentacampeão mundial. E os nossos jornalistas esportivos?

EM TEMPO – O dicionário 2 registra *lateral-direita* a par de *lateral-direito,* assim como *lateral-esquerda* a par de *lateral-esquerdo.* Seu autor levou em consideração o uso, apenas o uso, ao aceitar os compostos aqui impugnados. Há certos dicionários que têm como lema "o que cair na rede é peixe". Tudo para aumentar o número de verbetes. Qualquer dia destes, algum dicionário ainda vai trazer "mendingo", "mortandela", "menas", "questã", "idoniedade", "espontaniedade" e outras palavras populares. Aí, então, já não será preciso ter dicionário em casa.

"De sábado" não há expediente.

Não. Quando algo se repete, nos dias da semana, usamos o nome do dia no plural, antecedido da preposição *a*: ***Aos sábados*** *não há expediente.* *** ***Às segundas-feiras*** *tenho aula de Português.* *** ***Aos domingos*** *não saio de casa.*

Quem, na década de 1960, não cantou, pelo menos uma vez, aquela bela canção americana *Never on Sunday*? Ou seja: *Nunca* ***aos domingos***.

Há pessoas, no entanto, que se sentem melhor cantando "Nunca de domingo". Assim como há os que se sentem melhor falando em "lateral-direito" e "lateral-esquerdo". Temos de respeitar...

minissaia / minissérie

São estas as grafias oficiais. A nosso ver, equivocadas.

Ora, se *mini-* é prefixo (redução de *mínimo* ou de *miniatura*), exige hífen antes de palavras iniciadas por *h, r* ou *s,* assim como ocorre com *arqui-*, prefixo de mesma terminação. Deveríamos, portanto, em rigor, grafar *mini-saia* e *mini-série.* E também: *mini-reforma, mini-restaurante, mini-selo, mini-sociedade,* etc. Mas, oficialmente, escreveremos *minissaia, minissérie, minirreforma, minirrestaurante, minisselo, minissociedade,* etc. Ou seja, só porque é oficial, somos obrigados a engolir o sapo, assim como querem nos obrigar a engolir outros sapos oficiais, tais quais *serigüela, berinjela, acreano, Mossoró, Gibraltar,* etc.

Aqueles que optaram pelo não-uso do hífen, partiram do pressuposto que *mini-* é um elemento prefixo-radical. Não é. Quando se parte de premissa falsa, chega-se inevitavelmente a conclusão falsa.

Tanto não é, que inventaram uma saída (pouco honrosa) para a escrita de *mini-* com palavras iniciadas por *h*: *mini-hélice, mini-halo, mini-harpa, mini-hotel*, etc., ou seja, exigem o hífen. Ora, por que só com o *h*? Não existe nenhum elemento em nossa língua que exija hífen somente antes de *h*, com exceção de *entre-* (prefixo de terminação diferente). Eis aí uma das provas de que *mini-* não é prefixo-radical, mas um simples prefixo.

Convém fazer esta observação: todos os dicionaristas sabem que o prefixo *arqui-* exige hífen antes de *h, r* ou *s*. Pois bem. Estranhamente, um deles (aquele) traz *arqui-sinagoga* e logo abaixo "arquisseguro".

Qual é a explicação? Só Deus sabe.

Mercosul

É esta a grafia que aparece por aí. Cópia do espanhol *Mercosur*.

Ora, em português, o *s* entre vogais tem o som de *zê*. Sendo assim, a grafia, para nós, brasileiros, deveria ser *Mercossul*.

Aqueles que freqüentaram direitinho a escola, ao verem *Mercosul*, lêem "Mercozul". Não sem motivo, não sem razão.

O mundo está cheio de gente que adora inventar moda. (Sem morarem em Paris.) Formam, então, siglas com *s* entre vogais e querem que todos nós (que freqüentamos direitinho a escola) leiamos com som de *esse* aquele mesmo *s* que a nossa professorinha, tão dedicada e tão mal-remunerada, nos ensinou a ler com som de *zê*. Estão nesse caso, entre outros: CREFISSUL, COPESSUL, FLOSSUL, FRANGOSSUL, UNISSUPER, BANRISSUL e TELESSENA. O mesmo se dá com as siglas e palavras formadas com *r*. *Berron* – se é Banco do Estado de Rondônia, como justificar a sigla BERON, que nos leva a ler "*beron*", e não *berrom*, correta? *Eletrorrio* – como ler corretamente a sigla "Eletrorio"? *Credirreal* – o Estado de MG tinha, todavia, o "Credireal".

Veja-se, ainda, o caso da Companhia Siderúrgica Nacional. Arrumaram-lhe a sigla COSIPA (que todos lemos, evidentemente, *kozipa*). Ora, mas essa pronúncia se refere à Companhia "Ziderúrgica" Nacional, e não à verdadeira! Daí por que Cossipa é a sigla correta, verdadeira, autêntica (ao menos para os que freqüentaram a escola direitinho).

E no caso de *Mafersa* (= Máquinas e Ferramentas S.A.), em que a sigla é perfeita, alguns lêem "maférza"!

Dormir com um barulho desses – realmente – é muito difícil!

EM TEMPO – Alguns pronunciam "mérko-sul". Ora, mas a sigla não se forma da palavra ***mercado***? Então, a pronúncia coerente é *mêrko-sul*.

O *Titanik* "afundou" logo na primeira viagem.

Esta informação não traduz inteiramente a verdade. Sim, porque o *Titanik* em verdade ***se** afundou* logo na viagem inaugural, quando se dirigia da Inglaterra para os Estados Unidos, na noite de 14 para 15 de abril de 1912, depois de chocar-se com um *iceberg*.

Há uma diferença abissal entre *afundar* (= ir ao fundo) e *afundar-se* (= ir a pique, naufragar). Um mergulhador ou um submarino *afunda* e logo emerge. Muito diferente é um submarino *afundar*, e outro *afundar-se*: para um, trata-se de operação meramente de rotina; para outro, nem tanto...

Golfinhos, baleias e jacarés *afundam* e logo voltam à tona.

Há dicionários que confundem *afundar* com *afundar-se*. Não chega a causar AQUELA surpresa nem AQUELE espanto...

Uma curiosidade: no Brasil se pronuncia "Titanique", que em verdade é uma grande tolice. O navio era britânico, e não francês. A pronúncia verdadeira é *taiténik*.

jogo de "pimbolim"

O jogo que se faz com 22 bonecos numa caixa de madeira, imitantes a jogadores de futebol, é o *pebolim*.

Um famoso treinador, porém, depois de uma grande vitória do Palmeiras sobre o São Paulo (4 x 2), quando tudo indicava fácil triunfo são-paulino, talvez empolgado pelo placar elástico, que teve até gol de chapéu, declarou solenemente que futebol não é jogo de "pimbolim".

Isso não existe. Nem em Luxemburgo...

Quem nasce no Acre é...

Oficialmente, *acreano* (forma incorreta); na verdade *acriano*: é a vogal *i* que se usa neste caso, com queda da vogal final *e*. Repare: *Açores/açoriano, Goethe/goethiano, Iraque/iraquiano, raque/raquiano*, etc.

O Vocabulário Oficial, no entanto, registra *acreano*. E o sapo, quem tem de engolir somos nós. Aliás, o Vocabulário Oficial nos obriga não só a engolir esse sapo, mas muitos outros, cada um maior que o outro.

Durma-se com um coaxar desses!

rio da *Plata*

Este caso vai por mera curiosidade, só para mostrar que nem tudo é coerência no âmbito oficial da nossa ortografia.

Se coerência, para certos luminares, valesse alguma coisa, o nome do rio situado entre o Uruguai e a Argentina tinha de ser *da Plata*. Vejamos por quê.

Qual o adjetivo correspondente a rio da "Prata"? É *platino* (e não "pratino"). Como o adjetivo pode destoar da palavra a que se refere? É, pelo menos, um fato esdrúxulo. Todos sabem que a Província Cisplatina já nos pertenceu (e não a "Cispratina").

Plata, em castelhano, significa *dinheiro*, e não define o metal nobre, como no português. Por isso, não há por que aportuguesar *Plata* para *Prata* nesse caso. Note que ninguém aportuguesa *Labrador* para *Lavrador*, na expressão *península do* ***Labrador***, nem nesta: *corrente do* ***Labrador***. Por que, então, rio da *Prata*? Se se quiser usar rio da *Prata*, então, imperioso é que mudem o adjetivo de *platino* para "pratino". Ou isso não é coerência?

Há certas incoerências em nosso léxico que precisam ser definitivamente eliminadas. A Academia Brasileira de Letras, responsável pelo Vocabulário Oficial, tem de se manifestar a respeito das inúmeras distorções existentes no nosso vocabulário. Tem de nos explicar, por exemplo, por que não agasalha as formas legítimas *carcassa, cassarola, chererém, corsel, gengibirra, harpão, liaça* e *miçanga* que, pelos seus étimos, jamais poderiam ser grafadas como estão no Vocabulário Oficial. E por que *engazopar*, se se trata de derivada de *gás*? E por que *cardeal*, se a palavra nos vem do latim *cardinalis*? Onde foram achar esse *e*? E por que ***chupim***, se a palavra nos vem do tupi *xo'pi*? E por que ***chute***, se o grupo *sh* do inglês se representa com *x* em português (*xampu, xerife*, etc.)? Não seria um verdadeiro *chute*?

Em vez de nos dar resposta a essas perguntas, o Vocabulário Oficial se preocupa em incluir palavras como *inro* (porta-remédio, em japonês), *charruká* (festa judaica), *gefilte-fish* (bolinho de peixe), *tzedaká* (boa ação), etc., que absolutamente não correm entre nós. Importante e urgente, sim, é consertarmos primeiro as nossas inépcias.

A Academia Brasileira de Letras foi fundada por Machado de Assis e outros intelectuais contemporâneos seus para – precipuamente – cuidar da língua portuguesa. Sendo assim, a entidade tem de nos explicar por que, por exemplo, só admite as formas *engulimos* e *engulis*, do presente do indicativo, se o verbo é *engolir*. Tem de explicar por que agasalha a forma *estripulia* (forma incabível em Portugal, em que só se usa *estrepolia*). Tem de explicar por que *estrupício*, se o étimo é *stroppicio* (italiano) e em Portugal só se tem corretamente *estropício*. Tem de explicar por que acolhe a forma *mezanino*, se os *zz* italianos dão necessariamente *c* ou *ç* em português. A coerência e a história nos levam a apenas uma grafia: *meçanino*. E o caso de *muçarela* ou *moçarela*? Quem engole a forma proposta *mozarela*? Tem de explicar por que abona *extensão* a par de *estender*, se são palavras da mesma família.

Por que a Academia nos faz escrever *perônio*, se o étimo é o grego *perone*, através do latim *peroneus*? Por que fazer conviverem *perônio* e *peroneal*? Por que *sustenido*, se o étimo, seja o espanhol *sostenido*, seja o italiano *sostenuto*, só nos leva a grafar com **o** na primeira sílaba? Por que a Academia prefere a grafia *acrídeo* a *acrídio* (a oficial em Portugal), se a palavra provém do grego *akridion*, diminutivo de *akris* = gafanhoto? Por que a Academia registra *xucro*, se a palavra tem por étimo *chucre* que, em espanhol, significa *recém-chegado* e, como tal, *ignorante das coisas americanas*?

A Academia Brasileira de Letras precisa explicar por que registra *neoprene* e *neopreno* (corretamente), mas apenas *isopreno*. Precisa explicar por que não manda acentuar os substantivos *fôrma* e *sêde*, se os acentos gráficos em tais palavras são absolutamente necessários. Seria interessante, ainda, que a Academia nos explicasse por que considera *mini-* um elemento prefixo-radical, e não um prefixo.

Esperamos ainda da Academia Brasileira de Letras uma solução para o caso dos nomes próprios, alguns de origem indígena, como *Mossoró* e *Sergipe*, e outros de origens as mais diversas, como *Gibraltar*, que deveriam, todos três, de acordo com seus étimos, ser grafados, respectivamente, *Moçoró, Serjipe* e *Jibraltar*.

A Academia Brasileira de Letras precisa, enfim, começar a atuar como a Academia Francesa, por exemplo, que produz o *Dicionário*, uma obra séria, o árbitro oficial da língua francesa. Afinal, já temos mais de quinhentos anos! Não está na hora de criarmos juízo?

EM TEMPO – Sobre a Academia Brasileira de Letras, eis o que trouxe uma revista semanal de informação, na ed. 1.715, pág. 144: *Há muito tempo, a Academia Brasileira de Letras não produz nada de relevância cultural. Gera, no máximo, algumas fofocas curiosas. E, mesmo assim, só de vez em quando.* Como se vê, muito longe dos princípios que nortearam Machado de Assis a fundá-la.

piorar "mais" / piorar "ainda mais"

Visíveis redundâncias, porém, muito cometidas nos dias que correm, principalmente por repórteres e jornalistas. Eis um exemplo: *Em São Paulo, 66% da população consideram o trânsito da cidade ruim e 67% acreditam que a situação vai piorar ainda "mais".*

Na Veja, ed. 1.811: *Empresas e prestadores de serviço fazem malabarismos para evitar que a situação piore "ainda mais".*

Há certos jornalistas que se comprazem mais em fazer malabarismos com a língua...

O mais trágico, porém, aconteceria num fatídico dia de abril de 2003. Um jornalista escreveu: *O clima no Palmeiras, já conturbado depois da derrota por 7 a 2 para o Vitória, na última quarta-feira, piorou "ainda mais" nesta sexta-feira, na véspera da estréia da equipe na Série B do Campeonato Brasileiro, contra o Brasiliense, em Taguatinga.*

Piorar "ainda mais", principalmente no Parque Antártica, em 2002, era impossível. A verdade é que o Palmeiras *piorou tanto*, mas *piorou tanto* naquele ano, que caiu para a segunda divisão do campeonato brasileiro.

Reparou? Não foi preciso usar "mais" nem "ainda mais".

adiar "para depois"

Nem é preciso comentar: trata-se de uma redundância palmar. Há, porém, variantes. Repare nesta frase de um economista, escrita num periódico: *Crédito, ou confiança, que um estabelecimento dispensa ao consumidor permite adiar o cumprimento de uma obrigação "para uma oportunidade posterior".*

Mais curioso ainda seria se um estabelecimento adiasse o cumprimento de uma obrigação "para uma oportunidade anterior"...

melhorar "mais"

Redundância explosiva, como as anteriores. Semelhante a "cair para baixo". Ou seja, coisa de "demente mental"... O governo federal, no entanto, cometeu-a. Em 1996, durante o primeiro mandato do governo Fernando Henrique Cardoso, um de seus anúncios pela televisão anunciava uma melhora para todos os brasileiros. Então, se lia na tela: *Para uns, "melhorou mais", para outros "melhorou menos", mas que melhorou, melhorou.*

Naturalmente, o razoável seria que lêssemos de outra forma. Assim, por exemplo: *Para uns, melhorou **muito**, para outros melhorou **pouco**, mas que melhorou, melhorou.*

construções perfeitas

Há certas construções na nossa língua que são perfeitas, mas, por algum motivo, são ou foram tidas por incorretas. Vejamos algumas delas:

1. *Nadar **com ou sem** maiô.* Alguns querem que se construa assim: *Nadar com maiô ou sem maiô.* Por quê? Porque, segundo eles, é impossível, do ponto de vista lógico, alguém *nadar* **com ou sem**. A língua, porém, nunca foi um instrumento lógico.
2. *Ela chorou **antes, durante e depois do** velório.* Alguns querem que se construa assim: *Ela chorou **antes e depois d**o velório e **durante ele**.* Por quê? Porque *antes* e *depois* regem preposição, diferentemente de *durante.*
3. *Ele entrou e saiu de casa rapidamente.* Alguns querem que se construa assim: *Ele entrou em casa e saiu dela rapidamente.* Por quê? Por causa da regência: *entrar* rege *em*, enquanto *sair* rege *de.*
4. *O filme **foi assistido** por muita gente.* Alguns querem que se construa assim: *O filme **foi visto** por muita gente.* Por quê? Porque consideram que nenhum verbo transitivo indireto (caso de *assistir*) possa ter voz passiva. Isso é, de fato, uma verdade, mas a língua abona tantos casos semelhantes, que este seria apenas mais um. Veja o que ocorre com *obedecer, desobedecer, perdoar* e *responder* que, mesmo como verbos transitivos indiretos, são usados na voz passiva e, o que é mais importante, gramaticalmente assim aceitos.
5. *Eu **ia indo**, e ela **vinha vindo**.* O maior problema aqui é evitar o choque; no mais, tudo perfeito, porque os verbos *ir* e *vir* podem ser auxiliares de si próprios. Duro mesmo é ter de dizer: *Eu ia indo, e ela **não** vinha vindo...*

folhas de papel almaço "branco"

A palavra *branco* se refere aí a *folhas*, e não a *papel almaço.* Assim, temos: *folhas de papel almaço **brancas**.*

Eis outros exemplos, em que o adjetivo não concorda com o substantivo imediatamente anterior, porque não o modifica: ***banca** de jornal **depredada**, **banco** de reservas **brasileiro**, **regime** de alimentação **rigoroso**, **agência** de automóvel **fechada**, **luvas** de borracha **sujas**, **fitas** de máquina **pretas**, **noites** de outono **lindas**, **dias** de sol **maravilhosos**, **tardes** de chuva **gostosas**, **pesquisas** de opinião **diárias**, **blocos** de carnaval **animados**, **criminosos** de guerra **sérvios**.*

Repare, agora, na diferença: *massa de **ar frio**, tardes de **chuva miúda**, luvas de **borracha sintética**, dias de **sol intenso**, fábricas de **tecidos sintéticos**, pesquisas de **opinião pública seleta**.*

Vou "para" Santos todos os fins de semana.

Quem vai **para** algum lugar, vai para ficar ou demorar bastante; quem vai passear ou mesmo trabalhar às pressas e tenciona regressar brevemente, vai **a**. Portanto: *Vou **a** Santos todos os fins de semana.* *** *Nas férias irei **a** Madri.* *** *Vou **a** Fortaleza, mas voltarei amanhã.* *** *Faz dez anos que Bernadete foi **para** Lajes.* *** *Depois disso nunca mais a vi.* *** *Querida, escolhi nossa futura cidade: iremos **para** Teresópolis!*

Assim, não se usa com propriedade, por exemplo, a preposição **para** em frases assim: *vou "para" a praia, vou "para" a piscina, vou "para" o clube.* A não ser que a intenção seja morar ali definitivamente, o que não parece ser razoável.

Na Folha de S. Paulo: *Para ver uma rena ao vivo, só indo "para" o pólo Norte ou "para" a Eurásia (a parte superior da Europa), seu ambiente natural.*

Nem tanto...

bovinos, caprinos e *ovinos*

É preciso cuidado: muitos entendem que, numa exposição de animais desse tipo, irão ver bois, cabras e "galinhas". Alguns chegam até a pensar que verão **ovos** expostos junto com bois e cabras...

Ovino, na realidade, se refere a ovelhas. *Oviário* é curral de ovelhas, e não porção de ovos; *ovinocultor* é o que cria ovelhas, e não o que vive da venda de ovos. *Ovíparo*, contudo, significa que põe ovos; *ovívoro*, que se alimenta de ovos. A raposa, por exemplo, é um animal *ovívoro*, mas não ovíparo. O homem é outro desses animais.

dar à luz uma criança

É assim que se constrói o verbo dar nesta expressão. Eis mais exemplos: *Minha vizinha deu à luz gêmeos.* (E não: *Minha vizinha deu "a" luz "a" gêmeos.)* *** *A elefanta deu à luz um macho.* (E não: *A elefanta deu "a" luz "a" um macho.)*

Num jornal: *Cigarra consegue dar à luz "a" mais de 300 filhotes.*

O discurso "terminado", ouviram-se aplausos.

Nas orações reduzidas de particípio e de gerúndio, o sujeito vem posposto ao verbo: ***Terminado** o discurso, ouviram-se aplausos.* *** ***Chegando** a poetisa, avise-me! **Nascendo** o sol, pipilam as aves.* *** ***Descoberto** o plano, todos os conspiradores foram presos.* *** ***Sendo** menor a procura do público, os preços dos automóveis baixam.*

Há, todavia, um caso excepcional: *Isto **posto**, passemos a outro assunto!*

Não obstante, podemos ainda construir: ***Posto** isto, passemos a outro assunto!*

Essa é a pessoa "que" eu gosto.

É uma construção muito popular, mas não convém usá-la na linguagem elegante ou formal.

Existem aqui dois inconvenientes: primeiro, o pronome que se refere a pessoa é *quem*, e não "que", usado para coisas; segundo, o verbo *gostar* não foi usado em sua regência correta. Sendo assim, a frase perfeita é: *Essa é a pessoa* ***de quem*** *mais gosto.*

Eis outros exemplos semelhantes: *Rosana é a pessoa* ***em quem*** *mais confio.* *** *Elisa não era mulher* ***de quem*** *eu pudesse desconfiar.* *** *Você é uma chefe* ***a quem*** *todos obedecem.*

EM TEMPO – Há também na linguagem popular a tendência de usar uma construção em que o pronome relativo se diz *universal*, porque a função que deveria ser exercida por ele vem adiante, expressa por um nome regido de preposição. Ex.: *A mulher* ***que*** *eu cuido* ***dela*** *é bem velhinha.* Por: *A mulher* ***de quem*** *eu cuido é bem velhinha.* *** *O homem* ***que*** *eu falei* ***com ele*** *é professor de meu filho.* Por: *O homem* ***com quem*** *falei é professor de meu filho.*

segundo "quem"

O pronome relativo que se usa com palavras dissílabas em diante é *o qual* (e variações), e não outro: *Acusaram o governador de corrupto, segundo* ***o qual*** *tudo não passa de intriga da oposição.* *** *Todos viram na televisão o momento durante* ***o qual*** *foi assassinado o presidente norte-americano, em 1963.* *** *Não vou a casamento para* ***o qual*** *não sou convidado.* *** *Chamou a mulher, perante* ***a qual*** *confessou tudo.* *** *Esse foi o tema sobre* ***o qual*** *dissertei.* *** *Esse é o poste contra* ***o qual*** *o automóvel bateu.* *** *Foi chamado o pai, diante d****o qual*** *o filho confessou o crime.*

Os jornalistas, porém, escrevem de outra maneira: *A afirmação é do porta-voz da Presidência, segundo "quem" o principal objetivo das mudanças é conter a inflação.*

o qual e a ambigüidade

O pronome *o qual* (e variações) substitui o pronome relativo *que* nos casos de possíveis ambigüidades ou duplos sentidos. Como neste caso, por exemplo: *Eram promessas e homens desonestos,* ***as quais*** *ninguém levava a sério.*

Se usássemos que no lugar de *as quais* (que se refere a *promessas*), teríamos uma frase de sentido duplo ou ambíguo: *Eram promessas de homens desonestos, "que" ninguém levava a sério.*

A menos que "não" suspendam a greve, os patrões não negociarão.

A locução *a menos que* equivale a *salvo se, a não ser que.* Portanto: ***A menos que*** *suspendam a greve, os patrões não negociarão.* *** ***A menos que*** *cessem as hostilidades, os dois países po-*

derão entrar em guerra novamente. *** *No Brasil, todo criminoso vai para a cadeia e cumpre integralmente a pena,* ***a menos que*** *seja muito rico.* *** *Você vai ser muito infeliz na vida, Beatriz,* ***a menos que*** *case comigo.*

Eis, agora, o exemplo fornecido por um ilustre dicionarista, ao tratar dessa locução: *A menos que faça sol, sairemos.*

Frases assim são ótimas para quem quer dizer justamente o oposto do que deseja...

assim como / bem como

Quando entre os sujeitos houver a expressão *assim como* ou *bem como*, o verbo concordará sempre com o primeiro sujeito: ***Eu****, assim como vocês,* ***sou brasileiro****.* *** ***Vocês****, bem como eu,* ***são brasileiros****.* *** ***O Brasil****, bem como todos os países sul-americanos,* ***é pobre****.* *** ***O homem****, assim como todos os seres humanos,* ***é mortal****.* *** ***Nós****, assim como elas,* ***chegaremos*** *a um acordo.* *** ***Elas****, bem como nós,* ***chegarão*** *a um acordo.*

De um jornalista: *A partir de agora, a publicação de livros, revistas, jornais e panfletos, bem como sua importação e comercialização, "dependerão" de autorização prévia das autoridades.*

hábita

É este o aportuguesamento, embora ainda não oficial, do latinismo *habitat* (que certos dicionários trazem com acento).

Vamos ver até quando o Vocabulário Oficial vai nos deixar aguardando pela oficialização. Ou vamos ter de escrever em latim até o final dos tempos?

píteça

É o aportugamento do italiano *pizza*. Pronuncia-se como o estrangeirismo: *pítça*.

É preciso, no entanto, fazer aqui uma ressalva, antes que opiniões desencontradas e, naturalmente precipitadas, se estabeleçam.

O fato de propormos o aportuguesamento, que é perfeito, legítimo, inquestionável, não quer dizer que estejamos exigindo que todos passem a usar *píteça*. Ou que todos passemos, doravante, a comer *píteça*. Não. Principalmente agora, que se descobriu que comer *pizza* reduz o risco de contrair câncer... Até porque esse italianismo é universal e também porque grande parte dos brasileiros não consegue mesmo engolir essa *píteça*: ela é forte demais. Grossa demais...

Querermos que esse aportuguesamento vingue – que loucura! – é impossível! Mas nós nunca advogamos essa "vingança"... Nunca! Apenas estamos fazendo o registro da forma aportuguesada, que um dia ainda poderá vingar, assim como vingaram as então inaceitáveis *iate, uísque, checape, blecaute, náilon, nocaute, contêiner, copirraite*, etc., no lugar de *yatch, whisky, check-up, black-out, nylon, knock-out, copyright*, etc.

Quando, nos idos do século passado, alguns jornalistas mais corajosos começaram a usar tais aportuguesamentos também foram severamente criticados. Alguns sofreram até chacotas. Quem acabou vencendo? O bom-senso, mesmo porque o mau-senso só consegue guarida nos espíritos superficiais. Ou nos mesquinhos.

suxi / saxìmi

São estes os aportuguesamentos perfeitos, legítimos, das palavras de origem japonesa *sushi* e *sashimi*. O grupo *sh* do inglês e das línguas orientais normalmente dá *x* em português. Daí por que grafamos ***xampu*** (*shampoo*), ***xerife*** (*sheriff*), ***Xangai*** (*Shangai*), ***xantungue*** (*shän doong*), etc.

O nobre deputado Aldo Rebelo elaborou recentemente um projeto de lei justamente para aportuguesarmos os principais estrangeirismos do idioma. Há quem não tenha entendido e condene.

A propósito, um dicionário traz *croassão* como aportuguesamento do francês *croissant*, e nenhum infeliz se escandalizou nem condenou a obra toda.

Ademais, como admitir apenas *lobby* (e não o aportuguesamento *lóbi*) e aceitar tranqüilamente *lobismo* e *lobista*? Não é uma incoerência?

berinjela ou beringela?

O Vocabulário Oficial da Academia Brasileira de Letras traz apenas a primeira forma, mas a segunda leva em conta o étimo (v. **Dicionário Sacconi da Língua Portuguesa**).

Um dicionário registra a forma *beringela* como correta, fato que tem um lado positivo e um negativo. O positivo fica por conta da iniciativa corajosa, digna de um autêntico dicionarista; o negativo fica por conta da confusão em que a iniciativa pode meter alunos, que já não saberão como escrever a palavra corretamente, e professores, que não poderão corrigir nem uma nem outra forma de seus alunos, já que campeia a bagunça, a desordem, o caos em relação à palavra.

Levado pelo rigoroso senso de disciplina que nos norteia, nossa posição é de defesa intransigente da forma *berinjela*, até que a nobre Academia Brasileira de Letras se prontifique a registrar a outra forma, mais consentânea com a etimologia. Os luminares acadêmicos se basearam no espanhol *berenjena* para fixar a grafia da nossa palavra, mas se esqueceram do persa (*badingan*) e das demais línguas latinas, com exceção do espanhol, que só a registram com *g*, caso do catalão *albergínia* e do francês *aubergine*.

O que me surpreende, todavia, no dicionarista que dá preferência à forma *beringela* é o fato de não proceder da mesma forma em relação a outras palavras, cujo étimo leva à escrita diferente daquela registrada no Vocabulário Oficial. *Carcaça*, por exemplo. A palavra, em rigor, se levado em conta o seu étimo, só poderia ser escrita com *ss*: *carcassa*. Nada nos faz escrever com *ç*, a não ser o registro oficial. Por que, então, o dicionarista não mudou também a grafia da palavra?

Por que não mudou a grafia de *arpão* para *harpão*?

Por que não mudou a grafia de *caçarola* para *cassarola*?

Por que não fez constar em seu dicionário a grafia *corsel*?

Por que não mudou a grafia de *giz* para *gis*, já que o étimo só nos leva a esta forma?

São perguntas que, infelizmente, já não podem ter resposta, uma vez que seu autor já não convive conosco.

conluio

Esta palavra tem três acepções, no português do Brasil:

1. aliança secreta e fraudulenta entre duas ou mais pessoas, com maus propósitos, contra uma pessoa, um grupo ou uma empresa: *houve um conluio dos jogadores contra o treinador*;

2. combinação maléfica: *no conluio entre o câncer e a pneumonia, o primeiro prevaleceu e foi a causa da morte*;

3. combinação; aliança; acordo: *o conluio entre o marido e a mulher para fazer uma surpresa aos filhos acabou não dando certo.*

Apesar de também significar *combinação, aliança, acordo,* houve quem estranhasse a definição de *greve* que demos em nosso minidicionário.

malograr

Este verbo é pronominal, no sentido de fracassar, gorar: *Os esforços para a paz* ***malograram-se.*** **** Os planos do governo para erradicar a fome* ***malograram-se****.*

Escreve um jornalista carioca sediado em Brasília: *Funcionalismo público promete greve geral para amanhã, mas parece que vai "malograr".*

Num editorial do Jornal da Tarde: *Esse plano, como se vê, tem tudo para "malograr". Por isso, se a realidade da educação básica já é trágica, como atesta o Saeb, ela poderá piorar "ainda mais" se Lula não mandar seu ministro da Educação deixar de lado a demagogia e preparar um novo plano mais realista e compatível com a realidade financeira do Estado.*

Será que tudo mesmo vai *piorar*?...

bastidores

É palavra só usada no plural (lado íntimo ou curioso, pouco sabido do público): *os bastidores da política, os bastidores das televisões.*

Dia destes, uma repórter começou seu trabalho assim: *Comenta-se "no bastidor" que...*

Repórter que já começa dando notícia dessa forma não deve conhecer nada do que acontece nos *bastidores.*

Outra repórter nos informava que "no bastidor" já se sabia que o ministro dos Transportes não seria exonerado pelo presidente.

Na verdade, nenhuma conhece o trabalho de *bastidores...*

história / estória

Urge estabelecer a distinção entre *história* e *estória,* como já fizeram João Ribeiro, Câmara Cascudo e tantos outros insignes brasileiros. Guimarães Rosa, um de nossos mais revolucionários e notáveis escritores, escreveu *Primeiras estórias* (contos, 1962). Todos eles teriam cometido equívoco? Todos teriam vacilado? A distinção entre as formas *história* e *estória* é uma questão de bom-senso, e não propriamente de etimologia, de ciência.

A forma *estória* nos vem do inglês *story,* trata-se em verdade de um estrangeirismo como outro qualquer e merece, sim, toda a consideração. Ou você também é avesso aos estrangeirismos? Se for, não se envolva com informática! Se for, não se meta com futebol nem muito menos com esportes radicais! Se preferir ser ranzinza, ranheta, você vai acabar ficando confinado numa jaula lingüística. Não vale a pena: a vida é curta!

Ademais, *estória* não é só um anglicismo, senão uma forma arcaica do próprio português. João Ribeiro, o gramático, em 1919 já admitia o seu emprego, a par de *história.* Foi ele quem sugeriu o emprego da palavra. Câmara Cascudo, um grande brasileiro, acatou-lhe a sugestão, além de tantos outros insignes escritores nacionais.

História é ciência, é o que jamais se inventa; é o que existe ou o que existiu como fato; é fato comprovado por documentos. Sendo assim, *estórias* jamais ganharão o *status* de *histórias.* Nenhuma *estória* faz *história;* vira conto, narrativa. Mas a *história* propicia muitas *estórias* engraçadas. Houve já um autor nacional que resolveu contar-nos passagens dos bastidores da nossa história. Intitulou a obra desta forma: *Estórias da nossa história.* Perfeito.

Ademais, *estória* não é só um anglicismo, senão uma forma arcaica do próprio português. João Ribeiro, o gramático, em 1919 já admitia o seu emprego, a par de *história.* Foi ele quem sugeriu o emprego da palavra, na acepção de balela, lorota, conversa mole ou na de ficção: *Não me venha com **estórias**! Criança gosta mesmo é de **estórias** em quadrinhos.*

Repare ainda nestas frases, em que só cabe mesmo o emprego de *estória,* aqui equivalente de *complicação: Deus me livre de **estória** com a polícia! Não há uma pessoa na cidade que queira **estória** com essa gente.* É bem verdade que muitos de nossos escritores, principalmente os regionalistas, relutaram em usar *estória* e, na dúvida, empregavam mesmo *história,* para não criarem polêmica.

É mais do que sabido que a única grafia cientificamente defensável, no português, é *história*. Não é esse, porém, o ponto que se discute. Se as maiores autoridades em lexicografia latina já registravam *história* por "causo" ou por *conversa fiada*, é hora de estabelecermos a distinção, para maior clareza da comunicação, por bom-senso (que não faz ciência, mas é virtude sempre indispensável). Um ladrão ou um bandido, à frente de um juiz, nunca jamais contará a *história*; preocupar-se-á com *estórias*, porque a verdade conspira contra ele.

O *Dicionário do folclore brasileiro*, de Luís da Câmara Cascudo, traz a forma *estória*, além da informação de que em Portugal o conde de Sabugosa, no prefácio de *Damas de tempos idos*, propõe a forma que tanta abominação causa a certos autores e escritores brasileiros, muitos deles caturras por excelência.

Caldas Aulete registra a forma *estória*, além de outros lexicógrafos de nomeada. Nós estabelecemos a diferença e fazemos questão de nos nortear por ela. O leitor que dela não se convencer estará livre para encerrar-se definitivamente na *história*, quando contarem "causos": não ofende a língua, mas agride firmemente o bom-senso!

Por falar em "causo" e só por mor de ilustração, eis um interessante, que talvez o ajude, caro leitor, a decidir por esta ou aquela forma, conforme sua consciência:

Numa cidadezinha do interior, dois compadres conversavam aproveitando o clarão da Lua. Cadeira na calçada, pito na boca e o costumeiro pijama listrado. Aí, um compadre diz pro outro:

– Conta uma daquelas ***estórias*** suas, compadre! A Lua *tá* tão boazinha, *tá memo* pra gente *proseá*. Como foi *memo* sua *viage* à Bahia? Deu tudo certo?

Vendo que não podia fugir do papo, o compadre não teve jeito:

– Que certo, que nada, compadre, quase que eu morro!

Aparteando com um *Num diga!*, o compadre viu logo que ia sair **estória**. Encostou mais a cadeira, e o outro foi narrando sua aventura.

– Quando o desgraçado do navio ia se aproximando da costa da Bahia, compadre, não é que foi *batê* logo numa pedra e arromba todo o casco? E haja água pra *entrá* por tudo quanto era buraco!

O compadre, cada vez mais interessado pela **estória**, procurando ajudar o outro, ajuntou:

– E *vosmecê*, compadre, que nunca nadou nem *memo* em riacho daqui, que tem somente uns *parmo* de fundura, hem?

E o outro prosseguiu:

– Mas na hora da morte, compadre, a gente é capaz de tudo! Quando vi o aguaceiro *entrá* porta adentro do meu quarto do navio, subindo *parmo* a *parmo* numa ligeireza danada, e a porta depois *fechá* com o ferrolho emperrado, tive uma idéia pai-d'égua.

– Conta, conta, compadre – acudiu o outro, cada vez mais interessado.

– Então, abri aquela portinha redonda de vidro que fica no quarto pra gente *oiá* o mar; tirei toda a roupa, peguei minha latinha de vaselina, besuntei todo o corpo e... tchibung! caí no mar e *taquei* a *nadá* em direção a terra.

– Nadando *memo*, compadre? – aparteou o outro.

– Nadando que nem um cão, guiado por umas *luizinha* que *piscava* lá longe. Mas isso *num* é tudo! O *pió* é que quando eu *tava* meio caminho andado, já perto da terra, não é que me vi cercado de tubarão por *tudo* quanto é canto, cada um querendo me *ganhá* primeiro, compadre, e por baixo!!!

– Ixe, nossa mãe!

– Aí, compadre, *num* tive dúvida, saquei da minha *pexera* e fui degolando de um em um.

– Mas como, compadre?! – atalhou o outro – *vosmecê num* disse que tinha saído do navio nuzinho em pêlo?

A esta altura, o compadre estourou:

– Basta, compadre, basta! Já vi que *vosmecê num tá* querendo *memo* ouvi **estória**.

E retirou-se, zangado.

Há muita gente séria por aí que só gosta de ouvir *histórias* desse tipo...

Um time pode perder "do" outro?

Não, um time *ganha* **do** outro, mas *perde* **para** o outro: *Faz tempo que o Flamengo ganha* **do** *Vasco da Gama. *** Faz tempo que o Flamengo não perde* **para** *o Vasco. *** O Corinthians andava ganhando* **de** *todo o mundo. *** O Palmeiras perdeu até* **para** *o ASA, de Arapiraca.*

Assinado acordo entre "Brasil" e "Argentina".

É comum nossos jornais trazerem manchetes assim, ou seja, sem o artigo antes de nomes que o exigem. Ora, alguém mora "em" Brasil ou "em" Argentina?

Eis uma notícia de jornal: *Mais de 700 mulheres australianas posaram nuas hoje para protestar contra o provável envolvimento do seu país no caso de uma guerra entre "Estados Unidos" e "Iraque".* (Ora, quem é que vai a "Estados Unidos" e foge "de" Iraque?)

Escreve no Jornal da Tarde conhecido e respeitado editorialista: *Parece que Lula e Bush vão surpreender o mundo com uma parceria inédita entre "Brasil" e "Estados Unidos".*

É o caso de perguntar: será que o jornalista conhece **o** Brasil?; será que ele sabe onde ficam **os** Estados Unidos? Ou ele mora mesmo é "em" Brasil e viaja sempre "a" Estados Unidos?

Outro jornalista carioca, mas sediado em Brasília, escreve: *A guerra entre "EUA" e "Iraque" é cada vez mais iminente e colocará em frangalhos a economia mundial.*

A guerra, viu-se depois, não colocou em frangalhos a economia mundial, mas a língua na pena de muitos jornalistas já anda em frangalhos há muito tempo. Sem guerras...

É o mesmo jornalista que escreve: *Vejam a contradição: "EUA" e "Inglaterra" estão destruindo Bagdá e outras cidades iraquianas, mas já escolheram as empresas que irão participar da reconstrução.*

Vejam que contradição!...

Esta é de outro jornalista: *"França" e "Brasil" se aproximam ainda mais graças a encontro entre representantes dos dois países.*

O caro leitor, por acaso, já visitou "França"? Conhece "França"? Mora "em" Brasil? Vive "em" Brasil? Trabalha "em" Brasil? Já viajou "por" Brasil?

A Veja (ed. 1.615) fez uma entrevista com o respeitável senador Pedro Simon, um dos políticos mais dignos que este país já produziu. Lá pelas tantas:

– *O senhor acha que os paulistas são arrogantes?*

– *Não. É que São Paulo está muito à frente. Tem de fazer um esforço muito grande para conversar com o resto do Brasil. É como os Estados Unidos dialogando com "Bolívia", "Equador" ou Uganda.*

Repare no uso escorreito do artigo antes de *Estados Unidos* e de *Brasil.* Mas... por que diabo o competente, digníssimo e também muito simpático senador o omitiu antes de *Bolívia* e *Equador*?

É um mistério!

Nomes de clube também exigem o artigo?

Também: **o** *Flamengo,* **o** *Corinthians,* **a** *Portuguesa,* **o** *Atlético,* **o** *Cruzeiro,* **o** *Grêmio,* **o** *Internacional,* **o** *Palmeiras,* **o** *ASA...*
Quando, porém, a referência é a um jogo, a omissão do artigo é também correta: *Palmeiras e Corinthians sempre foi um jogo emocionante. *** A tabela marca Vasco e Flamengo no Maracanã.*

nós "vai", vocês "fica"

É de rir, não é? Pois bem, há jornalista por aí cometendo quase a mesma asnice. Veja o que se leu recentemente no *site* de A Gazeta Esportiva: *O volante Claudecir reconheceu que o Palmeiras ainda não apresentou um futebol digno do Palmeiras. De acordo com o jogador, as duas vitórias do time não "iludiu" o elenco nem a torcida.*

A maré do Palmeiras andou tão em baixa em 2002, que jornalista que cobria o clube já nem pensava em plural, porque o clube havia virado singular mesmo...

taça Libertadores "de" América

Em português não existe isso, mas os nossos jornalistas e narradores esportivos abusam da expressão. Em espanhol, sim, é que a palavra *América* dispensa o artigo; os povos de língua espanhola estão, portanto, corretos em usar a expressão daquela forma. Nós, brasileiros, não. Que brasileiro diria que Colombo foi o descobridor "*de*" América?

campeonato mundial "interclubes"

A palavra *interclube* é malformada, já que o prefixo *inter-* se apõe a adjetivo, e não a substantivo. Assim, deveríamos ter em seu lugar *interclubista,* que ninguém usa, mesmo porque não existe no seio da língua. Em razão dessa má formação, os jornalistas esportivos usam a palavra por *entre clubes*, daí resultando uma concordância extraterrena: um adjetivo no plural modificando uma expressão no singular.

ter 1,70 "metros" de altura

Isto não existe nem no mundo dos extraterrestres! Como até agora não surgiu nenhum ser de outro mundo que nos pudesse convencer de que 1 é plural, só aceite alguém com *1,70* ***metro***, que abreviadamente fica assim: *1,70m* (= um metro e setenta centímetros).

Olimpíadas

Os jogos olímpicos modernos se denominam *Olimpíadas* (sempre no plural). A *Olimpíada* faz parte do tempo do Onça: eram jogos disputados antes de Cristo. V. **Dicionário de dúvidas, dificuldades e curiosidades da língua portuguesa**.

No *site* da Folha de S. Paulo: *São Paulo e Rio de Janeiro acirram disputa "pela Olimpíada" de 2012.*

A manchete seria mais palatável se estivesse rigorosamente assim: *São Paulo e* ***o*** *Rio de Janeiro acirram disputa pel****as Olimpíadas****.*

A vida, no entanto, nunca é como a gente quer...

XXX Olimpíadas: como ler?

Todo numeral anteposto ao substantivo deve ser lido como ordinal. Portanto, lemos: *trigésimas Olimpíadas.*

Outros casos: XXVII Salão do Automóvel (= vigésimo sétimo Salão do Automóvel), XL Jogos Abertos do Interior (= quadragésimos Jogos Abertos do Interior), XVIII Copa do Mundo (décima oitava Copa do Mundo), etc.

"massivo"

Não existe esta palavra em nossa língua. Quem a usa está, na verdade, empregando uma adaptação do vocábulo da língua inglesa *massive.* Em português existe *maciço,* vocábulo que, aliás, deveria ser grafado de outra forma: *massiço,* já que é derivado de *massa.* O Vocabulário Oficial, todavia, prega-nos mais essa peça.

No *site* do Jornal do Brasil: *Documento reitera que Iraque já não possui armas de destruição "massiva".*

No *site* do Terra, o medo: *Ataque "massivo" dos Estados Unidos ao Iraque.*

O que se vê, na verdade, cotidianamente, é um ataque **maciço** à língua...

crianças "prodígias"

Prodígio (extraordinariamente talentoso) é uma palavra que, usada como adjetivo, não varia: *Madame de Staël foi uma menina* ***prodígio****.* *** *Essa escola está cheia de alunas* ***prodígio****.* *** *Joana Maranhão, garota* ***prodígio*** *de 16 anos, ganha medalha e vai às Olimpíadas.*

Existem até os que usam para animais: *cachorros* ***prodígio****, cavalos prodígio,* etc. Note: além de não variar, também sempre sem hífen.

Numa emissora de televisão, num desses programas de fofocas, a apresentadora, ao falar sobre o excepcional papel desempenhado por uma menina em certa novela, afirmou: *Muitas crianças já foram consideradas "prodígias" na TV.*

A autora da pérola, certamente, nunca esteve entre elas...

"estágio" de euforia

O povo usa muito *estágio*, gosta muito dessa palavra, no sentido de *fase, período,* mas na verdade o sinônimo destes termos é *estádio* (que o brasileiro costuma só usar em referência a praça esportiva).

Estágio é preparação profissional, escolar, etc. Por isso, você pode fazer um *estágio* na Toyota, pode estar no segundo *estágio* de inglês, num curso de línguas.

Por outro lado, dizemos melhormente que a doença se encontra em *estádio* avançado, que no *estádio* atual da língua, pronuncia-se Cleópatra, e não "Cleopatra" e que a história do jogo pode ser dividida em dois *estádios*: antes da chuva e depois da chuva.

Em alguns casos, cabe até o emprego de *estado* no lugar de *estádio,* mas não, propriamente, de *estágio.*

Ele só fala "dele" mesmo.

Em português, os pronomes da terceira pessoa que indicam reflexibilidade são *se, si* e *consigo.* Assim, ninguém fala "dele" mesmo, nem faz elogio a "ele" mesmo, mas fala de *si* mesmo, faz elogio a *si* mesmo: *Os árabes brigam entre* ***si*** *mesmos.* *** *As mulheres se enfeitam para* ***si*** *mesmas.* *** *Ele só fala* ***de si*** *mesmo.* *** *Ela só gosta* ***de si*** *mesma.* *** *Eles só falam* ***de si*** *mesmos.* *** *Elas só gostam* ***de si*** *mesmas.* ***

Ele só se interessa ***por si*** *mesmo.* *** *Ela só se esforça* ***por si*** *mesma.* *** *Eles só respondem* ***por si*** *mesmos.* *** *Elas só se responsabilizam* ***por si*** *mesmas.* *** *O ministro fez um elogio* ***a si*** *mesmo.*

Na mídia: *Viola está encantado. Com "ele" mesmo.* *** *O nosso planeta, a Terra, gira em volta "dele" mesmo.* *** *Deputados trabalham para "eles" mesmos.* *** *Quem acompanha futebol conhece as brincadeiras que os jogadores costumam fazer entre "eles".*

Na ed. 1.815, da revista Veja, escreve um leitor: *Será que não está na hora de o povo brasileiro ser fã "dele mesmo" e não cultuar tantos artistas e atletas?*

Manchete de um âncora de telejornal: *Deputados aumentam salários para "eles" mesmos.*

Se ISTO não é uma **ver-go-nha**, o que será?

a "poeta"

As mulheres sensíveis, que procuram atingir e difundir o belo em versos, são rigorosamente *poetisas*.

Há somente um caso em que a palavra *poeta* pode ser empregada em referência a mulheres, mas só absolutamente um caso: quando se considera o todo, o universo dos poetas (homens e mulheres). Assim, por exemplo: *Cecília Meireles é **o** maior **poeta** da literatura brasileira.* Ou seja: entre todos os poetas (homens e mulheres) brasileiros, Cecília é quem se destaca, quem sobressai. Fora daí, nada!

A ed. 1.764 da revista Veja trouxe, à pág. 114: *Atenção para o nome de Maria Lúcia Dal Farra: ninguém no Brasil é melhor poeta que ela.*

Alvíssaras! Certo! Absolutamente certo! Quando li, fiz um esforço danado para que a forte emoção não me dominasse por completo...

Só para firmar conhecimento, veja mais este exemplo: *Juçara é o melhor advogado da cidade.* Se afirmarmos que Juçara é *a* melhor *advogada* da cidade, os homens que exercem a mesma profissão estarão de fora, automaticamente.

Certa feita, qualificaram-se em Maceió e Natal para disputar o segundo turno duas mulheres em cada uma dessas capitais. Tanto bastou para que uma repórter anunciasse (com certo ar de regozijo de classe): *Em Maceió e Natal, "a prefeita" será obrigatoriamente uma mulher.* Não será, não! Em Maceió e Natal, **o prefeito** será obrigatoriamente uma mulher.

Noutra vez uma revista semanal de informação trouxe na capa (ed. 1670): *Marta Suplicy, candidata a "prefeita" em São Paulo.* Não, ela foi candidata a **prefeito**.

Dois anos depois, no *site* da Folha de S. Paulo: *Marta é a pior entre 9 prefeitos, segundo pesquisa Datafolha.* (Aliás, Marta é **o** pior entre 9 prefeitos.)

No *site* da Jovem Pan: *Marta é considerada pior "prefeita".* (Aliás, Marta é considerada pior **prefeito**.)

O mais curioso nisso tudo é que as livrarias estão cheias de manuais de redação que se propõem "ensinar" português. Como?

EM TEMPO – Escreve-me um consulente afirmando que, numa consulta a certo professor eletrônico, este afirmou que **poeta** já é substantivo comum-de-dois.

Sem comentários.

O ministro tratou do assunto "junto ao" presidente.

Esta frase é típica de nosso jornalismo, que emprega *junto a* em toda e qualquer frase que achar conveniente.

Quem trata de um assunto, trata de um assunto **com** alguém. Então: *O ministro tratou do assunto **com** o presidente.*

A simplicidade não é inimiga da verdade.

Se “persistir” os sintomas, procure um médico.

Se a pessoa estiver muito doente, é compreensível que diga assim. Mas uma recomendação de laboratório, em bula, vinda dessa forma, no mínimo, deixa pessoas sãs muito doentes...

Por isso, caro leitor, se, ao tomar algum analgésico, *persistirem* os sintomas, nada melhor que procurar um médico.

A persistirem os sintomas, procure orientação médica!

Esta é a frase que se tem lido na televisão ou nas bulas de medicamentos. Existe nela algo que se possa condenar? Não, absolutamente. A preposição **a**, neste caso, inicia oração reduzida de particípio, com o valor condicional = *Se persistirem os sintomas, procure orientação médica!*

Também nenhum deslize existe na frase *Ao persistirem os sintomas, procure orientação médica!* Neste caso, temos nova oração reduzida, agora com o valor temporal = *Quando persistirem os sintomas, procure orientação médica!*

Note a competente pontuação (!): o imperativo exige, normalmente, o ponto de exclamação.

Lojas Americanas

Expressão que não leva o verbo ao plural, a exemplo de *Casas Bahia, Supermercados Pão de Açúcar, Lojas Brasil, Lojas Riachuelo, Casas da Banha,* etc. Se, porém, tivéssemos um artigo antes de tais nomes, o verbo iria obrigatoriamente para o plural.

Suponhamos, então, que o nome da empresa fosse *As Lojas Americanas.* Construiríamos: *As Lojas Americanas* ***abrirão*** *nova filial na cidade.* Portanto: *Casas Bahia* ***deseja*** *a seus amigos e fregueses um feliz Natal.* *** *Lojas Riachuelo* ***comunica*** *à praça que...* *** *Casas da Banha* ***felicita*** *os campeões.* *** *Tintas Coral* ***muda*** *de endereço.*

“um” mil

Uma das grandes bobagens inventadas por alguém que não tinha o que fazer é essa de usar *um* antes de *mil.* Só uma cabeça muito pequena pode conceber um singular junto de um plural.

O Brasil foi descoberto em *mil e quinhentos,* e não em “um mil e quinhentos”. Bombril nunca foi uma esponja de aço de “uma mil” e uma utilidades. E nenhum país, até hoje, produziu “uma mil” toneladas de aço.

Apesar da evidência, há ainda os que preenchem cheques desta forma: “um mil reais”. Por receio de fraude, outros preenchem cheques assim: “hum mil reais”.

Alguns até acham que é uma exigência bancária a inclusão desse malsinado “hum” antes de *mil*. Qual nada! Sempre preenchi os meus poucos cheques dessa importância sem "um" nem muito menos "hum". E nunca tive os meus cheques recusados por bancos. Aliás, a Lei do Cheque (2.591, de 07/8/1972) não traz nem poderia trazer a esdrúxula e inaceitável exigência.

um milhão

Agora, sim, está correto. É preciso não fazer confusão: *milhão, bilhão, trilhão,* etc. são nomes coletivos e de número singular. Sendo assim, aceitam o *um*, que também é desse número.

Certa vez, ouvimos de uma repórter de televisão: *Eu e "todos os outros um milhão" e duzentos mil mutuários do Sistema Financeiro de Habitação pagaremos maior prestação da casa própria.*

Que pérola! Se *um* é singular, como aceitar "outros"?

Um milhão de pessoas morreu nessa guerra.

Frase corretíssima. *Milhão,* como vimos no caso anterior, não é palavra de plural; trata-se de nome coletivo, assim como *exército, turma, bando,* etc., palavras que exigem o verbo no singular, embora dêem idéia de vários ou de muitos seres. Note, ainda, que *milhão* se faz acompanhar de *um*. E *um*, neste mundo que Deus criou, é e sempre será de singular. A menos que os extraterrestres cheguem a qualquer momento e nos mostrem que não é bem assim...

Enquanto eles não chegam, sejamos ao menos razoáveis: *Um milhão de reais* ***foi gasto*** *à toa nessa obra.* *** *Um bilhão de pessoas* ***vive*** *na Índia.* *** *Um trilhão de dólares* ***é*** *o* deficit *dos Estados Unidos.* *** *Um milhão de crianças* ***foi vacinado*** *ontem.* *** ***Foi arrecadado*** *um milhão de reais em donativos.*

Na capa da ed. 1.751 da Veja: *Um milhão de brasileiros já "moram" em condomínios fechados.*

Noutra revista, ed. 1.707, pág. 22: *"Vivem" em todo o mundo um milhão de bebês de proveta.*

Acho louvável toda atitude ou toda campanha antitabagista, porque o fumante é um ser que precisa de ajuda, que necessita de cuidados especiais, mas nunca de compreensão. Por quê? Porque fumar aumenta as rugas ao redor da boca e favorece o aparecimento do câncer bucal. Porque o cigarro potencializa os sintomas do envelhecimento. Porque onde há fumaça há fogo (câncer). Porque fumar está completamente fora de moda. Porque, enfim, todo fumante é um estúpido, não tem sequer bom-senso. Por tudo o que a medicina hoje conhece e procura prevenir as pessoas, fumar chega a ser não só sinônimo de alta estupidez, de pulmão e boca fétidos, como de intolerável breguice. O que antes era charmoso, hoje é a expressão inequívoca de grande breguice, da mais inequívoca deselegância, do mais insuportável mau-gosto!

Tudo isso para dizer que, recentemente, uma empresa antitabagista fez campanha pela imprensa, nestes termos: *Nos Estados Unidos, mais de 1 milhão de pessoas já "abandonaram" o cigarro sem usar nicotina. Este sucesso já está no Brasil.*

Escrevendo assim, eles ainda têm coragem de falar em sucesso!...

namorar *com*

Construção própria do italiano. Nós, brasileiros, imitamos, até porque boa parte de brasileiros descende de italianos.

Trata-se de construção plenamente consagrada não só entre jovens, mas entre bons autores, assim como *jogar* ***de*** *goleiro* e *entrar* ***de*** *sócio*. Quem é que, na prática do futebol, diz que *joga* ***como*** *goleiro*, e não que *joga* ***de*** *goleiro*?

Quem é que, associando-se a um clube, diz que *entrou* ***como*** *sócio* do clube, e não que *entrou* ***de*** *sócio*? Que aluno que, ao não conseguir aprovação para o ano seguinte, diz que *repetiu* ***o*** *ano*, e não que *repetiu* ***de*** *ano*?

Que estudante, por mais dedicado e aplicado que seja, diz que *passou* ***o*** *ano*, e não que *passou* ***de*** *ano*?

Por tudo isso é que estamos livres para *namorar todo o mundo* ou **com** *todo o mundo*. O importante é ser honesto.

"girabrequim"

Há muita gente por aí que, se pudesse, construiria motor com "girabrequim". Claro que fundiria na primeira movimentação. A peça boa, que qualquer motor saudável aceita, é o *virabrequim*.

O dicionário 2, todavia, registra "girabrequim". Normal.

A viagem não foi "de toda" má.

Não. Viagem assim é sempre *de todo* muito má.

Locução adverbial não varia: *A sentença não foi* ***de todo*** *injusta.* *** *A vida na ilha não é* ***de todo*** *monótona.* *** *Disfarça-te e sai* ***de fininho****!* (E não: "*de fininha*".) *** *Vidas têm sido colocadas* ***em risco*** *nos estádios de futebol.* (E não: "*em riscas*".) *** *Muitas espécies animais estão* ***em extinção****.* (E não: "*em extinções*".) *** *Recebi mensagem* ***por escrito****.* (E não: "*por escrita*".) *** *A questão continua* ***em aberto****.* (E não: "*em aberta*".) *** *Os salários estão* ***em dia****.* (E não: "*em dias*".) *** *A equipe corintiana se abriu* ***por inteiro****.* (E não: "*por inteira*".) *** *Houve muitos votos* ***em branco*** *nestas eleições.* (E não: "*em brancos*".)

Certa feita, um repórter esportivo nos revelou que um jogador de futebol havia pisado com as duas pernas "em falsas", por isso sentia muitas dores. E o repórter? Não sentiu dor nenhuma?!

Noutra oportunidade, um repórter policial perguntou a uma delegada, depois da prisão de uns marginais: *E agora, doutora, o que vai ser feito desses ladrões?*

A resposta foi sensacional: *Eles serão autuados "em flagrantes" e encaminhados ao xadrez.*

Cadeia?!

Não faz muito tempo, um governador paulista ordenou a um repórter que o cobrava de algo ainda não atendido: *Faça uma carta "por escrita" me relatando tudo e me mande, que eu tomarei as providências cabíveis!* O governador deveria, certamente, estar um pouco nervoso ou muito desorientado; primeiro: se é *carta*, só pode ser *por escrito*; segundo, "por escrita" foi, naturalmente, brincadeira dele.

No Brasil costuma haver muitos políticos brincalhões. A começar de presidentes....

"primeiro-damo"

Eis mais uma invenção de jornalista brasileiro. Quando Benedita da Silva assumiu o governo do Rio de Janeiro, em abril de 2002, os jornalistas logo acorreram a cuidar da sua vida pessoal. Como ela é casada com Antônio Pitanga, pai da belíssima Camila, trataram-no por "primeiro-damo", numa analogia com *primeira-dama*. Como pilhéria, troça ou gozação, até que serve.

Com a eleição de outra governadora, no Rio de Janeiro, ficou a pergunta: *Garotinho, agora, virou "primeiro-damo"?* Não, não virou não. Marido de governadora ou de presidenta não tem na língua, por enquanto, nome especial.

ante "a" isso

Ante já é preposição; então, para que se lhe pospor outra preposição? Alguns advogados (naturalmente os pouco sérios) são mestres neste emprego abusivo.

Recentemente, um jogador ganhou uma ação trabalhista contra o Palmeiras. O ministro do Tribunal Superior do Trabalho, ao dar a sentença, escreveu assim: *Nego provimento ao agravo e, "ante a" seu caráter manifestamente protelário, condeno a agravante ao pagamento de multa de 10% sobre o valor corrigido da causa.*

Ante isso, o Palmeiras teve forçosamente de pagar. Mas quem mais pagou o pato foi a língua...

Ficar "comovido" com um grande espetáculo.

Fica *comovido* aquele que sente um choque, uma emoção negativa muito forte. Quando perdemos um ente querido, ficamos *comovidos.* Mas quando nos admiramos de um grande espetáculo, ficamos naturalmente *emocionados.* Ante um incêndio devastador, quem não fica *comovido*? Mas ante uma bela mulher, que homem de bem não ficará naturalmente *emocionado*?

reboliço ≠ rebuliço

Há quem confunda adjetivo (*reboliço*, que significa que rebola: *Cantinflas tinha um andar* ***reboliço***) com substantivo (*rebuliço* = grande confusão). Deste, saiu a abreviação *rebu*; daí por que fica difícil aos que raciocinam trocar uma palavra pela outra.

Mas há. Há os que, ou não raciocinam, ou são dados mesmo a cometer rebus. No *site* da ISTOÉ: *Das histórias envolvendo presidentes e mulheres bonitas, nenhuma se iguala "a" de Itamar Franco. No carnaval de 1994, o mineiro foi flagrado ao lado de Lilian Ramos. Até aí nada "demais". O que causou "reboliço" foi o que a moça mostrou para os fotógrafos debaixo do pequeno vestido...*

Se a modelo causou *rebuliço*, naquela ocasião única e ímpar, que se dirá de jornalista que causa *rebuliço* todos os dias em seu ofício?

Não perca a conta dos erros: "a", em vez de *à*; "demais" por *de mais*; e "reboliço" por *rebuliço*.

Cabe, então, a pergunta: quem mais está nu? A modelo?!

penalizar ≠ apenar

Há quem confunda o significado destes dois verbos. *Penalizar* é atormentar, afligir. Quem não sabe que uma goleada do Palmeiras *penaliza* qualquer corintiano ou que uma vitória maiúscula do Flamengo *penaliza* todo vascaíno?

Mas há quem use *penalizar* por *punir*, *castigar*, que são justamente os sinônimos de *apenar*. Todos sabemos que a inflação *apena* mais os pobres. Os guardinhas de trânsito estão aí em todas as ruas das grandes cidades, vestidos desta ou daquela cor (é marronzinho, é azulzinho, é roxinho, etc.), para *apenar* todos os motoristas, justa ou injustamente. Afinal, hoje se ganha por produtividade...

Sim, mas o assunto não é bem esse: o certo é que jornalistas que se prezem não têm o direito de confundir *penalizar* com *apenar*. Mas confundem. Repare nesta frase do *site* da ISTOÉ: *Modelo de reajustes de tarifas de serviços públicos "penaliza" o consumidor e engessa ações do governo.*

Escreve um ex-secretário da Receita Federal: *A idéia de monitoramento, pela Receita, de gastos com cartões de crédito para combater a sonegação é uma mudança de comportamento: pretende-se aumentar a arrecadação em cima de quem não está pagando adequadamente em vez de "penalizar" quem já paga corretamente.*

Aqui, todavia, existe uma explicação até que meio convincente: o Leão *penaliza* sempre...

Somos nós quem *faz* tudo aqui.

Repare nesta frase, que muitos têm por imperfeita. Por que o verbo *fazer* está na terceira pessoa do singular? Por causa do pronome *quem*, que o obriga a ficar nessa pessoa e nesse número.

Repare nestoutros exemplos: *Éramos nós quem **arrumava** as camas.* *** *Foram eles quem nos acusou.* *** *Sou eu quem, depois, paga o pato.* *** *Não são eles quem ganha bem?*

Em verdade, essas frases equivalem a estas: *Quem arrumava as camas éramos nós.* *** *Quem nos acusou foram eles.* *** *Quem, depois, paga o pato sou eu.* *** *Quem ganha bem não são eles?*

governo Lula ou governo de Lula?

Tanto faz. Os jornalistas costumam não usar a preposição, talvez por uma questão de economia de espaço. Mas... o legado do governo Fernando Henrique Cardoso teria sido mesmo uma herança do mal?

"duas" milhões de pessoas

Grande bobagem. Se a palavra *milhão* é masculina (***o** milhão, **um** milhão*), não há como explicar esse feminino ("duas milhões"). Nunca vi ninguém usar "uma milhão". Então, por que "duas milhões"?

Enquanto a resposta não vem, convém acostumar os ouvidos: *Foram **vacinados dois** milhões de crianças ontem.* *** *Serão **exportados duzentos** milhões de toneladas de soja.*

"a" milhar do primeiro prêmio da loteria

Só existe de verdade ***o** milhar* do primeiro prêmio. Assim como *milhão*, **milhar** é palavra masculina: ***o** milhar, **um** milhar.*

Veja estas frases: ***Dois** milhares de maçãs foram **perdidos** durante a viagem.* *** ***Os** milhares de mulheres que aqui estão têm filhos menores.* *** ***Duzentos** milhares de crianças sul-vietnamitas foram **levados** para os Estados Unidos.* *** ***Esses** milhares de crianças abandonadas do Brasil serão exatamente o quê, amanhã?*

No *site* da Folha de S. Paulo: *Confira "as" milhares de ofertas dos classificados.*

Convém?

Repare, agora, nestas frases da Veja, todas perfeitas: *Cem pesquisadorres passaram os últimos três anos confinados em laboratórios e escritórios, analisando **os milhares** de informações coletados ate hoje sobre a biodiversidade mundial.* *** *As Farc são apenas terroristas. Não lutam para solucionar problemas sociais. Na verdade, com os atentados e os seqüestros, criam mais pobreza. É muita hipocrisia alguém no exterior defender a guerrilha e esquecer **os milhares** de vítimas dos guerrilheiros.*

Milagres também acontecem...

mil

Mil é um caso diferente de *milhar*, porque se trata de numeral, e não de substantivo. Adquire, por isso, o gênero do substantivo que se lhe segue: *duas mil pessoas, duzen-*

tas mil laranjas, dois mil pedidos, duzentos mil pedaços, etc.

Um apresentador de um famoso telejornal nacional disse não faz muito tempo: *Cerca de "dois mil" pessoas participaram das manifestações.*

Pouco tempo depois, no mesmo telejornal, do mesmo apresentador, ouviu-se isto: *Mais de "dois mil" pessoas recebem seguro-desemprego com um salário de R$10.000,00.*

Isto é: o homem confundiu conhaque de alcatrão com catraca de canhão...

Por que *baú* tem acento e *tatu* não?

Simples: o *u* e o *i* tônicos não recebem acento quando formam sílaba com consoante. Se, no entanto, antes deles vem vogal, o acento é obrigatório. Por isso, escrevemos: *conteúdo* (mas *bambu*), *saída* (mas *tupi*), *reúne* (mas *caju*), *caí* (mas *reuni*), *Jaú* (mas *Pacaembu*), *Tatuí* (mas *Morumbi*), etc. Daí por que devemos escrever também sem acento: *tu, nu, cru, pus, ti, ri, si, vi,* etc.

Nenhuma dessas vogais recebe acento, se estiver formando sílaba com *r* (*sair*), *l* (*paul*), *m* (*ruim*), *n* (*ainda*), *z* (*raiz*) e se estiver antes de *nh*: *rainha, campainha, tainha, bainha, cainho, tabuinha,* etc.

Sem acento, ainda, se o *i* ou o *u* vier repetido: *xiita, juuna,* etc. (mas *iídiche,* porque é proparoxítona).

Por que *raiz* não tem acento e *raízes* tem?

Porque em *raiz* o *i* forma sílaba com *z* (*ra-iz*), conforme vimos no caso anterior; em *raízes,* o *i* está isolado na sílaba (*ra-í-zes*). Está no mesmo caso: *juiz,* que faz no plural *juízes.*

Pêra ainda continua com acento?

Ainda continua com acento, mas não *peras* (plural). Por isso, escrevemos: *Comprei várias **peras**, mas só uma **pêra** estava madura.*

Também são acentuados os substantivos *pêlo* (o plural também: *pêlos*) e *pólo* (o plural também: *pólos*) e as formas verbais *pára* (*ela não **pára** quieta*), *pélo, péla, pélas* (*ela **péla** todos os pêlos do corpo*) e *côa, côas* (*ela côa café*). O verbo *pôr* continua com acento, assim como o substantivo *ás* (*o ás da aviação, o ás do baralho*).

Escreveu corretamente um conhecido jornalista paulistano: *A prefeita Martaxas não pára de taxar.*

"Benvindo" a São Paulo!

Boas vindas se dão de modo diferente: ***Bem-vindo** a São Paulo!*

Frases de jornalistas: *O PMDB e o PDC goianos encaram como "benvindos" os votos dos fazendeiros. *** Fidel confirmou que o capital estrangeiro continua sendo "benvindo". *** "Benvindo" ao passado, Brasil...*

Há certos lojistas que ostentam logo à entrada de seu estabelecimento a sua própria identidade: "Benvindos". Cuidado!

malvindo

É assim que se grafa esta palavra, a nosso ver o verdadeiro antônimo de *bem-vindo* (um dicionário dá *bem-ido*). Ora, quem não é bem-vindo a algum lugar, é naturalmente malvindo (ou seria bem-ido?)

Há jornalista que escreve "mal vindo": *Já está ficando claro que a reforma tributária vai atender a todos os interesses menos os do contribuinte, portanto, ela é muito "mal vinda".*

Por que se usa golfo *Pérsico*, e não golfo *Persa*?

Pérsico e *persa* são adjetivos equivalentes, referem-se à antiga Pérsia, mas o que se consagrou no nome do conhecido golfo, local estratégico, foi o primeiro. Por isso é que não se fala em *golfo "Persa"*.

Note que *indiano, índio, hindu* e *índico* também são sinônimos, mas só existe o oceano *Índico.* Ninguém fala em oceano "Índio" nem em oceano "Hindu". Trata-se, como se vê, de usos consagrados de determinado adjetivo.

solidarizar-se

É simples: quem se solidariza, se solidariza *com* alguém. Há, porém, quem prefira inventar.

No *site* de O Estado: *Lula se solidariza "a" Genoino. Depois de levar uma torta na cara, no Fórum Social de Porto Alegre, o presidente do PT recebeu um telefonema do presidente, que está na Europa.*

Quem levou a torta foi o deputado; quem se lambuzou todinho foi o jornalista.

Autoridades civis e militares compareceram ao "féretro".

Comparecer a "*féretro*" é não só desagradável, mas impossível: *féretro* é *caixão.* Podemos dizer, sim, que o *féretro* saiu atrasado, que todo o mundo queria carregar o *féretro,* mas não que alguém compareceu ao "féretro".

Autoridade, civil ou militar, comparece a *funeral,* que é a cerimônia de sepultamento. Cuidado, portanto, com frases assim: *Estive no "féretro" de seu pai. *** O "féretro" do prefeito tinha muita gente.*

Dizem que isso costuma dar até cemitério...

prefiro "milhões de vezes do que"

O mundo está cheio de gente que prefere "mil vezes", que prefere "milhões de vezes", que prefere "antes", que prefere "muito mais", etc. É desperdício: no prefixo (*pre*) já existe a idéia de intensidade ou de anterioridade desejada.

Quem prefere de verdade, simplesmente prefere alguma coisa **a** outra, e não "do que" outra: *Prefiro chuchu **a** jiló. *** Elisabete prefere escrever **a** discursar. *** As crianças preferem praia **a** piscina, calor **a** frio. *** Eles preferem comer arroz **a** comer macarrão.*

Também não convém preferir uma coisa "em vez de" outra. Na ed. 1.708, p. 22, da revista ISTOÉ: *Pesquisas recentes revelaram que 41,8% dos consumidores preferem hambúrguer congelado "em vez de" bife.*

Afinal, existe assalto ou não existe assalto?

E como! Alguns advogados insistem em que o *assalto*, em rigor, não existe, porque não se trata dele no código penal. Mas todos nós, cidadãos e contribuintes, sabemos como isso existe!

O *assalto* nada mais é que o roubo praticado com violência, geralmente mediante arma de fogo ou arma branca. Quando um menor de rua arranca do pescoço de uma pessoa um cordão de ouro, pratica *roubo*. Se, porém, esse mesmo delinqüente chega por trás e encosta o revólver à cabeça de alguém, exigindo-lhe todo o dinheiro, pratica *assalto*. Os juristas falam em *roubo à mão armada*. Quem já o sofreu jura que é a mesma coisa...

atenuante / agravante

São palavras femininas: ***a** atenuante, **a** agravante.*

Numa de nossas revistas semanais de informação: *Paga-se aqui, em termos médios, mais imposto que nos países desenvolvidos, com "o agravante" de a carga de contribuição estar concentrada sobre os ombros de uma única classe – a classe média.*

sendo "que"

Não existe esta combinação em nossa língua, mas ela aparece muito na mídia: *Apenas 2 dos 348 estudantes que responderam aos questionários disseram conhecer a tricuríase, "sendo que" ambos demonstraram ter conhecimentos incorretos.*

Nesta frase, "sendo que" poderia ser substituída por *mas, porém, todavia*, etc.

Recentemente, ouvimos um metalúrgico reclamando: *Recebi cinco mil reais,* "sendo que" *boa parte foi retida pelo imposto de renda.* Caberia nessa frase a mesma substituição da primeira.

Não faz muito tempo, lemos a orientação de um advogado: *Quando o casal já está se-*

parado de fato judicialmente, o divórcio pode ser requerido após um ano da decretação da separação. Não havendo ainda a separação judicial, apenas a separação física, o divórcio pode ser efetivado, "sendo que" há a necessidade do casal estar separado de fato há mais de dois anos, o que deverá ser provado por testemunhas.

Também aqui cabe qualquer conjunção adversativa.

Num jornal: *A maioria ganha mais de dez salários mínimos mensalmente, "sendo que" 32% recebem entre dez e vinte salários.*

Basta usar *mas.*

Em outro jornal: *O saldo devedor financeiro das operações será transferido e cedido ao governo do Estado, "sendo que" incidirão juros de 3% ao ano.*

Custaria usar *mas?*

Finalmente, dados do Sebrae: *A participação das "micro" e pequenas empresas no total das empresas em 1994 foi de 96,04%, "sendo que" no comércio foi de 96,76%, nos serviços 97,26% e na indústria 91,86%.*

Tudo, como se vê, pode ser perfeitamente substituído por um *mas*, um *porém*, um *todavia*, palavras tão singelas!

Há casos em que a substituição se faz por palavra ainda menor: *e.* Veja: *Ele já escreveu muitos livros, "sendo que" muitos deles já foram traduzidos para vários idiomas.*

Não querendo usar o *e*: *Ele já escreveu muitos livros, sendo muitos deles já traduzidos para vários idiomas.*

Araújo & Filhos "convida"

Má concordância. Neste caso, temos sujeito composto; sendo assim, o verbo vai ao plural: *Araújo & Filhos* ***convidam*** *amigos e fregueses para...* *** *Esporte & Cia.* ***realizaram*** *promoções.* *** *Schlesinger & Schlesinger Advogados* ***notificam****...* *** *Luís & Ruiz Produções Musicais Ltda.* ***ficam*** *onde?*

Esses casos todos diferem destes, que exigem o verbo no singular: *Construtora e Incorporadora Atlântica Ltda.* ***avisa****...* *** *Char-Lex Indústrias Têxteis Ltda.* ***comunica****...* *** *Inpal S.A. Indústrias Químicas* ***renova*** *os seus votos...*

nome do sinal comercial &, equivalente de e

O nome deste sinal é *ampersand* (inglês). Pronuncia-se *âmpersènd.* Entra principalmente no nome das pessoas jurídicas ou, esporadicamente, no nome de alguns programas de televisão (*Casseta & Planeta*).

caixa

Que é palavra feminina, todo o mundo sabe: ***a caixa*** *de sapatos,* ***a caixa*** *de papelão,* ***a caixa*** *registradora*, etc. O que poucos sabem é que esta palavra é masculina, quando usada na acepção de *féria* ou na de *pessoa que trabalha junto a uma caixa pagadora ou recebedo-*

ra. Portanto: *O comerciante fez* ***o caixa*** *e verificou que o movimento tinha sido muito bom naquele dia, mas de repente os assaltantes entraram e levaram tudo o que havia n**a caixa**. *** **Os caixas** do banco ficaram apavorados no momento do assalto. *** Não há **um** só **caixa** livre no banco.*

Usa-se também no masculino esta palavra, na acepção de *dinheiro arrecadado*: *A grande diferença entre os dois candidatos está no tamanho d**o** caixa de campanha.*

Muito bem. Não faz muito, houve uma greve de metroviários em São Paulo. A cidade virou um caos ao quadrado (porque caos é seu estado permanente). Um comerciante, abatido, declara, então: *As faxineiras chegaram duas horas atrasadas, e "uma caixa" não chegou até agora.*

É o caso de perguntar: Uma caixa de quê? De mangas? Ou de problemas?...

Quantias exigem o verbo no singular?

Depende: se a quantia for de um real, um dólar, etc., use o singular. Mais que isso, use o plural: *Ele disse que R$500,00* ***bastavam****, mas não* ***bastaram****. *** Não* ***deram*** *os R$200.000,00 que eu levei. *** Na minha caixa, hoje, só* ***entraram*** *R$10,00!*

Eu "deito" cedo.

Não. Quem se põe na cama para descansar ou para pegar no sono, *deita-**se***, assim como depois ***se*** *levanta.*

Por isso, eu ***me*** *deito* cedo e ***me*** *levanto* cedo; as crianças ***se*** *deitam* às 8h e ***se*** *levantam* às 7h; quando estamos em férias, ***nos*** *deitamos* tarde e ***nos*** *levantamos* tarde.

No final de dezembro de 2003, o presidente, pelo rádio, deixou toda a população brasileira profundamente esperançosa, ao dizer, profeticamente: *Que o povo vá "deitar" no dia 31 sabendo que, a partir do dia 1º, o Brasil será melhor.*

Será? Foi?

"indiscreção"

Se você vir alguma *indiscrição* em algum comentário aqui, esteja certo de que não foi propositado. Afinal, quem prima pela *discrição* não pode cometer *indiscrições...*

Não querendo enveredar pela indiscrição, mas já enveredando, eis o que saiu num de nossos principais jornais: *Os funcionários do Caesar Park Hotel são de uma "discreção" padronizada, da roupa ao tom de voz.*

E onde é que ficou a *discrição*? Fugiu pela porta dos fundos do hotel?

tchau / tcheco / Tchetchênia

Nenhuma dessas palavras é compatível com a índole da língua portuguesa, que não agasalha formas iniciadas por *t* não apoiado em consoante. Algumas destas formas, todavia, tem o amparo do Vocabulário Oficial.

O som [tS] = *tch* é um alofone de [t] antes de vogal. Não há, contudo, em nosso modo de ver nenhuma necessidade de representar tal som por *tch,* assim como não se grafa "tchê", mas sim *chê*; assim como não se escreve "Tchaco", mas *Chaco;* e ninguém grafa "tchiu", mas *tio,* exceto, naturalmente, quando se trate de gírias ou de modismos, como "tchurma", "pitchula", "mintchura", "tchan", etc., em que se deseja, por alguma razão, dar ênfase ao alofone. Os chilenos pronunciam o nome do seu país desta forma: "tchile", mas nem por isso escrevem "Tchile". Note, ainda, que todos pronunciamos *djins* (*jeans*), mas não representamos esse som inicial na escrita.

Portanto, as grafias, a nosso ver, rigorosamente corretas são *chau, checo, Checoslováquia, Chechênia, chê* e *Chaco.*

Que coisa, "heim"?

Nossa língua admite duas grafias para esta interjeição: *hem!* (preferida) e *hein!,* mas sempre há os que escolhem uma terceira, inexistente: "*heim!*".

Frase de um famoso jornalista paulistano: *Quem diria, "heim!" Enquanto o autoritarismo comunista vai caindo de podre no mundo...*

Quem diria, *hem!*

está *bem* / está *bom*

Quando se concorda com alguma coisa, usa-se melhormente *está bem.* Ex.: – *Você vai me emprestar um milhão de dólares ou não vai?* – ***Está bem****, vou.*

Na língua cotidiana se ouve muito: "tá bom" (mas há quem diga "tá bão").

campanhas antifumo

A vida sem cigarro é, de fato, não só mais saudável, como também muito mais inteligente e menos desagradável para quem está nas proximidades. Fumar é sempre um castigo.

Quando o prefixo *anti-* se junta a um substantivo, na função de adjetivo, fica invariável. Portanto: *campanhas antifumo, drogas anticâncer, pneus antiderrapagem, portas antifogo, manifestações antiguerra, medidas anticrime; xampus anticaspa; cremes dentais anticárie.* Tal combinação é própria da língua inglesa; nós apenas imitamos.

Aqueles que acharem isso um tanto antieufônico, optem, então, pela construção rigorosamente portuguesa: *campanhas contra o fumo, drogas contra o câncer, manifestações contra a guerra, xampus contra a caspa, cremes dentais contra a cárie,* etc.

E saúde para todos!

Amuleto "trás" boa sorte?

Só *traz* para os espertos. A forma do verbo *trazer* é *traz*, e não "*trás*", que, no português contemporâneo, só se grafa posposta a preposição: *por trás* (ela veio por trás), *para trás* (deixar os amigos para trás).

Certa vez, em Fortaleza, a fantástica e formidável capital do Ceará, uma cartomante mandou afixar cartazes nos postes de toda a cidade, convidando incautos para "consultas". Assim: *Sara "trás" seu amor de volta.*

Nessa, seu dinheiro já se foi, e seu amor... adeus!

No *site* do Estado do Espírito Santo, em destaques turísticos, viu-se: *Vitória – a ilha que "trás" no nome o motivo de sua existência.*

Vitória?

No *site* de O Estado de S. Paulo escreve um colunista (também autor de telenovelas): *Hoje o carteiro é um mala. Oitenta por cento do que ele "trás" são jogados imediatamente no lixo mais próximo.*

cujo

É um pronome relativo que não admite artigo posposto. Portanto: *O homem, **cujo pai** morreu, está passando mal.* *** *O homem, **cuja mãe** morreu, está passando bem.* *** *O homem, **cujos filhos** morreram, está passando bem.* *** *O homem, **cujas filhas** morreram, está passando bem.*

Há quem insista em usar "cujo o pai", "cuja a mãe", "cujos os filhos", "cujas as filhas". Atenção, advogados de todo o Brasil!

Não só os advogados. Escreve um jornalista: *Um dos engenheiros em cujo "o" velório o presidente chorou, pediu um adicional de periculosidade de 30%, ganhou na Justiça depois de 11 anos, há 5 tem direito a ele e morreu sem receber.*

Quando *cujo* (ou uma de suas variações) se refere a dois ou mais substantivos, não varia no plural, concordando sempre com o elemento mais próximo. Atenção, advogados de todo o Brasil!

Numa peça advocatícia, leu-se, certa vez: *Reclamou ter sido lesado pela autora em "cujas" seriedade e probidade confiou.*

No lugar do "*cujas*", os bons advogados usam *cuja.*

"os" chitas

Eis aí um bicho que não existe. Ao menos na Terra. *Chita* é palavra feminina em qualquer sentido.

Num documentário sobre animais selvagens, porém, o narrador televisivo conseguiu "criar" uma espécie animal estranha, desconhecida dos biólogos: "*os chitas*".

A apresentadora de um dos mais importantes telejornais nacionais anunciou certa feita: *Como vivem "os chitas" na África – este será o assunto do Globo Repórter de hoje.*

A televisão brasileira tem gente extremamente criativa...

Também não "existe" lobisomens?

Não. Não *existem* lobisomens, assim como não *existem* "os chitas". Pessoas que cometem asneiras, contudo, *existem* a mancheias. Cuidado com elas, porque costumam atacar antes e depois da meia-noite! E não só às sextas-feiras...

Certa vez, ouvimos isto de um ex-governador paulista: *Acho normal que "exista" reclamações do presidente, pois isso faz parte da democracia.*

Certíssimo: asnices também fazem parte da democracia...

gêmeas "xipófagas"

É outra coisa que não existe. Crianças que nascem unidas desde o apêndice até o umbigo dizem-se *xifópagas*, e não "xipófagas", como quis certa feita um apresentador de telejornal, que anunciou: *As gêmeas "xipófagas" que nasceram em Porto Alegre foram operadas e passam bem.*

E houve quem começasse a passar mal...

"blásfemo"

Não. *Blasfemo* (ê) é que é sinônimo de *blasfemador.*

Numa produção televisiva, exibida recentemente, uma personagem disse, referindo-se a Jesus: *Prendam esse "blásfemo"!*

Há dois pecados evidentes aí.

invasão "ao" Iraque

Não. *Invasão* se usa com *de*: *invasão* **de** *domicílio, invasão* **de** *privacidade, invasão* **de** *fazendas, invasão* **de** *propriedade,* etc.

Frase de jornalista: *A invasão "ao" Iraque é iminente e vai empobrecer o mundo.*

A invasão **d**o Iraque, como se viu, não empobreceu o mundo; por aqui, porém, empobreceu um pouco a língua.

ambos

Este numeral dual exige o artigo. Portanto, usaremos sempre: *ambos* ***os*** *carros, ambas* ***as*** *mulheres,* etc., e não "ambos carros", "ambas mulheres".

No *site* de O Estado: *O motivo da briga entre "ambas equipes" foi a invasão de campo da torcida catarinense.*

ambos os dois

Expressão corretíssima. Cabe, no entanto, uma ressalva: correta, sim, desde que usada com discrição e – veja bem – desde que seja necessária para dar mais vigor à comunicação. Seu emprego sem nenhuma necessidade, passará de virtude a vício.

Certa vez perguntaram a Rui Barbosa qual forma era a correta: *bêbado* ou *bêbedo*. E o bom baiano respondeu: *São-no* ***ambas as duas***.

Note a pertinência, a necessidade aí de reforçar a idéia de dualidade.

Ninguém está autorizado, portanto, a sair por aí dizendo ou escrevendo: *"Ambas as duas" minhas filhas são lindas. "Ambos os dois" meus filhos são inteligentes.*

Porque não são!

ambos os *dois* / ambos os *dous*

No português do Brasil, usamos de preferência *ambos os* ***dois***; no português de Portugal, usam *ambos os* ***dous***.

Os ditongos *ou* e *oi* alternam em muitas palavras (cousa/coisa, louro/loiro, tesoura/tesoira, ouro/oiro, toucinho/toicinho, etc.).

A forma com o ditongo *oi* se tornou mais vulgar que a outra, no português falado no Brasil. Em Portugal, porém, há nítida preferência pelas formas com *ou*.

Quando se dá tal alternância, o povo é que decide qual das formas deve ser a mais corrente. O brasileiro prefere *dois* e *coisa*, mas consagrou *touro, tesouro, tesoura*; os portugueses, todavia, já são do *toiro, tesoiro, tesoira*, do *dous* e da *cousa*.

"Fazem" muitos anos que saí da escola.

Quem diz uma frase assim deveria voltar imediatamente. À escola, naturalmente. Aí, então, vai aprender que o verbo *fazer*, em orações que dão a idéia de tempo, não varia: ***Faz*** *muitos anos que saí da escola.* *** ***Faz*** *dois anos que enviuvei.* ***

Aparecendo verbo auxiliar, este fica também invariável: ***Vai fazer*** *catorze anos que casei.* *** ***Está fazendo*** *cem anos que ela nasceu.* *** ***Ia fazer*** *três meses que estávamos juntos.* *** ***Costuma fazer*** *noites frias no Sul do Brasil.*

Aprecio muito as composições do mineiro Ari Barroso. Mas não posso desculpá-lo por enodoar a letra de uma de suas músicas (*Já era tempo*), ao fazer esta concordância: *Já "fazem" meses que você, meu bem, disse adeus e partiu.*

Falando assim, qualquer amor tem mesmo de dizer adeus e partir...

em mão

É esta a expressão que temos. Quando entregamos alguma coisa pessoalmente, entregamo-la *em* ***mão***.

Assim como ninguém lava roupa "*a mãos*", assim como ninguém faz sapatos "*a mãos*", uma carta ou um volume qualquer só pode ser entregue *em* ***mão***.

Nunca ouvi dizer que alguém fosse a algum lugar "*a pés*" nem que pianista tocasse "*de ouvidos*", ainda que tenhamos todos – graças a Deus – dois pés e dois ouvidos (que os cientistas chamam hoje de *orelhas*).

Prefiro, por isso, levar qualquer documento importante *em* ***mão*** (cuja abreviatura é **E.M.**) a confiar em qualquer outro portador.

Há um dicionário (aquele) que registra "em mãos" a par de *em mão.* Normal.

Judas *Iscariote*

Judas ***Iscariote*** era um dos apóstolos prediletos de Jesus. Ele se livrou dos seus inimigos, traindo a Cristo, por trinta patacas de prata. Para identificar o Mestre aos soldados, aproximou-se dEle e deu-Lhe um beijo de saudação. De acordo com Mateus, ele mais tarde se arrependeu e, cheio de remorso, enforcou-se.

Esse Judas se chamava **Iscariote**. Há os que usam "*Iscariotes*". Também traem...

E se "houverem" muitas dúvidas?

Se **houver** muitas dúvidas, vamos dirimi-las todas. Causa-me algum mal-estar saber que no século XXI ainda haja pessoas que não aprenderam a usar corretamente o verbo *haver.* Na televisão, a cada passo, aparecem pessoas que exercem cargos e funções importantes, que soltam o malsinado "haviam" e o malcheiroso "houveram". Não impõem respeito.

Assim como o verbo *fazer,* o verbo *haver* não se usa no plural, quando sinônimo de *existir, acontecer, realizar-se* e *fazer* (tempo): *Havia animais na pista.* (Jamais: "Haviam", porque *haver,* aí, equivale a *existir.*) *** *Já* ***houve*** *duas guerras mundiais.* ***Haverá*** *outras?* (Jamais: "Houveram", porque *haver,* aí, equivale a *acontecer.*) *** *Quantas reuniões* ***haverá*** *hoje aqui?* (Jamais: "haverão", porque *haver,* aí, equivale a *realizar-se.*) *** *Não a vejo* ***há*** *séculos!* (Jamais "hão", naturalmente, porque, aí, *haver* equivale a *fazer.*) *** *Espero que* ***haja*** *ingressos à venda.* (= existam) *** *Ninguém queria que* ***houvesse*** *greves.* (= acontecessem) *** ***Pode haver*** *mais guerras mundiais.* *** ***Costuma haver*** *reuniões todas as sextas-feiras.* *** ***Está havendo*** *progressos nas negociações.* *** ***Vai haver*** *greves.*

Note que o verbo auxiliar também não varia. O verbo *haver* varia quando faz parte de um tempo composto, usado por *ter. Eles* ***haviam*** *faltado ao trabalho.*

Notícias de jornal: *Na década de 70, "haviam" 4.330 línguas, segundo a Unesco.* *** *Na última ceia de Jesus, "haviam" treze pessoas na mesa e uma delas era o traidor de Cristo, Judas "Iscariotes".* *** *O ministro sustenta que só "poderão haver" cortes no orçamento do seu ministério se o governo aumentar as tarifas.*

Jornalista que se preza não pode cometer erro tão infantil. Comete.

embora “sendo”

Conjunção não combina com gerúndio. Por isso, usa-se o verbo no subjuntivo: *Embora **seja** pobre, não rouba.* *** *Embora **vivesse** no Brasil, ela não era brasileira.* (E não: *Embora “vivendo”* no Brasil, ela não era brasileira.) *** *Embora **coma** bastante, não engorda.* (E não: *Embora “comendo”* bastante, não engorda.) *** *Embora estivesse cansado, fui acompanhá-la.* (E não: *Embora “estando”* cansado, fui acompanhá-la.)

O gerúndio se usa com *mesmo*, palavra denotativa: ***Mesmo sendo*** *pobre, não rouba.* *** ***Mesmo vivendo*** *no Brasil, ela não era brasileira.* *** ***Mesmo comendo*** *bastante, não engorda.* *** ***Mesmo estando*** *cansado, fui acompanhá-la.*

Por falar em *roubar*...

Por falar em *roubar*, convém saber que este verbo não tem nenhuma forma com **o** aberto. Durante a conjugação, o ditongo **ou** soa fechado: r**ou**bo, r**ou**bas, r**ou**ba, r**ou**bam; r**ou**be, r**ou**bes, r**ou**be, r**ou**bem.

O diabo é que todo dia há neste país gente que “róba”, que é uma barbaridade!

Oslo

Capital da Dinamarca. Todo o mundo pronuncia corretamente: *óslo*. Pois já apareceu alguém para contrariar: o rapaz que às vezes substitui a titular do Jornal da Globo saiu-se com “ôslo”.

Onde é que ele foi encontrar isso, só Deus sabe.

em detrimento “a” alguém

Esta expressão, em que *detrimento* é sinônimo de *prejuízo*, exige a preposição *de*, e não a prep. “a”. Portanto: *em detrimento **de** alguém.* O governo não pode adotar uma política em detrimento **d**o povo. É uma verdade.

Eis, agora, a mentira (de uma revista de automóveis, ed. 232, p. 104): *O único senão do Alfa Romeo 147 é o tempo da troca de marcha que poderia ser menor, mesmo em detrimento “ao” conforto.*

filme importado “do exterior”

Pode parecer coisa do outro mundo, mas não é. Num famoso dicionário, no verbete **filme**, define-se o **filme enlatado** como um *filme importado “do exterior”*. Se o dicionário fosse dirigido a extraterrestres, até que se compreenderia. Mas um pai-dos-burros tão desprevenido, é difícil aceitar.

em nível de

É esta a locução que temos: *Reunião **em** nível de diretoria.* Ou seja: só participarão da referida reunião diretores do mesmo nível.

Há, contudo, uma verdadeira febre de "*a nível de*" por aí. De gente sem nível, evidentemente. Iriam, esses, para uma reunião "a" todos os níveis?

O mais interessante é que certas pessoas usam a expressão "a nível de" em qualquer caso: *"A nível de" casamento, eu diria que estou fora. "A nível de" besteiras, eu digo que sempre estou dentro...*

Mesmo em referência ao nível do mar, preferimos o uso da preposição *em*: *Fortaleza está situada **no** nível do mar.*

Usa-se muito a preposição *a* neste caso, em razão de, na pergunta, aparecer essa preposição. Por exemplo: *São Paulo está situada **a** quantos metros acima do nível do mar?* A resposta a uma pergunta dessas, evidentemente, será: *São Paulo está situada **a** 800m acima do nível do mar.*

Essa preposição, contudo, só tem cabimento nos casos de cidades que não estão ***no** nível* do mar, naturalmente. Sim, porque se perguntarem: *Fortaleza está a quantos metros acima do nível do mar?*, a resposta deverá ser dada desta forma: *Fortaleza está **no** nível do mar.*

É o mesmo que perguntarmos a um corredor de fórmula 1: – ***A** quantos quilômetros estás indo agora?* E ele responder, simplesmente: – *Estou **em** casa, agora, não estou correndo ou viajando.*

Fiz-me entender?

Fui eu que descobri "primeiro".

Caro leitor, existe alguma dúvida? Quem descobre já não encontra ou acha primeiro que outros? Pois é. Desde o meu tempo de menino é assim. E, com certeza, bem antes disso...

Há, por aí, no entanto, alguns artistas da publicidade que, talvez por não terem tido infância, querem mudar. Na propaganda de um modelo de *minivan*, saiu o tal *descobri "primeiro"*. Será que em alguma agência de propaganda existem mesmo os que descobrem "depois"?...

novidade "inédita"

Toda novidade não tem de ser necessariamente inédita? Pois bem, não para todos. Recentemente, pela televisão, anunciaram o lançamento de um filme. O locutor, então, soltou, a pérola, com aquele vozeirão: *Cenas inéditas, "nunca vistas" no cinema!* O caro leitor já viu alguma cena *inédita já vista* no cinema?

voar "pelos ares"

Redundância sensível, já que ninguém ainda conseguiu voar pelas águas... Nossos jornalistas, contudo, em vez de irem aos ares, continuam voando "pelos ares": *Um carro-bomba com várias toneladas de explosivos fez voar "pelos ares" a sede da ONU em Bagdá. *** No sábado de aleluia, em dez minutos, bonecos da malhação voam "pelos ares". *** A vida de José Carlos Pace, pontuada de algumas alegrias e obstáculos constantes, voou "pelos ares" a bordo de um avião monomotor que se espatifou em 1977, quando ele ainda não havia completado 33 anos. *** Acionou um dispositivo, uma bomba fortíssima abriu o asfalto e o carro do ex-primeiro-ministro de Franco, Carrero Blanco, voou "pelos ares", subiu a mais de 30 metros, ultrapassou o muro alto de um colégio de freiras e se espatifou lá dentro.*

Agora, numa pergunta-enigma: *O sujeito tinha um vizinho apaixonado por galinhas. Mas, como faziam muito barulho, um dia resolveu acabar com elas. Pegou um punhado de grãos de milho, adaptou uma bomba em cada um deles e atirou-os sob o muro. Olga e Célia, as duas filhas do vizinho, viram isso e correram para apanhar o milho. Só que, assim que cada uma delas se abaixou para pegar o milho, tudo voou "pelos ares". Qual o nome do filme?*

Porcaria!

direito individual "de cada um"

Redundância visível. Na ânsia de apresentar emendas à reforma da previdência, declara um parlamentar: *A apresentação de emendas é um direito individual "de cada um" dos parlamentares.*

Bastaria retirar "de cada um" para que tudo ficasse perfeito. Todos temos direitos, mas não podemos nos esquecer das nossas obrigações...

minha opinião "pessoal"

Visível redundância. Ora, se a opinião é *minha*, só pode ser *pessoal*. Ou haverá uma opinião que seja *minha*, mas não seja *pessoal*?

Recentemente, um megaempresário (que até virou dramaturgo) declarou: *Na minha opinião "pessoal", ele não tem condições de ser presidente da República.*

Teve...

criar "novos"

Nova redundância. Os jornalistas vivem pedindo a criação de "novos" empregos. E o governo não se cansa de criar "novos" impostos... Quem paga a redundância? O povo. Sempre!

Eis o que escreveu um jornalista, logo após a posse de Lula: *Lula poderia anunciar, em seu primeiro discurso como presidente que, enquanto não se criam empregos "novos", deveria ficar proibido demitir.*

E se fosse proibido cometer redundância? Não seria bom também?

Certa vez, o locutor de uma rede de televisão nos convidou a *criar "novos" caminhos.* Seria o caso de perguntar se ele próprio já havia encontrado o **seu** caminho.

elo "de ligação"

No mundo dos terráqueos, todo *elo* é obrigatoriamente *de ligação,* assim como toda surpresa é inesperada, todo lançamento é novo, toda criança é pequena, etc. Não obstante a evidência, há sempre os que têm "surpresas inesperadas", os que são loucos por um "novo lançamento", e os que preferem não sair de casa à noite, porque têm "criança pequena". Dá muita vontade de ter um ataque.

Eis a frase de um repórter esportivo que mais me forçou a essa vontade: *O treinador precisa de um jogador para ser um elo "de ligação" rápida entre a defesa e o ataque.*

Ataque? Houve quem quase teve um...

Por falar em ataque, eis o que lemos no *site* de O Estado, num dos momentos difíceis da humanidade: *Os planos de guerra do presidente George W. Bush contavam com o apoio dos iraquianos contrários a Saddam Hussein, principalmente os xiitas do sul do Iraque. Porém, a resistência de milícias e do exército nas cidades de Umm Qasr, Basra e Nassíria, principais elos "de ligação" com Bagdá, levaram as tropas de coalizão a reveses militares que repercutiram na cotação internacional do petróleo e nos índices das bolsas mundiais.*

E então, caro leitor, não é digno de um ataque?

órbita "ao redor de"

Nova redundância: não há órbita que não seja ao redor de alguma coisa. Escreveu um jornalista, todavia: *A técnica promete proporcionar a descoberta de mais planetas em órbita "ao redor de" outras estrelas semelhantes ao nosso Sol.*

ocasião "favorável"

Outra bobagem. Na palavra *ocasião* já está implícita a idéia de *favorável.* Toda ocasião é algo favorável. Tanto é assim, que diz o aforismo popular: *A ocasião faz o ladrão.* Ou seja: A circunstância favorável propicia o surgimento do ladrão.

Certa feita, uma empresa fez anúncio em que mostrava um certo cidadão, com ares professorais, definindo a palavra *oportunidade.* A definição era capenga: *oportunidade* é ocasião "favorável". Ah, se não fosse!

Agora, só por mera curiosidade: recentemente, folheando um dicionário, à pág. 2.159, encontrei a redundância. O mundo, realmente, está ficando muito moderno. (Mas nada favorável...)

Quer dizer que o mundo está cheio de redundâncias?

O mundo de quem?

Há pessoas que ainda gostam muito de uma *decapitação "da cabeça"*, de uma *hemorragia "de sangue"*, de uma *hepatite "do fígado"*, de *desembolsar "do bolso"*, de *anexar "junto"* e tantas outras chuvas no molhado.

Não faz muito, ouvimos esta: *Ele "autosuicidou-se"*.

Obra, naturalmente, de *demente "mental"*...

Certa feita, um jornalista saiu-se com esta: *Você poupa mensalmente R$500,00 "por mês" durante cinco anos.*

Duro mesmo seria poupar mensalmente por ano...

Esta é de outro jornalista: *Quércia estaria convencido de que, mais do que nunca, cautela e canja "de galinha" não fazem mal a ninguém.*

Quem encontrar, em algum restaurante, canja que não seja de galinha, saia correndo: é veneno!

Houve outro que escreveu, ainda: *Pomares "de fruta", terras cultiváveis, uma casa e dez tapetes iranianos estão sendo oferecidos ao candidato a assassino do escritor iraniano Salman Rushdie.*

Eu ofereceria ao jornalista apenas um *pomar "de legumes"*...

Para encerrar, só mais esta, claro, de outro jornalista: *Uma companhia californiana anunciou que vai dar "de graça" 10 mil computadores.*

No duro?!

Há redundância na sigla BICBANCO?

Enorme! Ora, se BIC significa Banco Industrial e Comercial, como aceitar outra vez BANCO após a sigla?

Se a moda pegar, qualquer dia destes estaremos fazendo depósitos no BCNBANCO, no BBBANCO e no UNIBANCOBANCO.

Outra redundância moderna é usar "*sistema ABS*". Ora, ABS é sigla alemã de *antiblockiersystem*. Note: já há a palavra *sistema*.

competitividade

Muita gente sente dificuldade em pronunciar corretamente esta palavra, porque tem duas sílabas idênticas juntas: *titi*. Sente dificuldade justamente porque não sabe localizar a acentuação secundária da palavra. Veja: quem coloca o acento secundário na sílaba inicial da palavra tende a pronunciar errado: "*COMpetividade*". Por quê? Porque essa acentuação dificulta a pronúncia das sílabas idênticas. Já quem diz com a acentuação correta, pronuncia sem dificuldade. Note: *comPEtiTIvidade*. Não ficou mais fácil?

É por essa razão que resolvemos, no **Dicionário Sacconi da Língua Portuguesa**, marcar todas as sílabas de acento secundário. É importante não só para saber a sua verdadeira posição, mas também para conhecer o timbre das vogais **e** e **o** que fazem parte de tais sílabas. Por exemplo: *telecomando* (tè); *megafone* (mè); *ortomolecular* (òr-le); *osteoporose* (òs-o).

É preciso deixar "claro" uma coisa: está difícil.

Erro comum de concordância, próprio de gente que saiu da escola sem ter noção de análise sintática. Se *claro* está em **clara** referência a um nome feminino (*coisa*), como pode ficar no masculino?

Apesar de a coisa ser **clara** demais, eis como escrevem os jornalistas: *O PT mudou ao chegar ao poder, mas uma coisa precisamos deixar "claro": ninguém apaga o passado.*

Na verdade, estamos nos empenhando em apagar é o presente...

a expensas de

Esta locução sempre traz o *a* no singular, a exemplo da equivalente *à custa de*: *Mulher que vive **a expensas d**o marido.* *** *Viajar **a expensas d**a firma.* *** *Formar-se **a expensas d**a namorada.* *** *Concluí o curso **a** minhas **expensas**.* *** *Vives **a** tuas **expensas** ou **a expensas d**a mamãe?*

Num edital do Tribunal de Justiça do Paraná: *Os exames de saúde que não forem passíveis de ser realizados no Tribunal de Justiça ficarão "às" expensas do candidato.* No mesmo edital: *O candidato considerado inabilitado terá acesso ao laudo médico, podendo requerer, "às" suas expensas, outros exames.*

Numa resolução do Tribunal de Justiça da Paraíba, porém, a surpresa foi ainda maior: *A celebração do Convênio, para que produza seus efeitos legais, será objeto de publicação no Diário da Justiça, "sob às" expensas do Poder Judiciário.*

No projeto de lei de um deputado: *Parágrafo único. As despesas decorrentes da aquisição e da instalação do equipamento correrão "as" expensas do consumidor.*

Convém deixar claro: quem faz questão de usar "*às*" *expensas de*, preferindo seguir registros de certos dicionários, inçados de erros e equívocos, não pode deixar de usar, por coerência, "às custas de".

somos *em* cinco

Trata-se de um italianismo, como estes: *Estávamos "em" seis no automóvel.* (Em português: *Estávamos seis no automóvel.*) *** *Íamos "em" dez pela estrada, conversando.* (Em português: *Íamos dez pela estrada, conversando.*) *** *Vínhamos "em" quinze na caminhonete.* (Em português: *Vínhamos quinze na caminhonete.*) *** *Éramos "em" quatro no carro.* (Em português: *Éramos quatro no carro.*)

A exemplo de *namorar com* e de *jogar de goleiro*, é uma construção própria do italiano, mas devidamente consagrada na língua cotidiana.

continuação ≠ continuidade

Continuação é prosseguimento; *continuidade* é sucessão ininterrupta. Um árbitro pode dar *continuação* a um jogo até os 50m, se achar conveniente; o novelista que não souber dar *continuidade* à trama, estará irremediavelmente fora do ibope, porque não despertará interesse.

Na mídia: *Docentes da Unicamp, da USP, da Unesp e da Unifesp decidiram pela "continuidade" da greve contra a reforma da Previdência.*

Na verdade, os professores decidiram pela *continuação* da greve.

Na Veja, ed. 1.818, pág. 35: *O ministro da Defesa defende a "continuidade" do programa espacial brasileiro.*

Estou certo de que o ministro está a defender a *continuação* do programa espacial brasileiro.

Eis, agora, o emprego correto da palavra *continuidade*, num artigo publicado no Jornal da Tarde: *O que mais se temia, em matéria de educação, acabou acontecendo. Em vez de dar* ***continuidade*** *à política de avaliação implementada pelo governo anterior, e cujo estrondoso sucesso foi registrado pelo Censo Escolar de 2003, o governo do PT optou por desmontá-la progressivamente.*

V. maiores explicações no **Dicionário de dúvidas, dificuldades e curiosidades da língua portuguesa**.

"cataclisma" / "aforisma"

Trata-se de cacografias que muito se vêem em todos os tipos de publicações. Nove, entre dez brasileiros, escrevem errado estas duas palavras, ou seja, "cataclisma", "aforisma", em vez de *cataclism***o**, *aforism***o**. Tudo por influência de palavras mais conhecidas, como *cinema, dilema, problema, programa, telefonema, teorema*, etc.

Certa vez se leu no editorial de um grande jornal paulista: *Um conhecido "aforisma" diz que aqueles que esquecem a História estão condenados a revivê-la.*

Além da cacografia, o jornalista escreveu "*História*", com *H*, quando deveria escrever *história*, com *h*. *História* é o nome da ciência ou da disciplina escolar. Repare nesta frase: Maus alunos em *História* nunca fazem *história* na escola.

Pio X / século I / ano II / capítulo III

Na sucessão de papas, séculos, anos, capítulos, etc., de I a X lemos em ordinal; de XI em diante, em cardinal. Portanto: século **I** (= século **primeiro**), ano **II** (= ano segundo); capítulo **III** (= capítulo **terceiro**); Pio **X** (= Pio **décimo**); século **XI** (= século **onze**), ano **XII** (= ano doze).

Não existe século "um", século "dois", século "três", século "quatro", século "cinco", século "seis", século "sete", século "oito", século "nove" nem século "dez". Mas é justamente desse modo que dizem todos os repórteres e jornalistas. Alguns até fazem pior. Escrevem: *Papa elogia combate de Pio "10" ao modernismo. Dois barcos que datam do século "1" foram descobertos...*

Na ed. 1.738 da revista ISTOÉ se leu à página 74: *Cientistas israelenses anunciaram a descoberta de uma pedra com inscrições do século "9" a.C. que pode ter sido parte do lendário Templo de Salomão, citado no Antigo Testamento.* Ora, escrevendo em cardinais, obrigam o leitor a ler erradamente.

Num grande telejornal se ouviu certa vez: *Arquimedes viveu no século "três" antes de Cristo.*

Tudo mentira.

"um xerox"

Quem quiser uma cópia boa, sem rasuras, borrões e distorções, que peça sempre *uma xérox*!

Em português, todas as palavras dissílabas terminadas em *-x* são paroxítonas: *bórax, cóccix, dúplex, tríplex, Félix, fênix, gúmex, índex, ônix,* enfim, todas. Constituem exceções, evidentemente, as que se criam com fins eminentemente comerciais, quase sempre ao sabor do arbítrio, com o suposto sufixo *ex,* indicador do produto: *Durex, Duratex, Mentex, Pirex,* etc. Nenhuma dessas formações pertence ao léxico português; nenhuma possui história: nasceram ontem, aqui mesmo, talvez numa acanhada sala de agência de propaganda.

Xérox nos vem do grego *xéros, e, on,* que significa *seco, secura.* Tal radical está presente em *xeroftalmia, xerografia, filoxera,* em que a vogal da sílaba *xe* possui timbre aberto (*xèroftalmia, xèrografia, filoxéra*), constituindo-se em mais um fato comprobatório da prosódia legítima *xérox.*

Em inglês, a palavra já é paroxítona. Só mesmo os "artistas" preferem pronunciá-la como oxítona. E de "artistas" o Brasil está cheio! Às vezes até trabalham em empresas multinacionais...

Veja esta frase de um jornalista, aliás, "artista": "*Os xerox" estão para os livros como as fitas "piratas" estão para a indústria de cinema e discos.*

Três erros numa pequena frase. E então? Não é um "artista"?

E o caso de *telex*?

Telex é abreviamento da expressão inglesa *teleprinter exchange* = intercomunicação impressora a distância. Foge, portanto, à norma descrita no caso anterior.

Qual é o plural de *fax*?

É *os **fax***. Palavras terminadas em *-x* com som de *ks*, mormente as formadas recentemente, ou que entraram há pouco na língua, não variam no plural. Estão no mesmo caso de *fax*: *xérox, telex, dúplex* e *tórax*, entre muitas outras.

Aquelas que possuem variantes em *-ce* (caso de *cálix, índex*, etc.) fazem o plural tendo por base a variante: *cálices, índices*, etc.

Mooca ou "Moóca"?

Mooca, sempre *Mooca*, sem acento. *Mooca* é um antigo e simpático bairro paulistano. Muita gente, no entanto, pensa que mora na "Moóca", jura que mora na "Moóca". Nunca morou!

banana

Não é obrigatório, mas a melhor pronúncia desta palavra é *bãnâna*, e não "bánâna".

Sempre que houver uma consoante nasal após uma vogal, esta é fechada. Note que estamos falando em **preferência** de pronúncia, e não em erro. Fazemos questão de fazer a ressalva, porque sempre há uns e outros que, ansiosos pela crítica, desejosos do nosso sangue, querem logo ir à veia, à jugular.

Recentemente, uma mulher foi a um programa de televisão de entrevistas e cantou uma música da bossa nova, em cuja letra aparece várias vezes a palavra *banana*. Foi "bánâna" para cá, "bánâna" pra lá, pra dar e vender. Afeou a música.

"falámos" / "tratámos" / "conversámos"

Há quem queira diferençar o presente do pretérito, abrindo a vogal **a** das formas pretéritas. Essa prática, no português do Brasil, é de uma bobagem sem tamanho. Tanto a forma do presente quanto a do pretérito possuem uma única pronúncia correta (ao menos por aqui, no Brasil): *falâmos, tratâmos, conversâmos.*

"mâs"

Houve um presidente brasileiro (folclórico, de todos os pontos de vista) que se notabilizou não só por dizer "senhôra", mas também por pronunciar a conjunção *mas* desta forma: "mâs", como, aliás, ainda dizem alguns gaúchos. Ora, o que ocorre aqui é uma grande confusão: a vogal **a** só se fecha quando **antecede** consoante nasal, nunca quando se pospõe a ela. Não fosse assim, também teríamos de dizer "nâda", "mâla", etc.

um foca

É assim que se diz de jornalista novato(a), sem experiência. Trata-se de um nome sobrecomum, a exemplo de *banana* (em referência a pessoas). Usamos: *Clarisse é **o** mais **novo foca** da redação.* *** *Sua namorada é **um banana**!*

Afirmar que Clarisse é *a* mais nova *foca* da redação não é verdade. Dizer também que sua namorada é *uma banana* – convenha comigo – não é expressar toda a verdade.

É comum nomes femininos se tornarem sobrecomuns, quando usados em sentido figurado. Veja mais estes casos: *O goleiro Veloso tinhano Parque Antártica **um sombra** muito melhor que ele: Marcos.* *** *Seu irmão é **um babaca**: só fala bobagens!* *** *Meu vizinho é **um águia**: não faço nenhum negócio com ele!*

Uma grande revista nacional trouxe, certa feita, na capa: *O que significa ter **um fera** do mercado no Banco Central.*

Acertaram!!!

Veja agora, caro leitor, o que declarou um ex-governador mineiro, na p. 34 da Veja, ed. 1.757: *O apoio de Itamar Franco seria oneroso, porque ele é **um mala**.*

Ab-so-lutamente certo!

Como abreviar o pronome você?

Assim: **v.**

Interessante é que o pronome *você* provém de *Vossa Mercê*, substituído por *Vossemecê*, depois por *Vosmecê* e por *Vossancê*, que nos deu inúmeras variantes populares (*Mecê*, *Vancê* e *Vassuncê*). Daí passou a *você*. Hoje, no entanto, já se ouve muito "ocê"; há até os que se limitam ao "cê" (*Cê vai?*). Eu, caro leitor, já vi pelo menos várias vezes outra redução: *Cé loca?!* = Você é louca?!

Do jeito que vão indo as coisas, qualquer hora destas o *Vossa Mercê* vai acabar virando mesmo apenas "c": *C aceita?*

Aqui cabe, a propósito, uma observação, senão um protesto. Há um professor eletrônico que tem repetido essa brincadeira que faço há mais de trinta anos sobre o pronome *você*. Não cita a fonte e fala como se tudo fosse criação dele. Criar não é exatamente o verbo que o homem sabe conjugar; plagiar é o verbo que ele conjuga como ninguém. Parodiando Arquimedes, lembro: aqueles que afirmam tudo sem produzirem provas de suas afirmações, ou plagiam ou enganam. Descobri, sem precisar da banheira, que existem os que cometem ambos os tipos de trapaças. Plagiar as lições, os ensinamentos, até que se compreende. Mas também as brincadeiras?! A didática?! Precisa plagiar até as brincadeiras, até a didática?! Até o pronome *nosso*, que uso em minha gramática e também usei na minha antiga editora, o homem usa em seus artigos e seus trabalhos! Precisa plagiar até nessas mínimas coisas?! Se realmente precisar, plagie, plagie à vontade, mas cite a fonte, homem! Não queira passar coisas de outrem como se fossem suas! Isso é desonroso! Só angaria respeito entre desavisados! O bom profissional, o profissional sério, o profissional de respeito, é aquele que cria, que é original, ou, então, até mesmo aquele que plagia, mas que tem a hombridade e o caráter de citar a fonte. O mal não está no plágio; o mal está em o apócrifo querer passar por autêntico. Ademais, autoridade não é aquele que se limita a repetir, feito papagaio, ensinamentos de outros mestres. Autoridade é aquele que resolve casos e situações novos, inéditos, não apenas aqueles já exaustivamente tratados por autores de todas as linhas e tendências. Autoridade, enfim, implica originalidade e respeito. Alguns jornalistas esportivos parecem gostar muito desse plagiador. Que bom: é a simbiose perfeita!

bunda-mole

O mundo está cheio de *bundas-moles.* E como há: é só ligar a televisão em certos programas esportivos e até mesmo em alguns que tratam de nossa língua.

Certa vez um fabricante de sofás anunciou assim: *Divano, da Arredamento. O sofá dos "bunda-mole".*

Algum tempo depois, um político paulistano, corajoso, desabafou: *Na secretaria de Segurança do Estado só tem "bunda-mole".*

Na verdade, o mundo está cheio de *bundas-moles.* E de plagiadores, também, naturalmente...

serpente "não venenosa"

Eis aí algo que é difícil de aceitar. Por quê? Porque há uma diferença entre *cobra* (qualquer ofídio, venenoso ou não) e *serpente* (cobra venenosa, peçonhenta). Quando deparamos uma coral, dizemos que se trata de uma *cobra,* porque ela pode ser peçonhenta ou não (existem as falsas). Mas quando nos referimos à passagem bíblica, somos obrigados a dizer que foi uma *serpente* que tentou Eva no Paraíso, e não uma *cobra.* Tinha, naturalmente, de ser uma serpente... Cleópatra também morreu em conseqüência da picada de uma *serpente.* Tinha de ser...

Eis que, todavia, ao ler uma de nossas principais revistas semanais de informação, encontro as trevas: *Um veterinário australiano, especialista em cobras, foi chamado às pressas para retirar do telhado de uma casa uma serpente de 7kg e 3m de comprimento. Missão cumprida, o vaidoso veterinário posou para fotógrafos e cinegrafistas. Foi quando a cobra se vingou e o atacou no rosto. Ele teve sorte: a serpente não era venenosa.*

Tinha de ser uma serpente...

argüir "da" constitucionalidade de uma medida

É tolice: o verbo *argüir* não é transitivo indireto. Quem questiona, discute, apresentando razões a favor ou contra, argúi alguma coisa, e não "*de*" alguma coisa. Podemos, agora, *argüir* uma questão controversa: o voto dos analfabetos.

Quando um ministro dos Esportes apresentou sua proposta de mudanças na lei do passe, em 1996, um jornalista esportivo insistiu em afirmar na televisão: *Os cartolas estão querendo argüir "da" constitucionalidade da proposta.*

O homem comete tanto furo, que já o chamam de Kfuro!

"duzentas" gramas de queijo "prata"

Eis aqui uma porção suficiente para causar aquela indigestão. Ao menos aos seres humanos. Sim, porque ***duzentas** gramas* só os burros é que costumam comer, já que *grama* (feminino) é *capim.*

E o queijo que costumamos comer em lanches é o *prato.* Até o momento nenhum laticínio se empenhou em fazer o queijo "prata", naturalmente porque o custo não devesse ser vantajoso...

Houve época em que os jornalistas da revista Veja defenderam com unhas e dentes a expressão "uma grama de ouro". Que bom que os tempos mudaram!

uma blitz, duas ...

blitze, já que em alemão, o plural de *blitz* é *blitze.* Os nossos jornalistas, que até pouco tempo atrás usavam *duas "blitz"*, já passam a usar a forma certa. Repare nestes exemplos, para firmar conhecimento: *Em razão da onda de seqüestros, a polícia tem feito muitas **blitze** pela cidade de São Paulo.* *** *Passei por várias **blitze** sem me pararem.*

Mas sempre há exceções. No *site* do Terra: *Garotinho faz ronda para avaliar as 81 "blitzes".*

Quem sabe sabe; quem não sabe continua batendo muitas palmas.

Repare "as" pernas dela!

Quem repara "*as*" pernas é mecânico, já que *reparar* (sem a preposição *em*), na linguagem culta formal, significa *consertar*: *reparar* relógios, *reparar* fechaduras e até *reparar* pernas, quando mecânicas.

Pessoas mais elegantes, de espírito mais sutil, *reparam nas* pernas de uma garota, mas antes reparam *nos* seus bonitos olhos, *nos* seus lábios, *no* seu jeito de andar e de falar, *no* seu olhar, *na* sua boca, *na* textura dos seus lábios, enfim, reparam *em* tudo o que ela tenha de reparável e, sobretudo, de irreparável.

Apesar de haver inúmeros exemplos em autores contemporâneos deste verbo, na acepção de *observar, notar,* como transitivo direto, não são de imitar. Nunca é demais repetir: os escritores não são absolutamente infalíveis. Há os que cometem das suas e há também os que inventam, como foi o caso de um famoso baiano, contestado e vencido pelo grande mestre Ernesto Carneiro Ribeiro.

Na grande imprensa, é imperdoável o desconhecimento de regência verbal. Não se admite um jornal de expressão nacional, uma revista de grande tiragem ou uma rede de televisão de grande audiência difundirem regências e concordâncias totalmente incompatíveis com a índole da língua. E isso não tem nada de purismo; todo cidadão tem o direito de ler e ouvir notícias e informações, segundo a norma padrão da língua, e não segundo o modelo resultante do lapso ou deslize deste ou daquele escritor desatento (para não dizer outra coisa). Em Machado de Assis não se encontram lapsos nem deslizes. Em Eça de Queirós, também. Em Carlos de Laet, da mesma forma.

Por isso, não há como perdoar o que se leu na pág. 117 da ed. 1.809 da revista Veja, ao estampar a foto de duas pessoas, com penteados semelhantes: *Pasquim e Varoni: repare "o" penteado.*

Certa vez, uma famosa rede de televisão resolveu fazer um teste com um narrador de esportes. Foi um desastre! Tanto é que aquele foi seu primeiro e único jogo. Na ânsia de agradar, o homem passava o tempo todo recomendando: "*Repare esse" lance, amigo telespectador! "Repare o" modo como esse jogador toca na bola, amigo telespectador!*

Amigo?!

Pode tratar-se de bandidos.

Frase perfeita. O verbo *poder*, neste caso, é auxiliar de um verbo transitivo indireto acompanhado do pronome *se*, que indetermina o sujeito. Por isso, pode abrir a porta: *pode* tratar-se de amigos!

Antes de abrir a porta, porém, repare nestoutra frase: *Pode verificarem-se protestos, se a polícia usar de violência.*

Reparou? O verbo *poder*, em suma, em frases desse tipo, equivale a *é possível.*

aprendendo o bê-á-bá

Apesar de ser assim, veja como escreveu um jornalista: *Tanto discutimos a inflação e suas causas, durante estes anos todos, que acabamos esquecendo o "beabá", o básico, o elementar.* Há pessoas que querem ser formadoras de opinião sem sequer terem aprendido o *bê-á-bá.*

Mas há esperanças, há esperanças. Eis como escreveu outro jornalista, talvez mais letrado (ou mais bem-alfabetizado): *Ao criticar e desafiar uma MP que está vigendo, o governo Lula está mostrando ser analfabeto num ponto fundamental que é o* ***bê-a-bá*** *do Estado democrático de Direito.*

Digno de encômios...

A idade da criança variava entre cinco "a" oito anos.

Entre se usa com **e**; *de* é que se usa com **a**: *A idade da criança variava* ***entre*** *cinco* ***e*** *oito anos.* *** *A idade da criança variava* ***de*** *cinco* ***a*** *oito anos.*

Isso não é novo; existe desde o surgimento da língua portuguesa moderna. Veja, porém, esta notícia de jornal: *Os ladrões roubavam os veículos em São Paulo e vendiam no Paraguai.* *** *A maioria dos carros era vendida por preços que variavam entre dez "a" quinze mil reais.*

Na Veja, ed. 1.811, p. 14: *Se os empresários sabem que seu caminhão pode circular entre Medellín "a" Bogotá e chegar a salvo ao destino, confiam mais nas forças do Estado.*

remontar "há"

O verbo *remontar* (ter sua origem ou princípio) é transitivo indireto e se usa com a preposição *a*: *A invenção da imprensa remonta **a** séculos.* *** *A informática remonta **a** poucos anos.*

Num jornal: *O Afeganistão é um mosaico étnico de antigas culturas, cuja origem remonta "há" séculos de ocupação das estepes e montanhas da Ásia central.*

O uso da preposição *a* e de *há*, do verbo *haver*, tem confundido muita gente, mas já não deveria estar confundindo jornalistas.

Há publicações que, por si "só", já nos causam arrepios.

A expressão *por si só* (= por si sozinho) varia normalmente: *As declarações do réu, por si **sós**, já bastam para condená-lo.*

Portanto: *Há publicações que, por si **sós**, já nos causam arrepios.*

Certa feita, uma fábrica de inseticida fez propaganda pela televisão, na qual o apresentador, logo de início, saiu-se com esta: *Existem coisas que fazem mal por si "só".*

De fato.

Peixe tem "espinho"?

Pelo menos nas águas do planeta Terra, não. O que peixe tem é *espinha* dorsal. Mas uma repórter da Rede Globo não vacilou em afirmar, certa feita, que os habitantes de Londrina preferem consumir peixe sem "*espinho*".

Nós todos também, não é mesmo?...

a pé

Sempre sem acento no **a**: *andar **a** pé.*

Não se usa, ainda, "de a pé" por *a pé*: vou *a pé*, vim *a pé* (e não: vou "*de*" *a pé*, vim "*de*" *a pé*).

Em algumas regiões do Nordeste se usa "*de*" *pé* por *a pé*. Ali, as pessoas costumam ir "*de*" *pé* e vir "*de*" *pé*. Assim, quando um motorista paquerador oferece uma carona a qualquer garota que vai passando pela rua, esta reage quase sempre brava e desta forma: – *Não, não preciso de carona: eu vou "de" pé mesmo.*

Ao chegar a casa, ela dá a notícia à mãe:

– *Mããããe, mãinha! Um cara queria me dar carona, mas eu não aceitei: vim "de pé" mesmo.*

O mais interessante é que ela chegou...

serviço de "metereologia"

Não existe isto. O que temos é o Serviço de *Meteorologia*, palavra que vem de *meteoro*. No entanto, o erro é comum. O adjetivo correspondente é *meteorológico*.

No *site* do Terra: *Saiba a melhor maneira de dirigir em situações "metereológicas" adversas como: neblina, chuva, vento, lama e até gelo.*

No *site* da Folha de S. Paulo: *Um terremoto medindo 7,2 graus na escala Ritcher atingiu a região do Pacífico perto das ilhas Salomão e de Papua Nova Guiné hoje, segundo um instituto "metereológico" dos Estados Unidos.*

Que mal lhe pergunte, caro leitor: e os manuais de redação, hem?!

"sob" o ponto de vista

É um galicismo dispensável, já que temos ***do** ponto de vista*, aliás, expressão muito mais elegante. **De** todos os pontos de vista...

Na ed. 1.807, pág. 79, da Veja: *O movimento de José Rainha é um anacronismo "sob" qualquer ponto de vista pelo qual seja observado.*

Repare não só no uso do galicismo, mas também na redundância, que seria evitada, se a frase terminasse em *ponto de vista.*

"sob" esse aspecto

Esta preposição, em português elegante, deve ser substituída por *em*: ***N**esse aspecto, posso dizer que a amo; mas **n**outro aspecto, não.*

Na ed. 1.811 da Veja, na página de um de seus articulistas: *Deputados e senadores que elegemos nunca nos consultam sobre coisa alguma. Eles nem sabem a quem representam, nem ao menos têm os nossos e-mails. "Sob" esse aspecto, nem uma República de fato somos.*

o dois-pontos

O nome do sinal de pontuação tem hífen: *dois-pontos* (:), assim como *ponto-e-vírgula* (;).

Poucos sabem usar o dois-pontos. Certa feita, a Toyota do Brasil fez publicidade capenga. Acima da foto do Corolla se lia: *Ótimo desempenho e muita segurança. O que toda mulher procura num homem e todo homem procura num carro.*

A mensagem publicitária perfeita, no entanto, é esta: *Ótimo desempenho e muita segurança: o que toda mulher procura num homem, e todo homem procura num carro.*

Repare neste trecho de jornalista: *No Palmeiras, "todo mundo" reconhece. Quando Marcinho não joga, a defesa fica muito mais exposta.* Note, agora, como ficaria em português: *No Palmeiras, todo o mundo reconhece: quando Marcinho não joga, a defesa fica muito mais exposta.*
EM TEMPO – 1) Há quem use *os dois pontos* (os portugueses o fazem), sem hífen e sempre no plural. Para bom entendedor, *dois pontos (os)* são isto: **..**, ou seja, um ponto atrás do outro; *dois-pontos (o)* é isto: **:**, ou seja, sinal de pontuação.

2) Não se usa dois-pontos depois da abreviatura de *telefone* nem depois da abreviatura de *ramal.*

zero "pontos"

Se 1 não exige nomes e verbos no plural, que se dirá de zero! Há, todavia, quem consiga enxergar plural em zero. Repare nesta notícia de A Gazeta Esportiva: *O Oeste de Itápolis foi julgado nesta segunda-feira pelo Tribunal de Justiça Desportiva da Federação Paulista de Futebol, por atuar com três jogadores que estavam com suas documentações irregulares e acabou punido com a perda de 12 pontos. A Federação não divulgou se, após essa decisão, o Oeste, que possuía dois pontos em quatro jogos e era o penúltimo no Grupo 2, passará a figurar com menos dez ou com zero "pontos".*

Não sabemos dizer se estamos mais com pena do Oeste do que do Leste...

representação das horas e dos minutos

As horas e os minutos se representam assim, e só assim: *20h, 20h15min, 15h02min, 18h, 12h38min.*

Há os que usam o dois-pontos: "*20:15*". Há os que usam, além do dois-pontos: "*20:15hs.*". Há de tudo, menos o correto.

Certa vez, fixaram um grande aviso à entrada do elevado Costa e Silva, em São Paulo, conhecido popularmente por Minhocão: *O elevado estará interditado "das 0 HS às 5 HS".*

Note que, além da representação gráfica errada das horas, o zero foi considerado como nome do plural! Não seria mais econômico, mais sensato, mais educativo elaborar um aviso assim: *O elevado estará interditado* ***da 0h às 5h****?*

Recentemente, uma emissora de televisão, depois de encerrar suas atividades, deixou esta mensagem na tela: *Fim de transmissão. Horário de programação: "de 08:00hs às 00:00hs.".* Aqui, uma série de absurdos ocorreu, como facilmente se nota. E saber que é tão fácil (e muito mais econômico) escrever corretamente: *das 8h à 0h!*

abreviaturas de *quilo* e de *quilômetro*

As abreviaturas de *quilo* e de *quilômetro*, junto de números, se usam assim, e só assim: *2kg, 50kg, 1km, 80km* (note: não há *s* nem ponto, e a abreviatura segue imediatamente o algarismo, não havendo nenhum espaço entre eles).

Portanto, o limite de velocidade nas principais rodovias brasileiras é de 80km/h, e não de "80 KM/H", como se vê comumente. Está aí a razão por que os motoristas costumam exceder a velocidade máxima permitida: falta de respeito...

abreviaturas de *litro* e de *mililitro*

Hoje devemos usar assim: L para *litro* e mL para *mililitro*. A mudança de l para L e de ml para mL se deveu para evitar confusão com o algarismo 1. É a nova orientação da Associação Brasileira de Normas Técnicas (ABNT). Podemos, ainda, usar o ℓ, minúsculo, como o escrevemos manualmente, em vez da maiúscula: 1mℓ.

sêde

O bom-senso manda acentuar esta palavra, mas o Vocabulário Oficial não vê assim. Convém acentuar, para diferençar de *sede* (é), outro substantivo. O acento serve para evitar ambigüidade, que pode ocorrer em frases como esta: *O candidato ainda não revelou se tem sede.*

Outros casos de acentuação obrigatória, em nosso ver, são das homógrafas fechadas *fôrma* (substantivo) e *vêde* (forma imperativa do verbo *ver*). Sem o competente sinal, estas frases ficam prejudicadas: *Não encontrei a forma da forma que tanto procuro.* *** *O calçado tem forma que não é da forma que eu escolhi.* *** *Vede tudo: está frio!*

O caso do verbo ainda é passável, porque o contexto se encarrega de nos informar se se trata do verbo *ver* ou do verbo *vedar*. Mas nos outros casos, a exigência do acento é absoluta. Em nome do bom-senso.

Imaginemos um escritor que queira dar este título à sua obra: *A forma da forma.* E agora?

Repare nesta frase: *trata-se de um tipo de impressão que deixa na superfície impressa apenas a marca da* ***forma*** *usada.* (Fôrma ou forma?)

Repare também nestoutra frase: *trata-se de um tipo de impressão que utiliza* ***forma*** *moldada.* (Fôrma ou forma?)

E mais nesta: *trata-se de um sistema de impressão que utiliza* ***formas*** *em relevo.* (Fôrma ou forma?)

Bom-senso, assim como beleza, é fundamental: *fôrma, fôrmas.* Mas o Vocabulário Oficial não vê assim. Paciência!

Vimos aqui todos os dias para rezar.

Frase perfeita: o presente do indicativo do verbo *vir*, na primeira pessoa do plural, é *vimos*. Portanto, em cartas: ***Vimos** informar a Vossas Senhorias que ...* *** ***Vimos** notando ultimamente uma queda nas vendas dos nossos produtos.*

ATENÇÃO – A frase ***Viemos** aqui para beber ou para conversar?* é defensável, desde que não se perca de vista o aspecto verbal. A idéia de constância, de freqüência, traduz-se pelo presente: ***Vimos** aqui para beber ou para conversar?* (Ou seja: *Vimos aqui **todos os dias** para beber ou para conversar?*). Se o fato se dá apenas vez ou outra, cabe o emprego do pretérito: *Afinal, **viemos** aqui para beber ou para conversar?*

Quando um fabricante de cerveja fez anúncio usando a frase, estava clara a intenção de freqüência, de constância naquele hábito. Daí por que censuramos a frase numa das edições anteriores.

"sentar na" mesa

É coisa de gente pouco civilizada. Gente educada, elegante, civilizada, *senta-**se à** mesa*, quer para comer, quer para dialogar, discutir, debater, assinar acordos. É melhor usar como pronominal, mas há dicionários que já trazem este verbo como intransitivo. A última prefeita de São Paulo queria sentar "na" mesa com os empresários de ônibus urbanos e "ter com eles uma parceria". Será que os empresários aceitaram?!

"as" 5.ª e 6.ª séries

É bobagem. Antes de palavras no singular (5.ª), não se usa o artigo no plural, ainda que haja uma seqüência delas: *Dou aulas **na** 7.ª e 8.ª séries.* *** *Transcrevi **o** 2.º, 3.º e 4.º parágrafos.* *** *Ângulo formado **pela** 2.ª e 3.ª porções do duodeno.* *** *Eram pessoas indicadas para **o** 2.º e 3.º escalões do governo.* *** ***A** 1.ª e 2.ª varas cíveis.* *** *Não concordo com **o** 4.º e 5.º itens desse documento.*

A maioria dos jornalistas desconhece completamente o assunto. Repare na frase de um deles: *Após três meses de governo, continua a corrida pelas vagas "nos" segundo e terceiro escalões.*

"Miss" Brasil

No Brasil é diferente: ***Misse** Brasil.* Lá fora, sim, é que a faixa da nossa representante nesses concursos traz *Miss*. Não só isso: traz também *Brazil*. Aqui devemos usar *misse*.

A ed. 1.789 da Veja, pág. 57, traz: *A história da "miss" cassada por ser casada acabou bem para todas as partes.* *** *Os organizadores do "Miss" Brasil celebraram o oba-oba em torno de um concurso quase esquecido.*

Só faltou escreverem "Miss Brazil".

Eu quero me divertir.

Há professores que condenam o uso de pronome oblíquo isolado entre dois verbos, amparando-se na sintaxe do português lusitano. Convém parar.

Aliás, ainda há provas de exames vestibulares que exigem conhecimentos da sintaxe de colocação usada meramente em Portugal, o que é um acinte para qualquer brasileiro. Universidade ou faculdade que ainda exige isso deveria ser cassada, a bem do serviço público...

No português do Brasil, o pronome oblíquo pode perfeitamente vir isolado entre dois verbos. Não há nenhuma necessidade de usar o hífen (*Eu quero-me divertir*). Deixemos os portugueses com seus empregos; fiquemos com os nossos! Ou temos de falar português como eles "tambáim"?

proceder "um" sorteio

Não. *Proceder* ***a*** *um sorteio,* ***a*** *um exame,* ***a*** *uma vistoria,* ***a*** *uma cobrança,* ***a*** *investigações,* ***a*** *pesquisas,* ***a*** *diligências.*

Num formulário de depósito bancário, leu-se, certa vez, esta advertência: *A disponibilidade do depósito em cheque ocorrerá após a respectiva cobrança "que procederemos" por sua conta e risco.*

Pois a cobrança ***a*** *que procederemos* é para sempre. E será maligna!...

olhar

Na acepção de *levar em conta ou em consideração* é transitivo direto: *Quando ele vai a restaurantes, não olha* ***a*** *preços.* *** *Gosto de Beatriz, porque ela não olha* ***a*** *meus defeitos.*

Um jornal reproduz a entrevista com um ministro: *Essa greve do judiciário vai se voltar contra as instituições e será uma greve antipática.* *** *Uma greve por melhores condições da sua própria carreira, que não olha "a" situação da totalidade do povo brasileiro.*

Mas quem é mesmo que olha **à** situação da totalidade do povo brasileiro?

Ela "mesmo" diz que merece a punição.

Mesmo e *próprio* variam em gênero e número, quando funcionam como demonstrativos de caráter reforçativo: *Ela* ***mesma*** *diz que merece a punição.* *** *Ela* ***própria*** *diz que deve ser punida.* *** *Elas* ***mesmas*** *lavam suas roupas.* *** *Luísa, seja honesta consigo* ***mesma!***

Mesmo não varia somente quando equivale a *de fato, realmente*: *Ela veio* ***mesmo*** *aqui hoje?* *** *Suas filhas sabem* ***mesmo*** *cozinhar?*

Num de nossos jornais apareceu certa vez esta frase: *As montadoras estão virando "no" avesso uma máxima que elas "mesmo" criaram: vender barato para vender mais.*

Viridiana é uma “soprana”?

Não. *Soprano* é termo que se aplica tanto ao cantor quanto à cantora. A distinção de sexo se faz trocando o gênero do artigo ou de qualquer outro determinante: *o soprano, a soprano; aquele soprano, aquela soprano,* etc. Trata-se, portanto, de um nome comum-de-dois, assim como *dentista, jovem, selvagem, motorista.*

Certa feita, uma apresentadora de telejornal informou que a “*soprana*” Aprile Millo chegaria ao Brasil.

E nem sequer ficou vermelha!

Alguém pode ter olhos “castanhos-escuros”?

Não. Num adjetivo composto, só o último elemento varia. Portanto, só podemos ter *olhos **castanho**-escuros, cabelos **castanho**-escuros, olhos **verde**-claros, olhos **azul**-claros, equipamentos **médico**-hospitalares, política **econômico**-financeira, tonalidades **claro**-azuladas, pessoas **maníaco**-depressivas,* etc.

Num jornal: *Os animais, como as pessoas e principalmente como as crianças, merecem uma série de cuidados “higiênicos-dietéticos”, que abrangem, além de limpeza e alimentação, os serviços “médicos-veterinários”.*

Certas pessoas, assim como certos animais, merecem – de fato – uma série de pequeninos cuidados...

“papel título”

É bobagem de certos críticos de cinema, que volta e meia dizem que um filme traz no “*papel título*” determinado artista. Em português existe *papel principal,* para substituir essa invenção.

“Após ter” marcado o gol, o jogador foi até a galera.

Não é bom português o uso de *após* antes de formas nominais. Prefere-se *depois de*: ***Depois de** se levantar da cama, tome banho!* *** ***Depois de** ocorrido o acidente, começou a chover.*

Se o uso de formas nominais com a preposição *após* já é de todo condenável, que se dirá, então, do seu emprego não só assim, mas junto de preposição? Foi o que encontramos no rótulo de um molho de tomate. A patada veio em forma de conselho: “*Após de abrir*” *conservar em geladeira.*

Não é uma fria? Quanto à falta da competente vírgula depois de *abrir,* então, nem vamos comentar: é café-pequeno.

Após "ao" almoço, escove os dentes!

Após já é uma preposição; não tem sentido usar preposição com outra preposição, como vimos no caso anterior. Assim, usaremos: *após o jantar, após as refeições, após as 18h, após o jogo, após o programa, após o almoço*, sempre sem a combinação *ao* ou sem a crase *à*.

De notar, ainda, que esse não é um caso rigorosamente correto do emprego dessa preposição. Consulte o **Dicionário de dúvidas, dificuldades e curiosidades da língua portuguesa**.

De vez em quando, no entanto, aparece um aviso correndo na parte inferior da tela do nosso televisor: *Após "ao" futebol, assista a um filme inédito.*

De quem é a culpa? Claro: do futebol!...

No *site* da Jovem Pan se leu: *Romeiros: movimento na Dutra será mais intenso após "às" 16h do domingo.*

De quem é a culpa? Sem dúvida: dos romeiros...

Três curiosidades

A pessoa que tem a mania de passar por sábio, por gênio, é *sofomaníaca.*

A pessoa que tem medo de ser enterrada viva é *tafófoba.*

A pessoa que tem medo de corar, de ficar vermelha na presença de outrem, por timidez, é *ereutófoba.*

"minte" / "desminte"

São formas inexistentes dos verbos *mentir* e *desmentir*, respectivamente. Mas o povo gosta delas. Quantas não foram as vezes em que ouvi uma pessoa dizer, admirada: *Nossa, mas como você "minte", não?!*

Não.

Certa vez, um velho deputado paulista, morto tragicamente, declarou no ar, pela televisão: *Ele "desminte" tudo o que declara. É uma vergonha.*

Sempre.

arrepender-se

É verbo essencialmente pronominal. Certa feita, um apresentador de programa esportivo pela televisão perguntou a um ex-treinador da seleção brasileira de futebol: *Você "arrependeu" de não ter convocado Romário para as Olimpíadas?*

A resposta veio tão capenga quanto a pergunta: *Não, não "arrependi".*

Pois então, *arrependa-**se***!

Inicia-se período com algarismo?

Não convém. Já encontramos, todavia, períodos iniciados assim: *"1194" foi o ano de implantação do real.* *** *"5.º" Encontro de Secretários da Saúde.* Convém preferir: *O ano de 1994 foi o da implantação do real.* *** *Quinto Encontro de Secretários da Saúde.*

A casa ou lar dos traficantes foi devastada.

Concordância correta. Quando se usam dois ou mais nomes sinônimos, de gêneros diferentes (*casa* é feminino; *lar*, masculino), a concordância nominal se faz com o primeiro elemento. Outros exemplos: ***O lastro** ou âncora cambial é **necessário**.* *** ***A âncora** cambial ou lastro é **necessária**.*

Quando, porém, diretamente ligado ao substantivo, ou seja, sem a presença do verbo, o adjetivo ou o particípio concorda com o último elemento. Repare nestes exemplos: *O sangramento ou hemorragia nasal **causada** pela pancada já estancou.* *** *A hemorragia nasal ou sangramento **causado** pela pancada já estancou.* *** *Composição poética ou poema **caracterizado** por uma única linha métrica se diz monômetro.* *** *Poema ou composição poética **caracterizada** por uma única linha métrica se diz monômetro.* *** *O corte ou interseção **feita** em ângulo reto...* *** *A interseção ou corte **feito** em ângulo reto...*

O número sete deve ter corte?

De preferência, não. Verifique em qualquer teclado: o **7** tem corte?

O corte nesse algarismo começou a aparecer para espantar a confusão com o 1, ou mesmo com o 2. Convém saber, todavia: o corte é apenas ratificativo, e não absolutamente necessário.

Há uma explicação galhofeira para o corte no 7. Diz-se que, quando Moisés desceu do monte Sinai com a Tábua dos Dez Mandamentos, passou a ler as leis de Deus para o povo. Chegando ao mandamento de número 7, ergueu um pouco mais a voz: **Não cobiçar a mulher do próximo!** Ao que o povo protestou prontamente, gritando: **Corta, corta!**

"1.2%"

Não é recomendável, em português, separar as casas decimais por meio de ponto, como se faz em inglês. Já nos referimos a isso anteriormente, quando tratamos da indústria automotiva, que usa "2.0", "2.5", etc.

"uma somatória"

É bobagem. A língua só tem *um somatório*: *O país vivia **um somatório** de crises.* *** *Houve **um somatório** de equívocos nessa investigação.* *** *Ocorre **um somatório** de asnices nos exames vestibulares.*

Na sentença de um magistrado, colhemos isto: *O réu foi imprudente, concorrendo com a imprudência da vítima, "numa somatória" de culpas que deram causa à morte do ciclista. A condenação do réu, pois, é de rigor.*

Só do réu?

Esta saiu da pena de um jornalista: *O movimento de reação contra o imposto de renda resulta de "uma lamentável somatória" de má fé, demagogia e oportunismo.*

O que é mais lamentável?

pagamento em médio e longo "prazo"

Não. Quando o substantivo se refere a dois ou mais adjetivos, deve estar no plural. Portanto: ***as administrações** direta e indireta, **as imprensas** falada, escrita e televisionada, **as polícias** civil e militar, **os setores** público e privado.*

Portanto, faça qualquer pagamento em *médio e longo **prazos**.* O importante é fazê-lo.

qualquer

Trata-se da única palavra em português cujo plural se faz no seu interior: *quaisquer.*

Há pessoas, às vezes até letradas, que escorregam na concordância, quando este pronome se inclui no sujeito. Eis o que colhemos num texto do Conselho da Justiça Federal, em manifestação de voto de um juiz, num recurso: *Igualmente não "foi demonstrado" quaisquer reflexos na honra e bom nome da autora em defluência do evento ocorrido.*

Mas, sem dúvida, *foram demonstrados* todos os reflexos de falta de domínio da língua, em decorrência da frase transcrita.

minguar

Este verbo, assim como *aguar, desaguar* e *enxaguar*, nas formas rizotônicas, tem tonicidade na primeira sílaba: *mínguo, mínguas, míngua, mínguam; míngüe, míngües, míngüe, míngüem; águo, águas, água, águam; ágüe, ágües, ágüe, ágüem*, etc.

De um jornalista da Folha de S. Paulo: *Crédito "mingua" nos anos FHC.*

Deputados são eleitos para trabalhar.

Correto. Também correta estará a frase, se houver flexão do infinitivo: *trabalharem.*

O infinitivo, quando regido de preposição (exceto *a*, que normalmente exige o singular), pode variar ou não: *Vocês vieram aqui para **beber** ou para **conversar**?* (Ou: ***beberem, conversarem.***) *** *Lemos jornal para **aprender**, e não para **desaprender**.* (Ou: ***aprendermos, desaprendermos.***)

“meu” óculos!

Óculos é palavra só usada no plural: *os óculos*. Quando precisar de *bons óculos*, procure uma óptica! Antes, porém, não se esqueça de consultar um bom oftalmologista, que lhe indicará *os melhores óculos* para o seu caso.

Certa feita, noticiou um jornal, para grande surpresa nossa: *A polícia francesa anunciou ontem o roubo d**os óculos** usados por Napoleão Bonaparte na histórica batalha de Austerlitz, de 1805, em que venceu os exércitos austríaco e russo.*

A hora é de festa, de alegria: exultemos!

Já durante a cerimônia de transferência de faixa presidencial, Fernando Henrique Cardoso, ao retirar a faixa, deixou cair *os óculos*. A apresentadora de uma emissora de televisão, todavia, que sabe falar fluentemente o francês e o inglês, não conseguiu dizer ***os** óculos*. Ficou mesmo com *“o” óculos*. É a miopia sempre presente.

O clube contratou Alex e Pedrinho. “Todos dois” são armadores.

Não existe *“todos dois”* em nossa língua, embora seja combinação muito usada em certas regiões do Nordeste.

O pronome *todos* só se usa de três em diante: *Estavam no carro os três filhos de Isaque;* ***todos três** saíram ilesos do acidente.*

Numa de nossas revistas semanais de informação: *Elas são seis: Adélia, Otilia, Juracy, Laurinda, Eulinda e Marinete – as irmãs Lira, como são conhecidas em Caruaru, PE. Algumas são cinqüentonas; outras já estão na casa dos 60. “Todas as seis” são solteironas.*

O uso do artigo, neste caso, só se justifica quando o numeral antecede o substantivo. Assim, por exemplo: *Todas **as seis solteironas** são de Caruaru (PE). Todos **os quatro filhos** de Cármen já são formados.*

Deixe “eu” dormir sossegado!

Frase típica da língua falada. Preste atenção a estes seis verbos, nunca mais os esqueça: *deixar, mandar, fazer, ver, ouvir* e *sentir*. Todos seis exigem pronome reto antes de infinitivo, e não pronome oblíquo. Repare nestas frases: *Deixe-**me** dormir sossegado! *** Mandaram-**me** ficar aqui. *** Fizeram-**me** beber todo o purgativo. *** Vi-**o** entrar. *** Ouvi-**as** chorar. *** Senti-**a** mexer-se.*

Mas na língua falada, a do dia-a-dia, entre amigos, é comum encontrarmos o pronome reto: *Mandaram “eu” ficar aqui. *** Fizeram “eu” beber todo o purgativo. *** Vi “ele” entrar. *** Ouvi “elas” chorar. *** Senti “ela” mexer-se.*

Qual das duas formas de construção é mais elegante? Escolha a sua!

Recentemente, a prefeitura de Fortaleza afixou no canteiro central de uma das avenidas, em meio a um pequeno jardim, esta placa: *Jogue lixo no lixo. Deixe “eu” ficar bem bonita.*

Obedece-se a uma ordem dessas?

Faça *entrar* as visitas!

Frase corretíssima. Lembra-se dos seis verbos do caso anterior? Eles estão presentes, novamente. Todos seis, quando usados com infinitivo imediatamente posposto, dispensam a flexão do infinitivo, independentemente do número em que se encontra o sujeito. Ex.: *Mande **sair** as crianças.* (O sujeito de *sair* é *as crianças.*) *** "*Deixai **vir** a mim as criancinhas!*". (Sujeito de *vir*: *as criancinhas.*) *** *Vi **morrer** os soldados.* *** *Ouvi **bater** portas e janelas.* *** *Senti **cair** os meus óculos.*

Se aparece um pronome oblíquo como sujeito, o infinitivo continua invariável. Ex.: *Faça-as entrar!* (O sujeito de *entrar* é *as.*) *** *Mande-as sair!* *** *Deixa-as vir a mim!* *** *Vi-os morrer.* *** *Ouvi-as bater.* *** *Senti-os cair.*

Se, no lugar do pronome oblíquo, aparece um substantivo ou um pronome substantivo, a flexão é facultativa ou opinativa. Ex.: *Faça as visitas entrar* (ou *entrarem*)*!* *** *Mande todos sair* (ou *saírem*)*!*

A Goodyear lançou recentemente um pneu à prova d'água. Sua propaganda começava com esta frase: *Quando as águas chegarem, deixe as águas **rolarem**.* Perfeito. Mas se estivesse **rolar**, em vez de **rolarem**, a frase não só estaria perfeita, como castiça.

Os jornalistas, por sua vez, desconhecem por completo o assunto. Eis um exemplo, dos milhares que já encontramos em publicações de todos os tipos: *O ano de 1985 "viu passarem" pela área econômica três administrações distintas.*

A Veja, ed. 1.621, apresentou interessante reportagem sobre os mamutes. E uma frase assim: *Corpo bem conservado de mamute morto há 23.000 anos **faz** cientistas **sonhar** em recriar a espécie.*

Extraordinariamente correto! Houve quem se emocionasse...

É obrigatório o uso do pingo no *i* e no *j*?

Sim. As maiúsculas (I, J) é que não têm pingo. É comum, no entanto, encontrarmos estudantes que escrevem os *ii* e *jj* sem pingo e, ao escreverem palavras em letras de fôrma, colocam pingo no I e no J. Há gente assim.

Por que se usa *vide verso*, se o imperativo de ver é *vêde*?

Em português, é, de fato, *vêde* a forma do imperativo. Ocorre que, neste caso, usamos latim, e não português, por ser uma expressão tradicional. Não custa acrescentar que a abreviatura de *vide verso* é *v.v°.*

Quanto ao acento gráfico em *vêde*, conforme já afirmamos anteriormente, consideramos seu uso de bom-senso, para diferençar de *vede*, forma do verbo *vedar*.

risco de vida / risco de *morte*

A expressão rigorosamente lógica, racional, é *risco de morte* (o elemento final deve denotar sempre algo ruim), assim como se corre *risco de infecção* num ambiente infecto;

assim como se corre *risco de contágio*, se se tem contato com alguém que sofre de mal contagioso, etc.

Nem sempre, porém, o que é racional, lógico, acaba a braços com a língua, que também agasalha *risco de vida*. Aliás, consta dos mais antigos (e bons) dicionários.

perigo de *vida* / perigo de *morte*?

Eis aqui outro caso interessante, semelhante ao anterior. A língua só possui *perigo de vida*. E note que a palavra *perigo*, logicamente, não poderia nunca pedir outra de significado meliorativo, mas sim de significado ruim, desagradável, funesto. As pessoas que ganham a vida remexendo lixões, correm perigo de *doença*; uma equipe não corre perigo de "vitória", mas perigo de *derrota*, numa partida difícil. Então, por que apenas perigo de *vida*? Não tenho, infelizmente, a resposta.

vitrô

Sempre condenei esta excrescência, preferindo *vitral*, mas estou sendo obrigado a sucumbir a ela. Sim, porque *vitrô*, positivamente, não é o mesmo que *vitral*. Daí por que não há outra saída, a não ser sair pelo *vitrô* mesmo...

tigresa

Não convém usar *tigresa* como feminino de *tigre*, mas apenas como sinônimo de *mulher excepcionalmente linda, sedutora, atraente*, assim como Taís Araújo e Daniella Cicarelli, por exemplo.

Quanto à fêmea do tigre, continuemos a tratá-la como bem merece: *o tigre fêmea*. É mais ecológico.

"bochete"

Todo o mundo sabe o que é *pochete*, pequena bolsa que se leva geralmente presa ao cinto. Dia destes, porém, num programa de televisão, uma "adevogada" disse várias vezes "bochete". Era "bochete" pra cá, "bochete" pra lá. Teria o *b* de *bolsa* influenciado a nova palavra?

um mês e meio / um milhão e meio

Um mês e *um milhão* são expressões de número singular; *e meio* não chega a ser expressão suficiente para fazer que o sujeito seja composto. Assim, construímos: *Um milhão* *e meio de pessoas **morreu** nessa guerra. *** Um milhão e meio de reais não **é suficiente** para essa obra. *** **Transcorrido** um mês e meio do crime, nada ainda foi esclarecido.*

Aos que tiverem interesse em se aprofundar no assunto, convém consultar os capítulos *Concordância verbal* e *Concordância nominal*, em **Nossa gramática**.

quer...quer

As conjunções correlativas alternativas não podem ter elementos diferentes. Portanto, usamos sempre: *quer...quer, ou...ou, seja...seja*, etc. Volta e meia, no entanto, encontramos frases mais ou menos assim: *Estamos cansados de radicalismos, **quer** de esquerda "**ou**" de direita. *** Mulheres e até homens se preocupam com a própria pele, **seja** no verão "**ou**" no inverno.*

Seja no verão, *seja* no inverno, a realidade é essa...

De boas intenções, o mundo realmente está cheio. Recentemente, um abnegado se dispôs a comentar os erros encontrados nos livros didáticos do ensino fundamental. Sua primeira frase, para iniciar o comentário dos erros, foi esta: *Uma rápida folheada num livro, pretensamente didático, destinado ao Ensino Fundamental, seja de Geografia "ou seja" de Ciências demonstra, geralmente, um grande número de erros, de imperfeições, de omissões e/ou de desatualizações na parte referente à Astronomia.*

Ele continua: *O mais grave dessa situação é que os livros são usados tanto pelos alunos como pelos professores, sendo, muitas vezes, o único livro de referência disponível. Assim, o professor aprende errado, ensina errado, o aluno se torna professor e o ciclo da ignorância se fecha e perpetua.*

Não é que o autor tem razão!...

Esta saiu num jornal: *Não se pode confiar nos homens públicos, **seja** na Nova República "**ou**" na Velha.*

Por falar em Nova República e em Velha República, eis a declaração de um famoso (e poderoso) senador baiano: *Na Bahia, eu sou como o Senhor do Bonfim: responsável por tudo o que acontece, seja de bom "ou" de ruim.*

Pois é...

Preciso de ajudantes, *sejam* mulheres, *sejam* homens.

Frase perfeita: *sejam* aí é verbo. Mas essa mesma frase poderia estar assim, com conjunção alternativa: *Preciso de ajudantes, **seja** mulheres, **seja** homens. = Preciso de ajudantes, **ou** mulheres, **ou** homens.*

Outro exemplo: *Estamos cansados de radicalismos, **sejam*** (ou ***seja***) *de esquerda, **sejam*** (ou ***seja***) *de direita.*

Portanto, perfeita esta frase da revista Veja, ed. 1.815, p. 57, sobre cuja correção nos enviaram consulta: *Na hora do voto, o eleitorado americano costuma rejeitar os candidatos extremistas – **sejam** de direita, **sejam** de esquerda.*

Poderia estar aí também, portanto, *seja...seja.*

O seqüestrador e as reféns ficaram "presas" no banheiro.

Não. Quando há um nome masculino no sujeito composto, o adjetivo predicativo ou o particípio não podem figurar no feminino, em nenhuma hipótese. Portanto: *O seqüestrador e as reféns ficaram* ***presos*** *no banheiro.* *** *A casa, o prédio e as demais propriedades estavam* ***vendidos***. *** *O homem, as filhas e a mulher estão* ***nus***.

Se não for predicativo, mas adjetivo simples, a concordância poderá ser feita por atração: *Cão, mulher e crianças* ***vacinadas*** *podem passear à vontade pelas praças da cidade.* *** *Cão, crianças e mulher* ***vacinada*** *podem...* *** *Crianças, mulher e cão* ***vacinado*** *podem...*

Certos jornalistas precisam aprender urgentemente esse tipo de concordância. Principalmente o que escreveu isto: *A mãe, o pai e outras pessoas que estavam na casa foram "presas" na hora.*

Que tal terem incluído o autor da coisa?

"muito" embora

Combinação esdrúxula. Use-se apenas *embora,* já que esta palavra, no português contemporâneo, só pode ser conjunção ou palavra denotativa, mas nunca advérbio, como já o fora antanho.

Na ISTOÉDinheiro encontramos: *Os gastos dos técnicos com viagens, por exemplo, subiram 40% em três anos, "muito" embora as crises financeiras tenham sido raras no período.*

Pergunta de uma repórter a um galã do cinema: *Há muitos anos que é considerado um dos símbolos sexuais masculinos de Hollywood. "Muito" embora esteja agora noivo de Jennifer Lopez, foi assediado por muitas mulheres quando era solteiro?*

Apesar de ser uma praga na mídia brasileira tal combinação, é no jornalismo esportivo que ela se fortalece. Veja trecho de um jornalista esportivo: *Scolari será o primeiro a desejar saber das respostas a estas dúvidas, "muito" embora, cá para mim, experiente e seguro como é, Scolari já deva ter, lá no íntimo, algumas convicções fortes que tanto poderá querer provar abertamente, logo de início, como poderá testar, mais diplomaticamente, ao longo do jogo.*

A mulher que "preza-se" não beija em público.

Há certas colocações pronominais que são clássicas, tanto em Portugal quanto no Brasil, e não devem, por isso, serem contrariadas. Uma delas é a que faz com que o pronome sempre acompanhe o *que.* Não há como defender a colocação pronominal que pospõe o pronome ao verbo, quando existe um *que* anteposto ao verbo. Portanto: *A mulher* ***que se*** *preza não beija em público.*

No *site* de O Estadão: *O presidente dos EUA, que "reuniu-se" com o primeiro-ministro britânico, disse que é imperioso desarmar Saddam Hussein.*

Que mais é imperioso?

suor

Pronuncia-se *suór.* O ex-presidente Fernando Henrique Cardoso, no entanto, certa vez num discurso quis parodiar Churchill. Mas fê-lo tão mal, que seria melhor que se calasse. Numa daquelas crises por que passou o seu governo, ele disse que só tinha a oferecer ao povo brasileiro *"suôr" e lágrimas.* E voltou a usar a famigerada expressão "brasileiras e brasileiros", que, aliás, já houvera empregado dias atrás, noutro de seus discursos.

Não sei quem foi que me disse certa vez que sociologia fazia mal às pessoas, que mexia muito com a cabeça. Estou já quase me convencendo...

os "Pataxó"

É outra asneira, difundida por um grande jornal paulista, que já se tornando famoso por suas invencionices na língua, para depois colocá-las todas em seu manual de redação. As vítimas, naturalmente, são os compradores do manual que buscam, ansiosos **conhecimentos** de português.

A invenção acima, no entanto, quase ia pegando, não fosse o bombardeio cerrado que se realizou contra ela. Estavam querendo que todos os nomes de nações indígenas não variassem e tivessem (ainda) iniciais maiúsculas! Aí, então, teríamos "os Guarani", "os Tupi", a Rua "dos Tamoio", a Ladeira "dos Tabajara" e o poema de Gonçalves Dias, naturalmente, iria virar "Os Timbira".

Ou seja, falaríamos língua de índio. Felizmente, percebeu-se a tempo a asnice que alguns beócios estavam querendo consolidar.

a palavra feira nos dias da semana

O uso da palavra *feira,* nos dias da semana (menos sábado e domingo) deve-se ao fato de, na antiguidade, os comerciantes romanos se reunirem para vender e comprar mercadorias apenas em cinco dias da semana. A cada uma dessas reuniões chamavam *feira.* Como no domingo, o primeiro dia da semana, não se trabalhava, nomearam o primeiro dia de reunião desta forma: *segunda-feira.*

E até hoje nós temos *a terça-feira, a quarta-feira, a quinta-feira* e – graças a Deus! – *a sexta-feira...*

Entro no trabalho às 8h ou "de 8h"?

Quem é consciente, responsável, entra no trabalho ***às*** *8h.* Sempre **às** 8h.

No Ceará, todavia, as pessoas não entram no trabalho *às 8h* nem saem *às 18h.* Elas entram "de 8" e saem "de 18". Certa vez, encontrando uma conhecida funcionária de uma farmácia, em Fortaleza, perguntei-lhe: *Já está indo para o trabalho?* A resposta veio assim: *Não, hoje só entro "de 4".*

E ela ainda ficou sem entender por que ri tanto...

"inhoque" com frango

É um prato indigesto. Há restaurantes que oferecem isso; convém comer só o frango, deixando a massa...

Prato saudável, que deve constar em cardápio de restaurantes confiáveis (e limpos) é só o **nhoque** com frango.

Nhoque é um aportuguesamento do italiano *gnocchi*. Note: nem na língua de origem existe o "i" inicial, que muitos donos de restaurante fazem a gente engolir, quer queira, quer não.

Foi "criado" uma CPI.

Alguns jornalistas não conseguem distinguir tempo composto de voz passiva e, assim, acabam colocando os pés pelas mãos.

No tempo composto, o particípio não varia: *tenho* ***visto***, *temos* ***visto***, *havemos* ***encontrado***, *havíamos* ***jogado***.

Na voz passiva, ao contrário, o particípio varia normalmente: *ela foi* ***vista***, *elas estavam* ***eleitas***, *elas foram* ***encontradas***, *estávamos* ***jogados***.

Com os verbos *ter* e *haver* se formam os tempos compostos; com *ser* e *estar*, principalmente, forma-se a voz passiva.

Veja mais exemplos em que há voz passiva: ***É vedada*** *a publicação de revistas pornográficas.* *** ***Será adotada*** *uma atitude cautelosa.* *** ***Foi adotada*** *uma fórmula para solucionar o impasse.* *** ***Foi feita*** *uma avaliação do estado do jogador.*

Todas essas frases foram ouvidas de repórteres, porém, com o particípio absolutamente invariável, numa demonstração inequívoca de desconhecimento do assunto. Aliás, até aqui, nenhuma novidade.

Se os sujeitos vierem no plural, a voz passiva os acompanhará: ***São vetadas*** *as publicações de revistas pornográficas.* *** ***Serão adotadas*** *atitudes cautelosas.* *** ***Foram encontradas*** *fórmulas para solucionar o impasse.* *** ***Foram feitas*** *avaliações do estado do jogador.*

Vejamos, agora, frases de repórteres ou de jornalistas, assim como elas vieram ao mundo, tanto de penas quanto de bocas: *Foram "atingidas" pelo decreto um total de 11 áreas nos municípios catarinenses.* *** *As entregas são feitas a domicílio, ou é "cobrado" R$10,00 pelo serviço.* *** *Nesse caso, é "cobrado" uma mensalidade de R$20,00.* *** *Só é "permitido" a retirada de três livros de cada vez.* *** *Brevemente será "incluído" na biblioteca circulante da loja coleções de Machado de Assis, Humberto de Campos, Aloísio de Azevedo, Guilherme de Almeida, etc.*

antílope

É nome masculino e epiceno: ***o*** *antílope macho*, ***o*** *antílope fêmea.*

Certa feita, um repórter de televisão nos informou que o zoológico da cidade havia ganho "uma antílope" (em referência ao antílope fêmea). Disse mais: que "a antílope" parecia um bode.

E o cheiro ficou até hoje...

pagar “a” longo prazo

Não convém. Prefira pagar ***em** longo prazo.* É a preposição *em* que se usa neste caso: ***em** longo prazo, **em** curto prazo, **em** médio prazo.*

Para ter certeza disso, repare neste sugestivo diálogo entre um encanador e um cliente necessitado: – ***Em** que prazo você me faz o serviço?* – *Faço o serviço **em** três dias.*

Observe qual foi a preposição usada. Esse mesmo diálogo seria impraticável (ou não é praticado) com a preposição “a”. O encanador poderia dizer que faria o serviço *em* tempo mais longo (*em* vinte dias, por exemplo; seria, então, um serviço ***em** médio prazo*); poderia pedir ainda muito mais tempo para executar o trabalho (*em* seis meses, por exemplo; seria, então, um trabalho ***em** longo prazo*).

As expressões “a longo prazo”, “a médio prazo” e “a curto prazo” receberam clara influência da locução adverbial de modo *a prazo*; no entanto, quando se faz um serviço “a longo prazo” não se tem idéia de circunstância de modo, mas sim de *tempo.*

Há jornalistas que acertam, ao usarem a expressão: *Governar e fazer política assim é absolutamente inviável pelo menos no médio e longo “prazo”.* Acertou no emprego da preposição, mas deslizou na concordância, já que o substantivo deveria estar no plural: *prazos.*

Ou seja: de vez em quando eles acertam, mas dão sempre uma no cravo e a outra bem na ferradura...

cor-de-rosa

Não varia: *camisas cor-de-rosa, meias cor-de-rosa,* etc. Se se usar apenas *rosa,* também não haverá variação: *lenços rosa, camisas rosa, meias rosa,* etc.

A excelente cantora Rosa Passos, na bonita *Dunas,* fala em orquídeas “cor-de-rosas”, o que empanou um pouco o brilho da sua excelente interpretação.

ao encontro de = de encontro a?

Não. São exatamente locuções antônimas. *Ao encontro de* indica situação favorável, conformidade; *de encontro a* indica contrariedade, oposição, choque. Assim, uma filha que aguarda a chegada da mãe de uma longa viagem, num aeroporto, está com saudade e, logo que a vê, vai *ao encontro d*ela; um aumento de salários vem sempre *ao encontro d*o desejo dos trabalhadores. Já uma carreta que colide com um muro vai *de encontro a* ele; uma redução de salários vem sempre *de encontro a*o desejo dos trabalhadores.

O Acre teve uma governadora que declarou: *O congresso constituinte deve ir “de encontro aos” anseios por mudanças da população do país.*

Disse o que não queria, o que não devia, o que não podia.

“industrializar” testemunhas

É algo um tanto ou quanto difícil. O que se costuma fazer – e não se trata de prática muito aconselhável – é *industriar* testemunhas, ou seja, instruí-las ou orientá-las para não entrarem em contradição no momento do depoimento.

*É crime **industriar** testemunhas.* Os bons advogados usam sempre assim. Já os outros preferem "industrializar" as testemunhas.

mesada semanal = incoerência?

Não. A noção de mês na palavra *mesada* se perdeu completamente. Há uma figura de linguagem que justifica todos esses empregos, considerados, à primeira vista, como de incoerência: é a *catacrese* (v. **Nossa gramática**).

conflito israelo-palestino

Quando se juntam adjetivos pátrios, o inicial ou os iniciais adquirem a forma contraída ou, então, a mais antiga.

Assim, temos: África (**afro**-), Alemanha (**teuto**- ou **germano**-), América (**américo**-), Ásia (**ásio**-), Austrália (**australo**-), Áustria (**austro**-), Bélgica (**belgo**-), Bolívia (**bolivo**-), Brasil (**brasilo**-), Cartago (**peno**- ou **puno**-), China (**sino**-), Colômbia (**colombo**-), Dinamarca (**dano**-), Espanha (**hispano**-), Europa (**euro**-), Finlândia (**fino**-), França (**franco**- ou **galo**-), Grécia (**greco**-), Holanda (**batavo**- ou **holando**-), Índia (**indo**-), Inglaterra (**anglo**-), Israel (**israelo**-), Itália (**ítalo**-), Japão (**nipo**-), Macedônia (**mácedo**-), Malásia (**malaio**-), Polônia (**polono**-), Portugal (**luso**-), Síria (**siro**-), Suíça (**helveto**-), Tibete (**tibeto**) e Zâmbia (**zambo**-).

Ao procedermos à união, o primeiro adjetivo deve ser sempre o de menor extensão. Assim, devemos preferir sino-chileno a "chileno-chinês"; greco-hispânico a "hispânico-grego", greco-romano a "romano-grego", cubano-venezuelano a "venezuelano-cubano", etc.

Se ambas as formas possuírem idêntico número de sílabas, prevalecerá a ordem alfabética. Assim, prefere-se anglo-francês a "franco-inglês"; franco-grego a "greco-francês", etc.

Esse a "tem crase"?

Pergunta meio marota esta. Sim, porque o **a** não tem crase em lugar nenhum. *Crase* é o nome do fenômeno de fusão de dois *aa*. O acento grave, hoje, só se usa para indicar a crase; portanto, basta perguntar se o **a** tem acento grave.

A crase é um fenômeno que ocorre independentemente da nossa vontade. Quando alguém, inadvertidamente, não acentua o **a** craseado, isso não significa que o fenômeno deixou de ocorrer. O fenômeno ocorreu, apenas deixou de ser indicado. De outro lado, quando se coloca o acento no **a** desnecessariamente, não se indica absolutamente coisa nenhuma, porque, se o fenômeno não se dá, não será por nossa boa-vontade que ele forçosamente se dará.

festejar

Todo verbo terminado em *-ejar* (exceto *invejar*) mantém fechada a vogal tônica, durante a conjugação: *festejo, festeja; festeje, festejem,* etc. E assim também com *bocejar, calejar, despejar, farejar, gaguejar, gotejar, latejar, pelejar, pestanejar, planejar, praguejar, rastejar, relampejar, velejar,* etc.

Um jornalista esportivo, certa vez, preocupado com a não-convocação de Romário para a seleção brasileira de futebol de 2002, disse pela televisão: *Romário é um jogador que "faréja" o gol.*

Será?

De outra feita, um jornalista da TV Cultura (atente bem: TV **Cultura**) disse, num programa noturno de entrevista, na ânsia de justificar a apresentação de certos programas do mundo cão, que a televisão "despéja" o programa que a população quer.

Há, no entanto, quem sempre acaba vendo e ouvindo o que não quer.

"Falta" dois minutos para as seis.

O verbo *faltar* sempre tem sujeito (no caso, *dois minutos*). Se o sujeito estiver no plural, o verbo não poderá estar no singular. Portanto: ***Faltam** dois minutos para as seis.* *** ***Faltavam** quatro segundos para o término do jogo.* *** *Quantos minutos **faltam** para as dez horas?* *** *Quando **faltarem** cinco minutos para a uma, avise-me!* *** ***Faltam** remédios para o povo, **faltam** hospitais, **falta** tudo!* *** *Não **deviam faltar** nem dois segundos para as 18h, quando chegamos.* *** ***Estão faltando** poucos minutos para a meia-noite.* *** *Não **podiam faltar** frutas na casa dele, por causa das crianças.*

Note que, mesmo com verbo auxiliar, a regra não se altera.

O povo, contudo, diz: *"Fazem" dois minutos que ela saiu,* a par de: *"Houveram" muitas reclamações.* Por outro lado, usa também: *"Falta" dois minutos para as seis.*

Dá para entender?

Duas curiosidades

O nome *Bahia* é escrito com *h* por mera tradição. O acadêmico Pedro Calmon propôs, na sessão da Academia Brasileira de Letras, a 5 de agosto de 1943, que esse topônimo fosse assim grafado, quando se referisse ao Estado. A proposta foi aprovada na sessão do mesmo mês e ano. Mas *baiano* se escreve sem *h*, assim como *baião.*

A frase *conversa mole para boi dormir* significa, conforme todos sabem, conversa fiada. Já há por aí gente dizendo, para disfarçar, que as promessas do presidente Lula de acabar com o desemprego não passam de *colóquio flácido para acalentar bovino,* que, em suma, é isso mesmo: *conversa mole para boi dormir.*

O dia "que" a Terra tremeu: título bom para um filme?

Não. Expressões temporais deste tipo exigem a preposição *em* antes do *que*: *O dia **em que** a Terra tremeu.* *** *A hora **em que** a vi, fiquei emocionado.* *** *O mês **em que** não recebemos salário, passamos apertado!*

Usamos também corretamente: ***No** dia **que** a Terra tremeu* ou ***No** dia **em que** a Terra tremeu.* *** ***Na** hora **que** a vi, fiquei emocionado* ou ***Na** hora **em que** a vi...* *** ***No** mês **que** não recebemos salário, passamos apertado!* ou ***No** mês **em que**...*

Isto é: a preposição *em* deve aparecer obrigatoriamente, contraída ou não. E se vier repetida (**no...em**) não haverá inconveniente nenhum.

"mordida" de mosquito

Não. Só *morde* o que tem dentes; como inseto nenhum ainda teve esse privilégio, eles continuam *picando.*

Os que têm ferrão *ferroam, dão ferroadas.* Dolorosas à beça, mas sem – ainda – "morderem".

Por falar em mosquito, cuidado com as *picadas* da dengue!

Certa vez, numa propaganda de repelente de insetos, lia-se bem em cima do bumbum de uma linda e formosa garota: *Em todo acampamento sempre aparecem alguns sujeitinhos que vão lá só para "morder" os outros. São os mosquitos, os borrachudos, os pernilongos e demais insetos voadores. Essas criaturas escolhem as partes mais gordinhas e delicadas das pessoas para se divertirem.*

O visual e a situação exigiam *picar* no texto: muito mais pertinente...

Apresento "à" Vossa Excelência meus cumprimentos.

Antes de pronomes de tratamento não se usa o acento da crase.

Atenção: a abreviatura de *Vossa Excelência* é **V.Ex.ª**, e não "V.Excia.".

A cultura caminha passo "à" passo com o progresso?

Não: caminha passo **a** passo. Se outro for o passo, é torção na certa.

Locuções adverbiais com palavras repetidas dispensam o acento, mesmo que tais palavras sejam femininas: *passo **a** passo, minuto **a** minuto, segundo **a** segundo, ombro **a** ombro; cara **a** cara, frente **a** frente, face **a** face, gota **a** gota, uma **a** uma,* etc.

Refiro-me "à" exportações.

Também não. Não se usa o *a* com acento grave antes de palavras no plural, porque nesse caso não ocorre crase, basta usar a preposição *a: Refiro-me **a** exportações.* *** *Existem animais que são imunes **a** picadas de cobra.*

O acento só terá sentido se no lugar do *a* aparecer *as* (neste caso, o substantivo está determinado): *Refiro-me **às** exportações.* *** *Existem animais que são imunes **às** picadas de cobra.*

No *site* de O Estado: *Funcionários da Nasa, do FBI e da polícia texana rezam junto "à" partes de corpo de astonauta encontrado perto de uma estrada.*

Que mal eu pergunte: e os manuais de redação?...

Devo usar artigo antes de pronome possessivo?

Não, necessariamente. É facultativo o emprego do artigo antes de pronomes possessivos. Por isso, usamos, indiferentemente: *meu carro* ou **o** *meu carro, minha cidade* ou **a** *minha cidade, seu nome* ou **o** *seu nome, nosso quarto* ou **o** *nosso quarto.*

Sendo assim, também facultativo é o uso do acento grave da crase antes de pronomes possessivos femininos: *estou* **a** (ou **à**) *sua disposição; ela ficou* **a** (ou **à**) *nossa espera por duas horas.*

"à" respeito de

Está claro que antes de palavra masculina não se usa *a* com acento grave, indicando a existência de crase. Porque é impossível haver crase com palavra masculina.

Nos jornais, porém, se vê isto: *É cedo para qualquer apreciação "à" respeito do ministério de Luiz Inácio Lula da Silva.*

Nunca é tarde, porém, para aprender...

Posso usar *impunidade* por *impunibilidade* ou esta por aquela?

Não. São dois termos distintos. *Impunidade* é o mesmo que falta da devida punição; *impunibilidade* é qualidade daquele que não se pode ou não se deve punir. Vamos ver isso em exemplos? *A* ***impunidade*** *é o maior incentivo para o crime.* *** *A imprensa denunciou a* ***impunidade*** *dos parlamentares criminosos, e o instituto da imunidade caiu.* *** *A* ***impunibilidade*** *é apanágio dos deuses, e não dos mortais.* *** *O instituto da* ***impunibilidade*** *dos parlamentares que cometiam crimes comuns era uma vergonha nacional.*

Quero crer que todos perceberam a diferença.

Enquanto católico, não aceito o aborto.

Frase corretíssima, tanto na estrutura quanto no teor. *Enquanto* equivale, nesse caso, a *no papel de, na qualidade de, como.*

Eis outros exemplos: ***Enquanto*** *brasileiro, sinto vergonha de viver num país onde campeia a violência, onde campeia a impunidade, onde campeia a corrupção.* *** ***Enquanto*** *rubro-negro, ele quer que os vascaínos desapareçam da face da Terra, e estes desejam o mesmo aos rubro-negros.* *** *O presidente prestará depoimento tão-somente* ***enquanto*** *testemunha.*

Eis, agora, um exemplo excelente, muito bom mesmo, retirado de um editorial do

Diário de S. Paulo: *A teoria na prática costuma ser outra, especialmente na política.* ***Enquanto*** *oposição, o PT deitava falação contra as prorrogações da CPMF. Agora que assumiu o poder, o Partido dos Trabalhadores mudou de opinião: quer transformar em definitiva a contribuição provisória que em nada melhorou a saúde pública no país.*

Na prática, a teoria é quase igual...

Convém não confundir esse uso correto de *enquanto*, com este, incorreto, que se substitui por *quanto*: *"Enquanto" a mim, estou tranqüilo.*

D. Cláudia, venha até minha sala, "sim"?

Constitui um brasileirismo o emprego deste *sim* em final de frase e proferido em tom interrogativo. Em Portugal, prefere-se o emprego de *pois não.*

O dinheiro sumiu.

É assim que o povo diz. É assim que está ficando. No português castiço, todavia, tudo o que desaparece, *some-se*. O pronome do verbo *sumir-se* está sumindo na língua cotidiana, a exemplo do que já ocorre com *secar-**se*** e *vencer-**se***. Por isso, há muita gente por aí que já canta: *A fonte secou, quero dizer que entre nós tudo acabou!*

E a duplicata que *vence* amanhã? Bem... isso é só amanhã.

um dos que

Esta expressão leva o verbo obrigatoriamente ao plural, no português contemporâneo: *Sou um dos que mais* ***trabalham*** *aqui.* *** *Você é um dos que mais* ***reclamam****, porém, um dos que menos* ***ajudam****.* *** *Manuel foi um dos que mais me* ***incentivaram****.*

A mídia brasileira ainda não tomou conhecimento do assunto. Tanto é que só usa o singular com tal expressão. No *site* do Terra: *Depois de 1994, o Brasil viu-se invadido por montadoras do mundo inteiro. A francesa Renault foi uma das que "chegou" e "conseguiu" se firmar.*

Todo o mundo consegue se firmar no Brasil. Menos a imprensa brasileira. É impressionante!

"guspir"

Não é coisa que se fale nem se escreva. Se *cuspir* já não é um gesto recomendável, que se dirá, então, de alguém que "gospe"!

Em português existe apenas *cuspir, cuspo, cuspida*, admitindo-se ainda a variante *cuspe*. Fora daí, tudo é muita falta de educação.

Há dentistas que pedem a seus clientes, na cadeira de "tortura": *Pode "guspir"!* Há quem resista...

a partir "da" meio-dia

É inacreditável, mas há profissional de televisão, tanto no esporte quanto fora dele, que diz isso. Um famoso político declarou, recentemente, logo após ser eleito: *Amanhã, a partir "da" meio-dia eu darei uma entrevista coletiva.*

Pois é...

chuva de "granito"

A chuva ou a queda de *granizo* é menos devastadora.

Quando da posse do novo presidente, em 2003, havia previsão de chuva justamente para o momento do evento. Aguardando por aquele instante há mais de uma década, o presidente eleito declarou, então, às vésperas do acontecimento: *Amanhã eu subo a rampa, mesmo que seja sob tempestade de granizo.*

É assim que se diz...

Ele é o assassino, "vez que" confessou o crime.

Não existe esta locução em nossa língua, mas apenas *uma vez que*, que se usa por *já que* ou *como* e por *se, caso*: ***Uma vez que** ele confessou o crime, tem de ser preso.* *** ***Uma vez que** ela me beije, eu reagirei com outro beijo.*

Usa-se, como se vê, mais no primeiro caso.

Eis, agora, a frase de um juiz da Justiça Federal de Brasília, colhida num *site* de um grande jornal baiano: *Os dois denunciados encontravam-se momentaneamente sem foro especial por prerrogativa de função, "vez que" renunciaram aos seus mandatos eletivos.*

É assim que **não** se escreve...

"um" de fevereiro / "um" de março

Não existe nada disso. O primeiro dia do mês é sempre *primeiro*. Quem é que viu alguém pregar "um" de abril em alguém? Quem já comemorou o "um" de Maio? Qual foi o ano que teve início em "um" de janeiro? No meu mundo, nenhum.

Não *tem* ninguém em casa.

Há quem condene esta frase, em que o verbo *ter* está usado impessoalmente, por *haver*. Na fala descontraída, do dia-a-dia, admite-se o seu emprego. Por exemplo: à porta do banheiro, só se pergunta mesmo: *Tem gente aí?* (Repare: à porta do banheiro.)

Na linguagem formal, contudo, convém observar o rigor gramatical, ainda que tenha havido famoso poeta que usou *ter* por *haver*, por licença poética.

Um jornalista, por exemplo, deve usar sempre a norma culta, em sinal de respeito não só ao leitor, mas à própria língua, seu instrumento de trabalho. Ocorre que nem sempre eles conhecem a norma culta. Então, escrevem: *"Tem" carioca achando que mora em Jerusalém ou Bagdá, tamanha a onda de violência no Rio de Janeiro.*

É do mesmo jornalista: *Vai sair faísca quando a direção nacional do PT reunir a bancada do partido na Câmara dos Deputados. Já "tem" gente avisando que não poderá comparecer.*

É do mesmo jornalista: *Nem bem Lula começou e já "tem" gente falando em reeleição.*

Ainda do mesmo jornalista: *Como "tem" gente que finge não ver a realidade!*

No outro dia, é o mesmo jornalista quem nos faz uma revelação fantástica, inédita, em absoluta primeira mão: *"Tem" cada coisa tão engraçada na política!!!*

Há cada coisa tão engraçada no jornalismo brasileiro!!!

Um presidente da República (é outro exemplo) deve também sempre fazer uso da norma culta, a não ser em casos especialíssimos. Em seus discursos, a norma culta é de rigor tanto quanto nos periódicos. Em sinal de respeito não só aos valores nacionais, como também aos cidadãos e ao cargo.

Recentemente, o presidente Lula declarou: *"Tem" jogador que pega a bola, não olha pro lado, dá uma bicuda e não marca o gol. "Tem" outro que olha pro lado, vê um companheiro livre, passa a bola e marca o gol. Nós não temos tempo para dar bicuda.*

E já não deu?!

É também do mesmo presidente: *Não "tem" chuva, não "tem" geada, não "tem" terremoto, não "tem" cara feia, não "tem" congresso nem poder judiciário. Só Deus será capaz de impedir que a gente faça este país ocupar seu lugar de destaque.*

É também do mesmo presidente (em visita a Portugal): *Se "tem" uma coisa que admiro nos Estados Unidos é que primeiro eles pensam neles, em segundo neles e em terceiro neles também. Se sobrar tempo, pensam um pouco neles outra vez.*

A ver-se como fala, o lugar de destaque reservado ao Brasil é ótimo!...

Recentemente ainda, o governo federal fez propaganda para nos informar isto: *No Brasil não "tem" maremotos, vulcões, terremotos, furacões.*

Certo. E precisa?

pirâmide de *Quéops*

Perfeito. Este nome é paroxítono, assim como são paroxítonos todos os nomes terminados em *ps*: *bíceps, fórceps*, etc.

Quéops (2590-2567 a.C.) foi um dos mais notáveis faraós. Repare: muitos anos antes de Cristo. Construiu a maior de todas as pirâmides, em Gizé, encontrada em 1954. Note mais uma vez: o rei egípcio viveu há mais de 4.500 anos.

Pois uma famosa emissora de televisão, certa vez, apresentou um programa sobre o referido faraó, e o apresentador só dizia "Queóps". Era "Queóps" pra cá, "Queóps" pra lá. O programa todo. Uma tortura! Principalmente para os estudantes da quinta série do ensino médio. Que já ouviram falar em *Quéops* várias vezes.

recorde

Pronuncia-se exatamente como se escreve: *recórde.* Muita gente, no entanto, tem batido o "récorde" por aí, imitando a prosódia inglesa. Mas quem é que diz Rede "Récord"? E veja que, neste caso, o vocábulo é rigorosamente inglês: *Record.* Nem por isso existe a Rede "Récord".

Há uma famosa rede de televisão que só bate o "récorde". Bem, quem já divulgou a pronúncia "Queóps" e quem insiste em divulgar a pronúncia de índio "Roráima" merece toda a nossa compreensão.

Nada contra os índios...

os *requebros* de uma garota

Como se pronuncia corretamente a palavra *requebro*? Com *e* tônico fechado: *requêbro.* Também assim no plural: *requêbros.*

Certa vez um repórter de uma famosa rede de televisão saiu-se com esta: *Os "requébros" de Michael Jackson chamam a atenção de todo o mundo.*

Para quem, também, só diz "Roráima" (pronúncia de índio) e um dia já disse "Queóps", a frase está perfeita!

Não sinto "nenhuma" cócegas.

Nenhum varia normalmente. Não há *nenhuns* motivos para que não varie: *Vocês não são **nenhuns** coitadinhos, **nenhuns** joões-ninguém.* *** *Não se perceberam nela **nenhuns** sinais de remorso.*

Nenhuns e *nenhumas,* contudo, só se usam antes do substantivo, nunca depois dele. As formas do singular é que se empregam em qualquer posição. Exemplos: *Estou sem **nenhuns** trocados. (E não: Estou sem trocados nenhuns".)* *** *Ninguém toma **nenhumas** providências. (E não: Ninguém toma providências "nenhumas".)* *** *Não vi **nenhuns** óculos na mesa. (E não: Não vi óculos "nenhum" na mesa.)*

Certa vez declarou com certo ar de autoridade um empresário nacional: *O país está sem condições "nenhuma" de congelar novamente os preços.*

Uma grande e tradicional loja de departamentos anunciou certa vez pela televisão a venda de todo o seu estoque, em três vezes, *sem juros "nenhum".*

Quem acreditou?

pedir *vista* de um processo

Frase perfeita. *Vista,* aqui, significa *ato pelo qual o interessado num processo recebe os autos para tomar conhecimento de tudo o que nele contém e se pronunciar como lhe aprouver.* Não há nenhuma necessidade do uso de "vistas" neste caso.

apêndice supurado

É este o apêndice que causa sérios problemas de saúde e exige cirurgia imediata. Já o popular *apêndice "estuporado"* que muito se ouve, principalmente no interior do país, causa problemas na língua...

Certa vez nos perguntaram: *O senhor já foi operado da "pênis" e da "prosta"?* Que resposta poderíamos dar?

Moro em São Paulo, cresci "nessa" selva urbana.

Não. O pronome demonstrativo correto para indicar tudo aquilo que nos abrange fisicamente é *este,* e não "esse". Repare nestes exemplos: ***Este** país passa pelo momento mais crítico de toda a sua história.* *** *O governo de Lula garante que vai dar um jeito n**este** país.* *** ***Este** planeta é azul.*

Assim, quem mora em São Paulo deve dizer ou escrever: *Cresci* n**esta** *selva urbana, não gosto* d**esta** *cidade, que mais parece um conto que realidade: acontece de tudo nela!*

Fala o presidente Lula: *O Brasil estava quebrado, e alguém vai ter de salvar "esse" país. Nossa responsabilidade é infinitamente maior que a de qualquer outro presidente na história "desse" país.*

A responsabilidade é mesmo enorme!...

Quem tem *idoneidade* fala sempre com *espontaneidade.*

É assim que se usa, apesar de o povo gostar muito da "idoniedade" e da "espontaniedade".

Repare ainda nestas palavras, com terminação semelhante: *contemporaneidade, homogeneidade, heterogeneidade, instantaneidade, simultaneidade.*

Passar *o* ano / passar *de* ano / repetir *o* ano / repetir *de* ano

Em português legítimo não se usa a preposição *de* nestas expressões. Em italiano, sim, é que ela tem uso aí. Mas, a bem da verdade, no português do Brasil qual estudante diz que *passou* **o** *ano*?

Não temos nada contra os estrangeirismos. Quem tiver, então, que nunca mais use *bar* (use botequim); que nunca mais use *bidê* (use semicúpio); que nunca mais use *detalhe* (use pormenor, minúcia, ou, então, minudência); que nunca mais use *vitrina* (use *escaparate*); que nunca mais use *rocha* (que é galicismo); que nunca mais use *soldado* (que é italianismo), que nunca mais tenha *saldo* bancário (porque *saldo* é um italianismo), etc. Não resta dúvida de que, assim, a vida ficará bem mais difícil...

Jogos "Panamericanos"

Não existem estes jogos. O prefixo *pan-* exige hífen antes de palavras iniciadas por *h* e *vogal*. Assim, devemos grafar: *pan-americano, pan-africanismo, pan-arabismo, pan-helênico*, etc.

Antigamente, havia uma rádio em São Paulo chamada "Panamericana". Como a audiência andava baixa, talvez por causa da gafe, mudaram o nome da emissora para Jovem Pan.

Recentemente, no *site* do Jornal do Brasil, lemos isto: *O pacto de defesa "panárabe" obriga todos os estados árabes a ajudar qualquer outro membro do grupo que seja vítima de uma agressão.*

cheque *pré*-datado e cheque *pós*-datado

Há grande diferença entre um e outro. O cheque *pré-datado* é aquele que se preenche antes do dia em que se quer vê-lo descontado; o cheque *pós-datado* é o que se preenche depois do dia em que deveria ter sido descontado.

verossimilhança / verossimilhante / verossímil

São estas as formas corretas. A influência de *semelhança* e *semelhante* faz que algumas pessoas, desavisadas, escrevam "verossemelhança", "verossemelhante", "verossímel".

preenchimento de formulário pessoal

Quando se preenche formulário de dados pessoais, no item *nacionalidade*, use (se for homem) *brasileiro*, ou *brasileira* (sc for mulher).

Muitos homens preenchem com "brasileira", atendo-se ao gênero da palavra *nacionalidade*. Não. Se assim fosse, no item *estado civil*, as mulheres teriam, então, de escrever "casado".

Se no formulário, porém, além da nacionalidade e do estado civil, exigissem que se indicasse o *estado de saúde* ou o *estado mental*, o homem deveria preencher com *bom* (ou com *precário*); se fosse mulher, a mesma coisa. Nesse caso, a concordância tem de ser feita com a palavra constante do item, porque, ao perguntarmos a qualquer pessoa (homem, mulher, velho ou criança) *Como vai o seu estado de saúde?*, a resposta será sempre: *Bom* (ou *Precário*).

Por outro lado, quando perguntamos a uma senhorita: *Qual é o seu estado civil?*, ouvimos a resposta sempre desta forma: *solteira*.

Se a resposta vier "solteiro", olhe bem fixo para ela!...

Se o zagueiro "obstrói" a passagem do atacante, é falta.

O verbo *obstruir* se conjuga por *atribuir*, por isso não tem formas em *ói*, como *construir* e *destruir*.

A frase acima é de um ex-árbitro carioca que virou comentarista de futebol pela televisão. "Obstrói", sem dúvida, dói mais que uma pancada na canela...

país *não comunista*

Perfeito. Não há hífen entre as duas últimas palavras, como usam muitos. Por quê? Porque se trata de um adjetivo. Só os substantivos é que trazem o hífen. Repare na diferença: *produto* ***não perecível*** (adjetivo), ***o não-pagamento*** *da dívida* (substantivo); *amor* ***não correspondido*** (adjetivo), ***a não-variação*** *de uma palavra* (substantivo).

Há gigantes que adormecem e "que" não acordam.

Este *que* (pronome relativo) é maroto. Por que maroto? Porque não exerce nenhuma função na frase. Se o retirarmos, a frase ficará perfeita.

O *que* coordenado só é correto quando exerce a função de conjunção integrante. Assim, por exemplo: *Eu disse que ela era francesa* ***e que*** *gostava de namorar.* *** *Ela afirmou que não gosta do rapaz* ***e que*** *não quer mais vê-lo.* *** *Você acha que é esperto* ***e que*** *sempre vai levar vantagem em tudo?*

Mas não assim: *Há coisas que a gente vê e "que" já não aceita.* *** *Existem rios que são poluídos e "que" por isso não têm peixes.*

Retirado o "que" maroto e intruso, faz-se a luz.

Está *relampeando* ou está *relampejando*?

Tanto faz. Em Portugal, além de *relampear* e *relampejar*, ainda se usam as formas *relampadejar, relampaguear, relampadar* e *relampar*.

Como se vê, em Portugal, *relampa* todos os dias, *relampada* que é uma barbaridade!

ídolo

É sempre nome masculino, ainda que se refira a mulher: *Meu ídolo é essa atriz. Paula era o ídolo de boa parte dos aficionados ao basquete.*

Há quem, por mera brincadeira, usa "ídola". Mas é só brincadeira.

gênio

É outro nome sempre masculino: *Onde está* ***aquele gênio*** *de sua irmã, que deixou a televisão ligada a noite inteira?* *** *Essa cientista,* ***um gênio****, recebeu o Prêmio Nobel de Física.* *** *Susana era* ***o gênio*** *da classe.*

Muito bem. Está claro que não existe "gênia", forma que só se admite mesmo em programas humorísticos de mau-gosto da televisão e em brincadeirinhas do recesso do lar. Fora daí, jamais.

Eis, porém, que surge uma apresentadora de televisão que, do alto do seu 1,85m, declara, até que meio aborrecida: *Estão dizendo que faço dos meus erros de português um* marketing. *Que tipo de "gênia" sou eu, para falar errado e achar que é* marketing?

De fato, de nenhum tipo...

indivíduo

É, igualmente, outro nome sempre masculino: *Camila, **esse indivíduo maravilhoso**, fará parte do elenco da novela das 7h.* *** *Daniela é o tipo de **indivíduo** que sói aparecer na Terra de cem em cem anos.*

Há quem, por brincadeira, também use "indivídua". É preciso, no entanto, nunca esquecer que brincadeira (de qualquer tipo) sempre tem hora.

traste

É também sempre nome masculino: *Viridiana é **um traste**.* *** *Essa menina virou **um traste.***

Minha vizinha é mesmo "uma sujeitinha" à-toa.

Sujeitinho à-toa realmente existe, em todos os lugares; já "sujeitinha" não existe em lugar nenhum. Mulher, homem, criança, é sempre *sujeito* (nome sobrecomum), a exemplo de *ídolo, gênio, indivíduo, traste,* etc.

Por isso é que suas amigas são – todas elas – *uns sujeitinhos falsos.*

mais pequeno

É expressão corretíssima. Pode usar sem receio. O que não se deve é empregar "mais grande" (legítima no espanhol).

É expressão legítima também no português, mas somente quando comparamos qualidades de um mesmo ser. Assim, por exemplo: *Sua filha é **mais grande** que pequena.* *** *Esse rapaz é **mais grande** que inteligente.*

Isso *são* outros quinhentos.

Frase corretíssima. Significa: *isso já é outro assunto.*

A frase surgiu de modo interessante, segundo se conta. Há muito tempo, quando nossa moeda era o real (mas de plural réis), no tempo da realeza, e o nosso país possuía poucos e difíceis meios de comunicação entre as cidades do interior e as capitais, em uma dessas pequenas cidades, um caboclo esperto, muito conhecido no lugar, anunciou que ia fazer uma viagem à capital e que, possuindo uma reserva de quinhentos mil réis, ia deixá-la guardada com o padre da cidade.

Contou isso várias vezes nas rodinhas que se formavam na farmácia, na padaria, na barbearia e no boteco da esquina. Dizia sempre que o padre era a pessoa de maior confiança e que, guardando o dinheiro com ele, estaria completamente seguro até sua volta. Só não contava a verdade: não iria deixar coisa nenhuma com ninguém.

Depois de feita a viagem, que durou um mês, chegando de volta, foi direto ao padre buscar o "seu" dinheiro, ao que o padre, com humildade, tentou esclarecer ter havido um engano: ele não havia deixado nada sob sua guarda!

O caboclo não se desesperava; ao contrário, insistia em que havia deixado com o padre quinhentos mil réis e que a cidade toda era testemunha disso. Foram até a farmácia, à padaria, à barbearia e ao boteco, e todos confirmavam que ele havia dito que deixara com o padre aquela quantia.

Eis que um fazendeiro abastado, que assistia à confusão, resolveu interceder em favor do padre e se apresentou cristãmente, afirmando que de fato havia um engano: ao contrário do que dissera o caboclo, o dinheiro havia sido deixado com ele e estava pronto para devolvê-lo.

Nesse ponto, o caboclo interrompeu e exclamou, para espanto de muita gente (inclusive do fazendeiro): **Não, não, não: mas esses aí são OUTROS quinhentos!**

Afinal, a letra *h* é ou não é uma consoante?

Naturalmente que não. O *h* é uma mera letra, porque não representa som nenhum. Em português, o *h* se usa, na maioria dos casos, no início de palavras que se originam de outras com a mesma letra. Assim, devemos escrever *hálito,* com *h,* porque a palavra tem origem no latim *halitus, us;* devemos grafar *horizonte,* também com *h,* porque a palavra se origina do grego *horizon, horizontos,* e assim por diante.

O interessante nisso tudo é que o alfabeto português tem 23 letras, sendo 5 vogais (a e i o u) e 17 consoantes, naturalmente, porque o *h* não pode estar entre estas. Mas não faltam dicionários por aí que registram o *l* como a *décima primeira letra do alfabeto e a oitava consoante.* É a **sétima** consoante, naturalmente: b c d f g j *l.*

E continuam errando nas demais letras: *o m é a "nona" consoante, o n é a "décima" consoante,* e assim por diante. Num aluno da primeira série do ensino básico esse desconhecimento é até compreensível, mas num dicionário é imperdoável.

Já existiu no Brasil uma moeda chamada *réis*?

Não, nunca, "o réis" nunca existiu. A unidade do sistema monetário do Brasil imperial foi o *real,* de plural os *réis.*

Certa feita, contudo, escreveu um jornalista: *O presidente Getúlio Vargas substituiu "o réis" pelo cruzeiro em 1942.*

14 de julho

É uma data histórica, não só para a França, mas para o mundo. E, agora, também para determinada rede de televisão.

Pois bem. O numeral 14, que se escreve por extenso *quatorze* ou *catorze*, lê-se, todavia, de uma só forma: ***ca**torze.* Nunca: "kuatorze".

A apresentadora de esportes dessa rede de televisão nos comunica, todavia, entre sorridente e eufórica: *No dia "kuatorze" de julho, o Globo Esporte faz 25 anos.*

A ocasião não *seria* de parabéns?

Clandestinos são *pegos* nos Estados Unidos.

O verbo *pegar* não é abundante, mas já se está tornando abundante, com o uso tanto de *pegado* (com *ter* e *haver*) quanto de *pego* (com *ser* e *estar*). Assim, podemos usar, sem problemas: ***Tenho pegado** muito resfriado ultimamente.* *** *O ladrão **foi pego** em flagrante.*

Daí a concluir, no entanto, que também é correto usar "chego", "trago" e "falo" vai boa distância. Por enquanto, só use: *chegado, trazido* e *falado.*

A roubalheira ali é qualquer coisa de *escandaloso.*

Frase perfeita. A presença da preposição *de* entre uma palavra de valor substantivo (neste caso, *coisa*) e um adjetivo faz com que este fique absolutamente invariável.

Outros exemplos semelhantes: *Diga-me alguma coisa de **bom**!* *** *Ele fez a polícia de **bobo**.* *** *Essas crianças de hoje não têm nada de **ingênuo**.* *** *Minha namorada não tem nada de **puro**.*

Certa vez deram assim uma manchete, num telejornal: *Leonardo Pareja fez a polícia de "boba".*

Ninguém tem o direito de fazer a polícia de *bobo.* Morreu.

bóia-fria

Todo o mundo sabe o que é *bóia-fria*: pessoa que trabalha no meio rural, sem vínculo empregatício, geralmente no corte de cana-de-açúcar.

Pouca gente sabe que o plural é *bóias-frias* (ambos os elementos variam, porque se trata de um substantivo e de um adjetivo).

Notícia no *site* da Jovem Pan: ***Acidente com ônibus de "bóia-frias": 12 feridos.*** *Um acidente envolvendo um ônibus de "bóia-frias" e um Corsa no final da tarde "deste sábado" deixou 12 pessoas feridas.*

O jornalista errou duas vezes no plural e ainda usou "deste sábado", em vez de *ontem* (a notícia foi divulgada no domingo). Ou seja: saiu ferido sem estar no ônibus...

Não sei *por que* ela fez isso.

Frase perfeita: quando existe a idéia de motivo ou razão subentendida, usa-se *por que*, em duas palavras.

Outros exemplos: *Perguntaram* ***por que*** *fiz aquilo.* *** *Nem eu mesmo soube dizer* ***por que*** *fiz aquilo.*

Na capa da ed. 242 da revista MotorShow: *No futuro, todos os carros serão turbo. Saiba "porque" a nossa indústria vai seguir por esse caminho.*

No futuro, todos os nossos jornalistas também serão ótimos...

a norte / a sul / a leste / a oeste

Todo o mundo usa ***ao*** *norte* e ***ao*** *sul,* mas com os outros dois pontos cardeais ninguém vacila em grafar apenas: ***a*** *leste,* ***a*** *oeste.* Como coerência é importante, sugiro que se use apenas ***a*** *norte,* ***a*** *sul,* ***a*** *leste* e ***a*** *oeste.* Ou apenas: ***ao*** *norte,* ***ao*** *sul,* ***ao*** *leste* e ***ao*** *oeste.*

O mal está na mistura das coisas. Mas o que se vê, justamente, é isto: *A Venezuela fica* ***ao*** *norte do Brasil; o Uruguai,* ***ao*** *sul; o Peru* ***a*** *oeste; o oceano Atlântico* ***a*** *leste.*

Observe como a revista Veja é perfeita, neste seu texto: *Uma imagem captada em agosto do ano passado pelo telescópio espacial Hubble deixou os cientistas intrigados. Prometeu, uma das cerca de vinte luas de Saturno, estava fora do lugar. Alguma força descomunal havia empurrado o satélite, de 140km de diâmetro, para uma posição 20 graus além de onde deveria estar. É como se, vista da Terra, a Lua num determinado dia começasse a nascer um pouco mais* ***ao norte*** *e não* ***ao leste****, como tem feito há bilhões de anos.*

Milagres, volta e meia, acontecem...

Há previsão de muito frio para o *Sul* do país.

Frase perfeita: os nomes dos pontos cardeais e colaterais, quando designam regiões, grafam-se com inicial maiúscula. Portanto: *Conheci todo o* ***Sudeste*** *da Itália.* *** *O narrador esportivo disse que conhecia o* ***Norte*** *do Brasil, mas só até o Maranhão...*

Há certa tendência de as pessoas confundirem a Região Norte com a Região Nordeste. Dizem, então, que os brasileiros precisam conhecer o Norte do Brasil e citam Natal, Fortaleza e São Luís, capitais de Estados do Nordeste.

Recentemente, um narrador de esportes, que se transferiu recentemente de emissora, talvez para continuar batendo o *recorde* de asneiras que costuma dizer no ar, afirmou: *Vocês precisam conhecer o Norte do Brasil: Natal e Fortaleza são uma maravilha!*

E ele mora em Porto de Galinhas, em Pernambuco, Nordeste do Brasil!

Ele, e não eu, *é* o culpado da derrota.

Frase perfeita. Construções deste tipo fazem o verbo concordar com o primeiro pronome: *Ela, e não eles,* ***foi*** *a nossa anfitriã.* *** *Nós, e não vocês,* ***somos*** *os culpados.* *** *Eu, e não ela,* ***estive*** *aqui ontem.* *** *Vocês, e não nós,* ***vaiaram****.* *** *Eles, e não ela,* ***estão desempregados****.*

"Arrearam" os quatro pneus do meu carro.

É tolice: bestas é que se *arreiam.* Quando se faz vir abaixo, *arria*-se. *O sujeito que* ***arriou*** *a bandeira do mastro não queria* ***arriar*** *as calças.*

Certa vez, uma apresentadora de televisão, numa triste noite de segunda-feira, fez este convite ao cantor Sérgio Reis (de 2m de altura): *Você não quer dar uma volta "na minha Mercedinha"? Vamos, eu "arreio" a capota!*

Ele riu. E o mundo também...

Repare, ainda, que ela tem "*uma Mercedinha*", e não ***um Mercedinho***. Deve ser uma gracinha...

aleitamento materno

É bobagem. *Aleitamento* é ato ou efeito de aleitar, ou seja, de dar de mamar a, usando a mamadeira; *amamentação* é que é ato ou efeito de dar de mamar a, usando as mamas. Assim, uma veterinária pode *aleitar* um filhote de golfinho, de chimpanzé, etc., mas não será imprudente a ponto de *amamentá*-los, com certeza.

Os médicos deveriam sempre aconselhar a *amamentação,* e não "o aleitamento materno".

Recentemente, uma de nossas revistas semanais de informação deu esta notícia: *Recentes pesquisas comprovam que, quanto maior o tempo de "aleitamento materno", maior a inteligência do indivíduo na vida adulta. A composição do leite materno é vital para o desenvolvimento neurológico da criança.*

Teria o jornalista sido *amamentado*?...

dar de mamar à filhinha "nas" mamas

É algo que se pode evitar. A relação de proximidade é representada, em português, pela preposição *a,* e não pela preposição "em". Note que falamos **ao** *telefone* (bem mais confortável que falar "*no*" *telefone*), que dizemos alguma coisa **ao** *ouvido* de alguém (dizer "*no*" *ouvido* me parece algo constrangedor...).

Convém ressaltar, todavia, que o brasileiro gosta muito da preposição *em.* Adora! O português nem tanto.

crianças de "0" a dois anos de idade

É uma bobagem sem tamanho. Existirá a criança de 0 ano? Está claro que não. Como, então, podem ser vacinadas crianças de "0" a 2 anos, conforme dizem todos os dias os repórteres de televisão? Não seria mais coerente, mais conseqüente, mais aceitável dizer que todas as crianças de *até dois anos* foram vacinadas?

Mais cruel ainda é aquele que vê no *zero* uma palavra indicativa de plural. Escreveu um jornalista: *São histórias sem nexo. Para crianças e adultos "dos 0" aos 80 anos.*

gente "simpatíssima"

Não existe este tipo de gente. Em Salvador, Bahia, por exemplo, encontramos muita gente *simpaticíssima*. Mas gente "simpatíssima", por lá, é bem difícil de ver.

Anote mais estes superlativos irregulares, que, um dia, poderão ser úteis (entre parênteses vão as formas normais): *agílimo* (ágil), *acutíssimo* (agudo), *amaríssimo* (amargo), *amicíssimo* (amigo), *antiqüíssimo* (antigo), *capacíssimo* (capaz), *celebérrimo* (célebre), *crudelíssimo* (cruel), *dulcíssimo* (doce), *fidelíssimo* (fiel), *fragílimo* (frágil), *frigidíssimo* (frio), *humílimo* (humilde), *integérrimo* (íntegro), *juveníssimo* (jovem), *libérrimo* (livre), *mansuetíssimo* (manso), *minutíssimo* (miúdo), *nigérrimo* (negro), *nobilíssimo* (nobre), *personalíssimo* (pessoal), *paupérrimo* (pobre), *pigérrimo* (preguiçoso), *sapientíssimo* (sábio), *sacratíssimo* (sagrado), *salubérrimo* (salubre), *simílimo* (semelhante), *simplicíssimo* (simples). V. **macérrimo**, no índice.

Posso vir "com" o avião das dez?

Só se for o Super-Homem ou o Capitão Marvel...

Só homens voadores podem vir *com* um avião, isto é, na companhia dele. Seres humanos menos pretensiosos preferem ir, vir, chegar, voltar *no* avião, *pelo* avião. Ou ir, vir, chegar, voltar *no* (ou *pelo*) trem das onze.

Certa época ficou marcada por uma propaganda assim: *Voe "com" a TAP.* Os portugueses voavam mesmo é *pela* TAP, empresa que até mudou de nome, mas não se sabe dizer se foi pelo fracasso do convite...

Existe "mulher bispo" e "a soldado"?

Evidentemente, não. Qualquer aluno da quinta série sabe que o feminino de *bispo* é *episcopisa.*

Num importante jornal paulista: *Bárbara, a primeira "mulher bispo".*

Ora, "mulher bispo"!... Resta saber, agora, quando é que o jornal vai nos apresentar a "mulher frade" e a "mulher padre", como, aliás, já deu em manchete certo telejornal. Esse mesmo telejornal, em vez de referir-se à militar como *a soldada,* saiu-se com mais uma pérola recentemente, falando em "mulher soldado" e em "a soldado".

Repare, agora, nesta notícia de O Estado de S. Paulo: *A pretensão do novo governo de consolidar a liderança do Brasil na América do Sul não causou estranheza em Washington. Ao contrário, foi bem recebida. Mas levou a atual "embaixador" americana em Brasília, Donna Hrinak, a advertir, em junho passado, que liderar significa também tornar-se alvo de críticas dentro e fora do País.*

"A embaixador" é mesmo coisa que só se tem na cabeça de jornalista.

"inobstante"

É tolice. Alguns advogados criaram a maravilha. Para esses, certas "criações" lhes conferem autoridade, sapiência, excentricidade. São, na verdade, uns "artistas". Repare em frases comumente vistas em suas peças: *O locatário foi insultado, "inobstante" haver pago pontualmente seu aluguer.* *** *O réu tinha bons antecedentes, "inobstante" o crime que cometera.*

Advogados sérios, competentes, dignos de confiança usam mesmo o que a língua lhes oferece: *não obstante.* Os magistrados também agradecem.

notícia "vinculada" pela imprensa

Nova tolice. Notícia só pode ser *veiculada* pela imprensa.

Um famoso treinador de futebol, porém, disse certa vez que os repórteres não podiam "*vincular*" tantas mentiras.

Soou-nos como autêntica novidade: quer dizer, então, que além de escreverem errado, eles também "vinculam" mentiras?!

Será que em Luxemburgo também é assim?...

"Que" horas começa o jogo?

Quem sabe das coisas pergunta diferente: ***A que** horas começa o jogo? O jogo começa **às** 21h.* *** ***A que** horas chegaremos a Salvador? Chegaremos a Salvador **à** meia-noite.* *** ***A que** horas você costuma se levantar? Costumo me levantar **às** 6h.*

responder "o" questionário

Não. Responde-se *a* questionário, *a* perguntas, *a* processo, *a* inquérito, *a* cartas, *a* tudo o que merece resposta.

No sentido de *retrucar malcriadamente* é que se usa apenas *responder*: *responder os pais, os professores, os mais velhos,* etc.

A Secretaria de Estado da Educação de São Paulo (observe bem: da *Educação*) promoveu, certa feita, um concurso público para provimento de cargo de escriturário. Na primeira folha da prova (de *Português*, atente bem!), no item Instruções, lia-se: *Você deve procurar, na folha de respostas, o número da questão "que" você está respondendo.* Logo a seguir, vinha: *Responda "todas" as questões.*

Alguém que fosse realmente competente – e responsável – de um governo também competente e responsável, escreveria: *Você deve procurar, na folha de respostas, o número da questão **a que** está respondendo.* (Repetir o "você" pra quê?) *Responda **a todas** as questões!*

A última advertência repetia o erro grotesco: *Você terá 3 horas para responder "todas" as questões.*

Se nem mesmo eles sabem coisa nenhuma, com que autoridade exigem alguma coisa de outrem? Que educação é essa?

O exemplo deve vir *lá de cima.*

Perfeito. Muitos usam indevidamente a preposição "de" antes das expressões *lá de cima, lá de baixo, lá do alto, lá de casa, lá de dentro, lá de fora; aqui de cima, aqui de baixo, aqui do alto, aqui de casa, aqui de dentro, aqui de fora,* etc.

Repare em mais estes exemplos: *A cusparada veio lá do alto.* (E não: "*de" lá do alto.*) *** *Os papéis picados vinham lá de cima.* (E não: "*de" lá de cima.*) *** *As crianças já vieram lá de baixo?* (E não: "*de" lá de baixo.*)

Antes do trágico acidente com a nave espacial Colúmbia, em fevereiro de 2003, uma astronauta enviou aos amigos do planeta um *e-mail,* que os jornalistas da Folha de S. Paulo traduziram assim: *Olá, "daqui" de cima do nosso magnífico planeta Terra, a perspectiva é verdadeiramente inspiradora.*

Lá de cima, de fato, a perspectiva podia ser de fato inspiradora, mas...e aqui de baixo?

Certa feita, uma grande editora de revistas afixou cartazes às bancas de jornal, com estes dizeres, ao lado da foto de uma linda garota: *Beleza vem "daqui" de dentro.*

Sim, e *"de" lá de fora* vem o quê?

Você é "daqui" de São Paulo?

Não, não se pergunta assim. A preposição "*de*" combinada com *aqui* ou com *aí,* em frases como esta, também é dispensável: *Você é **aqui** de São Paulo? Sim, sou **aqui** de São Paulo.* *** *Vocês gostaram **aqui** de casa? Sim, todos gostamos **aí** de sua casa.* *** *A que horas as crianças saíram **aí** da sua casa? As crianças saíram **aqui** de casa às 8h.*

Uma caneta como "esta daqui" custa caro.

Não. Também não existe "esta daqui" nem "essa daí" e suas variações, embora sejam expressões comuns na boca do povo. Também aqui a preposição *de* está de mais.

Portanto: *Uma caneta como* ***esta aqui*** *custa caro. *** Um país como* ***este aqui*** *não pode passar por tantas crises. *** Garotas tão lindas e ousadas quanto* ***essas aí*** *do Rio de Janeiro não há.*

em via de

É esta a locução prepositiva correta, equivalente de na iminência de, prestes a: *Ela está* ***em via de*** *casar. *** O bicho-preguiça está* ***em via de*** *extinção. *** Nossas minas estão exauridas ou* ***em via de*** *esgotamento. *** Países* ***em via de*** *desenvolvimento.*

Nossos jornais só usam, no entanto, "em vias de", talvez calcados num dicionário (aquele) que abona a locução aqui impugnada.

Título da Folha de S. Paulo: *A Internet está "em vias de" se tornar adulta.*

Jornalistas e dicionaristas dando-se as mãos. Não é fantástico?

Foram fáceis os exames que se "fez".

Se o sujeito está no plural, não há por que o verbo não estar também nesse número. Portanto: *Foram ridículos os erros que se* ***cometeram*** *na proposição da prova. *** Alguns dicionários que se* ***compram*** *hoje não são tão confiáveis quanto os que* ***compravam*** *antigamente.*

Declarou certa vez um livreiro de São Paulo: *Mulher e livro não se "empresta"; no máximo se "troca".*

Livreiros também?!

Possuo poucos bens, "qual seja" um carro e um terreno.

Qual deve concordar com o antecedente (no caso, *bens*), e o verbo deve concordar normalmente com o seu sujeito (*um carro e um terreno*).

Eis outros exemplos: *Possuo uma propriedade,* ***qual seja*** *um apartamento. *** Ela possui dois carros,* ***quais sejam*** *um importado e uma carroça. *** Nós temos alguns bens,* ***quais sejam*** *dois apartamentos e uma moto.*

No lugar de *qual seja* podemos usar também *como seja.*

Quando "munto" a cavalo, eu "sôo" feito uma bica!

Frase dolorosa! Primeiro, porque o verbo *montar* tem a forma *monto* no presente do indicativo (eu); segundo, o verbo *suar* tem a forma *suo* no mesmo tempo, modo, número e pessoa.

Já ouvi muita gente dizer, ainda: *Ela "soa" como uma bica!*

É **sua** vez, caro leitor, de comentar.

neologismos

Nossa língua está, nos tempos atuais, sujeita a neologismos de todos os tipos e matizes, assim como a Terra anda sujeita a todos os tipos de asteróides. É um bombardeio incessante. Alguns, temos de assimilar; outros explodem na língua e causam crateras imensas!

Eis alguns dentre os que já se vão firmando: *acessar, acidentalizar, aidético* (mas o melhor é *sidético*), *alavancar, biodiversidade, biônico, celetista, clonagem, deletar, desassonalizar, disponibilizar, ecologia, elencar, estiletar, fax, flexibilização, formatar, futessal, futevôlei, ideologizar, impactar, importantizar, informatizar, insumo, megassena, narcotráfico, oportunizar, parametrizar, pedagiar, performar, pivete, precificar, priorizar, relativizar, resetar, roteirizar, tablitar, tematizar, unitar, urgenciar* e *xérox.*

Aniversariar, dedetizar e *parabenizar* também são neologismos, antes muito criticados pelos puristas; hoje quem não *aniversaria*? Quem não *dedetiza* a casa, para afugentar a dengue e os pernilongos? Quem não *parabeniza* o governo pelo excelente trabalho que vem fazendo na Educação, na Saúde, na Segurança Pública e sobretudo na Receita Federal?...

Número de palavras do vocabulário português.

O vocabulário português é composto atualmente de cerca de quatrocentas mil palavras.

No século XVI, nos seus primeiros anos de existência, a língua portuguesa tinha apenas dez mil palavras. O novo contingente vocabular está representado sobretudo por derivações, composições, conversões, onomatopéias, neologismos, estrangeirismos, adaptações, incorporações e até algumas sandices, que acabam virando fato lingüístico, caso de *vestibulando, farmacolando, economando, atazanar, avoado,* etc.

Afinal, leio notícias "em" Veja ou *na* Veja?

Caro leitor, leia sempre ***a*** *Veja,* esteja sempre com ***a*** *Veja* nas mãos, que se trata, sem dúvida, da melhor revista do Brasil – disparado.

Se, porém, quiser fazer referência a um conhecido (e também bom) produto de limpeza, use apenas *Veja.* Por isso, compre ***a*** *Veja* nas bancas e *Veja* na mercearia, na quitanda, nos supermercados.

Todo e qualquer nome de revista deve ser usado com o artigo: ***a*** *Placar,* ***a*** *Carinho,* ***a*** *Capricho,* ***a*** *Contigo,* ***a*** *Caras,* ***a*** *Playboy,* ***a*** *Tudo,* ***a*** *ISTOÉ,* ***a*** *Época,* etc.

Erros se *fazem* ou se *cometem*?

Erros mais se *cometem.* Os jornalistas, por exemplo, da melhor revista do Brasil, a Veja, estão corrigindo-se a cada edição e já não cometem tantos erros primários quanto antigamente. Já não se vê na revista *"duas" milhões de pessoas* nem *"os" um milhão de adeptos;*

já não se lê na revista "*a diabete*"; já não se encontra na revista "*uma*" *grama de cocaína* nem *dar "a" luz "a" bebê*, entre outros de seus antigos tradicionais deslizes.

Mas a revista continua trazendo "dona-de-casa", "todo mundo", os "sem-terra" e insiste em não pluralizar os nomes próprios (os "Bórgia", p. ex.).

Como temos certeza de que um dia ela chegará lá, estamos tranqüilos...

vencer "em" primeiro turno / votação "em" primeiro turno

Não. Os numerais ordinais só não vêm antecedidos de artigo nas locuções adverbiais e nas definições. Daí por que todos já passamos pel**a primeira** série escolar, todos moramos n**o primeiro** andar, sempre fomos **o primeiro** país do mundo (princ. na quantidade de impostos), etc. Portanto, qualquer candidato pode vencer ***no** primeiro turno,* desde que seja razoável.

No *site* da Folha de S. Paulo: *O líder do governo na Câmara, deputado Aldo Rebelo, afirmou hoje que a base governista tentará concluir a votação "em" primeiro turno da reforma da Previdência.*

Na ed. 1.811 da Veja, na pág. 11: *Álvaro Uribe foi eleito presidente da Colômbia "em" primeiro turno.*

No editorial da mesma edição, logo na primeira linha: "*Veja*" *é a maior e a mais influente revista do Brasil.*

A Veja é. Ninguém duvida disso. Mas podia ser melhor.

tampouco ≠ tão pouco

Convém não confundir. **Tampouco** equivale a também não, nem sequer: *Elisa não me cumprimentou nem eu **tampouco** a ela.* *** *O pessoal não veio **tampouco** avisou que não vinha.*

Tão pouco equivale a muito pouco, de tal forma pouco: *Dormi **tão pouco** hoje, que nem tive tempo de sonhar.* *** *Ganho **tão pouco**, que mal consigo sobreviver.*

Usa-se também *tão pouco* por tão pouca gente e, se no plural, por tão poucas pessoas: *Nunca tantos enganaram **tão pouco**.* *** *Nunca tantos enganaram **tão poucos**.*

No *site* do provedor Terra: *O presidente da Claro afirmou à Reuters "nesta sexta-feira" que a participação acionária da Telemar seria minoritária na BCP, mas evitou dizer qual seria o percentual. "Tão pouco" confirmou se a Telemar deicidiu exercer a opção.*

Não escreveu *tampouco* no lugar de "tão pouco" nem tampouco usou *hoje* no lugar de "nesta sexta-feira". Aliás, tampou**co co**rreto está o uso do ponto, que deveria ser substituído pela vírgula. (A cacofonia em destaque é propositada...)

extorquir

É verbo defectivo. Conjuga-se por *abolir*; portanto, não possui a primeira pessoa do presente do indicativo e, conseqüentemente, todo o presente do subjuntivo, além de formas do imperativo.

Está correta, pois, a frase lida na Veja, mas questionada por alguns leitores: *Os membros das Farc **extorquem** desde os camponeses até os empresários.*

Marinha, Exército e Aeronáutica

Segundo a hierarquia das Forças Armadas, é esta a seqüência correta, quando nos referimos às três armas. A Marinha tem precedência sobre o Exército, e o Exército sobre a Aeronáutica, pois esta foi criada somente na década de 1940, é a última das três. É por isso que nos desfiles militares a Marinha sempre se posiciona à frente das demais armas. Portanto: chefes do Estado-Maior da *Marinha, Exército e Aeronáutica.*

Escreve, porém, um jornalista: *É inconcebível imaginar "Exército, Marinha e Aeronáutica" combatendo o narcotráfico no Rio de Janeiro.*

Há muito mais coisas inconcebíveis entre o céu e a terra do que supõe a vossa vã filosofia...

Três curiosidades

Até o século XVI havia um título que muito honrava os grandes comerciantes: *tratante.* Todo homem de negócios que se destacasse na sua profissão recebia o título (altamente dignificante) de *tratante.* Mas nem todos os comerciantes daquela época eram honestos; daí não foi difícil o termo ganhar outro significado, agora pejorativo. Hoje, *tratante,* todos nós sabemos muito bem o que seja.

A palavra *bebemorar,* usada aqui e ali, não existe. Quem a usa raciocina mais ou menos assim: **Ora, se *comemorar* é comer, quando só existe beber, é *bebemorar.*** Raciocinam ingenuamente. Na verdade, *comemorar,* formado de *co-* (prefixo) + *memorare* (lembrar) significa lembrar fazendo alguma coisa (comendo, bebendo, etc.), na companhia de outro(s).

A palavra *caldo* significava antigamente apenas algo quente, fervente. Note que clima *cálido* é clima quente. Hoje, esquecido o calor da palavra, todos tomamos um bom *caldo* de cana *gelado...*

"lembro de" tudo

Mas se esquece de que o verbo *lembrar* só aceita a preposição *de* quando é pronominal, ou quando antecede infinitivo: ***Lembro-me** de tudo.* *** *Não (me) **lembro** de ter feito isso.*

Os jornalistas estão longe de se lembrar disso. E escrevem: *Seria bom que os poderes no Brasil lembrassem de um velho ditado: Cada macaco no seu galho.*

Certinho...

"implantar" uma grande reforma no judiciário

É tolice. *Implementar* é que significa *executar* (plano, projeto, medida, reforma, programa, etc.); *implantar* é introduzir. Por isso, podemos *implementar* uma nova política, para *implantarmos* um novo regime no país.

Há gente, todavia, que gosta de "implantar" não só projetos, mas medidas, reformas, etc. Como há de tudo por aí, a gente entende. Mas não perdoa.

parecer

Este verbo pode ser auxiliar (*as crianças **parecem** estar com sono*) e intransitivo (*as crianças **parece** estarem com sono* ou *as crianças **parece** que estão com sono*).

À primeira vista, pode parecer que haja erro de concordância nos exemplos do verbo intransitivo. Ocorre que as frases não têm aí seus termos na ordem normal. Repare agora como fica tudo mais claro: ***parece** estarem com sono as crianças; **parece** que as crianças estão com sono.*

Observe ainda estas frases, perfeitamente corretas, pela mesma razão (inversão dos termos): *Quando eu estava com ela, as horas **parecia** que voavam!* *** *Os meninos **parecia** que brincavam, mas na verdade brigavam.* *** *Nós **parecia** que estávamos tranqüilos, mas não estávamos.*

Um jornalista esportivo ignorou tudo isso e escreveu: *Nos últimos 25 minutos, os dois times "pareciam" que não estavam tão preocupados com goleada, tanto que se abriram e buscaram o gol.*

E ainda há por aí gente que sustenta ser supérfluo conhecer análise sintática! Ah, escola antiga, que saudade!

"um delicioso" musse de chocolate

Pode causar indigestão este doce de chocolate.

É indiscutível que todas as coisas verdadeiramente deliciosas são, geralmente, femininas: *a musse* é uma delas. Eis outras: *a alface, a libido, a micareta, a poncã, a própolis, a puxa-puxa* e tantas mais, que não vem ao caso citar aqui.

Certa vez, uma jornalista especializada em economia aconselhava pela televisão: *Se "o" alface está caro, vamos substituir "o" alface por outra verdura mais barata!*

Vamos substituir, sim: pel**a alface**, por exemplo, que é bem mais barata e não causa tanta azia nem tamanha dor de cabeça.

Conversas que não *vem* (ou "vêm") ao caso citar aqui?

Conversas que não ***vem*** ao caso citar aqui. O sujeito do verbo *citar* é uma oração: *que não vem ao caso*; daí não ter cabimento o uso do plural.

O uso do plural, neste caso, é um erro comum, principalmente na boca ou na pena de quem nunca aprendeu a fazer análise sintática.

Na frase *Essas coisas nem vale a pena lembrar*, corretíssima, o sujeito do verbo *valer* não é "essas coisas", como parece à primeira vista ou aos olhos dos que não têm noção da estrutura da nossa língua. O sujeito do verbo *valer* é o infinitivo *lembrar*. Afinal, o que nem vale a pena? *Lembrar* (eis o sujeito). Sendo assim, a frase equivale a esta: *Lembrar essas coisas nem vale a pena.*

Eis outros exemplos, em que a concordância está correta: *São casos que se* ***torna necessário*** *elucidar.* *** ***Às*** *crianças só* ***faltou comer*** *terra.* (E não: *As crianças só "faltaram" comer terra.*) *** *Estas são providências que nos* ***compete tomar***. *** ***As crianças parece*** *que estão chorando.* (E não: *As crianças "parecem" que estão chorando.*) *** *São problemas que* ***cabe*** *ao diretor* ***resolver***. *** *Ao Flamengo são dois os jogos que ainda* ***resta vencer***, *para ganhar o campeonato.* *** *Na minha mesa estão os contratos que ainda* ***resta bater*** *à máquina.*

Em *Macbeth*, de Shakespeare, lê-se: *Às coisas sem nenhum remédio não adianta olhar. O que está feito, está feito.*

O verbo *faltar* é a maior "vítima" dos que não têm idéia da asneira que cometem. Num jornal: *Na Colômbia, um país onde os traficantes de drogas só "faltam" assumir a presidência...* Grave.

Noutro jornal: *O ministro escolhe seus assessores. Mas "faltam" definir muitos nomes.* Noutra página, mais amena, de esportes: *O jogador botafoguense disse que a sua negociação está quase definida. "Faltam" apenas definir alguns detalhes sobre a duração do contrato.*

Uma de nossas revistas semanais de informação publicou, na ed. 1.569, na pág. 89, uma matéria sobre os eletrodomésticos futuristas. Encimou-a um título pouco futurista: *Só "faltam" falar.*

E pensarmos que ainda existem educadores e pedagogos visceralmente contrários ao aprendizado de análise sintática em nossas escolas! Talvez porque eles próprios nunca tivessem conseguido aprendê-la.

A competência da atual pedagogia ou filosofia da educação adotada em nosso país pode ser medida todos os anos, nos exames vestibulares, entre os que fazem as provas de redação. Segundo a Unesco, estamos entre os piores países do mundo em relação ao aprendizado. Nossas crianças não conseguem entender o que lêem. Segundo declaração do próprio presidente da República, por ocasião da abertura da XVIII Bienal do Livro, 52% dos alunos das escolas públicas não conseguem interpretar um texto lido. Culpa de quem? Das nossas crianças? Não, absolutamente. Culpa da nossa pedagogia falida. A escola antiga não abortava analfabetos funcionais. A escola antiga não produzia "gênios" com suas monumentais patadas nos exames vestibulares. A escola antiga ensinava a escrever, ensinava a pensar, ensinava a entender melhor os textos lidos, ensinava a ter mais respeito pela língua. A escola antiga tinha professores que recebiam um salário digno. A escola de hoje é um verdadeiro desastre. Mas tem defensores intransigentes. É natural: foram abortados por ela! A gente entende. Aliás, a gente sempre entende. Mas não perdoa.

informamos-lhes

Correto. O pronome *lhe(s)* não suprime o *s* de nenhuma forma verbal. Portanto, usamos corretamente: *Informamos-lhes que não há vaga.* (E não: "*Informamo-lhes*" que...) *** *Comunicamos-lhes a data do exame.* (E não: "*Comunicamo-lhes*" a data...) *** *Enviamos-lhes toda a documentação pedida.* (E não: "*Enviamo-lhes*" toda a...) *** *Demos-lhes total apoio.* (E não: "*Demo-lhes*" total...) *** *Solicitamos-lhes pronta resposta a nossa reivindicação.* (E não: "*Solicitamo-lhes*" pronta...)

O *s* final só deixa de aparecer nas formas da primeira pessoa do plural, nos verbos pronominais essenciais. Assim, por exemplo: ***Queixamo-nos** de tudo, menos disso.* *** ***Arrependamo-nos** dos nossos pecados enquanto é tempo!* *** ***Informamo-nos** do preço da passagem.*

Se o pronome átono exerce função objetiva, a forma verbal só perde o *s* final quando o pronome *o* (e variações) se transforma em *lo* (e variações). Ex.: ***Informamo-lo** de que...* *** ***Certificamo-los** de que...* *** ***Comunicamo-las** de que...*

ilhas "Falklands"

Os argentinos as chamam *Malvinas*, mas os ingleses, legítimos donos do arquipélago, preferem chamá-las *Falkland* (sem o "s").

Escrevem, todavia, os jornalistas: *O general Pinochet foi um bom amigo da Inglaterra durante a Guerra das "Falklands".*

Quando começou a ser editada, a revista Época só trazia "*Falklands*". Corrigiram?

Europa é nome feminino: *a* Europa. Mas... e o nome do satélite de Júpiter?

O nome do satélite de Júpiter, *Europa*, é masculino (**o** *Europa*), já que está subentendida a idéia de *satélite* (que prevalece sobre a de *lua*). Trata-se, portanto, de uma concordância siléptica.

Também são nomes originalmente femininos: Adrastéia, Amaltéia, Ananque, Carme, Métis, etc., todos, porém, nomes masculinos quando se aplicam a satélites. Daí por que os astrônomos se referem **ao** *Europa*, **ao** *Métis*, **ao** *Adrastéia*, **ao** *Ananque*, etc.

A Veja, ed. 1.817, pág. 72, todavia, traz: *Com tamanho similar ao da Lua terrestre, Europa é totalmente "recoberta" por uma crosta de gelo de 19 quilômetros de espessura.*

No Europa deve mesmo fazer muito frio.

retado / arretado

São formas variantes, a primeira usada na Bahia; a segunda, em Pernambuco.

Os dois Estados são rivais, principalmente em futebol e na música.

Os baianos dizem que música é com eles mesmos: começam citando João Gilberto, o pai da bossa nova, e vão até Ivete Sangalo, a musa da axé-*music*.

Os pernambucanos enumeram de Luís Gonzaga a Alceu Valença.

No futebol, os baianos botam as manguinhas de fora: vão logo citando o primeiro campeonato brasileiro de futebol conquistado pelo Bahia (1959) e as derrotas que sua equipe infligiu ao poderoso Santos de Pelé, nessa mesma época. Os pernambucanos não deixam por menos: vão logo falando no Ibis, time conhecido no mundo inteiro como o pior de toda a história do futebol mundial. Falam também no Sport Club Recife, legítimo campeão brasileiro de 1987.

Mas não há coisa que deixe o baiano mais *retado* que alguém dizer que ele ficou "arretado", porque isto é coisa de pernambucano.

A ed. 1.817, da Veja, conseguiu a proeza, ao trazer, na pág. 95, a foto de uma bela baiana, encimada por um título que, certamente, deixou os baianos profundamente retados: *Uma baianinha "arretada".*

pedir "se"

Não se usa a conjunção "se" com o verbo *pedir*, mas sim com *perguntar*. Portanto: ***Pergunte** a sua mãe **se** ela deixa você ir comigo.* (E não: "*Peça" a sua mãe se ela deixa você ir comigo.*) *** ***Perguntei** ao pai dela **se** permitia o casamento.* (E não: "*Pedi" ao pai dela se permitia o casamento.*)

pedir "para que"

Ninguém pede "para que" sem ser muito culpado. Os isentos de culpa sempre *pedem que*: ***Pedi que** me trouxessem um copo d'água.* *** *Aquele presidente **pediu** aos brasileiros **que** o esquecessem.*

No *site* de O Estado: *O presidente Luiz Inácio Lula da Silva pediu hoje aos seus ministros "para que" apressem a liberação de recursos para programas que já foram anunciados, mas que sofreram atrasos por causa da burocracia.*

Ficamos-lhe muito *agradecido* pelo que nos tem feito.

Frase perfeita. O adjetivo ou o pronome adjetivo pode ficar no singular, quando se refere a uma só pessoa.

Veja outros exemplos: *Nós **mesmo** percebemos isso.* (É, na verdade, uma única pessoa que fala ou escreve.) *** *O fato nos deixou profundamente **impressionado**.* (O adjetivo se refere, na verdade a um pronome da primeira pessoa (eu), subentendido.)

Trata-se do *plural majestático*, que ocorre, portanto, sempre que a primeira pessoa do plural expressa um só indivíduo.

Os desavisados acham que o orador ou o escritor erra, nesse caso.

Consulte o item *Silepse de número*, em **Nossa gramática**.

A origem dos nomes dos meses.

Janeiro não existia no antigo calendário romano, que começava por março, e tinha apenas dez meses. Numa Pompílio, no século VIII a.C., acrescentou *ianuarius* para o início do ano e *februarius* para o fim, que mais tarde passou a segundo. *Janeiro* vem de *Jano*, deus dos princípios e dos fins, que era considerado o porteiro do céu, e os romanos o tinham como protetor à entrada de suas residências. Antes de iniciar qualquer empreendimento, os romanos imploravam a sua proteção. *Jano* era, assim, o deus das portas (em latim, *janua*), tanto das que abriam quanto das que fechavam.

Fevereiro nos vem de *februarius*, nome que tem origem na deusa da purificação, *Februa.* Os romanos, pagãos, preocupavam-se muito com ela, depois das suas constantes e suntuosas orgias.

Março, que era o primeiro mês do ano, vem de *Marte*, deus da guerra, outra das grandes preocupações dos romanos, grandes guerreiros.

Abril, que nada tem que ver com *abrir*, é nome de origem etrusca e significa *o segundo*; de fato, era o segundo mês do antigo calendário dos etruscos e dos romanos.

Maio era o mês dedicado aos senadores e às pessoas idosas; vem de ***maio**rem.*

Junho provém de ***junio**rem*, em virtude de Rômulo, fundador de Roma, dedicar esse mês às pessoas jovens.

Julho foi nome dado em homenagem a Caio Júlio César, imperador de Roma. Como era o quinto mês do ano, chamava-se apenas *mensis quinctilis* (quinto mês). No ano 45 a.C., o imperador Marco Antônio, ao desejar homenagear o seu amigo Caio Júlio César, mudou o nome.

Agosto nos vem de *Augustus*, título que recebeu o mesmo Caio Júlio César, por ter no *sextilis mensis* (sexto mês) obtido três importantes vitórias militares. De *Augustus* passou, no latim vulgar, a *agustu* e daí ao português *agosto.*

Setembro, como o próprio radical indica, era o sétimo mês do ano; provém de *septembre.*

Outubro (de *octubre*) era o oitavo mês do ano, assim como *novembro*, do latim *novembre*, era o nono e *dezembro*, do latim *decembre*, era o décimo.

Todos esses nomes latinos tiveram trocada a vogal final, de *e* para *o*, por influência dos nomes de outros meses: *janeir**o**, fevereir**o**, març**o***, etc.

posto que

Esta locução só existe em português como equivalente de *embora*, e não como sinônima de "porque". Eis frases com seu uso correto: *Viajou, **posto que** não estivesse disposto.* *** *Comeu, **posto que** não estivesse com fome.*

Certos advogados, no entanto, preferem usá-la desta forma, erroneamente: *O réu foi absolvido, "posto que" não havia provas contra ele.*

Esta é de um jornalista, também "artista": *O preço da gasolina subiu, "posto que" o preço do barril de petróleo aumentou.*

O mundo está cheio "deles".

um "chopes" / um "pastéis"

Se um dia alguém convidá-lo para tomar "um chopes" e comer "um pastéis", caro leitor, desconfie! Ou o **chope** está choco, ou o **pastel** só tem vento...

um "parênteses"

É outra bobagem. São dois os parênteses, um que abre e outro que fecha: ( ). Cada um desses sinais é *um parêntese.* Sendo assim, como alguém pode querer abrir ou fechar "um parênteses"? É coisa própria de quem gosta de tomar "um chopes" e de comer "um pastéis".

Veja como alguns jornalistas gostam: *A França, considerada terra de asilo e capital mundial dos Direitos do Homem, está abrindo "um parênteses" em tudo isso.* *** *"Um parênteses": é uma vergonha para a sociedade brasileira que as creches públicas existentes no país sejam os programas infantis das redes de televisão.*

Há coisas bem mais vergonhosas...

um "dropes"

Também bobagem. E ainda há os que escrevem "drop", "drops", copiando o inglês.

No tubinho vêm geralmente dez balinhas, ou seja, dez *dropes.* Cada uma delas, portanto, é *um* ***drope****.*

Quem não se lembra dos dropes Dulcora?

Num jornal: *"O dropes" Dulcora foi lançado no final dos anos 50. Foi "o primeiro dropes" quadradinho e embrulhado um a um.*

Para o referido jornalista, naturalmente, *o drope* descia quadrado...

um "frios"

Eu nunca vi isso, mas um consulente me escreve, afirmando: *Há pouco vi no cardápio de um restaurante: escolha "um frios" e monte o seu sanduíche.*

Ele próprio finaliza, perguntando: *O senhor aceitaria o meu convite para comer "um pastéis" e "um frios"?*

Minha resposta a ele, naturalmente, foi singela.

"um" picles

Aqui o caso se inverte. *Picles* é palavra só usada no plural. Sendo assim, todos os determinantes devem estar também nesse número. Ex.: *Gosto* ***desses picles****.* *** *Recebi* ***uns picles importados****.*

Mas sempre aparece aquele que usa "o" picles, "um" picles, etc. Veja como um jornal forneceu uma receita às donas de casa de todo o Brasil: *"O" picles de cebola "caseiro" vai bem com qualquer prato.*

O que nunca vai bem é uma pena dessas...

"o brócolis"

Brócolis é palavra só usada no plural: *os brócolis.* Os portugueses, no entanto, preferem a forma *brócolos,* que não corre entre nós.

Recentemente, uma repórter da televisão anunciou que, em razão das fortes chuvas em Teresópolis, o mercado de legumes e hortaliças do Rio de Janeiro tinha sido afetado. *"O" brócolis e a alface foram os itens que mais tiveram seus preços elevados,* completou ela.

sentir "muito ciúmes" de alguém

É perigoso. Quem sente "muito ciúmes" vive comendo "um mau pastéis"...

Podemos usar *ciúme* (no singular) ou *ciúmes* (no plural), mas não devemos misturar singular (*muito*) com plural (*ciúmes*). Repare: *Você sente muitos ciúmes do seu namorado?* (Ou: *muito ciúme.*) *** *Ela tem uns ciúmes do marido!* (Ou: *um ciúme.*) *** *Os ciúmes de minha namorada são exagerados.* (Ou: *O ciúme.*)

Na revista Veja, ed. 1.791, pág. 84, a publicidade de uma revistinha da Editora Abril. Nestes termos: *A sua TV vai chiar de "tanto ciúmes".*

De um locutor de televisão: *Saiba como lidar com "o ciúmes" das crianças!*

De um ex-prefeito e ex-governador paulista: *Ciúmes de homem "é pior" que ciúmes de mulher.*

Sem dúvida.

um "patins"

Nas lojas se vende *par de patins,* assim como ali também se encontram *par de chinelos, par de sapatos, par de meias,* etc. Não me consta que, por isso, alguém tenha usado, até hoje, "um chinelos", "um sapatos", "uma meias".

Comprar "um patins", mesmo em promoção, é coisa de gente que não sabe ainda nem andar. Que se dirá, então, de falar!

Certa vez uma repórter perguntou a uma entrevistada: *E hoje? Você ainda usa "o patins"?*

O mundo tem gente assim...

Saudade e *lembrança* são palavras só usadas no singular?

Não. Muita gente pensa assim. Pensar não ofende; divulgar isso é que é perigoso.

Camilo Castelo Branco, um dos maiores clássicos portugueses escreveu em *Cartas,* pág. 107: *Escreva; porque de hoje a dez anos V. Ex.ª há de ter* ***muitíssimas saudades*** *do tempo em que escreveu o seu belíssimo livro.*

Machado de Assis, o maior clássico da literatura brasileira, escreveu em *Quincas Borba*, pág. 139: *A tia chamava-se D. Maria Augusta; tinha uma fazendola, alguns escravos e dívidas, que lhe deixara o marido, além* ***das saudades.***

Lembranças a todos!

Saudade: idiotismo da língua portuguesa?

Não. A palavra *saudade* tem tradução exata em outras línguas, porém, muito poucas. Não se trata, portanto, de um idiotismo da nossa língua, como imaginam muitos. O russo, o alemão, o romeno, o árabe, o armênio e até o japonês possuem palavras que lhe correspondem, mas nenhuma, sem dúvida, com a suavidade semântica da nossa.

Saudade vem do latim *solitatem,* que significa *solidão, desamparo.*

A mim me parece que esse é outro absurdo do governo.

Frase corretíssima. Principalmente quando se refere a novos impostos. Aliás, ultimamente, é a única coisa que os governos municipal, estadual e federal sabem fazer melhor que nenhum outro. Estamos exportando tecnologia em matéria de criação de impostos. O Brasil é mesmo um país extraordinariamente sério...

A repetição do pronome oblíquo configura um pleonasmo de grande efeito comunicativo. Repare ainda nestes exemplos, todos perfeitos: ***A nós*** *não* ***nos*** *parece justo esse imposto.* *** ***A vocês lhes*** *parece bom esse tipo de imposto?* *** ***A mim*** *vocês não* ***me*** *enganam não!*

O pleonasmo que se deve evitar é o vicioso, aquele que não acrescenta coisa nenhuma à comunicação. Por exemplo: *subir pra cima* e *descer pra baixo.*

Consulte a **Nossa gramática**.

Alô! quem fala?

Este *alô!*, usado quando atendemos ao telefone, é francês.

Assim que surgiu o telefone, o francês costumava atender assim: *allons* (= depressa, vamos logo!). A palavra pedia pressa, mas ela própria era demasiado longa, já que o som nasal a esticava demais. Passou-se, então, a dizer apenas *alô!* e assim ficou até hoje. O ideal, todavia, seria dizermos *pois não!* ou *sim!,* num gesto não só de boa-vontade, como também de educação e legítimo português.

Muita gente atende dizendo *oi!,* mas... e se de outro lado da linha estiver um inimigo ou – o que é pior – um rival?

ver tudo “sob” outro prisma

É ver torto ou embaçado. A luz se decompõe passando *pelo* prisma ou *através do* prisma, mas nunca “*sob*” o prisma. Sendo assim, vê-se tudo *por* um prisma ou *através de* outro prisma.

Mário Gonçalves escreveu: *Cada homem vê a existência através de um prisma especial. Assim também acontece às sociedades, tanto no espaço como no tempo.*

Um jornalista escreveu: *Na Bahia todos os santos, os jornais e emissoras de TV às vezes operam milagres com a notícia. Vinculados a grupos políticos rivais, os principais veículos de comunicação do Estado chegam a oferecer ao público versões conflitantes para o mesmo acontecimento, “sob” o prisma que interessa ao grupo.*

E ainda há os que querem que vejamos os nossos nobres jornalistas **por** outro prisma, **através de** um prisma agradável.

Edifício “Marechal Duque de Caxias”.

Não, edifício com este nome, deste jeito, corre sério risco de desabar.

Primeiro, não se usam aspas nesse caso; segundo, um edifício que deseje homenagear o bravo duque de Caxias pode chamar-se ou *Duque de Caxias* ou, então, *Marechal Luís Alves de Lima e Silva.*

Quando se detém uma patente militar, ela deve ser usada com o prenome ou com o nome do oficial, aquele que consta no registro civil. Portanto, *marechal Luís Alves de Lima e Silva, o duque de Caxias.*

Assim, podemos ter dois edifícios: o edifício *Duque de Caxias* e o edifício *Marechal Luís Alves de Lima e Silva.*

*D*uque ou *d*uque?

Os títulos nobiliárquicos não se escrevem com inicial maiúscula. Portanto, *duque, barão, visconde,* etc.

Quando, porém, fazem parte de nome de edifício ou de logradouro público, grafam-se com inicial maiúscula. Ex.: *Edifício **D**uque de Caxias; Avenida **B**arão do Rio Branco.*

Diz-se o mesmo dos nomes das patentes militares: *capitão, coronel, general,* etc.

“tim-tim por tim-tim”

Já houve um grande jornal de São Paulo que estampou isso aí na primeira página! Coisa de cinema! E saber que é tão fácil (além do quê, ocupa menos espaço para uma primeira página): *tintim por tintim.*

Oficial tem feminino?

Tem: *oficiala*. Anote mais estes femininos: *adida, alfaiata, bacharela, bugra, comandanta, comedianta, coronela, fariséia, filhota, generala, marechala, mecânica, música, oficiala-generala, paraninfa, perita, pilota, política, primeira-ministra, primeira-sargenta, sargenta, soldada, suboficiala, técnica* e *tribuna*.

Use-os sem receio! Se der cadeia, procure-me!...

A força feminina é grande, mas alguns de nossos jornalistas parecem desconhecê-la. Veja como eles tratam as mulheres: *Sete mulheres, membros da Força Aérea dos EUA – inclusive "uma piloto" e "quatro co-pilotos" – serviram a bordo de aviões de abastecimento aéreo que deram apoio ao ataque contra a Líbia.* *** *Débora Rodrigues: "piloto" de jamantas.* *** *..."a primeiro-tenente" da PM mineira, Fabiana Norovele.*

Será que a *primeira-tenente* gostou?

A fórmula 1 está prestes a ter uma mulher entre os pilotos. Eles já a estão tratando de "homem": é a "piloto" pra cá, essa "piloto" pra lá.

Noticia a Veja (ed. 1.790, p. 29): *Pela primeira vez na história, a Academia da Força Aérea Brasileira abriu uma turma feminina para formar* ***pilotas***.

Ou seja: devagarzinho, devagarzinho, eles acabam chegando lá... (Mas é preciso ter uma pa-ci-ên-cia!!!)

Quando surgiu a palavra *primeiro-ministro*, era um deus-nos-acuda para a formação do seu feminino. Alguns jornalistas usavam "a primeiro-ministra", outros "a primeiro-ministro" e os mais corajosos optavam por "a primeira-ministro". Nenhum enxergava o óbvio, que era exatamente o correto: *a primeira-ministra*. Até que, num passe de mágica, fez-se a luz, e eles passaram, todos, a empregar o feminino correto.

Há certas coisas incompreensíveis na mídia brasileira. Que os extraterrestres, naturalmente, haverão de explicar tintim por tintim, quando aqui aportarem...

dizer "de" que

Só os que não têm nenhuma noção da língua costumam usar "de que" a torto e a direito. E como os há, caro leitor, como os há! É um tal de comentei "de" que, disse "de" que, queremos "de" que, creio "de" que, pensei "de" que, etc.

O raciocínio é simples demais: quem diz, diz alguma coisa; quem comenta, comenta alguma coisa; quem crê, crê em alguma coisa; quem pensa, pensa em alguma coisa. Onde apareceu o *de*? Em lugar nenhum! Então, por que usar uma preposição que o verbo não pede?

Usemos *de que* quando o verbo ou o nome pedem tais palavras. Assim, por exemplo: *Lembre-se* ***de que*** *amanhã é dia útil!* (Quem se lembra, se lembra **de** alguma coisa.) *** *Já me informei* ***de que*** *horas parte o trem.* (Quem se informa, se informa **de** alguma coisa.) *** *Tenho a impressão* ***de que*** *vai chover.* (Quem tem a impressão, tem a impressão **de** alguma coisa.) *** *Estou certo* ***de que*** *ela me telefonará.* (Quem está certo, está certo **de** alguma coisa.)

Fora daí, nada de "de que".

“uma” matiz diferente

Matiz é palavra masculina: *o matiz, um matiz.* Ocorre que os menos avisados confundem *matiz* com *matriz.* Daí vermos frases assim, nos jornais: *Isso trouxe ao debate público, com “todas as” matizes indispensáveis a uma campanha eleitoral, o nome de alguém que é considerado apto ao exercício da função presidencial.* *** *Os arquivos do SNI contêm as fichas de milhares de brasileiros, catalogados em função de “sua matiz ideológica” e ligações atuais ou pregressas.*

Esta última frase foi retirada do editorial de um importante jornal de São Paulo, considerado o maior do Brasil.

Um ex-governador de São Paulo saiu-se com esta frase, certa feita, estampada num jornal: *É preciso que, acima de divergências partidárias e de matizes “ideológicas”, os povos da América Latina e suas lideranças se unam na luta comum pela democracia.*

Matiz tem como sinônimo *nuance* (de var. *nuança*), que é, esta, sim, palavra feminina.

salário de mil “e” duzentos e cinqüenta reais

Não se usa “e” depois de *mil* seguido de centena. Nem muito menos vírgula, como faz muita gente, no preenchimento de cheques. Esquecendo o intruso (e desnecessário) “e” e a indevida vírgula, temos: *Salário de* ***mil duzentos*** *e cinqüenta reais.* *** *Gastei* ***mil quinhentos*** *e quinze reais.* *** *Estávamos em* ***mil novecentos*** *e noventa e oito.* *** *A despesa foi de* ***mil oitocentos*** *e um reais.*

O Brasil foi descoberto em “mil quinhentos”.

Não é verdade. Quando a centena termina por dois zeros (1500, por exemplo) ou começa por zero (1015, p. ex.), o uso do *e* é de rigor. Veja: *Gastei* ***mil e*** *quinze reais, mas só ganho* ***mil e*** *dez.*

As centenas devem sempre ser unidas às dezenas e unidades por *e*: *Gastei mil quinhentos* ***e*** *quinze reais.* *** *A despesa foi de mil oitocentos* ***e*** *um reais.* Note: em nenhum caso se usa a vírgula.

Com *milhão, bilhão, trilhão,* etc., o uso do *e* também é obrigatório. Ex.: *Um milhão* ***e*** *duzentos mil reais.* *** *Dois trilhões* ***e*** *quatrocentos e cinqüenta bilhões* ***e*** *setecentos e trinta milhões de reais.*

ter *que* e ter *de*

É indiferente, no português contemporâneo, o uso de *ter* ***que*** e de *ter* ***de***: *Tenho* ***que*** (ou ***de***) *ir amanhã a Salvador.* *** *Vocês têm* ***de*** (ou ***que***) *sair já daí!*

E aos que não aceitam *ter* ***que***, uma sugestão: leiam Fernando Pessoa!

prazeroso, prazerosamente

É assim que se escrevem tais palavras. Mas sempre há os que acham "praze**i**roso" escrever "praze**i**rosamente". Eis como se leu no *site* do Terra, recentemente: *Para conhecer bem o BMW 745iA, serão necessárias algumas "prazeirosas" semanas de uso. E nós só tivemos uma...*

É prazeroso ler assim?

É possível haver "uma" Minas "melhor"?

Não. O artigo que acompanha *Minas* ou *Minas Gerais*, quando é esse o caso, deve sempre estar no feminino plural, assim como todos os demais determinantes. Por isso, é perfeitamente possível ter *umas Minas Gerais melhores* ou apenas *umas Minas melhores*; afinal, todos queremos *nossas Minas Gerais* sempre *felizes*, sempre *pujantes*.

Veja como acerta em cheio um leitor de O Estado de S. Paulo: *Que pena que senhores como Itamar Franco não enxerguem além dos arames farpados que cercam* ***suas pequenas Minas Gerais****.*

Extraordinariamente correto!

entre...e / de...a / desde...até

Assim como a vida nos faculta escolher as companhias que melhor nos aprazem, na língua também certas preposições escolhem seus parceiros. Não pode, aqui, haver troca de parceiros, sob pena da deselegância. Portanto, construímos: *A idade das crianças variava* ***entre*** *5* ***e*** *8 anos.* *** *A idade das crianças variava* ***de*** *5* ***a*** *8 anos.* *** *A idade das crianças variava* ***desde*** *5* ***até*** *8 anos.* *** *Aguardei-a* ***entre*** *o meio-dia* ***e*** *a uma hora.* *** *Aguardei-a* ***do*** *meio-dia* ***à*** *uma hora.* *** *Aguardei-a* ***desde*** *o meio dia* ***até*** *a uma hora.*

Foi com enorme satisfação que lemos, certa vez, num jornal: *O ganso sinaleiro chinês tem plumagem farta, costuma pesar* ***entre*** *2,5kg* ***e*** *4,5kg e medir* ***de*** *75cm* ***a*** *89cm.* Extraordinariamente perfeito!

Foi com enorme desgosto que lemos, certa vez, noutro jornal: *Os ladrões roubam os veículos em São Paulo e vendem no Paraguai. A maioria dos carros é vendida por preços que variam* ***entre*** *dez "a" quinze mil reais.*

O desgosto foi ainda maior, ao lermos esta notícia, também num jornal: *Das festas, às segundas-feiras, participariam pelo menos quatro adolescentes, com idades entre 12 "a" 15 anos, que teriam recebido drogas e bebidas alcoólicas para manter relações sexuais com os suspeitos.*

Foi num misto de insatisfação e desgosto que lemos certa feita isto, escrito por um ex-ministro da Justiça do Sr. Fernando Henrique Cardoso: *Promete-se dar tudo às crianças,* ***desde*** *a instrução "à" alimentação e "à" saúde.*

Existem gramáticos, no entanto, que estão com o ex-ministro. Suponhamos esta frase: *Dormi* ***desde*** *o ponto inicial do ônibus* ***até*** *chegar ao trabalho.* Ou esta: *Ela chorou* ***desde*** *lá*

***até** aqui.* Como usar a preposição "a" no lugar de *até*?

Um dicionário recém-publicado traz este exemplo no verbete *desde*: *A multidão se estendia **desde** o centro **à** periferia da cidade.*

Nele, porém, tudo é normal! **Ab**-so-lu-ta-men-te normal!

"Acabou" as férias, "começou" as aulas.

Só fala ou escreve assim o que não tem a mínima noção de análise sintática. Ou seja: aquele que confunde sujeito com objeto direto. Se *férias* e *aulas* exercem a função de sujeito, não há como deixar de levar o verbo ao plural. Pronto: ***acabaram** as férias, **começaram** as aulas.* Já era tempo...

dormir "no" volante

Se dormir **a**o volante já é perigoso, que se dirá, então, de dormir "*no*" volante!

Certa vez, lemos no pára-choque de um caminhão: *Não tenho medo de animais na pista, mas tenho muito medo de alguns burros "no" volante.*

Ele era mais um...

Certa vez, a revista Veja (ed. 1.619) apresentou na capa um jogador de futebol, com uma frase animalesca: *Animais "no" volante.*

Ante a grita de alguns leitores mais atentos, veio lá a revista com uma conversa mole, com um nhenhenhém daqueles, tentando confundir o leitor. Resolveu, então, consultar uma professora e um professor (o mesmo que costuma repetir no vídeo a didática e as doutrinas alheias – sem corar!). Como se, para isso, uma redação do porte da Veja precisasse de consultas sobre assunto tão elementar.

A professora da Universidade de São Paulo diz que há o registro coloquial e o registro da norma culta. Correto. E as publicações – as sérias, pelo menos, como a Veja – devem usar o registro da norma culta.

Por favor, não tentem nos fazer crer que o registro coloquial serve para a imprensa! Como já tentou fazer uma vez a mesma revista, ao querer justificar a expressão "*uma* grama de ouro". Conversa mole só serve mesmo para boi dormir.

falar "no" telefone

Na norma culta, fala-se **ao** telefone, assim como se toca **ao** piano, se trabalha **ao** computador, se senta **à** janela do ônibus.

Certa vez, uma companhia de aviação anunciou: *O melhor lugar num avião não é na frente, atrás, no meio, "na" janela: é o lugar que você preferir.*

Há os que preferem fora...

O ônibus passa "na" porta de casa.

É assim que o português do Brasil prefere, ou seja, nós, brasileiros, preferimos usar a preposição *em*, quando se trata de indicar proximidade, contigüidade. Em Portugal, todavia, o ônibus nunca passa "na" porta, mas **à** porta. Lá em Portugal, ônibus que passa **na** porta é o que passa **por cima dela**. Apesar de ser uma porta – convenhamos – ela não tem culpa...

Subi *no* ônibus errado.

No Brasil, todo o mundo costuma subir **no** ônibus, mas em Portugal, todos sobem não só **para** o ônibus, mas também **para** o trem, **para** o avião, **para** o automóvel, etc.

Aliás, no Brasil também costumamos subir **n**o telhado e **n**as árvores. Em Portugal se sobe **a**o telhado e **às** árvores.

Os brasileiros trepamos **n**as árvores, **n**os muros; os portugueses trepam **às** árvores, **a**os muros.

Tanto nós quanto eles conseguimos chegar lá, sem problema nenhum...

as "micro", pequenas e médias empresas

Toda palavra usada como substantivo varia normalmente: *o pró, os prós; o contra, os contras; um não, dois nãos; uma míni, duas mínis; um híper, dois híperes; a micro, as micros; a macro, as macros,* etc.

A regra, todavia, não foi suficiente para evitar a realização em Brasília, certa vez, de um Congresso Brasileiro das "Micro" e Pequenas Empresas. Ou seja: foram *micros* até na comunicação.

Os jornalistas também costumam escrever: *As "micro", pequenas e médias empresas que operam no Brasil não passariam num teste elementar de modernidade industrial.*

O jornalista passaria num teste de português?

Esta foi de um repórter de televisão: *As mais de 4 milhões de "micro" e médias empresas pedem socorro.*

A Serasa fez festa, ao comemorar 35 anos de fundação. No anúncio da festa, a frase: *Boa parte do nosso crescimento deve-se à estratégia de apoio às "micro", pequenas e médias empresas, as maiores empregadoras do país.*

Será que, por serem tão pequenas, tão humildes, as *micros* não merecem nem mesmo o *s* do plural?...

relé

É esta a palavra que define o aparelho usado para abrir ou fechar um circuito elétrico. Há os que dizem e escrevem "relê", como foi o caso de um jornalista, certa feita: *Foram aperfeiçoados todos os circuitos, "relês" e conectores dos automóveis Ford.*

ser atingido por um "relâmpago"

É um pouco difícil: *relâmpago* é o clarão instantâneo produzido por descarga elétrica entre duas nuvens ou entre uma nuvem e o solo, é a luz rápida e intensa que precede ou acompanha um trovão.

Raio é a descarga elétrica entre uma nuvem e o solo, acompanhada de relâmpago e trovão. Daí por que existem os pára-raios, e não os "pára-relâmpagos".

Não obstante a evidência, a apresentadora de um telejornal nos informou certa vez que um atleta havia sido atingido por um "relâmpago", num campo de futebol. Só ela mesma é que morreu...

adrede

Adrede é um advérbio que significa *de propósito, de caso pensado, intencionalmente.* Pronuncia-se *adrêde,* embora só se ouça *"adréde"* (pronúncia de "adevogado").

Eis exemplos em que entra essa palavra: *Foi um crime* ***adrede*** *preparado.* *** *Um colegiado* ***adrede*** *escolhido pelo presidente irá estudar o caso e propor soluções.*

Há os que, não conhecendo a função adverbial desta palavra, usam "adredemente". E ainda pronunciam "adrédemente"! Lembram quem? A famosa personagem Odorico Paraguaçu, que usava sem pejo "apenasmente", "somentemente", "conformemente", etc.

Tudo isso, naturalmente, é brincadeira. Quando se trata de um dicionário, contudo, qualquer tipo de brincadeira fica afastada, porque dicionário é coisa séria. Pois não é que agora também um dicionário traz "adredemente"! Nele, porém, tudo é absolutamente normal.

"deverasmente"

É incrível, mas aconteceu. O advérbio *deveras* recebeu o prefixo *-mente,* assim como Odorico Paraguaçu fazia com tantos outros advérbios. Foi um delegado da Polícia Federal. Encarregado de verificar as contas clandestinas de brasileiros nos Estados Unidos (caso Banestado), ele declarou ao repórter: *Fiquei "deverasmente" atordoado, quando vi o nome de tanta gente poderosa!*

Poderoso!...

Quem nasce em Bagdá é...

...*bagdali* (a palavra é oxítona). Eis, porém, como se leu no *site* da Folha de S. Paulo, recentemente: *Os EUA anunciam ter isolado Bagdá e controlado as principais vias de acesso à capital. A cidade segue sob intenso bombardeio. Intensas explosões são ouvidas nesta segunda. Os invasores não têm apoio da população "bagdáli" e vêm sofrendo forte oposição: iraquianos abri-*

ram fogo de praticamente todas as direções contra soldados dos EUA.

Mas nenhum deles matou a língua...

protesto

No português contemporâneo, protesto se usa com a preposição *contra*: *A população deve sempre fazer protesto* ***contra*** *a carestia.* *** *Devemos sempre fazer manifestações em protesto* ***contra*** *a matança das baleias,* ***contra*** *o incêndio criminoso na Amazônia e* ***contra*** *o contrabando de nossos animais silvestres.*

No *site* da Folha de S. Paulo: *O presidente do PT, José Genoino, voltou a criticar hoje o Judiciário, que ameaça aderir à greve do funcionalismo público em protesto "à" reforma da Previdência.*

acenar

Quem acena, acena *com* alguma coisa *a* (ou *para*) alguém: *Acenei* ***com*** *a mão* ***a*** (ou ***para***) *todos os que ficavam.* *** *O motorista acenou* ***com*** *o braço* ***às*** (ou ***para*** *as*) *crianças.* *** *O rapaz acenou-nos* ***com*** *a cabeça.* *** *Os que ficavam acenavam* ***com*** *ambas as mãos* ***a****os* (ou ***para*** *os*) *que partiam.* *** *Duas garotas acenaram-****me com*** *o braço, para lhes dar carona.* Há, contudo, quem acene "a mão", quem acene "o braço", quem acene "a cabeça", etc.

Em sentido figurado, só admite *a...com* ou apenas *com*: *O presidente acenava* ***a****o congresso* ***com*** *a possibilidade de novas cassações. O presidente acena* ***com*** *a possibilidade de novas emissões de medidas provisórias.*

No mesmo *site*, na mesma notícia: *Os magistrados seguem reunidos em Brasília e ainda não se pronunciaram oficialmente sobre a greve. Pela manhã, acenaram "para" a possibilidade de fixar prazo de até o dia 4 de agosto para iniciarem paralisação.*

ao invés de = em vez de?

Não. Ainda que alguns considerem "gramaticalismo estreito" distinguir uma e outra locução, a verdade é que convém conhecê-la: *ao invés de*, em rigor (sempre *em rigor*, para fugir ao "gramaticalismo estreito"...) indica oposição, situação antônima, contrária. Ex.: *O dólar,* ***ao invés de*** *baixar, sobe.* *** *Teresinha chora,* ***ao invés de*** *sorrir.* *** *O custo de vida sobe,* ***ao invés de*** *baixar.* *** *O mundo,* ***ao invés de*** *melhorar, piora!*

Há quem use "ao envez de", o que, naturalmente, torna o nosso gramaticalismo menos estreito...

Em vez de indica mera substituição, simples troca. Ex.: ***Em vez de*** *ir ao cinema, fui ao teatro.* (= *No lugar de ir ao cinema, fui ao teatro.*) *** *Teresinha,* ***em vez de*** *ir ao quarto, foi à cozinha.* *** ***Em vez de*** *almoçar, ele come sanduíche.*

Uma construtora paulista lançou certa vez promoção de vendas de um edifício. O anúncio começava assim: "*Ao invés de" um grande passo na via, dê logo um salto.*

Para onde? Para o abismo?!

Um de nossos jornais fez certa vez propaganda assim: "*Ao invés de" falar de renovação de assinatura, que tal falarmos sobre esportes, economia, lazer ou cultura?*

Em vez disso, que tal aquilo?

Novamente, num jornal: *Os juízes e promotores de Justiça estaduais ameaçam parar do dia 5 de agosto até o dia 12 em protesto à proposta de reforma previdenciária. A principal reivindicação da categoria é a elevação do subteto para 90,25% do salário de um ministro do STF (Supremo Tribunal Federal) "ao invés de" 75% como sugere o governo.*

Como se percebe por esse trecho, além do uso indevido a locução *ao invés de*, a vírgula, para o redator, não existe, nunca existiu...existirá?

dois "CD's"

Não. O plural das siglas se faz mediante o simples acréscimo de um *s* imediatamente após a última maiúscula: CDs, FMs, AMs, PMs, CDBs, IOFs, IPTUs, IPVAs, HPs, ETs, PFLs, PSDBs, PTs, etc.

Recentemente, num informe publicitário da Associação dos Magistrados Brasileiros (AMB), viu-se duas vezes "CPI's", em vez de CPIs; usou-se "MP's" (medidas provisórias), em vez de *MPs* e também "ao invés de" por *em vez de*.

Vende-se carro com rádio e "CD".

Não se compra carro assim. Carro bom, confiável, é aquele que traz rádio e *toca-CDs*.

o moral

Moral, palavra masculina, entre outras coisas, significa estado de espírito ou espírito de luta de pessoa ou grupo, movido por confiança, entusiasmo, etc.; ânimo. Por isso, usamos: ***o** moral, moral alt**o**, moral baix**o**, muit**o** moral*, etc.

Moral, palava feminina (***a** moral*), significa, entre outras coisas, conjunto de valores éticos que norteiam as relações sociais e o comportamento humano; é, enfim, ética.

Eis algumas frases em que se usa corretamente a palavra masculina: *Naquela época os palmeirenses estavam com **o** moral baixo. E hoje?* *** *É preciso reerguer **o** moral dessa gente.* *** *O ânimo excita **o** morál das pessoas.*

Um médico, certa vez, após uma fracassada tentativa de salvar seu paciente, declarou: *Quando o médico perde a sua esperança, ele perde realmente "toda a moral" para tratar de seu enfermo.*

Médico nenhum no mundo perde ***a** moral*, a não ser que seja um libertino, um devasso, um pedófilo – e não era o caso.

Recentemente, escreveu um jornalista, de Nova Iorque: *Os nova-iorquinos reproduziram em luz as torres do World Trade Center, que foram postas abaixo. É um projeto de um grupo de artistas e arquitetos para levantar "a moral" da cidade.*

Ou seja, é o tipo de jornalista que não consegue levantar ***o** moral* de ninguém.

No *site* de A Gazeta Esportiva: *Robinho, com moral "alta", promete pedalar na frente de Narciso.* *** *O Botafogo quer levantar "a moral" da torcida no campeonato carioca, para reconquistar o apoio dos alvinegros.*

Frases como essas não conquistam o apoio de ninguém.

"Aluga-se" apartamentos.

Trata-se de uma concordância gramaticalmente correta, mas bastante discutível. Por enquanto, convém considerar, nesse caso, *apartamentos* como sujeito, que é a orientação gramatical tradicional. Assim, temos: *Alugam*-se apartamentos. *** *Vendem*-se casas.

Eis outros exemplos similares: *Não se **apresentaram** todas as provas necessárias.* *** *O povo espera que se **consolidem** as instituições democráticas no país.* *** ***Podem**-se levar em consideração duas sugestões apenas.* *** ***Devem**-se considerar todas as hipóteses.* *** ***Dão**-se aulas particulares de português.* *** ***Exigem**-se referências.* *** ***Cobrem**-se botões.* *** *Já não se **fazem** máquinas tão boas quanto antigamente.* *** *Queremos que se **considerem** todas as hipóteses possíveis.*

Para que ocorra essa concordância, é fundamental que o verbo seja transitivo direto e que o elemento que seria objeto direto esteja no plural, representando coisa. Quando representa pessoa, ou mesmo ser animado ou considerado como animado, para evitar ambigüidade, convém apelar para o objeto direto preposicionado. Por exemplo: *Puniu-se aos infratores.* (A frase *Puniram-se os infratores* dá a entender que eles se puniram a si próprios.) *** *Ama-se aos irmãos.* (A frase *Amam-se os irmãos* pode dar idéia de reciprocidade.) *** *Encontrou-se aos desaparecidos.* (A frase *Encontraram-se os desaparecidos* dá duplo sentido.) *** *Feriu-se aos cães.* (A frase *Feriram-se os cães* é ambígua.) *** *Movimenta-se aos galhos da árvore para a queda dos frutos.* (A frase *Movimentam-se os galhos da árvore* é ambígua.)

Este é, todavia, um caso controvertido da nossa gramática. Há uma forte corrente (à qual somos simpático) que prefere considerar o pronome *se*, nesses exemplos todos, um mero índice de indeterminação do sujeito. Visto assim, o verbo ficaria sempre no singular. Mas, por enquanto, a gramática tradicional é que prevalece.

"Precisam-se" de empregados.

Aqui, já é caso bem diferente. Trata-se de um verbo transitivo indireto. Nesse caso o singular sempre foi de rigor. Outros exemplos: ***Gosta**-se de doces.* *** ***Acredita**-se em milagres.* *** ***Assiste**-se a filmes nesse canal.* *** *Chegaram os turistas. **Trata**-se de ingleses.* *** *É preciso paciência com as crianças, porque se **trata** de seres incapazes de compreender muita coisa.*

Não são poucos os que usam o plural, neste caso, mormente quando usam o verbo *tratar*.

A criança ora gritava, "e" ora chorava.

Não. A conjunção alternativa *ora* não admite, na correlação, a inclusão de um *e* anteposto. Empregamos sempre *ora...ora, quer...quer, ou...ou*, etc.

Do artigo de um ex-militar, aliás muito culto, publicado no Correio Braziliense, colhemos isto: *Freqüente é julgar-se o militar, entre nós, ora como casta "e" ora como desfrutador de privilégios.*

O também ex-governador paraense, ex-senador e ex-ministro encerra seu artigo desta forma: *Que é imperativo reformar a Previdência, não há dúvida, mas não se faça do militar o bode expiatório. Ou "se considere", de vez, desnecessárias as Forças Armadas.*

de "uma" maneira geral

Não há nenhuma necessidade do emprego do artigo nesta expressão, assim como nestas: de forma geral, de modo geral. Portanto: ***De maneira geral**, as mulheres têm verdadeiro horror a baratas.*

Certa feita, num de nossos jornais, encontramos uma pérola puríssima: "*de um modo em geral*".

Muita gente já não vai "em" estádio.

No registro da norma culta, usa-se *a* com verbos de movimento. Claro está que no registro coloquial, podemos usar a preposição *em*, preferida dos brasileiros.

Há certas construções, contudo, nas quais não parece caber essa preposição. Repare nestas frases: *Os dias de progresso chegaram "no" fim. *** O boxeador foi "na" lona. *** Devagar se vai "no" longe. *** Não vá com muita sêde "no" pote! *** O rei foi "na" caça. *** O programa vai "no" ar todos os domingos.*

Quem usa ou já usou assim? Poucos, muito poucos, mormente na escrita. A deselegância, afinal, não pode vencer.

Para encerrar: quem poderia imaginar uma fábrica de cigarros que pedisse a seus consumidores que fossem "no" sucesso?

cambiar

É um verbo que se conjuga normalmente: *cambio, cambias, cambia*, etc. Estão no mesmo caso: *cadenciar, comerciar, diligenciar, distanciar, evidenciar, influenciar, negociar, obsequiar, penitenciar, premiar, presenciar, providenciar, reverenciar, sentenciar, silenciar* e *variar*. Portanto, não existem formas como "cambeio", "vareia", "negoceia", etc. Em Portugal, contudo, se conjuga *premeio, premeias, premeia,* etc.

Só cinco verbos terminados em *-iar* se conjugam com um *-e-* antes do *-i-*, nas formas rizotônicas: *mediar, ansiar, remediar, incendiar* e *odiar.*

Apesar de tudo, escreveu um jornalista de uma importante folha de São Paulo: *Chile quer que o papa "medie" litígio na Bolívia.*

intermediar

Trata-se de um verbo derivado de *mediar*; sendo assim, por este se conjuga: *intermedeio, intermedeias, intermedeiam, intermedeiam,* etc.

Os jornalistas o conjugam assim: "intermedio", "intermedias", "intermedia", "intermediam". Veja algumas frases deles: *Com as proximidades das férias escolares, aumenta a procura pelas agências que "intermediam" viagens turísticas. Essa é uma empresa que "intermedia" a liberação de verbas do governo para as prefeituras.*

Certa vez, uma famosa rede de televisão tratou da prostituição infanto-juvenil. O repórter nos informou, então, que certos motoristas de táxi "intermediam" os encontros entre menores e turistas estrangeiros.

A verdade é outra.

presidenciável

É mais um neologismo. Certo dicionário dá como origem desse neologismo *presidenciar* + *-vel*, porém, não consigna o verbo "presidenciar", fato compreensível, porque o verbo, realmente, não existe.

Nessa volúpia de neologismos, surgem alguns absurdos, como "prefeitável" (de *prefeito* + *-vel*); a lógica está com a palavra prefeiturável (que ninguém usa), já que prefeitura é que está para presidência, e não "prefeito".

Admitida a forma "prefeitável", nada há que se opor a "governadorável", criação que nenhum jornalista (ainda) teve suficiente coragem de lançar, conquanto coragem não falte ao moderno jornalismo brasileiro.

O cruzeiro não existe "mais"?

Este emprego de *mais,* por *já,* não é aconselhável na linguagem elegante, que prefere: *O cruzeiro **já** não existe. **Já** não alimento esperança de conquistá-la.*

Há indivíduos que, infelizes, afirmam: *Deus não existe "mais".* Erram duas vezes.

Sugestão de um jornalista: *Agora que a Europa não respalda "mais" Fidel Castro, não é hora de o Brasil fazer o mesmo?*

Frase de outro jornalista: *Os partidos políticos brasileiros não são "mais" os mesmos.*

E os jornalistas são?

O uso simultâneo de *já* e *mais* constitui redundância, mas é comum encontrarmos frases assim: *"Já" não se fazem "mais" políticos como antigamente. "Já" não existem "mais" mulheres como antigamente.*

Mais, na verdade, equivale a *novamente, outra vez: Nunca* ***mais*** *vou lá. Não erre* ***mais!***

eu "se" enganei

E como! *Eu* não combina com *se*, são de pessoas diferentes (1.ª e 3.ª, respectivamente). Mas volta e meia estamos ouvindo frases assim: *Confesso que eu "se" perdi inteiramente.* *** *Eu "se" esforcei demais nesse jogo, mas não adiantou.* *** *Pode deixar, que eu "se" viro!* *** *Nós "se" preocupamos muito com o futuro do Brasil.*

Mesmo?

Existe um famoso treinador de futebol, conhecido pelo nome no diminutivo, que se caracteriza por esse tipo de construção. São da sua "lavra": *Nós "se" poupamos no segundo tempo.* *** *Deixe, que eu "se" entendo com o jogador!*

Em São Paulo já houve um saudoso presidente de clube que declarou, sem pejo nem complexo de culpa: *Eu "se" fiz por "si" mesmo.*

Há quem ria; muitos choram...

No Nordeste, as pessoas sugerem exatamente assim: *Vamos "se" embora!* Mas é uma brincadeira, tipo de frase feita que acabou se impondo entre as pessoas de pouca escolaridade.

Levei um tapa e fiquei fora de "si" quinze minutos.

É caso semelhante ao anterior. *Si* é da 3.ª pessoa; *fiquei*, da 1.ª: como conciliarmos ambas? Impossível.

Repare nestas frases, todas corretas: ***Ela*** *ficou fora de* ***si***. (***Ela*** e ***si*** = 3.ª pessoa.) *** ***Ficamos*** *fora de* ***nós*** *por alguns minutos.* (***Ficamos*** e ***nós*** = 1.ª pessoa.) *** *Aquilo* ***me*** *deixou fora de* ***mim***. (*Me* e *mim* = 1.ª pessoa.)

Certa vez, pela televisão, porém, veio esta declaração: *Quando eu me "di" por "si", já tinha sido roubada.*

"Di" por *dei* e *"si"* por *mim*! Ou seja, não restou absolutamente mais nada: roubaram-lhe tudo...

Agora, para encerrar, a declaração de um de nossos jogadores de futebol; atuou na Europa e na seleção brasileira; ganhava cerca de quinhentos mil dólares por mês: *Amanhã nós vamos dar tudo de "si" para conquistar mais uma vitória.*

Seus pés valem ouro. E a língua?

brega

É gíria. Não temos nada contra as gírias, palavras que se formam no seio de um grupo ou de uma comunidade, com forte valor expressivo, porém, de vida curta.

Ao contrário do que muitos pensam, a gíria não constitui um flagelo da linguagem. Quem já não usou *bacana, dica, cara, chato, cuca, esculacho, estrilar*? O mal maior da gíria reside na sua adoção como forma permanente de comunicação, por desencadear um processo não só de esquecimento, como de desprezo do vocabulário oficial. Usada no momento certo, porém, a gíria é um elemento de linguagem que denota expressividade e revela grande criatividade, desde que, naturalmente, adequada à mensagem, ao meio e ao receptor. Note, porém, que estamos falando em *gíria*, e não em *calão*.

Ainda que criativa e expressiva, a gíria só é admitida na língua falada. A língua escrita não a tolera, a não ser na reprodução da fala de determinado meio ou época, com a visível intenção de documentar o fato, ou em casos especiais de comunicação entre amigos, familiares, namorados, etc., caracterizada pela linguagem informal.

Não se pescam trutas a "barbas" enxutas.

À primeira vista, a frase poderá estar perfeita. Mas não está. É *bragas* que significa calção curto e largo, usado antigamente. O povo, porém, desconhece inteiramente a palavra (assim como abracar, que troca por "abraçar") e muda-a para "barbas", que nada tem que ver com esse provérbio. Não se pescam trutas a bragas *enxutas* significa: não se realiza um forte desejo sem dificuldades, sacrifícios ou muito trabalho.

hífen / hifem

As duas formas são corretas, mas só se vê a primeira. A segunda, todavia, é a mais aconselhável. Mas não se usa. Ambas fazem *hifens* (sem acento) no plural. Em Portugal ainda se usa *hífenes*.

Diz-se o mesmo de *éden* e *edem, hímen* e *himem, líquen* e *liquem, pólen* e *polem, sêmen* e *semens*, etc. Enfim, todas as paroxítonas terminadas em *-en* têm formas variantes com *-m* final, preferíveis.

Há certos dicionários que se preocupam em registrar tudo (até as formas superlativas), mas deixam de trazer esses nomes terminados em *-em*.

dona de casa

É assim que se escreve, e não "dona-de-casa". Mas a imprensa insiste em usar os hifens, que aí não têm nenhuma necessidade.

Há até dicionários que registram "dona-de-casa". Mas esses mesmos dicionários não são capazes de ser coerentes e registrar também "dor-de-cabeça", "dor-de-barriga", "dor-de-dente", etc. E por que não o fazem? Porque é asneira, naturalmente!

Só se usa o hífen por razões bem-definidas e necessárias. Para ficar bem claro o assunto, tomemos como exemplo o caso de *dedo duro* e de *dedo-duro*: *dedo duro* é dedo teso, que não se articula. O Papa João Paulo II, depois do atentado que sofreu, tem um *dedo duro. Dedo-duro* é delator, alcagüete, algo bem diferente.

O uso do hífen propicia o surgimento de outro termo; surge, em virtude do seu emprego, outra unidade semântica. Não é o caso de "dona-de-casa". Que diferença há entre *dona de casa* e "dona-de-casa"? Nenhuma. Então, por que os hifens?

No *site* da Folha de S. Paulo: *"Dona-de-casa" foi esquartejada viva por cirurgião.* No dia seguinte, no mesmo *site*: *Polícia conclui inquérito sobre esquartejamento de "dona-de-casa"*. Nesta vida, lamentavelmente, é difícil, mas se tem de estar preparado para experimentar uma tragédia atrás da outra...

O caro leitor percebe claramente a diferença de sentido entre *cabra cega* e *cabra-cega*. Ou entre *bicho de sete cabeças* e *bicho-de-sete-cabeças* (= coisa complicada). Ou entre *pé de moleque* e *pé-de-moleque*. Ou entre *pé de meia* e *pé-de-meia*. E assim vai.

No futebol, fala-se muito em *virada-de-mesa* (com hífen), porque *virada de mesa* se toma no sentido literal. A palavra hifenizada significa *mudança radical numa situação praticamente consolidada.*

Há certos clubes brasileiros que entendem muito de viradas-de-mesa...

Ela estava "em" casa da mãe.

Não: é obrigatório o uso do artigo antes da palavra *casa*, quando modificada. Portanto: *Ela estava na casa da mãe. Eu fiquei na casa do meu amigo. Eles ficaram na casa dos pais.*

O dicionário 1, no verbete *depositar*, acepção 4, dá este exemplo: *depositamos o menor "em" casa de seus tios.*

Na casa dos tios qualquer menor se sentirá bem mais à vontade...

ignomínia

É esta a palavra que temos. E não "ignomia", forma que até consta num dicionário, que foi distribuído oficialmente às nossas crianças.

"imparciabilidade"

Esta palavra já seria reprovável na boca ou na pena do comum dos mortais. Que se dirá, então, se figurasse num dicionário? Pois é: no dicionário 2 aparece a pérola no verbete **equidade**.

"calcáreo"

Esta palavra também já seria reprovável na boca ou na pena do comum dos mortais. Que se dirá, então, se figurasse num dicionário? Pois é: no dicionário 2 ela figura, soberana, no verbete **bezoar**.

Mas não foi esse o dicionário que uma revista semanal nos apresentou, quando do seu lançamento, como o melhor dicionário que já tivemos em todos os tempos?

"rabujento"

Esta palavra também já seria reprovável na pena do comum dos mortais. Que se dirá, então, se figurasse num dicionário? Pois é: no dicionário 2 ela aparece no verbete **coroca**.

bituca

Bituca (o mundo sabe) é palavra feminina e significa parte restante daquilo que se fumou. Pois o dicionário 2 registra a palavra como masculina e ainda lhe dá um significado estrambótico! Não há como não reagir.

"aterrizar"

A maioria das pessoas sabe que um avião, quando pousa, *aterra* ou *aterrissa.* Seus substantivos correspondentes são, respectivamente, *aterragem* e *aterrissagem.*

Aterrar e *aterragem* são formas legitimamente portuguesas; *aterrissar* e *aterrissagem* são formas copiadas ao francês, portanto, trata-se de galicismos.

Muito bem. O povo, no entanto, ignora muitas vezes ambas essas formas e usa quase sempre "aterrizar" e "aterrizagem", que em verdade são meros brasileirismos.

O dicionário 2 registra "aterrizar", mas não "aterrizagem". Qual seria a razão?...

sobressair

Este verbo (quase todo o mundo sabe) não é pronominal, ou seja, não se usa com o pronome ("sobressair-se"), embora seus sinônimos sejam rigorosamente pronominais: *destacar-se, distinguir-se, salientar-se.*

Muito bem. O dicionário 2 registra este verbo como pronominal. Então, segundo ele, podemos construir: *Esse é um dicionário que "se" sobressai pelas pérolas que traz.*

Não é ótimo? Não é gratificante ver uma frase assim, abonada por um dicionário?

"antisséptico" ou anti-séptico?

A forma coerente é *anti-séptico.* Há dicionários, porém, que registram ambas as formas, o que só vem confundir. Faz lembrar um velho apresentador de programa de auditório da televisão. Dicionários, ao contrário, não se publicam para confundir, mas para explicar, elucidar, esclarecer. Se a regra diz que o prefixo *anti-* exige hífen antes de palavras iniciadas por *h*, *r* ou *s*, por que criar uma exceção desnecessária?

"Fenômeno" semelhante ocorre com a palavra *arqui-seguro*. Segundo a regra dos prefixos, *arqui-* exige hífen antes de *h*, *r* ou *s*. Se assim é, por que dicionários trazem "arquisseguro"? É um mistério.

Outro caso interessante é o da palavra *planocilíndrico*: certos dicionários trazem o verbete corretamente, ou seja, sem hífen. Mas quando a palavra aparece no miolo do dicionário, eis novamente a confusão: usa-se a palavra justamente com o hífen: "plano-cilíndrico".

O dicionário 2 estabelece a confusão justamente no verbete **mesa**, subverbete **mesa de tintagem**. O dicionário 1 também gosta da confusão e a abona à pág. 1.322.

Se isso tudo não é seguir rigorosamente a filosofia do Velho Guerreiro, que será, então?

ponto de vista

Correto, sem hífen. Também sem hífen grafamos *pôr do Sol*. Mas um dicionarista registra "pôr-do-sol" e, no corpo da obra, usa *pôr do sol*.

O barulho é grande...

coma alcoólico

Correto. Como a palavra *coma* é masculina, só pode haver *coma alcoólico*, e não "coma alcoólica", como se ouve em nossas telenovelas.

Os jornais também não ficam atrás. Veja o que trouxe um deles: *A meningite caracteriza-se pelo início súbito, com febre alta, náuseas, vômitos e rigidez na nuca. O delírio e "a coma" são freqüentes.*

Um dicionário traz a palavra *coma* como palavra masculina ou feminina, indiferentemente. Em edições anteriores, porém, registrava a mesma palavra tão-somente como feminina, em todas as acepções.

"elegantérrimo"

Evite usar formas superlativas criadas pelo vulgo, como esta ou "elegantésimo", "finérrimo", "finésimo", "chiquérrimo", "chiquésimo". Só pessoas pedantes, normalmente de baixa escolaridade, usam adjetivos assim.

"magérrimo"

A forma superlativa sintética da norma culta de *magro* é *macérrimo* (do latim *macer* + sufixo *-rimo*), e não "magérrimo", cujo *g* tem origem em *magro*. Trata-se de um registro da língua coloquial.

Xavier Fernandes, em suas *Questões de língua pátria*, considera "magérrimo" um despautério que não se justifica. É assim pouco mais ou menos como "advogacia", "gabina", "degote", "guspir".

A Veja, revista que deveria só levar em conta o registro culto, trouxe (ed. 978, pág. 67): *Neste momento de crise e de vacas "magérrimas" nos cofres estaduais, não se pode a rigor...*

A revista parece não abrir mão da forma "magérrimo", que aparece constantemente em suas páginas.

Podem contrapor alguns: **Ah, mas consta em dicionário**. Isso é tudo? Há dicionários por aí que só lhes falta mesmo trazer "menas", "mendingo" e "mortandela". Por coincidência, todas começadas com m...

Não li "e nem" vou ler o livro.

Só se usa *e nem* quando pudermos usar *sequer* posposto. Ex.: *Eles chegaram e nem me telefonaram.* = *Eles chegaram e nem sequer me telefonaram.* *** *A criança se divertia e nem percebia a presença do tio.* = *A criança se divertia e nem sequer percebia a presença do tio.*

Não havendo essa possibilidade, basta retirar o "e", para que tudo fique perfeito: *Ela não come nem bebe.* (E não: *Ela não come "e" nem bebe.*) *** *As crianças não almoçaram nem jantaram.* (E não: *As crianças não almoçaram "e" nem jantaram.*)

No *site* da Jovem Pan, de conhecido e respeitado jornalista: *Alguém precisa dizer a Garotinho que ele não é mais governador, nem palhaço de circo "e" nem xerife.*

No *site* de O Estado: *No lançamento do Fome Zero, o presidente disse que a fome não será vencida da noite para o dia, "e" nem apenas com algumas medidas isoladas do governo.*

No *site* do Jornal do Brasil, a declaração de uma senadora alagoana: *Pela minha origem, eu não posso votar em alguém (Sarney) que represente uma oligarquia nordestina "e" nem em quem prestou serviços "à" ela.*

A senadora escorregou, mas quem caiu no abismo foi o jornalista que reproduziu a declaração: usar o acento da crase antes de pronome pessoal é de lascar!

Por fim, a declaração de um importante deputado: *O governo não é refém de ninguém, nem do mercado, nem dos juízes, nem do congresso "e" nem dos movimentos sociais.*

A "impassividade" do príncipe inglês.

Admirável mesmo é a *impassibilidade* de todos os ingleses, que não se abalam por pouco.

Não faz muito um famoso jornalista esportivo escreveu: *Todos notaram a fúria do jogador e a "impassividade" do árbitro.*

É própria dos jornalistas esportivos a invenção, a criação. Eles são realmente admiráveis. Muito mais admiráveis que a *impassibilidade* do povo inglês.

Tão admiráveis eles são, que um deles escreveu na sua coluna no *site* de A Gazeta Esportiva: *As jogadas de Diego e Robinho estão manjadas demais. "Fácil" de serem neutralizadas, não é mesmo?*

Fácil é saber quem é o autor da pérola, não é mesmo?

Tão admiráveis eles são, que um ex-repórter da TV Bandeirantes chegou a declarar recentemente: *Eu gostaria muito de trabalhar como* manager *no Palmeiras. Seria bom até para provar que jornalista esportivo não é imbecil.*

Pois é...

É correto o emprego de *você* como pronome indeterminado?

Na língua falada, é comum encontrarmos frases assim, quando alguém se dirige a duas ou mais pessoas: – *A saúde é o mais importante. Se "você" não investe na saúde, o país fica doente.* *** – *O social é o mais importante. "Você" precisa investir no social.*

Esse *você*, que não se refere propriamente à pessoa com quem se fala, é maroto. No lugar dele cabe melhor a expressão *é preciso* ou qualquer outro recurso disponível na língua. Por exemplo: – *A saúde é o mais importante.* ***É preciso*** *investir na saúde, senão o país fica doente.* *** – *O social é o mais importante.* ***Deve se*** *investir no social.*

Certa feita vimos duas pessoas conversando animadamente. De repente, uma disse à outra: – *Hoje "você" vota num sujeito e não sabe se ele é ladrão; hoje "você" sai de casa em São Paulo e não sabe se volta vivo; hoje "você" vai a um estádio e não sabe se volta inteiro; hoje "você" pára num sinal vermelho e não sabe se fica liso ou se fica vivo; hoje "você" está vivo e amanhã "você" pode estar morto.*

Vai daí que a outra, que até aqui ouvia atentamente, reage:

– ***EU?!*** *Eu não!*

O dono desse carro "é" eu.

Não se diz nem se escreve assim. O verbo *ser* concorda sempre com o pronome reto: *O culpado* ***és tu****, o responsável* ***somos nós****.* *** *Quem fez isso* ***fui eu*** *ou* ***fomos nós****?*

Redobrada atenção devemos ter com as locuções verbais: *Não vou ser eu o escolhido, tenho certeza.* (E não: *Não "vai" ser eu...*) *** *Devo ser eu o responsável por isso?* (E não: "*Deve" ser eu...*)

Antioquia

Cidade histórica da Turquia. Pronuncia-se *antiokía*, e não "antiókia'.

Eis, porém, como a Folha de S. Paulo nos conta sobre o primeiro papa da história:

São Pedro: pontificou 34 ou 37 anos. Considerado o primeiro papa, de acordo com os historiadores, o período de início e de fim de seu papado é desconhecido. Segundo a tradição, seus últimos 25 anos como papa foram passados em Roma. Os outros ele teria vivido "na Antióquia".

Note que o jornalista ainda usou artigo antes do nome da cidade, ou seja, cometeu dois erros em duas palavras. Índice respeitável...

Duas curiosidades

A palavra *aula* significava antigamente palácio, corte, assim como *áulico* ainda hoje é cortesão, palaciano. Como veio, então, a tomar o sentido que hoje possui, qual seja o de lição de uma disciplina? É que antigamente os filhos dos nobres eram educados nos palácios, nas cortes.

Aluno, na antiga Roma, era todo aquele que se educava fora de casa. Com o advento dos colégios, passou a ser chamado *aluno* todo aquele que os freqüentasse, já que se tratava de educação recebida fora do lar.

em que pese "o"

É asneira. Em português toda locução prepositiva termina por preposição: *apesar de, diante de, em frente a, em frente de* e, naturalmente, *em que pese a.* Portanto: *Em que pese* ***a****o mau tempo, chegamos bem.* *** *O Palmeiras venceu, em que pese* ***a****o árbitro.* *** *Em que pese* ***a****o presidente ter feito essa declaração, poucos acreditaram.* *** *Em que pese* ***à*** *tempestade, chegamos bem.*

Nossos jornalistas conseguem usar uma locução prepositiva sem preposição. Veja: "*Em que pesem as*" *críticas atuais, a dívida externa contribui para o progresso do país.*

Não só eles. Um presidente da OAB-SP certa vez escreveu isto: "*Em que pesem os*" *defeitos e pecados remanescentes, a imprensa brasileira já atingiu sua maioridade.*

Doutor, só os "adevogados" escrevem assim.

EM TEMPO – Num desses manuais de redação de jornal, comete-se no mínimo grande equívoco, quando se trata da expressão *em que pese* a. O autor afirma que devemos usá-la quando a referência for a pessoa e apenas "em que pese" quando a referência for a coisa. Estou mortalmente impressionado.

na medida em que

É boa locução, desde que empregada como equivalente de *se* ou de *caso*. Ex.: Só *é possível usar-se a inteligência na* ***medida em que*** *ela exista.* *** *Aprender línguas estrangeiras é útil na* ***medida em que*** *possamos praticá-las constantemente.*

Muitos a empregam por *à medida que*: *"Na" exata "medida em que" empobrece, a classe média perde noção de deveres e direitos.*

Num editorial de importante jornal paulista se leu certa vez a locução *na medida em que* usada com valor causal, o que a língua desconhece inteiramente. Veja: *No Brasil, de tempos em tempos, aparece um guru aceito por muitos. Em plantão permanente, esse guru oferece soluções geniais para alguns dos graves problemas nacionais. "Na medida em que" há muito tempo que a questão Educação não é levada a sério neste país, a lista de gurus eleitos para o setor cresceu muito.*

De fato, há muito tempo a questão *Educação* não é levada a sério neste país.

ficar de olho *em* alguém

É assim que todos usamos. Desde o tempo de César. De repente, aparece um ex-árbitro de futebol, pela televisão, fazendo comentários de arbitragem. É ele quem comenta, num lance do jogo: *Esse jogador é malandro: o "juiz" precisa ficar de olho "com ele".*

Não é brincadeira?

veredicto ou "veredito"?

Sempre **veredicto**, com **ct**.

No *site* da ISTOÉ: *Justiça dará o "veredito" sobre importação de pneus usados do Uruguai.*

Uma revista de automóveis lançou na sua ed. 199, pág. 23, em manchete: *Que "veredito" difícil!*

Em que garagem escura foram achar isso?

Pior que isso foi uma grande e conceituada editora de São Paulo ter publicado *O "veredito"*, de Franz Kafka.

Teria mesmo o grande autor checo escrito essa obra?

partir a melancia em "metades iguais".

Redundância. Também redundante seria a frase com "duas metades" no lugar de "metades iguais".

Certa vez uma apresentadora de um programa de televisão saiu-se com esta: *A linha do equador divide a Terra em "duas metades".*

Bastaria dizer *metades.*

Ganhar e perder *são* do esporte.

Correto: infinitivos antônimos exigem o verbo no plural. Eis outros exemplos: *Amar e odiar* ***são*** *próprios do ser humano.* *** *Nascer e em seguida morrer* ***são*** *apanágio de crianças de alguns países subdesenvolvidos.*

Não sendo antônimos os infinitivos, o verbo ficará no singular: *Beber e comer não **é** apanágio do ser humano.* *** *Fumar e beber cachaça **faz** mal à saúde.* *** *Passear em parques e tomar banhos de sol em piscinas ou praias **é indicado** para a saúde da criança.*

Certa feita, um jornalista esportivo, tido pelos colegas injustificadamente por profundo conhecedor da língua portuguesa, escreveu: *Ganhar e perder "é" do esporte.* O fato de colegas lhe devotarem respeito por um conhecimento que absolutamente ele não tem não significa absolutamente coisa nenhuma: em terra de cego, quem tem meio olho é Deus.

entorse

É palavra feminina: ***a** entorse, **uma** entorse; **violenta** entorse.*

Os jornalistas esportivos, no entanto, vivem informando que determinado jogador sofreu "*um*" *entorse* no tornozelo.

Desde "de" manhã está chovendo.

É tolice, porque se trata do uso de duas preposições combinadas. *Desde* já é preposição; dispensa, portanto, o *de*, que é outra preposição. Portanto: *Desde manhã está chovendo.* *** *Desde 1960 não ocorrem terremotos por aqui.* *** *Trabalhamos desde manhã até altas horas da noite.*

Eis como escrevem certos jornalistas: *Desde "de" 1945, a Corrida Internacional de São Silvestre vem atraindo a atenção dos meios de comunicação de todo o mundo.* *** *O deputado disse que desde "de" menino tem fascínio pela Academia Brasileira de Letras.* *** *Desde "de" 1985, o São Paulo não chegava à fase final do campeonato paulista.* *** *Desde "de" janeiro de 1994, criança nascida na França não é automaticamente francesa.* *** *A equipe do São Paulo não consegue uma vaga na Libertadores desde "de" 1994.* *** *Dados da Unicamp indicam que o índice de chuvas só nesta segunda-feira, de 113,2mm, é o maior registrado no mês de fevereiro desde "de" 1926.*

Certa feita, ouvimos de um garoto sem escola: *Estou aqui desde "das" seis horas da manhã.*

Alguns jornalistas conseguem fazer quase igual.

"Todos" foram "unânimes" nessa opinião.

Não. A combinação "todos unânimes" constitui redundância, pois *unânime*, por si só, já significa *relativo a todos.* Portanto: *Todos foram concordes com essa opinião.* Ou, então: *Houve unanimidade nessa opinião.*

Num jornal: "*Todos*" *são* "*unânimes*" *em afirmar que a reforma tributária aumentará a carga de impostos.*

Ou seja: é uma verdade vestida de mentira...

Para "chegar" aqui, gastamos duas horas.

Não. A regra é simples: quando no início da frase, o infinitivo antecedido de preposição ou de locução prepositiva varia obrigatoriamente. Portanto: *Para **chegarmos** aqui, gastamos duas horas.* *** *Por **terem** chegado tarde, ficarão de castigo.* *** *Em vez de **irem** ao cinema, eles foram ao teatro.* *** *Apesar de **ficares** calado, conhecemos tua opinião.*

Num jornal: *Apesar de "possuir" hábitos diferentes, os pirilampos e vaga-lumes têm características diferentes.*

Noutro jornal: *Para "evitar" as invasões, os fazendeiros começam a se armar.*

A revista Veja trouxe na ed. 1.808 uma matéria sobre casamento homossexual. Abriu-a assim: *Até algum tempo atrás, para "encontrar" amigos e "namorar" sem ser molestados, os* gays *se isolavam em guetos.*

No meio da matéria ainda se leu: *Em vez de "manter" o confinamento como técnica de defesa, os* gays *começam a se expor, a se exibir, a emergir.*

Os erros já emergiram...

Na edição 1.818 da mesma revista, escreve um de seus colaboradores: *Antes de "chegar" ao poder, os parlamentares lulistas criticavam a participação brasileira na Estação Espacial Internacional. Agora mudaram de idéia.*

Todos nós, um dia mudamos...

O infinitivo só pode deixar de variar, quando aparece depois do verbo principal. Por exemplo: *Gastamos duas horas para **chegar*** (ou ***chegarmos***) *aqui.* *** *Eles ficarão de castigo, por **ter*** (ou ***terem***) *chegado tarde.* *** *Eles foram ao teatro, em vez de **ir*** (ou ***irem***) *ao cinema.* *** *Conhecemos tua opinião, apesar de **ficar*** (ou ***ficares***) *calado.*

Mesmo em tal situação, o infinitivo varia obrigatoriamente, se for pronominal ou se exprimir reciprocidade ou reflexibilidade de ação: *Gastamos duas horas para **nos dirigirmos** até lá.* *** *Eles relutaram muito para **se cumprimentarem**.* *** *Foram até um canto da sala, a fim de **se pentearem**.*

Banana-maçã, pombo-correio e *decreto-lei*: plural.

Os substantivos compostos formados por dois substantivos, quaisquer que sejam eles, fazem o plural, no português contemporâneo, de preferência, com variação dos dois elementos. Portanto: *bananas-maçãs, pombos-correios, decretos-leis* e também: *cafés-concertos, amigos-ursos, canetas-tinteiros, horas-aulas, papéis-moedas, pesos-galos, pesos-penas, salários-famílias, vales-transportes*, etc. Há os que ainda aceitam *bananas-maçã, pombos-correio, decretos-lei, cafés-concerto*, etc. Não há erro, é só uma questão de localização no tempo...
EM TEMPO – Quando se trata de um determinado decreto-lei, de um decreto-lei específico, usa-se com iniciais maiúsculas: **D**ecreto-**L**ei n.º 3961.

Dá gosto *de* ver esse time jogar!

Frase de cunho eminentemente popular, a exemplo de *Agora ela inventou de ser tribalista!* A norma culta prefere frases assim: *Dá gosto ver esse time jogar! Deu gosto assistir àque-*

le jogo! Dá gosto viver num país como aquele!

Não somos contra a inclusão da preposição *de* em nenhum desses casos. Ela confere realce à comunicação.

informar

Quem informa, informa alguém *de* (ou *sobre*) alguma coisa. Ou, então: informa *a* alguém alguma coisa. Portanto: *Informei o pai da moça* **do** (ou **sobre o**) *ocorrido.* (Ou: *Informei* **ao** *pai da moça o ocorrido.*) *** *Informamo-lo* **de** (ou **sobre**) *tudo.* (Ou: *Informamos-lhe tudo.*) *** *Informamo-los* **do** (ou **sobre o**) *acidente.* (Ou: *Informamos-lhes o acidente.*) *** *Informe-a* **de** (ou **sobre**) *minha decisão!* (Ou: *Informe-lhe minha decisão!*)

Certa feita, recebemos um aviso, que terminava assim: *Qualquer esclarecimento adicional deverá ser obtido diretamente junto "a" instituição administradora, que tem o dever de informar "ao" investidor sobre o comportamento da sua aplicação.*

Ninguém informa "a" alguém sobre alguma coisa. Observe, ainda, que "junto a" deveria dar lugar a *junto à.*

Quem se informa, se informa **de** ou **sobre** alguma coisa: *Já me informei* **do** (ou **sobre** *o*) *preço da passagem.*

A cena *se passa* em 1964.

Conforme já afirmamos em **Nossa gramática**, para nós, brasileiros, sempre será preferível a próclise, ou seja, a colocação antes do verbo. Nós temos especial predileção por tal colocação. Por isso, *se passa* prevalece sobre *passa-se*, que é a colocação preferida dos portugueses.

Eis outros exemplos: *As crianças* **se** *acostumaram aqui.* (Português do Brasil.) *** *As crianças acostumaram-***se** *aqui.* (Português luso.) *** *O rapaz* **se** *perdeu.* (Português brasileiro.) *** *O rapaz perdeu-***se***.* (Português de Portugal.) *** *O carro* **se** *atolou.* (Português do Brasil.) *** *O carro atolou-***se***.* (Português de Portugal.)

Qualquer das colocações é absolutamente correta, o problema aí é só de conforto, ou de hábito, ou de preferência.

Essa é a mulher que "apaixonou-se" por mim.

No caso anterior dissemos que o brasileiro prefere a próclise. É de todos sabido, ademais, que a palavra *que* – em qualquer função – atrai o pronome oblíquo, ou seja, exige a próclise. O assunto se aprende lá pela sétima série do ensino fundamental. Mas ainda há os que não aprenderam. Ou não conseguiram passar para a oitava. Numa publicação distribuída por uma folha de São Paulo, leu-se no verbete *resina: polímero natural ou sintético que "torna-se" viscoso ao ser submetido ao calor.*

E o verbete se encerra com um *etc.* não antecedido da competente vírgula.

"pixote"

Foi uma grande *pexotada* de um cineasta argentino quando rodou um filme com este nome. Sim, porque em português, a grafia é *pexote* (da locução chinesa *pe xot* = não sei). Certos dicionários registram "pixote", mas isso não faz nenhuma diferença: uma *pexotada* a mais, uma *pexotada* a menos, não vai alterar muita coisa. O cineasta deve ter consultado esses dicionários antes de colocar nome no seu filme. A *pexotada* começou justamente aí.

EM TEMPO – Convém ressaltar que, embora devamos escrever *pexote*, a pronúncia pode ser *pixote*, da mesma forma que estamos autorizados a dizer também *minínu, mixirica, marcineiro*, etc.: a vogal *e* pretônica ou postônica normalmente se reduz, ou seja, soa *i*.

Eu encaro "de frente" os problemas.

Seria interessante se encarasse os problemas "por trás" ou "de lado"...
A cara de pessoas e animais fica – por enquanto – na frente. Ou não?

Os jornalistas que já estão no futuro escrevem: *Metido numa crise econômica sem precedentes, o país não conseguirá adiar indefinidamente a hora de encarar "de frente" os problemas que hoje estão postos "à" mesa.*

Vamos *encarar* a frase do jornalista com bastante isenção de ânimo: quando as autoridades se reúnem, elas põem os problemas **na** mesa, e não "*à*" mesa. As pessoas, sim, é que ficam *à* mesa, isto é, próximos dela.

pretérito imperfeito pelo futuro do pretérito

Esse é um uso comum, na língua falada despretensiosa (registro coloquial).

Não se usa, todavia, o futuro do pretérito pelo pretérito imperfeito do subjuntivo, como se viu no editorial de importante revista semanal de informação, ed. 1.626: *A confusão em torno da reforma tributária trouxe uma revelação assombrosa. Em nenhum momento o governo empenhou-se genuinamente na produção de um texto de reforma eficaz, que "permitiria" desonerar a produção industrial e modernizar o atual sistema de tributos.*

Se o redator usasse dois-pontos no lugar do primeiro ponto; se o redator empregasse *permitisse*, em vez de "permitiria"; se o redator usasse, de preferência, a próclise, como é do feitio do português do Brasil (*se empenhou*), talvez o editorial fosse mais palatável.

Sobre o emprego dos tempos, modos e formas nominais, consulte **Nossa gramática**.

A estas horas as crianças já devem de estar dormindo.

Frase perfeita. A expressão é ***a** estas horas*, e não "as estas horas", como quis certa feita um jornalista esportivo, que escreveu: *Os dirigentes corintianos devem estar dando sonoras gargalhadas "as" estas horas.*

Há pessoas, por outro lado, que costumam dar sonoras gargalhadas justamente quando lêem jornais...

"Bixiga"

É cacografia. Em São Paulo existe um bairro cujo nome é *Bexiga* (que os jornalistas chamam "Bixiga"). Além desta cacografia, os jornalistas cometem outras. Por exemplo: "Wenceslau Braz", "Braz Cubas", "Casemiro de Abreu", "Campos Elíseos" e outros milhares delas, em vez de *Venceslau Brás, Brás Cubas, Casimiro de Abreu, Campos Elísios.*

Um terço dos nossos bens "ficaram" com o advogado.

Tolice. Os números fracionários exigem concordância normal, ou seja: ***Um terço** dos nossos bens **ficou** com o advogado.* *** ***Dois terços** dessas propriedades **serão leiloados**.* *** *Somente **um quarto** das nossas terras **é fertil**.* *** ***Dois quartos** da lavoura **foram dizimados** pela nuvem de gafanhotos.*

Informações que partiram de repórteres da televisão: *Dois terços da população brasileira "passa" fome.* *** *São Paulo está tomada por vendedores ambulantes: só no centro "estão" um quarto deles.*

Em O Estado de S. Paulo se leu, na ed. 37.622, pág. 10: *Somente um quarto dos votantes "compareceram" às urnas.*

No *site* da Folha de S. Paulo: *Menos de um quarto dos interrogados (24%) "disseram" que confiam mais em Bush, enquanto 63% afirmaram sua preferência por Powell.*

No editorial da Folha de S. Paulo (ed. 20.871): *Cerca de um quarto dos brasileiros "são analfabetos".*

Vê-se...

"elefoa"

Há muita criança que na escola aprende que o feminino de *elefante* é "elefoa". O feminino de *elefante* é um só: *elefanta.* E mais nenhum outro. Quem usa *aliá* também se equivoca.

Não obstante, continuam existindo professores por este Brasil afora que ensinam a seus alunos que o feminino de *elefante* é *elefoa* ou *aliá.* Também já ouvi professor ensinar que o feminino de *sapo* é "rã". Deixe a sapa saber disso...

"O" sentinela se chamava Ivã.

Sentinela é nome sobrecomum, a exemplo de *pessoa, criança,* etc., ou seja, usa-se *a sentinela* sempre, tanto para o homem quanto para a mulher: *A sentinela se chamava Ivã.* *** *Hersílio era a sentinela mais atenta de todas.*

A Folha de S. Paulo, contudo, na ed. 24.707, pág. 4, trouxe: *Era noite. Na entrada, só "um" sentinela. Manoel Fernandes reduziu a marcha, se aproximou devagar e gritou: – Viva a Fidel Castro! Entediado, "o" sentinela respondeu, em voz baixa: – Viva!*

Ainda chegará o dia em que leremos nos jornais: "um pessoa", "um criança". É só uma questão de tempo.

EM TEMPO – 1) Até a saudação estava errada. Em vez de *Viva "a" Fidel Castro!* deveria estar: *Viva Fidel Castro!*

2) Em português, grafa-se *Manuel*, e não "Manoel".

Dois "Corsa" e três "Fiesta"

É assim que sai nos jornais. Alguns jornalistas acham que nomes de automóvel não se pluralizam. Achar não ofende (mas o que incomoda não é brincadeira)...

Só os nomes de fábrica é que não sofrem variação no plural. Ex.: *veículos* ***Ford****, automóveis* ***Toyota****, carros* ***Fiat****, dropes* ***Dulcora****, tintas* ***Coral****, tintas* ***Suvinil****.*

Substantivados, os nomes de veículo sofrem flexão normalmente: *os Corsas, os Fiestas, os Gols, os Astras, os Golfs, os Clios, os Pólos,* etc. Mas não sofrem variação quando aparecem assim: *os automóveis Corsa, os veículos Fiesta, os carros Gol, os aviões Brasília.* Por quê? Porque a flexão numérica já foi satisfeita no substantivo anterior.

Recentemente foi exibido um filme com este nome: *Os irmãos Cara-de-Pau.* Se fosse omitida a palavra *irmãos,* esse mesmo filme teria este nome: *Os caras-de-pau.* O princípio é o mesmo, quando se trata de nomes de veículo. Só resta nortearem-se por ele. Creio que não é tão difícil.

A revista Quatro Rodas, ed. 519, traz isto, ao analisar o novo modelo BMW, série 5: *Na Alemanha, nos trechos com velocidade liberada foi possível chegar aos 200km/h. Mas, assim como surgiam "Porsche" para nos empurrar, vez ou outra apareciam "Astra" nos forçando a desacelerações fortes, nas estradas.*

São jornalistas, naturalmente, que estão mais para *Astras* que para *Porsches...*

mico

Esta palavra não varia, quando usada como adjetivo, por *desagradável* ou *que impressiona mal.* Quando vamos a uma concessionária de automóveis, vêem-se veículos de todas as cores, das discretas às mais ousadas. A verdade é que estas, anos mais tarde, acabam dando alguma dor de cabeça ao dono do carro, que sente dificuldade em revender seu veículo.

Um carro que tenha a cor de mostarda, por exemplo, quando novo, parece o céu! Na hora de vender, é o inferno!

A revista Quatro Rodas, ed. 519, trouxe à pág. 127: *O Classe A vende bem em cores sóbrias, como prata, cinza e preto, mas encalha nas três cores "micos": verde tropical, vermelho vulcânico e azul marítimo.*

Mas, afinal, quem é que está pagando o maior mico?

os "Kennedy"

É o chamado plural à jornalista brasileiro...

Certa vez, uma famosa rede de televisão levou ao ar um programa a que deu este nome: *Os "Kennedy" não choram.* Os Kennedys podem não chorar, mas não faltou gente que chorasse durante o programa inteiro...

Uma revista semanal de informação, pertencente à mesma organização, trouxe na capa da sua ed. 58: *Os "Matarazzo" – ascensão e queda de um império.*

Toda revista tem também sua ascensão e queda.

Outra revista de informação, mais antiga, trouxe: *Uma tragédia atingiu o clã dos "Safra" na semana passada.*

Tragédia na língua, ali, é semanal.

Na mesma revista, ed. 1.810, p. 35: *A saga dos "Matarazzo".*

No caderno especial da Folha de S. Paulo, ed. 24.665, pág. 8: *O Museu de Arte Moderna (MAM) foi criado pelos "Matarazzo", "arquirrivais" de Chateaubriand.*

E se fosse *arqui-rivais*? Não seria um pouquinho melhor?

Nomes e sobrenomes portugueses vão ao plural normalmente; os estrangeiros ganham apenas um *s*, mas jamais devem ficar absolutamente invariáveis. Portanto: *os Josés, as Luísas, os Joões, as Raquéis, as Esteres, os Aníbais, os Machados, os Matarazzos, os Rangéis, os Amarais, os Vidais, os Kennedys, os Bushs, os Bopps, os Chopins, os Disneys,* etc.

Eça de Queirós (os jornalistas conhecem?) é autor de *Os Maias,* e não de "Os Maia"; em São Paulo existe a Rua dos Gusmões e a Rua dos Andradas. Ou os jornalistas passam pela Rua dos "Gusmão" e pela Rua dos "Andrada"?

O mais curioso disso tudo é que esses mesmos jornalistas que se recusam estupidamente a flexionar nomes próprios e sobrenomes, escrevem: *Os **Simpsons** estão de volta.*

Para eles vale a flexão? Para nós não? Que insensatez é essa?

Se o nome ou o sobrenome já termina em *-s* ou em *-z*, fica invariável, com exceção de *Luís,* que faz no plural *Luíses: os Quadros, os Rodrigues, os Vaz, os Moniz.*

Nossos jornais trazem, todavia, diariamente: "os Sampaio", "os Toledo", "os Matarazzo", "os Suplicy", etc. Certa vez, leu-se num deles: *Muitas "Maria" e muitos "João" vivem pelos cantos, pelas escadas ou corredores das repartições públicas lamentando-se dos baixos salários.*

Não é de lamentar?

No *site* do Correio Braziliense: *"Os Silva" vêm aí. Tios e primos do presidente petista viajarão 36 horas, entre Caetés (PE) e Brasília, para assistir "o" parente ilustre receber a faixa presidencial.*

E, então? Não é mesmo de lamentar? Dois erros primários em três linhas. Mas eles continuam publicando seus manuais de redação, arrogando-se o direito de legislar em língua portuguesa! E esse mesmo jornal ainda divulga, de tempos em tempos, pérolas de jornalistas pelo seu *site.* Que tais as suas próprias?

Para finalizar o assunto, convém lembrar que os nomes e sobrenomes compostos só têm o primeiro elemento variável: *os **Josés** Antônio, as **Marias** Antonieta, os **Almeidas** Prado, os **Machados** de Carvalho,* etc. Se trouxer *e,* o nome ou o sobrenome composto deverá ter

ambos os elementos no plural: *os* ***Andradas*** *e* ***Silvas****, os* ***Almeidas*** *e* ***Albuquerques****.*
EM TEMPO – O dicionário 2 não flexiona os nomes próprios, a ver-se pelo exemplo fornecido na acepção 4 do verbete *casa*; já o dicionário 1 flexiona-os, conforme se vê na acepção 5 do mesmo verbete.

gilete, bombril, durex

Trata-se de três nomes de produtos pioneiros e bem-sucedidos no mercado. Por isso, viraram sinônimos daquilo que representam. *Gilete* se usa hoje em referência a qualquer lâmina de barbear; *bombril*, a qualquer esponja de aço, e *durex*, a qualquer fita adesiva transparente.

O fenômeno não é incomum. Ocorre ainda com outros, como *band-aid* (usamos para qualquer curativo semelhante); *trim* (usamos para qualquer cortador de unhas); *chiclete* (qualquer goma de mascar); *zíper* (qualquer fecho ecler); *modess* (qualquer absorvente íntimo feminino); *biquíni* (qualquer maiô feminino de duas peças), etc.

Não faz muito, a Danone, pioneira no mercado na venda de iogurtes de todos os tipos – e de boa qualidade –, lançou publicidade inteligente: *O melhor* ***danone*** *é o* ***danone*** *da Danone.*

Por quê? Porque qualquer iogurte, ainda que de outra marca, para essa empresa, deve ser chamado hoje *danone.*

Sinônimo de cerveja ficou tão marcado na palavra *Brahma*, que levou o povo a chamar qualquer produto semelhante pelo nome de *brahma* e até no diminutivo, carinhosamente: *brahminha.*

"viado"

Os pichadores costumam pichar nos muros das cidades essa palavra, que, em qualquer sentido, grafa-se corretamente com *e*: *veado.* Vem-nos do latim *venatus* (= caça morta).

Muitos grafam incorretamente este vocábulo, em razão de na pronúncia o **e** se transformar em **i**, fato normal na língua. Note que também escrevemos *marceneiro*, mas pronunciamos *marcineiro*; escrevemos *mexerica* e pronunciamos *mixirica;* escrevemos *pexote* e pronunciamos *pixote*; escrevemos *estória* e pronunciamos *istória*, e assim por diante. O **e** em sílaba átona se reduz, ou seja, soa **i**, assim como o **o** soa ***u*** (*menino* = *minínu*; *governo* = *guvernu*, etc.).

veado

A palavra *veado*, no sentido de efeminado, *gay*, tem origem num médico judeu de Frankfurt, Alemanha, de nome *Hirsch* (em alemão significa veado).

Tinha o Dr. Hirsch verdadeiro fascínio pela dupla sexualidade. Considerava os andróginos seres superiores, verdadeiros gênios, representantes da evolução espiritualista da humanidade.

O médico logo angariou seguidores: os chamados *hirschs*, adeptos fervorosos, que pregavam a pederastia aberta e publicamente, sem nenhum pejo, sem nenhum constrangimento. Eram os *veadinhos*, que hoje correm mundo, saltitantes, não só pelas matas...

Já não pregam. E precisa?

Beijar recém-nascido provoca "sapinho"?

Não, provoca *sapinhos*, coisa bem diferente de *sapinho* (sapo pequeno).

Sapinhos são aftas que costumam aparecer na mucosa bucal dos bebês.

Certa feita, um de nossos jornais apresentou uma reportagem que recebeu o singelo título de *Magia do beijo*. Esta foi a afirmação da garota entrevistada: *O beijo é uma troca de amor, depende de onde, quem e como se está beijando. Tive beijos envolventes e revoltantes. O envolvente aconteceu aos onze anos. Estávamos lendo gibi no quarto. De repente nos olhamos e nos beijamos, foi muito para minha cabeça. Depois, beijei um garoto que eu não gostava, mas que beijava muito bem. E o revoltante aconteceu com o Filipe. Foi dramático, me deu até "sapinho"*.

Dramático MESMO! Depois desse beijo, tudo deve ter ido pro brejo...

Palácio "do" Alvorada

É incrível, mas ainda existe jornalista brasileiro que não sabe sequer o nome correto da residência oficial do presidente da República. Dia desses, um deles disse pela televisão *Palácio "do" Alvorada*, em vez de *Palácio* ***da*** *Alvorada*.

Está certo que com o novo governo, do PT, o Brasil acordou para *um novo amanhã*. Mas nem tanto, não é mesmo?...

"A" Fonte Nova

O nome do estádio de futebol em Salvador, Bahia, chama-se *Fonte Nova*. Ora, *estádio* é nome masculino. Sendo assim, como entender que alguém jogue "na" Fonte Nova, fazendo a concordância com *fonte*, que nada tem que ver com *estádio*?

Note que todos usamos: *O jogo foi* ***no*** *estádio da Fonte Nova*. Se retirarmos a palavra *estádio*, essa frase fica assim: *O jogo foi* ***no*** *Fonte Nova*.

Se ainda tem dúvida, caro leitor, eis exemplos semelhantes, que confirmam essa nossa afirmação: *Moro* ***na*** *Avenida Vieira Souto. = Moro* ***na*** *Vieira Souto.* *** *Viajei* ***no*** *iate Marina. = Viajei* ***no*** *Marina.* (Você viajaria "na" Marina?) *** *O presidente despacha* ***no*** *Palácio da Alvorada. = O presidente despacha* ***no*** *Alvorada hoje.* (Ou despacharia "na" Alvorada?)

Como se vê, a coisa é simples. Mas sempre há os que complicam.

Em Goiânia (GO) há um grande estádio de nome *Serra Dourada*. Até hoje não apareceu nenhum jornalista esportivo dizendo ou escrevendo "a" Serra Dourada. Por quê?

Porque, sem embargo de estarem próximos, ainda não chegaram ao estádio da loucura... Mas continuam insistindo "na" Fonte Nova. Existe gente assim.

Suponhamos que exista um estádio com o nome de *Princesa Isabel.* Chamá-lo-íamos, então de "a Princesa Isabel"? Os jogos seriam realizados "na Princesa Isabel"?

Senhores jornalistas esportivos, por favor, raciocínio não dói.

"reverter" o quadro

É a frase da moda. Estará correta?

Médicos, economistas e tecnocratas de todas as áreas estão a inventar uma língua própria: a asinina. Entre tantas asnices que se notam em seu linguajar, salienta-se o emprego do verbo *reverter* por *inverter. É preciso "reverter" o quadro da economia brasileira.* (Em vez de: *É preciso* ***inverter*** *o quadro da economia brasileira.*) *** *O governador não soube "reverter" o escândalo a seu favor.* (Em vez de: *O governador não soube* ***inverter*** *o escândalo a seu favor.*) *** *A "reversão" desse quadro é difícil. (Em vez de:* A **inversão** *desse quadro é difícil.*)

Em português, o verbo *reverter* tem outras acepções (v. **Dicionário Sacconi da Língua Portuguesa**).

"Independente" do salário, o Palmeiras descarta Edmundo.

Esta foi a manchete de A Gazeta Esportiva recentemente.

O manchetista provou desconhecer que não se usa "independente" (adjetivo) por *independentemente* (advérbio).

Observe estas frases: *Somos um país* ***independente.*** (Frase correta, porque *independente* aqui é adjetivo.) *** ***Independentemente*** *da vontade dos pais, ela casou.* (Aqui temos um advérbio.) *** ***Independentemente*** *do salário, o Palmeiras descarta Edmundo.* (Eis a manchete que deveríamos ter lido.)

Leu-se noutro jornal: *Preservar o ambiente é dever do agricultor, "independente" da pregação de demagogos e da ação do Estado.*

E qual é o dever de todo aquele que escreve em jornais?

Numa de nossas revistas semanais, lemos esta declaração de um diretor de escola carioca: *Um bom professor é aquele que serve de exemplo, "independente" da matéria que leciona.*

Ele próprio seria, sim, um exemplo...

Um jornalista carioca sediado em Brasília escreve: *Governadores, "independente" de filiação partidária, vivem um drama: precisam apoiar o governo federal.*

Não são apenas os governadores que vivem lá seus dramas...

Um desses professores eletrônicos que pululam por aí, em resposta à dúvida de uma consulente sobre a acentuação nos nomes próprios, escreve: *O acento não é levado em conta na caracterização do nome do indivíduo; por isso, o melhor é sempre acentuar de acordo com a regra de acentuação que estiver vigorando, "independente" do registro civil.*

Em cada canto da rede se encontra um professor que "tira as suas dúvidas". E deixa quantas?

"Há" muito tempo "atrás".

Frase redundante. O uso da forma verbal *há* já indica fato passado. Usa-se, portanto, apenas o *há*, ou apenas o *atrás*, mas não ambos na mesma frase: ***Há** cinqüenta anos tudo era muito diferente.* *** *Cinqüenta anos **atrás** tudo era muito diferente.*

Anuncia um grande banco nacional: *Há 10 anos "atrás" todo "o" dinheiro era de papel.*

Além da redundância, usou-se "todo o" por *todo*. Dinheiro traz felicidade?

"Chove" besteiras por aí.

Seria uma verdade por inteiro, não fosse o erro de concordância. O verbo *chover*, usado em sentido figurado, varia normalmente: ***Chovem** besteiras por aí.* *** ***Choveram** asneiras nas provas de Português.* *** ***Choverão** papeizinhos picados dos edifícios, na passagem do ano.* *** ***Estão chovendo** cães e gatos!* *** ***Começam a chover** gatos e lagartos!* *** ***Vão chover** propostas para você.* *** *Daqui a pouco **choverão** telefonemas para cá.*

Alguém pela televisão anunciou certa vez: *"Está chovendo" bons goleiros no Parque Antártica.*

A ed. 1.712, pág. 20 de uma revista semanal de informação trouxe isto: *"Chove" pedidos dos romeiros para a santa da janela, em Ferraz de Vasconcelos.*

Na letra de uma música, ouviu-se: *"Vai chover" pingos de amor.*

Qualquer dia destes *vão chover* pingos de raiva!

A doença de Chagas é transmitida por um "mosquito"?

Não, por um *percevejo*, conhecido popularmente por *barbeiro.*

correr atrás do "prejuízo"

É outra grande criação do jornalismo esportivo brasileiro.

Quando uma equipe está perdendo o jogo, diz-se que os jogadores têm de *correr atrás do "prejuízo".*

Só derrotados podem correr atrás do "prejuízo"; vencedores preferem *correr atrás da **vantagem*** ou *do **lucro***. Creio serem mais inteligentes.

Se se deseja usar a palavra *prejuízo*, sugiro *inverter o prejuízo: O time tomou três gols em dez minutos e agora terá de **inverter o prejuízo**.*

antes "de" que

Não existe em português "antes de que", mas sim *antes que*, da mesma forma que não existe "depois de que", mas apenas *depois que*: ***Antes que** me esqueça: venha visitar-me!* *** ***Depois que** ele chegou, foi dormir.*

Num jornal: *Irritar-se é um direito dos militares como de qualquer outro cidadão. Mas, "antes de que" pensem na tal de última saída, convém uma ajuda-memória.*

Irritar-se é, de fato, um direito de qualquer cidadão.

confessar-se perante "a" Deus

A preposição *perante* dispensa a companhia de outra preposição: *Confessar-se perante Deus.* *** *Perante o juiz, confessou tudo.* (E não: *Perante "ao" juiz...*) *** *Perante Deus, estou em paz.* (E não: *Perante "a" Deus...*)

No *site* do Jornal do Brasil se leu logo no primeiro dia do ano, que é para ir já se acostumando: *Lula tomou posse e fez juramento perante "à" Constituição.*

mediante "ao" documento apresentado

Caso idêntico ao anterior. O uso de *mediante* dispensa a presença de outra preposição: *Mediante o documento apresentado, pude entrar. Mediante a nota fiscal na mão, pude lacrar o veículo.*

Numa revista de automóveis, um leitor escreve aborrecido: *Não havia peças para solucionar o problema do meu carro. Imediatamente foi feito um pedido de urgência à fábrica. Mediante "a" isso, recorri à agência...*

Mediante isso, temos uma sugestão ao leitor: recorra a uma boa gramática!

"uma" jacaré fêmea

É bicho que não existe. Ao menos na Terra.

Jacaré é nome epiceno, ou seja, não tem seu gênero alterado para indicar mudança de sexo; basta o acréscimo das palavras *macho* ou *fêmea*. Portanto: *o jacaré macho, o jacaré fêmea.*

Da mesma forma: *o leopardo macho, o leopardo fêmea; a pantera macho, a pantera fêmea; um crocodilo macho, um crocodilo fêmea; uma águia macho, uma águia fêmea.*

"uma" gorila

É outro bicho que não temos. *Gorila* também é nome epiceno; sendo assim, usamos: *o gorila macho, o gorila fêmea; um gorila macho, um gorila fêmea.*

Certa feita, anunciou-se num telejornal: *Koko, "uma" gorila, aprendeu a linguagem dos surdos-mudos.*

Pois é. Até *um gorila fêmea* aprende...

nenê / neném

As duas formas existem. Ambas são masculinas. Ou seja: mesmo que se trata de uma menina, é *o nenê* ou *o neném.*

É nome sobrecomum, a exemplo de *indivíduo* e *ídolo*: *Meu neném não é lindo? O nome dele é Isadora.* *** *Como se chama seu lindo nenê: Susana?* *** *Então, é menina o nenê que acaba de nascer?*

Se usarmos o diminutivo, teremos *nenezinho*: *Meu nenezinho não é lindo? O nome dele é Isadora.* *** *Como se chama seu lindo nenezinho: Susana?* *** *Então, é menina o nenezinho que acaba de nascer?*

Certa feita, uma empresa multinacional lançou anúncio pela televisão no qual falava em "*a*" *nenê.*

Coincidência ou não, pouco tempo depois acabou falindo!

bebê

Também é nome sobrecomum: usa-se *o bebê* tanto para o menino quanto para a menina: *Lurdes era um bebê bonito.* *** *Como é o nome do seu bebê: Cassilda ou Jeni?* *** *Então, é menina esse seu lindo bebê?*

Se usarmos o diminutivo, teremos sempre *bebezinho* (e nunca "bebezinha").

Certa feita, uma grande fábrica de brinquedos nacional lançou uma boneca e lhe deu o nome de "Bebezinha".

Já nasceu com uma estrela ruim!...

plural de *meia-noite*

É *meias-noites*, assim como o plural de *meio-fio* é *meios-fios.*

O apresentador de um famoso telejornal disse, certa vez: *Sexta-feira 13: um dia de vinte e cinco horas e duas "meia-noites" marca o fim do horário de verão.*

Quando se fala em sexta-feira, 13, e ainda em *meia-noite*, só pode mesmo haver turbulências.

judaico = judeu?

Não. *Judaico* se aplica às **coisas** judias: *religião judaica, literatura judaica, história judaica, arte judaica.*

Judeu, de feminino *judia*, se aplica a **pessoas**: *governo judeu, cidadão judeu, estudante judeu, mulher judia.*

Recentemente, uma repórter de televisão falou em "tanque judeu". Ou seja, o que ela quer é guerra mesmo...

lâmpada "florescente"

Não existe este tipo de lâmpada. O que temos à disposição é a lâmpada *fluorescente*, a que muitos também chamam "fosforescente", sem sê-lo.

um time melhor preparado

Não há, em rigor, impropriedade aqui. Antes de particípio, todavia, convém usar as formas *melhor* e *pior*. *Ela está* ***mais mal preparada*** *hoje que ontem.* *** *Se os jovens fossem* ***mais bem orientados****, não haveria tantos marginais pelas ruas.* *** *É preciso que o professor seja* ***mais bem-remunerado****.* *** *Meu projeto está* ***mais bem-elaborado*** *que o seu.* *** *Nossas crianças são* ***mais mal-alimentadas*** *que as norte-americanas.*

Às vezes, como se nota, o particípio se confunde com o adjetivo. Quando há possibilidade da inclusão de um agente, trata-se de particípio (neste caso, não pode haver hífen); quando não existe tal possibilidade, trata-se de adjetivo (neste caso, há hífen ou não). Ex.: *Esse menino foi* ***mais bem educado*** *pelo pai que pela mãe.* *** *Esse menino foi* ***mais bem-educado*** *comigo que com você.*

No primeiro exemplo, o agente está claro: o pai ou a mãe; no segundo, não há agente nenhum. O agente pode estar claro ou subentendido, como nesta frase: *Se os jovens fossem* ***mais bem orientados****, não haveria tantos marginais pelas ruas.* Subentende-se: *pelos pais* (agente) ou *pelos professores* (agente), etc.

Petrobras

Sem acento gráfico, porque as siglas não necessitam dele: *Petrobras, Telebras, Radiobras, Eletrobras, Proalcool, Sesi,* etc. Algumas empresas contrariam essa norma e usam o acento. Desnecessariamente.

como "sendo"

Não existe esta combinação em nossa língua, na qual "sendo" aparece sem nenhuma necessidade.

Frases de jornalistas: *Os invasores alemães derrotaram o glorioso exército francês, considerado "como sendo" o mais forte do mundo.* *** *Todas as pesquisas de opinião indicavam Ciro Gomes "como sendo" o adversário mais difícil na campanha.* *** *Eu vejo o fato "como sendo" impor-*

*tante para o país. *** Roberta foi criada "como sendo" uma das filhas de Vilma. *** A vítima foi identificada "como sendo" um mascate conhecido na região. *** A foto da cobra exibida "como sendo" uma jibóia é, na verdade, uma salamanta-do-sudeste. *** Não são poucos aqueles que encaram a cegueira "como sendo" uma condição limitadora, ou mesmo incapacitadora.*

Sendo tão ruins assim, *como* lê-los?

chamar-se

É pronominal (ter por nome): *Eu **me** chamo Luís, ela **se** chama Beatriz, nós **nos** chamamos Manuel.*

Há um famoso, antigo e já cansado animador de televisão que só pergunta: *Como você "chama"?*

comer a dois carrilhos

Frase perfeita. Quando um profissional liberal (advogado, auditor, etc.) não muito honesto recebe dinheiro de ambas as partes em litígio, *come a dois carrilhos.*

Carrilho, no português antigo, era o mesmo que *bochechas*; a palavra caiu em desuso.

O povo, no entanto, quando usa a frase, troca *carrilhos* (que não conhece) por "carrinhos" (que lhe é mais familiar).

pé de "jabuticabeira"

Jabuticaba, mormente a cultivar *sabará*, é uma fruta muito gostosa, principalmente quando saboreada no pomar. Ao pé de jabuticaba. Ou, então, à jabuticabeira. Já ao pé da "jabuticabeira", a fruta me parece meio azeda...

Os quintais saudáveis costumam ter *pé de manga, pé de abacate, pé de laranja*, etc. Ou, então, *mangueira, abacateiro, laranjeira*, etc. Quem tem *pé de "mangueira", pé de "abacateiro"* ou *pé de "laranjeira"*, que não dê mudas pra ninguém!...

Esse menino é o pai, *cuspido e escarrado*!

Esta é a frase popular, mas a original é outra: *esculpido e encarnado.*

O povo, contudo, que nada ou pouco entende de escultura e encarnação, mudou a expressão a seu bel-prazer, para *cuspido e escarrado*, que até acabou vingando. Há os mais corajosos que dizem "guspido e escarrado". Os radicais, todavia, preferem "guspido e cagado", o que complica muito o quadro.

Não faz muito, ouvi uma maldade: *Quando criança, essa menina era a tia, "cuspida e escarrada"; agora é o tio "guspida e cagada".*

Percebeu a maldade, caro leitor?

Ao longo da vida, a par de "guspido e cagado" tenho ouvido muitas outras pérolas, entre as quais *atestado de "órbita"* (em vez de *atestado de* óbito); *poço "cartesiano"* (em vez de *poço* artesiano); *antena "paranóica"* (em lugar de *antena* parabólica); "*assustar" o cheque* (em vez de sustar *o cheque*); *aos "troncos" e "barroncos"* (em vez de *aos* trancos *e* barrancos); *bebê de "trombeta"* (em vez de *bebê de* proveta); *ficar em estado de "cômoda"* (em vez de *ficar em estado de* coma); *professor "jipe"* (em vez de professor *hippie*); *levar a filha ao "pediatra", para ver o que tem no pé* (em vez de *levar a filha ao* ortopedista); *estar com "a pênis estuporada"* (em vez de *estar com* o apêndice supurado); *a situação está "periquitante"* (em vez de periclitante) e *dos males, o "melhor"* (em vez de *dos males, o* menor).

A última foi esta, dia desses: *Ela me ofendeu com palavras de baixo "escalão".*

acne

Ninguém duvida de que essa palavra é feminina: *a acne, as acnes, uma acne, umas acnes, duas acnes.* Todo adolescente sabe quanto incomodam, física e espiritualmente, *as acnes.*

Na Folha de S. Paulo, todavia, uma leitora quer saber o que é exatamente *acne.* Um professor da Faculdade de Medicina da USP responde: "*O*" *acne é uma enfermidade cutânea do folículo "pilo-sebáceo" freqüente na adolescência, podendo ocorrer também em outras faixas etárias. "O" acne vulgar tem um componente genético muito importante.*

É preocupante ver um catedrático da mais conceituada universidade do paísusar "*o*" *acne* e *"pilo-sebáceo"*, quando o mundo só conhece *a acne* e *pilossebáceo.*

Velocidade máxima: "80 KM".

É impressionante o número de equívocos encontrados nas placas de nossas rodovias, sinal de profundo desrespeito não só ao motorista, como também à língua. Com que autoridade um órgão pode exigir obediência, se não tem respeito a coisa nenhuma?

Os símbolos das unidades de medida nunca se escrevem com maiúsculas. E limites de velocidade se indicam assim: *km/h*, e não apenas "km". Portanto, velocidade máxima: *80km/h.* (Note: sem espaço.)

Encontram-se muitos avisos sem autoridade nas rodovias brasileiras. Mas pedágios há aos montões. E como sabem cobrar!

que nem

Só se usa corretamente quando há indício de idéia consecutiva na segunda oração. Assim, por exemplo: *Fiquei vermelho* ***que nem*** *pimentão. = Fiquei vermelho que nem pimentão* ***é tão vermelho***. *** *Vim rápido* ***que nem*** *um foguete. = Vim rápido que nem um foguete* ***viria tão***

rápido. *** *O ministro ria* ***que nem*** *hiena.* = *O ministro ria que nem hiena* ***ria tanto***.

Não havendo essa idéia na segunda oração (que geralmente é elíptica), usar-se-á *como,* ou, então, *igual a* e até *feito*: *Não seja* ***como*** (ou ***igual a*** ou ***feito***) *seus amigos: preguiçoso.* *** *Minha namorada é* ***como*** (ou ***igual a*** ou ***feito***) *gasolina: cara, mas pega fogo por qualquer coisinha!*

Certa vez, fez-se um anúncio assim: *Oferta da Fotoptica é "que nem" missa. Todo domingo tem.*

A frase verdadeiramente cristã seria esta: *Oferta da Fotoptica é como missa: todo domingo tem.*

O uso do dois-pontos, no lugar do ponto, nessa frase, além de significativo, é obrigatório.

Anúncios há que são uma verdadeira contrapropaganda.

férias

É palavra só usada no plural, que exige todos os determinantes e modificadores também nesse número: *férias escolares, boas férias, férias coletivas, férias anuais, férias remuneradas,* etc.

Recentemente, perguntaram a uma ex-governadora nordestina, que então postulava a sua candidatura à presidência da República, mas se encontrava em recesso com os jornalistas: *Como estão suas férias?* A resposta veio capenga: "*'Tá boa minha férias*".

O pessoal "gostam" da Playboy.

Se o sujeito está no singular, como pode o verbo ir ao plural? Ah, o pessoal *gosta* da Playboy? E da língua? Da língua o pessoal não *gosta*?

A turma "gostaram" do jogo.

E da língua? Da língua, a turma não *gosta*?

O casal de médicos "abandonaram" o paciente em coma.

E a língua? A língua, o casal de médicos também *abandonou* em coma?

Esta saiu num de nossos principais jornais: *O casal de escritores Jorge Amado e Zélia Gattai "são" também convidados especiais do presidente.*

O casal "*são*"?! A turma não "*gostaram*"...

um "quebra-cabeças"

Em nossa língua existem inúmeros substantivos que terminam em *-s* e pertencem ao número singular. Ex.: *lápis, pires, tênis, conta-gotas, pára-raios, conta-giros,* etc. Por causa deles, muita gente confunde alhos com bugalhos e usa *"quebra-cabeças"* no singular. Gente assim, naturalmente, também gosta de *"um chopes"* e de *"um pasteizinho"*...

Um jornalista esportivo que, em certa época, enveredou por escrever páginas na Playboy, escreveu: *Andrea Guerra resume num corpo só as fantasias dos leitores que construíram o delicioso "quebra-cabeças" para formar a mulher ideal.*

De tanto furo que o homem comete, já há quem o esteja chamando Kfuro, Zezinho Kfuro.

um "guarda-roupas"

Isso não existe. O que temos em casa (e nos bons dicionários) é um guarda-*roupa*.

O que não existe, porém, consta muitas vezes em dicionários, alguns até aprovados oficialmente e distribuídos às nossas crianças. Um deles define *gaveteiro* desta forma: parte do "guarda-roupas" onde se encaixam as gavetas.

Talvez estribado nessa definição, declarou recentemente um estilista sem freio na língua, num programa de televisão: *Dizem que Adriane Galisteu tem "um guarda-roupas" de 35 metros quadrados. Pra guardar aquela porcaria?*

"repercutir" os vestiários dos dois times

Os jornalistas esportivos estão inventando mais uma das suas. Agora, deram de usar o verbo *repercutir* como transitivo direto. A invenção, como se vê, já está repercutindo.

Mas não são apenas os jornalistas esportivos os detentores de todas as maravilhas do mundo. Não. Veja esta notícia lida na Internet: *Os investidores passaram o dia "repercutindo" a pesquisa eleitoral do Ibope divulgada ontem.*

Escreve um jornalista carioca sediado em Brasília: *Congresso ainda "repercute" a nomeação de Garotinho para secretário de Segurança do Rio de Janeiro. A situação é delicada!*

Ora, se não é...

No *site* da Folha de S. Paulo: *O mercado "repercute" o discurso anual do presidente dos Estados Unidos: o dólar iniciou o dia cotado a R$3,678.*

Uma das apresentadoras de um telejornal saiu-se com esta: *O mercado "repercute" hoje a alta da taxa Selic, decidida ontem pelo Copom.*

O mal se propaga mesmo com grande facilidade.

Nem mesmo o dicionário 2, que traz "tira-teima", "todo mundo" e até o verbo *sobressair* como pronominal, registra *repercutir* nesse sentido.

Como se vê, o caso é grave mesmo...

carros "cinzas"

Cinza é uma daquelas palavras que, ao serem usadas como adjetivo, na indicação da cor, não variam. Portanto: *carros cinza, ternos cinza, camisas cinza.*

Num jornal: *As revelações de que o general Geisel defendeu a morte dos militantes de esquerda na guerra suja, não deslustra sua biografia, mas servem para atenuar com tons "cinzas", uma reputação de herói da democracia.*

Como também se notou, os conhecimentos do jornalista sobre o emprego da vírgula são *cinza...*

comemorativo "a"

Comemorativo se usa com *de*, sempre com *de*: *Foi inaugurado na praça um monumento comemorativo* **d***o 1.º de Maio.* *** *Foi feita uma placa comemorativa* **d***o centenário de fundação da empresa.*

Pois bem, um narrador de esportes da Rede Record de Televisão, durante a transmissão de um jogo no Maracanã, convidava-nos a todo o instante para o *show comemorativo "aos" 50 anos da Record.*

Essa gente do esporte é incrível! Emociona.

Estou com *pigarro.*

Quem fuma, geralmente, tem isso: *pigarro*, que, aliás, rima com *cigarro*. Algumas pessoas usam "pigarra", coisa que só afeta galináceos. Há, ainda, os mais corajosos que dizem: *Estou com "pigarra na garganta"*. Primeiro, o correto é *pigarro*; segundo, *pigarro* só dá mesmo na garganta. Ou já se viu alguém com *pigarro* no nariz? A frase foi ouvida de uma personagem de telenovela. Normal.

atuação de "raros" brilho e vigor

Um adjetivo ou um pronome adjetivo anteposto, quando modifica dois ou mais substantivos, concorda sempre com o elemento mais próximo. Portanto: *atuação de* ***raro*** *brilho e vigor; o* ***eficiente*** *assessor e secretárias; a* ***eficiente*** *assessora e secretários;* ***seu*** *marido e filhos;* ***sua*** *mulher e filhos;* ***qualquer*** *dia e mês;* ***quaisquer*** *dias e mês;* ***distinta*** *senhora e marido;* ***distinto*** *marido e senhora.*

Num jornal: *O mercado imobiliário tem "menores" liquidez e rentabilidade do que muitas outras aplicações.*

No editorial do Jornal da Tarde, 6.471: *O empresário fechou o ano com um protesto de "raras" felicidade e oportunidade.*

Noutro editorial do mesmo jornal (27/6/2003): *O governador do Paraná, Roberto Requião, parece estar fazendo o que está a seu alcance para repetir no governo Lula o papel desempe-*

nhado na gestão Fernando Henrique pelo ex-governador de Minas Itamar Franco. A bem da verdade, ele se tem empenhado nisso com "tais" talento e devoção que pode criar mais problemas ao presidente aliado do que seu modelo criou para o principal alvo de sua ira cega e devastadora.

No dicionário 2, no verbete **moralismo** se vê na definição de **falso moralismo**: *comportamento, atitude que denota "falsas" adesão e defesa de um valor moral qualquer.* Nele, todavia, tudo é perfeitamente normal...

obrigar as crianças a "comerem"

O infinitivo fica invariável quando não há nenhuma dúvida acerca do seu sujeito. Na frase em epígrafe, não há nenhuma dúvida de que o sujeito de *comer* é *as crianças*; portanto, desnecessária é sua flexão.

Outros exemplos: *O tiroteio obrigou os motoristas a* ***retornar****.* *** *Convidei os turistas a* ***ir*** *à praia.* *** *Os policiais forçaram os manifestantes a* ***recuar****.* *** *Os jogadores foram acusados de* ***boicotar*** *o treinador.* *** *As pessoas eram obrigadas a* ***aguardar*** *em fila.* *** *Vocês têm razão de* ***falar*** *duro com seus filhos* *** *Nada nos permite* ***chegar*** *a essa conclusão.* *** *Era impossível aos passageiros* ***sair*** *do avião.*

"foras-da-lei"

Este nome composto não varia no plural: *o fora-da-lei, os fora-da-lei.*

Num editorial de jornal: *Para evitar complicações, Requião preferiu recuar da intervenção, assim que conseguiu da Assembléia, na qual dispõe de maioria, autorização para encampar os pedágios, um evidente instrumento de pressão para forçar os concessionários a baixarem as tarifas, repetimos, na marra. Fica de qualquer forma no ar o risco representado pelo fato de uma autoridade, encarregada de fazer valer a ordem jurídica, manobrar com "foras-da-lei" assumidos para impor sua vontade.*

E não havia nenhuma necessidade de flexionar o infinitivo *baixar.*

Hoje *é* dois de maio.

Do ponto de vista gramatical, a frase merece reparos quanto à concordância verbal, já que o verbo *ser* deve concordar com o numeral. A língua cotidiana, no entanto, vê *hoje* como sujeito da oração, ou – mais provável – vê oculta a idéia de *dia* e, assim, não leva o verbo ao plural.

Numa linguagem formal, use o plural; no dia-a-dia, opte pelo que o povo usa.

Já na interrogação, melhor será usar o plural: *Quantos* ***são*** *hoje?, Quantos* ***foram*** *ontem?, Quantos* ***serão*** *amanhã?,* assim como fazemos quando desejamos saber as horas: *Que horas são?* (Embora possa ser *uma hora.*) Nunca ouvi ninguém perguntar "*Que hora é?*", mesmo porque, se ouvir, não vou dar resposta...

Que horas "tem aí"?

Não. Não vá pelas invenções. Continue perguntando como se fez em todos os tempos: *Que horas são?*

Esse rapaz é tal "qual" os irmãos.

Tal e *qual* são palavras que concordam com o nome a que se referem. Se *tal*, nessa frase, se refere a *rapaz*, naturalmente não varia; mas *qual* está diretamente ligado a *irmãos*; daí a necessidade do emprego do plural: *Esse rapaz é **tal quais** os irmãos.*

Repare em mais estes exemplos: *Esses rapazes são **tais qual** seu irmão. *** Esses rapazes são **tais quais** seus irmãos. *** Sou **tal quais** essas crianças. *** Essas crianças são **tais qual** eu.*

Daí ser realmente uma pena termos de cantar assim, naquela canção que os brasileiros todos conhecemos: *Teus olhos são duas gotas pequeninas, "qual" duas pedras preciosas, que brilham mais que o luar.*

Ficaria bem melhor, sem nenhum prejuízo da beleza da canção, que estivesse *quais* no lugar de "qual". E, assim, com certeza, os nossos olhos iriam brilhar muito mais que o luar...

Eis como escrevem nossos jornalistas: *Muita gente tem saudade dos tempos em que o leite vinha em litros em vez de saquinhos. Agora o leite tipo A recuperou as garrafinhas, em embalagens plásticas descartáveis, "tal" como as utilizadas nos EUA e na Europa. *** Os travestis, com os corpos tratados "tal qual" as mulheres, tomaram de assalto a grande cidade.*

Alguns escritores modernos não variam os pronomes, considerando *tal qual = como. Achar* não ofende... O que mais intriga é que os grandes escritores, tanto brasileiros quanto portugueses, nunca *acharam...*

problema difícil de "se" resolver

Não há nenhuma necessidade de usar esse "se": depois de *difícil de, fácil de, duro de, gostoso de, bom de, ruim de, agradável de*, etc., a presença desse pronome é dispensável. Portanto, use sempre assim: *problema **difícil de** resolver, questão **fácil de** contornar, osso **duro de** roer, automóvel **gostoso de** dirigir, água **boa de** beber, remédio **ruim de** tomar, trabalho **agradável de** fazer.*

Escreve um leitor da revista ISTOÉ, misturando erro e ironia: *Algumas pessoas questionam se Portugal e o Brasil são países amigos ou países irmãos. Particularmente, acredito que somos nações irmãs. E o motivo é fácil de "se" perceber: amigos, a gente escolhe...*

Certa vez, a Eletropaulo, empresa energética de São Paulo, fez publicidade assim: *A energia que você usa é muito difícil de "se" obter.*

Puro desperdício.

Desperdício, porém, é coisa pouca, quando se apanha um dicionarista em flagrante usando a impropriedade. Está lá, no verbete **latim** (que ironia!): *difícil de "se" entender.* Difícil mesmo...

problemas fáceis de "resolverem"

Neste caso (adjetivo no plural + a preposição *de*), além de prescindir do pronome *se*, a construção exige infinitivo invariável. Portanto: *problemas fáceis de* ***resolver****, mudanças difíceis de* ***fazer****; frutos fáceis de* ***madurar****; plantas duras de* ***desenvolver****; pessoas fáceis de* ***convencer***, etc.

Um famoso político baiano declarou certa feita: *Quando os princípios são os mesmos, as coisas são mais fáceis de "acontecerem".*

No Brasil, coisas assim e até muito mais cabeludas são muito fáceis de *acontecer.*

gravidez

Usa-se no plural, normalmente: *Minha mulher teve duas* ***gravidezes*** *muito difíceis. *** O tratamento que minha mulher fez a tornou sujeita a* ***gravidezes*** *múltiplas. *** Depois de passar por quatro* ***gravidezes*** *problemáticas, ela resolveu fazer laqueação.*

Certa vez, em visita a uma escola do Recife, uma professora de Português disse, na sala dos professores, deixando seus colegas de olhos arregalados (mas sem motivo): *Nas minhas duas* ***gravidezes****, sofri como condenada!*

Aliás, professor está acostumado a sofrer como condenado, sem necessariamente passar por *gravidezes...*

alarde

Faz-se alarde sempre *de* alguma coisa. No editorial de uma revista, porém, leu-se: *Muito alarde se fez "com" o fato de o presidente ter sido recebido com vaias no congresso da CUT.*

Vaias? Que boa idéia!...

Obedeça à sinalização!

Era assim que deveria estar nas as placas das nossas rodovias. No entanto, o que vemos é o *a* sem o acento em todas as placas.

Quem obedece, obedece **a** alguém ou **a** alguma coisa. O verbo é rigorosamente transitivo indireto, assim como o antônimo *desobedecer.* Veja exemplos em que ambos os verbos estão empregados corretamente: *Obedeça* ***a****os mais velhos! *** Obedeçamos* ***ao*** *regulamento! *** As leis estão assim, mas poucos* ***lhes*** *obedecem. *** Desobedeceu* ***a****o professor e foi castigado. *** Quem desobedece* ***à****s regras de trânsito é multado.*

Os clássicos usaram este verbo como transitivo direto, e alguns de nossos escritores contemporâneos os imitaram, talvez na ânsia de a eles se parecerem. A verdade é que na norma culta, que deve ser seguida pelos meios de comunicação de massa (e também pelos escritores de respeito), o verbo é transitivo indireto.

Para alguns jornalistas, a regência do verbo, porém, ainda é aquela do tempo do

Onça. Na Folha de S. Paulo: *Bagdá começou a destruição de seus mísseis, "obedecendo um" prazo estipulado pela ONU.*

Na revista Veja, p. 66: *Quem pensa que malhar é vestir bermuda, top e camiseta, ouvir as instruções do treinador e esfalfar-se para "obedecê-las" está enganado.*

Enganado está mesmo quem?!...

Certa feita, uma fábrica de refrigerantes lançou propaganda nacional, usando esta frase imperativa: *Obedeça sua sede.*

Pessoas de bom-senso, naturalmente, não obedeceram **à** sugestão.

"ha!, ha!, ha!"

Gargalhada se representa graficamente de outra forma: *ah!, ah!, ah!*, e não "ha!, ha!, ha!", como fazem certos jornalistas. Podemos empregar, ainda, *quá-quá-quá!*, que é justamente o que muitos deles nos provocam diariamente.

"À" esta altura dos acontecimentos...

A esta altura dos acontecimentos, podemos dizer que nada vai bem no quartel de Abrantes...

Antes do pronome demonstrativo *esta* não se usa o acento grave, porque não pode haver crase. Mas os jornalistas do quartel de Abrantes continuam usando-o.

O valor dos aluguéis "caíram" em São Paulo.

Frase ouvida num famoso telejornal nacional. Trata-se de um erro de concordância muito comum, principalmente entre os que não têm noção de análise sintática, que não têm noção da estrutura da própria língua que falam.

Se o núcleo do sujeito (*valor*) está no singular, o verbo tem de estar no singular; não importa que o adjunto (*dos aluguéis*) esteja no plural, porque os adjuntos não interferem na concordância verbal.

Por isso, o que todos deveríamos ter ouvido (até por sinal de respeito) seria esta frase: *O valor dos aluguéis caiu em São Paulo.*

Eis outra demonstração de desrespeito de outro telejornal: *A organização dos Jogos Olímpicos "foram" um desastre!*

Falar em *desastre* a esta altura **não é** mera coincidência.

Roraima fica "ao" norte do Brasil?

Não. *Roraima* fica *no* Norte do Brasil. Da mesma forma: A *colônia alemã está concentrada* ***no*** *Sul do Brasil. *** A menor incidência de chuvas ocorre* ***no*** *Nordeste brasileiro.*

Agora, repare nestoutros exemplos: *O Uruguai é um país que fica a* (ou *ao*) *sul do Brasil.* *** *A Venezuela é um país localizado a* (ou *ao*) *norte do Brasil.*

Ninguém mais duvida que o Uruguai fica *ao* sul do Brasil: afinal, a Província Cisplatina já não nos pertence faz algum tempo. É certo, da mesma forma, que a Venezuela é um país localizado *ao* norte do Brasil: se estivesse situada *no* Norte do Brasil, teríamos petróleo em abundância, e não pagaríamos tão caro por uma gasolina ordinária como a nossa.

Numa enciclopédia distribuída pela Folha de S. Paulo, no verbete **Ribeirão Preto** se lê: *Cidade localizada "ao" norte do Estado de São Paulo.* Ora, *ao* norte do Estado de São Paulo fica Minas Gerais!

emprestar

Quem cede empresta: *Emprestei um livro a ela.* *** *Ela emprestou a caneta a uma colega.*

Quem se beneficia do empréstimo *pede* ou *toma emprestado*: *Tomei emprestado o carro dele.* *** *Pedi emprestada a tesoura.* *** *Tomei mil reais emprestados a Sigismundo.*

Em sua ed. 1.697, pág. 71, trouxe a revista Veja este substítulo: *O horizonte "a" longo prazo é turbulento para as empresas que "emprestaram" dinheiro para voar.* Quer dizer, então, que as quase falidas companhias de aviação nacionais estão *emprestando* dinheiro?

Note, ainda, que se usou "*a*" *longo prazo.*

bater "palma"

Bater ***palmas*** é mais gratificante. Há apresentadores de televisão que pedem *uma salva de "palma"* para seus convidados. Por que não pedem também uma *rajada de "tiro"*? Não há diferença nenhuma...

Entre as palavras *cândido* e *candidato* existe algo em comum?

Sem dúvida, existe: são palavras da mesma família. Em ambas existe a idéia de *branco, puro.*

Na antiga Roma, todo aquele que aspirasse a empregos públicos tinha de vestir uma túnica branca, para demonstrar a sinceridade e a pureza de suas intenções.

Até hoje, todo candidato procura – realmente – mostrar sinceridade e pureza de intenções. O candidato. Depois de eleito, a conversa é outra, são outros quinhentos: não tão cândido nem muito menos tão puro...

EM TEMPO – Recentemente, um humorista que tem um programa de entrevistas na televisão afirmou que *cândido* e *candura* são palavras que nada a tem a ver uma com a outra. Pois é: têm. Sapateiro, quando vai além do sapato, realmente sempre se complica.

E entre *censo* (de *recenseamento*) e *censor* (de *censura*)?

Também existe íntima relação entre ambas. Na antiga Roma havia a pessoa encarregada de proceder ao levantamento das populações das cidades conquistadas. Essa pessoa tinha o direito de bisbilhotar a vida de todo o mundo. Tudo o que se referia à moral e aos bons costumes estava afeto aos censores, que se achavam no direito de fazer e desfazer, sem dar satisfação a quem quer que fosse. Essa pretensão correu séculos e perdurou até poucos dias atrás...

"Possa" ser que amanhã eu viaje.

"Possa" ser é uma expressão corrente em certas regiões nordestinas, principalmente da Bahia, onde é comum ouvirmos: *"Possa" ser que amanhã faça sol.* *** *"Possa" ser que eu vote nesse candidato.*

Na deliciosa e simpática Salvador ***pode*** ser que haja muitos brincalhões. **Pode** *ser...*

Bem ou "má", a legislação existe.

Não. O antônimo de *bom* é *mau*; o de *bem* é *mal.* Assim, não se leva em conta o gênero de *legislação*, porque não se tem aí um adjetivo, mas um advérbio (*bom* é adjetivo; *bem* é advérbio). Bem ou mal, a explicação está dada.

A frase acima foi ouvida na televisão, num desses inúmeros programas de entrevista, em que saem mais "largatos" que *lagartos...*

Há pessoas que sentem enorme dificuldade no uso de *mau* ou *má* e *mal.* Um ex-jogador de futebol, tricampeão do mundo, comenta agora pela televisão: *A defesa do Palmeiras está "má" posicionada.* *** *Eu já falei sobre o "má" posicionamento dessa defesa.* De vez em quando, solta lá seu "dibrar" e seus "dibres".

Bola e língua são, positivamente, coisas incompatíveis.

"mais diferente do que"

Isto é brincadeira, mas já aconteceu! Um grande zagueiro do nosso futebol, titular da seleção brasileira em 1978 e 1982, declarou: *Jogo decisivo é "mais diferente do que" os outros.*

Ora, o que é diferente, é diferente. Basta. Pra que "mais"? E "diferente do que" é linguagem de criancinha.

Bola e língua nunca se deram bem, já é tradição.

"os" 0,5% de juros da caderneta de poupança

Se nem mesmo 1 é plural, que se dirá, então, de *meio*?

Para alguns jornalistas, no entanto, 1 é plural (e muito plural!). Repare nas suas frases: *O ganho real do aplicador em caderneta de poupança está restrito apenas "aos" 0,5%. *** Só 1,5% "tinham" algum nome de candidato na cabeça. *** Analisou "os seus" um por cento de intenções de voto. Ainda bem que "existem estes" um por cento de teimosos. *** Saiu da eleição com "escassos" 1% dos votos. *** O Brasil é um dos países onde menos se toma sorvete: 1,5 "litros" por habitante ao ano. *** Em Brasília falta tudo: moradia, emprego, transporte, assistência médica, segurança pública e até água para abastecer regularmente "seus" 1,7 milhão de habitantes.*

Não é só em Brasília que falta tudo; em certas redações anda faltando também muita coisa.

EM TEMPO – Podemos ler **0,5** de duas formas, indiferentemente: *meio* ou *cinco décimos*: ***O meio por cento*** (ou ***Os cinco décimos***) *de juros da caderneta de poupança.*

Ela não quis "vim".

Na verdade, *vim* é forma do passado (***vim** ontem aqui*); fora daí, não tem cabimento seu emprego. Parece-me, todavia, que essa forma corrupta só é usada mesmo na fala, em conversa informal. Mas, mesmo na fala, não se admite o seu emprego nos meios de comunicação de massa. Há um comentarista de futebol, ex-jogador, que jogou em Roma e lá foi considerado rei, que usa muito "vim" após outro verbo ou depois de preposição. Nesse caso, é imperdoável.

Veja exemplos em que só cabe o infinitivo *vir*: *Você não deve **vir** com essa roupa tão decotada. *** Ontem eu não pude **vir**. *** Para **vir** aqui, não foi fácil. *** Antes de **vir** a Bajé, estive em Lajes. *** Em vez de **vir** com Jeni, vim com Juçara. *** Depois de **vir** falar comigo, ela foi falar com Lurdes.*

Repare que, se trocarmos o verbo *vir* por *ir*, teremos sempre: *Por que ela não quis **ir**? *** Ontem eu não pude **ir**. *** Para **ir** até lá não foi fácil.*

Alguém usaria "*im*" no lugar de *ir*?

Sobre os estrangeirismos

Os puristas são contra todo e qualquer estrangeirismo. Estão completamente fora de moda. Eis o que escreve Candido Jucá (filho) em seu Curso de Português, na época em que os puristas ainda eram levados a sério: *Ninguém tem autoridade moral para embargar o estrangeirismo, já que esse tem sido o recurso que tornou o miserável linguajar do século XVII um dos mais viçosos idiomas do mundo moderno. Os portugueses manifestam particular aversão ao galicismo ou francesismo, enquanto fazem orelhas moucas aos espanholismos, anglicismos, italianismos, etc. É que estão dispostos contra os franceses, desde que no ano de 1807, pelo Tratado de Fontainebleau, Napoleão resolveu a partilha de Portugal e, fazendo suas tropas invadi-lo, obrigou a corte a expatriar-se para esta então colônia.*

A ojeriza aos galicismos, como se vê, resultou de um forte sentimento político contra a França, sentimento esse que para os portugueses pode até justificar-se. Para nós, brasileiros, todavia, não tem sentido.

“super-interessante”

Não: *superinteressante.* É assim que se escreve. O prefixo *super-* só exige hífen antes de *h* (*super-**h**omem*) e *r* (*super-**r**ápido*). Portanto, escrevemos corretamente: *superabundante, superalimentado, superaquecido, superárbitro, superbactéria, supercampeão, supercampeonato, supercomputador, supercraque, superdose, superego, superespécie, superestimar, superestrutura, superfaturar, superfino, superinfecção, supermãe, supermercado, supernormal, supernova, superocupado, superofertas, superpopulação, superpotência, superprodução, superquadra, supersafra, supersecreto, supersônico,* etc.

Há uma ótima revista nacional com este nome. Repare, porém, como está na capa. Não é superinteressante?

hiper- = super-?

Sim, são prefixos que exigem hífen antes das mesmas letras (*h* e *r*: *hiper-**h**umano, hiper-**r**ancoroso*) e têm o mesmo significado: *hiper-* vem do grego; *super-*, do latim.

Há, no entanto, uma tendência moderna de conferir a *hiper-* uma noção de superioridade, em relação a *super-*. Assim, um *hipermercado* seria um supermercado gigante, com muito mais ofertas de mercadorias que o supermercado.

Apesar de não ter nenhum fundamento lingüístico, tal diferenciação está se consolidando.

megassena

É assim que deve escrever aquele que pretende ter sorte na vida.

Os jornais e revistas, no entanto, só trazem “mega sena” e “mega-sena”. E os manuais de redação continuam proliferando...

O elemento *mega-*, que confere a idéia de *muito grande, enorme,* não exige hífen em nenhum caso nem se escreve separado do outro elemento: *megaempresa, megaempresário, megainvestidor, megaprodução,* etc.

“Daqui um” pouquinho estaremos de volta.

Frase típica de apresentador de programa de televisão, antes de um intervalo comercial.

Ora, não se usa *daqui* sem o apoio da preposição *a*: *daqui **a** um pouquinho estaremos de volta, daqui **a** um pouco eu vou, daqui **a** três minutos começa a aula, daqui **a** um minuto estaremos de retorno.*

Frase de um jornalista: *Cientistas fazem simulação de como seria o mundo “daqui milhões” de anos sem a existência dos seres humanos.*

Pior foi o que disse um apresentador de esportes de famosa rede de televisão: *O jogo “terminou daqui um pouquinho”.*

Daqui "em" Criciúma é longe!

Quando se usa a preposição *de* (presente em ***daqui***), usa-se automaticamente a preposição correspondente, que é *a*, e não "*em*": *Daqui **à** praia são duas quadras.* *** *Você sabe qual é a distância exata daqui **à** Lua?*

Mais triste do que usar *daqui "em"* é empregar *daqui "há"*, como se viu no *site* do Terra: *O carro da Volkswagen deve parar de ser produzido no país daqui "há" alguns anos.*

Daqui **a** alguns anos, essa gente ainda vai acabar escrever *xalxixa*...

ovos "estalados"

Mais saborosos são os ovos *estrelados*, isto é, ovos fritos sem serem mexidos. Não faltam boas cozinheiras que nos *estrelem* ovos. Então, por que engolir os outros?

O povo usa "estalado", nesse caso, por ouvir estalos, assim que os ovos caem no óleo quente da frigideira.

Certa vez se leu na Folha de S. Paulo: *Esperando ovos "estalados", os jogadores do São Paulo eram a imagem do desânimo.*

Também, pudera!

"blá-blá-blá"

Há muita gente que gosta disso (até dicionarista). Há quem prefira *blablablás*: é menos aborrecido.

Somos obrigado, aqui, a voltar aos dois dicionários mais conhecidos do público brasileiro: um deles registra *blablablá* corretamente, e o outro (aquele) já vem com registro duplo: *blablablá* e "blá-blá-blá".

Repare, agora, caro leitor, que grande curiosidade: o primeiro dicionário registra, no verbete anterior, *blá-blá* (prato da culinária de São Tomé e Príncipe), e o segundo, *blablá*. Afinal, qual é o verdadeiro blá?...

Talvez por causa dessa balbúrdia é que os jornalistas se confundem e escrevem: *Para o ex-ministro da Justiça, o encontro de presidenciáveis não passou de um "blá-blá-blá" de comadres.*

A imprensa brasileira e certos dicionários estão mesmo mais para *quá-quá-quá* que para *blablablás*.

aborígine

Muitos usam "aborígene", por influência da palavra *origem*. Existem até dicionários que registram "aborígene"!

Numa de nossas revistas semanais de informação: *No final do século XVIII, quando o explorador inglês James Cook (1728-79) ancorou o navio Endeavour na quase desconhecida Austrália, avistou animais que chamaram a sua atenção. Quando perguntou aos "aborígenes" que animal era aquele, um deles respondeu:* ***canguru****, que em uma das línguas australianas significa* ***não sei****.*

Há jornalistas brasileiros que vivem dizendo *canguru, canguru...*

ficar "no" aguardo de notícias

Será sempre mais esperançoso ficar ***a****o aguardo de notícias,* assim como todos ficamos *à espera.* Nunca ouvi ninguém ficar "*na*" *espera de* dias melhores.

Um homem verdadeiramente apaixonado, por exemplo, fica sempre ***a****o aguardo* dela, ou seja, ***à*** *espera d*o ser amado.

Num jornal: *O país está parando "no" aguardo de definições no campo econômico e político.*

Aliás, todos estamos também ***a****o aguardo de* concordâncias mais razoáveis. Por exemplo: ***campos*** *econômico e político.*

Ela ria "à medida em que" ia lendo o texto.

Não existe a suposta locução conjuntiva "*à medida em que*", tão a gosto de alguns jornalistas. O que temos é *à medida que.*

Veja frases da nossa mídia: *Forma e fundo; conjuntura e estrutura; imaginário e real. Uma nítida diferenciação entre esses planos começa a evidenciar-se "à medida em que" evolui o plano do governo.* *** *Os dentes contribuem com a digestão "à medida em que" vão quebrando os alimentos em partes cada vez menores.* *** *"À medida em que" vai aumentando os cargos para o pessoal de São Paulo, maior será a responsabilidade de todos eles na administração da CBF.*

Nesta última, há também um elementar erro de concordância verbal: "vai" por *vão.* Há jornalistas que escrevem assim. E querem ser formadores de opinião!

Por falar em concordância verbal, eis o que trouxe a Veja, ed. 1.782, pág. 106: *Na semana passada, as exportações de petróleo venezuelanas estavam paradas nos portos e "começava" a faltar produtos básicos nos supermercados.*

Na pena de um jornalista de respeito e numa revista séria, trata-se de um erro inadmissível.

Certa vez perguntaram a um astrônomo e geofísico da USP (ed. 24.637 de uma folha paulistana) por que os planetas eram redondos. A resposta: *Os planetas são redondos devido ao fato de esta ser a forma mais estável. "À medida em que" crescem, a partir de uma nuvem, adquirem essa forma, capaz de distribuir a matéria em todas as direções.*

Agora todos entendemos melhor por que é que certos astrônomos preferem viver na Lua...

"octagésimo" lugar

Poucos jornalistas conhecem os numerais ordinais, depois de *trigésimo.* Até aí eles até que vão bem. Chegou a *quarenta,* já começam a titubear. Que se dirá, então de *cin-*

qüenta, sessenta, setenta, oitenta e *noventa*? Não sai nada mesmo. Aliás, sai: asneira.

Vamos aprender juntos: o numeral ordinal correspondente a *quarenta* é *quadragésimo*; a *cinqüenta* é *qüinguagésimo* (note: o *u* soa); a sessenta é *sexagésimo*; a *setenta* é *setuagésimo* (note: sem o *p*, apesar de certos dicionários); a *oitenta* é *octogésimo*; e a *noventa*, *nonagésimo*.

Repórteres policiais, ao se referirem ao 72.º distrito, preferem dizer "setenta e dois distrito" a dizer *setuagésimo segundo distrito*.

E saber que tudo é tão simples!

Por que escrevemos oct*o*gésimo a par de oct*a*edro?

Octo e *octa* são formas variantes no grego, idioma em que têm origem tais palavras. Em português, contudo, só existe *octo*. Assim, palavras que são formadas em nossa língua se escrevem com *octo*; as que trazem *octa* se formam no grego e são assim repassadas para o português.

Os repórteres só dizem "octagésimo", ou seja, confundem gregos com troianos...

Num diálogo, posso empregar *olhar por ouvir*?

Pode. Observe esta frase: ***Olhe** aqui, Luís, eu não tenho tempo a perder: vamos direto ao assunto!* Eis aí o uso de *olhar* por *ouvir*, comum na fala.

zero-quilômetro

Trata-se de substantivo composto. E, como tal, varia normalmente, pois se forma de dois substantivos. Portanto: *um zero-quilômetro, dois zeros-quilômetros*.

Se fizermos desse composto um adjetivo, equivalente de *novo, saído de fábrica*, ele variará normalmente: *um carro zero-quilômetro, dois carros zeros-quilômetros*.

Há os que se espantam. Esquecem-se de que lógica e língua são coisas que não se misturam. Se se misturassem, jamais teríamos esta concordância: *Mais de um passageiro **morreu***. Ou esta: *Menos de dois passageiros **morreram***.

A língua não se guia pela lógica; a língua se norteia por normas sintáticas. Como poucos têm consciência disso, espantam-se com o plural de *zero-quilômetro*. Compreende-se.

Há jornalistas que escrevem "os zero-quilômetro" e "carros zero quilômetro". Normal. Tomemos como exemplo um da revista Veja (ed. 1.814, pág. 123): "*Os zero-quilômetro" pagam 35% de imposto de importação, fora outros tributos, como o IPI*.

A um leigo tudo se permite; a um jornalista da melhor revista do Brasil nada é permitido. Dele esperamos sempre a coerência, quase sempre a perfeição e nunca a falta de bom-senso.

A maioria dos homens ficou nervosa.

Nesta frase, correta, mais uma prova de que lógica e língua não se misturam.

Numa frase em que entra *a maioria de* + complemento no plural, o verbo concorda com o núcleo do sujeito (*maioria*) ou, excepcionalmente, com esse complemento. Portanto, temos duas concordâncias corretas: a que vimos acima, gramatical, e a lógica, que é *A maioria dos homens ficaram nervosos.*

O mesmo se dá com *grande parte de, boa parte de, bom número de, metade de,* etc., chamados *coletivos partitivos.*

"cruzar" sementes?

Creio não ser possível, pelo menos neste mundo, cruzar sementes amarelas com sementes verdes de ervilha, por exemplo.

O que ocorre, na verdade, é o seguinte: plantamos as sementes, deixamo-las germinar e esperamos a planta crescer, produzir flores. Aí, sim, podemos proceder à polinização e, conseqüentemente, ao cruzamento entre as duas plantas: a que nasceu de uma semente amarela e a que nasceu de uma semente verde.

Há gente por aí, contudo, que quer porque quer que haja "cruzamento" de sementes. Se conseguirem, que o façam!

almoço ao meio-dia e "meio"

Não. Todos almoçamos ao *meio-dia e* ***meia***. Ora, se todos dizemos *uma e* ***meia***, *duas e* ***meia***, *três e* ***meia***, etc., porque, então, *meio-dia e "meio"*? Há subentendimento da palavra *hora,* neste caso: *uma e meia (hora), duas e meia (hora), meio-dia e meia (hora).*

Nossa, já "são" meia-noite?!

Para evitar o sobrenatural, convém ter mais cuidado: o verbo não tem por que, aqui, ir ao plural, já que *meia-noite* não pertence a esse número.

Existem pessoas, no entanto, que dizem: *Já "são" meio-dia: preciso ir.* É bom que vá mesmo...

Um candidato a presidência da República, em 2002, derrotado no segundo turno, declarou horas antes da eleição: *"São" meio-dia. Daqui a vinte horas começa a virada.* Virada para quê? Para o sobrenatural?

A antiga e excelente Rádio Jornal do Brasil certa vez teve um locutor – talvez acossado pelo sobrenatural – que soltou isto: *"São" meia-noite e quarenta e cinco minutos no Rio de Janeiro.*

O sobrenatural, assim como o povo, é muito poderoso!

O patrão está "para" São Paulo.

Frase própria da língua falada despretensiosa. Alguém que saiu de viagem só pode estar *em* algum lugar ou ter viajado *para* algum lugar. Os serviçais, no entanto, apressam-se a dizer que o patrão não está em casa, está "para" São Paulo, ou está "para" Brasília, ou está "para" a fazenda.

Está coisa nenhuma!

"São" Salvador

O nome da capital baiana é *Salvador*. Só. Os baianos a chamam também, carinhosamente, *Cidade do Salvador*.

Quem nasce em *Salvador* é *salvadorense* ou *soteropolitano* (adjetivo preferido na Boa Terra). Quem nunca esteve em *Salvador*, precisa arrumar um tempo para conhecê-la. Quem nunca esteve na *Cidade do Salvador*, não pode dizer que conhece o Brasil. A capacidade comunicativa do soteropolitano contagia.

EM TEMPO – *Soteropolitano* vem de *Soterópolis*, nome erudito de Salvador; forma-se do grego *Soter* = Salvador + *polis* = cidade. Assim, *Soterópolis* = cidade do Salvador. Pronuncia-se *sotéro-politano*.

todas as vezes "em" que

Expressão equivocada; trata-se de mais uma invenção dos jornalistas, a exemplo de "à medida em que". Veja como eles a usam, sem pejo nenhum: *Todas as vezes "em" que a televisão mostrou homens e mulheres nus...*

Todas as vezes que leio jornal...

tóxico, narcótico, entorpecente, etc.

Em princípio, tudo é uma droga!

Tóxico é o mesmo que *veneno*; quem usa droga se *intoxica*, se envenena. Uma planta pode ser *tóxica*, assim como um gás.

Narcótico é substância hipnótica e analgésica, por isso produz estupor ou sono. Em doses moderadas, deprime o sistema nervoso central, aliviando a dor e provocando sono; em doses excessivas, produz inconsciência, estupor, coma e até a morte. São narcóticos o ópio, a morfina, a codeína, a papaverina, a heroína e muitas drogas sintéticas.

Entorpecente é toda substância tóxica que causa dependência orgânica ou dependência química. Ao invés de entorpecer, estimula. Muitos narcóticos são entorpecentes. Dizem que maconha não é entorpecente. Só acredita quem usa...

Alucinógeno é qualquer substância que produz alucinações. O LSD ou ácido lisérgico é alucinógeno, entorpecente e tóxico; enfim, uma droga completa.

Barbitúrico é o nome de um ácido que provoca sono; deprime o sistema nervoso central e a respiração, afeta os batimentos cardíacos, aumenta a pressão sangüínea e a temperatura. Tomado em grande quantidade, também mata.

Droga também é sinônimo de medicamento, remédio, substância que cura. Daí o nome *drogaria*. Enfim, é qualquer substância que, ministrada a um organismo vivo, pode modificar uma ou mais de suas funções. Significa, ainda, qualquer substância tóxica que causa dependência orgânica, ou seja, é sinônimo de entorpecente. Neste caso se diz *droga ilegal*.

caudal

É palavra masculina: ***o*** *caudal*, ***um*** *caudal*. Portanto: *Era extraordinário* ***o caudal*** *do rio*. *** *Surgiu* ***um caudal*** *de boatos*.

Jornalistas há que imaginam haver algo em comum entre *caudal* e *cauda*. Naturalmente que não há. Mas eles insistem. E escrevem: *O PT é apenas um tributário "da" grande caudal da crise brasileira*.

É preciso. É necessário. É bom.

Trata-se de expressões invariáveis. Repare nestas frases: ***É preciso*** *muita paciência para lidar com crianças*. *** ***É necessário*** *atenção redobrada, ao dirigir veículos à noite*. *** ***É bom*** *toda a cautela neste caso*.

Por que podemos construir assim? Porque, geralmente, há um verbo subentendido depois do adjetivo. Exemplos: *É preciso* ***ter*** *muita paciência para...* *** *É necessário* ***manter*** *atenção redobrada...* *** *É bom* ***usar*** *toda a cautela...*

Repare ainda nestas frases, em que também o adjetivo não varia, por haver um verbo subentendido: *É* ***lindo*** *uma mulher que chora*. = *É lindo* ***ver****...* *** *Maçã é* ***ótimo*** *para os dentes*. = ***Comer*** *maçã é...* *** *Cerveja é* ***bom*** *para engordar*. = ***Beber*** *cerveja é...*

Veja, agora, outros exemplos, para firmar conhecimento: ***É necessário*** *muitos exercícios para aprender isso*. = *É necessário* ***fazer****...* *** ***É preciso*** *muitas sessões de psicanálise para ficares bom*. = *É preciso* ***freqüentares****...* *** ***É bom*** *apenas frutas e legumes no verão*. = *É bom* ***comer*** *apenas...* *** ***Era preciso*** *informações exatas*. = *Era preciso* ***obter****...* *** ***Será bom*** *prudência nesse caso*. = *Será bom* ***ter****...* *** *Calma, para a saúde,* ***é ótimo****!* = ***Manter*** *a calma, para a...*

O egrégio Tribunal de Alçada Criminal de São Paulo, ao confirmar uma sentença, redigiu: *Acertada foi a condenação, pois, como é sabido e reconhecido pela jurisprudência, castigo corporal através de tapas no rosto de alunos configura o delito de maus tratos, pois* ***é inadmissível*** *tais corretivos como atos de disciplina escolar*.

Perfeito: é inadmissível *adotar* tais corretivos...

Mais vale dois pássaros na mão que dois que voando vão.

É este o verdadeiro ditado. Há nele um erro de concordância? Deveria estar *valem* no lugar de *vale*? Não. Por quê? Porque não é *dois pássaros* que *valem*, mas sim ***ter** dois pássaros.* Trata-se do mesmo princípio visto no caso anterior.

O povo, que gosta de tudo encurtar, reduziu este provérbio para: *Mais vale dois passarinhos na mão que dois voando.*

Retirou dele, portanto, uma virtude: o eco, tão importante aí quanto em *Ladr**ão** que rouba a ladr**ão** tem cem anos de perd**ão**.*

maus tratos

É assim que se escreve, ou seja, sem hífen, quando significa *tormentos, torturas.* Por exemplo: *Homem que maltrata os animais, que inflige **maus tratos** a esses seres indefesos, não pode ser com justiça de ser humano.*

Só o termo jurídico é que leva hífen, formando um nome composto: *maus-tratos.* Neste caso significa *crime cometido por aquele que põe em risco a vida ou a saúde de pessoa que está sob sua autoridade, guarda ou vigilância.*

Os jornalistas desconhecem por completo a diferença.

Uma de nossas revistas semanais de informação chegou a usar este título (ed. 1.416, pág. 35): *Manual dos "maus-tratos".*

Conforme sobejamente visto aqui, são constantes os *maus tratos* que eles infligem à língua.

exceder

Este verbo pode ser transitivo direto e também transitivo indireto, mas neste caso só aceita a preposição *a*: *Beba, mas não exceda os* (ou ***a**os*) *limites!*

Um antigo dicionário fornece exemplo com a preposição "de". Daí por que em alguns elevadores se lê (equivocadamente): *Capacidade licenciada: 8 pessoas ou 576kg. É proibido exceder "destes" limites, sob pena de multa imposta pela prefeitura.*

Maus exemplos correm muito mais depressa que os bons.

Quantos são duas vezes dois?

É assim que se pergunta. Sendo *vezes* palavra feminina, não tem cabimento perguntar *Quanto é **dois vezes** dois?*, como se ouve comumente – e com o verbo e pronome interrogativo no singular!

Eis outros exemplos: *Aprendi ontem **quantos são duzentas vezes** um.* *** ***Quantos são** três mais um?* *** *Nunca soube **quantos são trezentas vezes** três.*

O número que aparece depois de *vezes* não varia, porque se toma como substantivo: *duzentas vezes **um**.* O pronome interrogativo *quantos*, neste caso, não varia em gênero.

A mala está vazia; "carrega-se-a" com facilidade.

Frase repreensível. Ao pronome do caso oblíquo *o* (e suas variações) está reservada a função precípua de objeto direto. Nesta frase, cujo verbo se encontra na voz passiva, o pronome *a* está como sujeito. Podemos proceder de três maneiras:
1) eliminamos pura e simplesmente o pronome *a* (*carrega-se* com facilidade);
2) substituímos o pronome *o* por *ele* (*carrega-se ela* com facilidade);
3) usamos a passiva analítica, em vez da sintética (*é carregada* com facilidade).

Eis outros exemplos: *Um gesto desses, hoje em dia, é raro; não se vê senão num cavalheiro.* (E não: ..."*não se o vê" senão num cavalheiro.*) *** *Os quadros de Picasso? Não se adquirem eles por menos de uma fortuna!* (E não: *Não "se os" adquirem...*)

Muitas vezes é melhor mesmo usar a passiva analítica: *Foi cercada de todo o carinho, mas não se emendou.* (Em vez de: "*Cercou-se-a de todo o carinho...*) *** *Depois de se colher o café, é reduzido a pó e é exportado.* (Em vez de: ... "*reduz-se-o" a pó...*)

EM TEMPO – Urge não confundir o pronome *se* com a conjunção *se.* Estas frases, por exemplo, trazem conjunção: ***Se** o menino fica sozinho, reclama.* *** ***Se** o deixo sozinho, reclama.* *** ***Se** a menina fica sozinha, reclama.* *** ***Se** a deixo sozinha, reclama.*

Podem as duas classes de palavras aparecer juntas: ***Se se** corre, o bicho pega; **se se** fica, o bicho come.* O primeiro *se* é conjunção; o segundo é pronome, em cada um dos segmentos de frase.

As crianças vieram "com nós".

Não. O uso de *com nós* é possível, mas somente quando aparecem palavras reforçativas. Assim, por exemplo: *As crianças vieram **com nós dois**.* *** *Entramos em conflito **com nós mesmos**.* *** *Queremos estar em paz **com nós mesmos**.* *** *Quem irá **com nós, professores**?*

Não havendo a palavra reforçativa, usa-se *conosco.*

Inadmissível é o uso desta forma com palavras reforçativas, como se viu, certa feita, numa revista: *Férias – tempo de abertura de nossos campos de encontro "conosco mesmos", com os familiares, com os outros, com a natureza, com sua imensa riqueza.*

derreter

É verbo pronominal (*derreter-**se***), na acepção de *tornar-se líquido*: *O gelo **se derreteu** em poucos minutos.* *** *Fora da geladeira, o sorvete logo **se derreteu**.*

Um dicionário (aquele) registra-o também como intransitivo.

Certa vez, uma fábrica de fogões, no afã de promover seu novo produto, mandou afixar painéis em toda a cidade com um texto assim, ao lado do fogão que estava lançando: *Uma promessa que não "derrete" com o tempo.*

Mais abaixo se podia ler: *Esta marca ninguém apaga.*

Será?

Qual o plural de *júnior*?

É *juniores* e se diz *juniôres.* Hoje a maioria dos jornalistas esportivos aprendeu: diz direitinho, mas no início, quando começaram a usar a palavra, só se ouvia "júniors".

A prosódia "júniores" não é possível por se tratar de vocábulo bisesdrúxulo, ou seja, com acento na pré-antepenúltima sílaba. É justamente em razão disso que o plural de *lúcifer* e de *Júpiter* se faz com deslocação do acento: *lucíferes* e *Jupíteres.*

seleção brasileira de "sêniors"

O plural de *sênior* é *seniores* (ô), assim como o de *júnior* é *juniores* (ô).

Uma emissora de televisão de São Paulo resolveu promover, certa vez, um campeonato mundial de futebol, do qual participariam veteranos de todo o mundo. Ao darem nome à competição, lambuzaram-se: *campeonato mundial de "sêniors".*

déficit / superávit

Trata-se de duas formas oficiais. A nosso ver, equivocadas. Latinismos não devem ser acentuados. Em Portugal se usam *défice* e *superávite,* formas muito mais "inteligentes". Não se confunda este caso com o de *álibi* (com acento). *Deficit* e *superavit* têm terminação incompatível com a índole da língua portuguesa. Não há palavra em português que termine em *-t.*

O Vocabulário Oficial, todavia, houve por bem abalizar acentos tanto em *déficit* e *superávit* quanto em *hábitat,* imitando o espanhol. Como consideramos que coerência ainda é virtude, preferimos usar, então, em vez de imitações, as palavras latinas puras: *deficit, superavit, habitat.* Nossa preferência, contudo – é preciso deixar bem claro – é pelas formas *défice, superávite* e *hábita,* que um dia haverão de ser oficiais.

telentrega

É assim que se escreve esta palavra, de uso recente. Há os que escrevem "tele-entrega". Convém dizer que *tele-* é um elemento prefixo-radical, e tais elementos nunca se ligam a outra palavra mediante hífen. Confira: *telecomando, telecomunicação, teleobjetiva, telerrecado, telerresposta, telerromance, telessena,* etc. Todas essas palavras são pronunciadas com o primeiro e aberto: *té.*

Não faz muito tempo, a TV Cultura anunciou um *"tele-romance".*

Como é mesmo o nome da emissora?...

por cada

Não é importante, mas convém fazer uma ressalva. Às vezes não há como fugir a esta cacofonia, mas há outras em que ela é perfeitamente evitável, com a simples omissão da palavra *cada*. Como nestas frases colhidas em jornal: *Convênio prevê que Prefeitura de SP pagará ao Estado R$38,14 "por cada" multa aplicada.* *** *Segundo norma da Agência Nacional de Telecomunicações (Anatel), ao fim do prazo as operadoras terão de depositar R$ 50,00 " por cada" cliente que não tenha feito o cadastro.*

Não é importante, mas para que usar *por cada*, quando não há necessidade de usar *por cada*?

Cinco reais "são" muito por um jornal.

Sujeito que dá idéia de preço, quantidade, peso, medida, etc. exige o singular: *Onze meses **será** muito: não vou agüentar de saudades, meu amor!* *** *Trezentos quilos **foi** demais para o pequeno veículo.* *** *Quinze metros **era** pouco para fazer o vestido daquela mulherona.*

Num jornal: *Dois dias "foram" muito pouco para que o PT pudesse definir todos os detalhes para a campanha das eleições.*

dar murro em faca de ponta

Frase tão correta quanto a outra, mais conhecida: *dar murro em ponta de faca.*

O brasileiro está cansado de *dar murro em faca de ponta*: pede mais segurança e ganha mais imposto; pede mais saúde e ganha mais imposto; pede mais educação e ganha mais imposto; pede mais saneamento básico e ganha mais dengue.

Em qualquer circunstância, *dando murro em faca de ponta* ou *dando murro em ponta de faca*, a verdade é que o povo está sempre se machucando...

por "isto"

Não existe esta locução em nossa língua, mas apenas *por isso.*

"Antártida"

O verdadeiro nome do continente situado dentro do círculo antártico e assimetricamente centrado no pólo Sul é *Antártica.* Tudo o mais é conversa para pingüim dormir...

Chegaram a chorar "ao ver" a cena.

Frase com dois inconvenientes: 1.º) antes de *ao + infinitivo,* o uso da vírgula é obrigatório (exceto quando o verbo é intransitivo: *crepúsculo é a luminosidade incerta e difusa do céu, vista ao **alvorecer** e ao **entardecer***); 2.º) quando o infinitivo vem depois de *ao*, a flexão é obrigatória, se se refere a um sujeito no plural. Portanto, a frase irrepreensível é: *Chegaram a chorar, ao **verem** a cena.*

Na mídia: *Classes média e alta não são civilizadas "ao dirigir". *** Cansados do modelo autoritário, os homens vivem um momento de confusão, mas avisam: querem ter prazer "ao criar" os filhos.*

Na ed. 1.815, pág. 45, da Veja: *O PT tende a ficar mais parecido com legendas da esquerda européia, com os trabalhistas ingleses, que, "ao chegar" ao poder, ampliaram muito sua base militante.*

Repare nesta manchete de O Estado de S. Paulo: *Sem-terra são presos ao invadir fazenda em SP.*

Antigamente, nesse mesmo jornal, era certo que leríamos assim: *Sem-terras são presos, ao invadirem fazenda em SP.* Hoje, porém, são outros tempos. A geração do X nas questões dos exames vestibulares já chegou e está imperando. Mesmo assim – podemos garantir – nunca estará em moda.

No *site* de um provedor, na tentativa de explicar o efeito de um eventual derretimento das calotas polares: *A superfície de terra firme em nosso planeta mantém uma carga de cerca de 38 milhões de quilômetros cúbicos de gelo, dos quais 85% estão na "Antártida". Como o gelo é menos denso do que a água, (por "isto" os cubos de gelo flutuam na água), esses 38 milhões, ao "derreter-se", se transformariam em 33 milhões de quilômetros cúbicos de água que iriam parar obviamente no oceano.*

No *site* do mesmo provedor, a tentativa para uma explicação: *Por que choramos "ao descascar" cebolas?*

Ah, se fossem só as cebolas que nos fizessem chorar!

Até um famoso dicionarista, ao fornecer seus exemplos, equivoca-se e no verbete **escorregar** escreve: *Escorregou "ao" desviar dinheiro da firma.* Aliás, nesse mesmo verbete, o dicionarista comete outro equívoco, ao fornecer exemplo do verbo *escorregar* como intransitivo, na classificação de verbo transitivo direto e indireto.

A revista Veja trouxe na ed. 1.611, à pág. 133, um rol de erros que se cometem à mesa. O título da matéria era: *Erros à mesa. Cuidados que os pais devem ter "ao fazer" as refeições ao lado dos filhos.*

Sim, mas... e os cuidados que os jornalistas (e hoje também os dicionaristas) devem ter, ao escreverem?

comentar "sobre"

Não existe esta regência na norma culta. Quem comenta, comenta alguma coisa. E só.

No *site* da Jovem Pan: *Marta não comenta "sobre" saída de secretário.*

Bastaria retirar a preposição para que tudo fosse muito mais elegante. Um dicionário (aquele) fornece, no verbete **comentar**, exemplo errôneo do emprego deste verbo. Mais um, menos um, não vai fazer nenhuma diferença.

comunicar "sobre"

Também não existe esta regência na norma culta. Quem comunica, comunica alguma coisa a alguém: *Ninguém comunicou o roubo à polícia.* *** *Ela não quis comunicar o fato ao marido.* *** *Comuniquei meus planos a todos.*

Na mídia: *Os Estados Unidos estão investigando se os dois filhos de Saddam Hussein etão entre os quatro mortos no tiroteio ocorrido hoje em Mosul, ao norte do Iraque. Segundo autoridades norte-americanas, o secretário de Defesa, Donald H. Rumsfeld, comunicou pessoalmente "o presidente George W. Bush sobre a operação".*

Agora, a verdade: o secretário comunicou pessoalmente ao presidente a operação.

atrasar

Este verbo é intransitivo (coisa que chega atrasada) e pronominal (pessoa que chega tarde ou atrasada): *O ônibus* ***atrasou****, e ele chegou mais tarde ao trabalho.* *** *Se o trem* ***atrasar****, não chegaremos a tempo.* *** *O chefe* ***se atrasou****, chegando mais tarde ao trabalho.* *** *Quem* ***se atrasar*** *não fará a prova.*

Há, no entanto, certos dicionários que registram o verbo pronominal como intransitivo. Em dicionários de hoje, ao que tudo indica, isso e mais aquilo são coisas muito normais.

No *site* do Jornal da Tarde: *Chávez "atrasou" outra vez: ouviu um não de Lula.*

Pois é: **NÃO!**

lhama

É palavra masculina: ***o*** *lhama,* ***um*** *lhama.*

Recentemente, uma de nossas revistas semanais de informação trouxe, na ed. 1.096, pág. 20: *Cientistas árabes comemoram o primeiro mês de vida de um animal gerado com esperma de um camelo e óvulo de "uma" lhama. O filhote, batizado de cama, herdou o pêlo suave da linhagem materna.*

Se o esperma de um camelo e o óvulo de "uma" lhama produzem uma *cama,* que produto sairá do esperma de um camelo e do óvulo de **um** lhama?

EM TEMPO – Há dicionário que registra *lhama* como substantivo de dois gêneros. Há dicionário que registra corretamente *lhama* como palavra masculina. Curiosamente, porém, no verbete *alpaca,* chama ao animal de "*a*" *lhama.* É bom ter dicionários assim?

"Há" muito tempo que não íamos a Salvador.

Não, há um erro de uniformidade temporal nesta frase: mistura-se presente (há) com pretérito imperfeito (íamos). A frase irrepreensível é: ***Havia*** *muito tempo que não íamos a Salvador.*

Outros exemplos: ***Havia*** *muito tempo não comíamos tão bem.* *** *Não víamos terra* ***havia*** *meses.*

Se o verbo da oração subordinada estiver no pretérito mais-que-perfeito do indicativo, ainda assim, *haver* ficará no pretérito imperfeito: ***Havia*** *mais de cinco anos que não estudáramos* (ou *tínhamos estudado*) *tanto!* *** ***Havia*** *pouco tempo que ele fora estudar em Paris.*

Já faz algum tempo que as nossas principais revistas semanais de informação não trazem este inconveniente lingüístico. Já não trazem, por exemplo, frases como esta: *Morreu faquir que não comia "há" dez dias.*

Vez ou outra, porém, há uma recaída. Eis como lemos recentemente no editorial de um grande jornal paulista: *Um traficante carioca arrependido, disposto a contar o que sabia à Justiça, mudou de idéia quando soube que o Programa de Proteção à Testemunha fora desativado "há" cinco meses.*

Na ed. 1.815, pág. 96, da Veja: *Até "há" pouco tempo era simples: bolo com decoração elaborada era privilégio de casamento e o encarregado de confeccioná-lo chamava-se boleiro. Hoje, os bolos modernos viraram inacreditáveis esculturas de açúcar e quem os prepara não se intitula mais boleiro, mas* cake designer.

Na ed. 1.807, p. 108, da mesma Veja: *Famílias inteiras assistem à* Grande Família, *da Rede Globo. "Há" tempo não se via nada assim.*

De fato: havia tempo que os jornalistas da revista não escreviam assim...

Incrível mesmo apareceu no *site* da Abrelivros (associação de editores de livros, principalmente didáticos), no dia 14 de julho de 2003: *Mesmo com todos os problemas de distribuição, cerca de dez novas editoras surgem por mês no país, para editar os livros dos sonhos de seus donos. A cena tornou-se rotineira – freqüentadores de livrarias com um acervo mais versátil, ou seja, que não se preocupam em oferecer apenas best-sellers, vêm notando o crescente surgimento de novas editoras que não existiam "há" algum tempo.*

Fantástico! Reparou também, caro leitor, na incrível redundância com que o trecho termina? "Surgimento de novas editoras que não existiam há algum tempo" é pra lá de Marrakech...

Assim tinha início um editorial de O Estado de S. Paulo: *"Há" muito o Brasil não passava por uma fase tão ostensiva e sistemática de demonstrações de desprezo pelas regras civilizadas de conduta na vida pública.*

O editorial trazia um título interessante: **Às favas os escrúpulos**.

EM TEMPO – 1) Quando se emprega o pretérito imperfeito do indicativo pelo pretérito perfeito, usa-se *há*, e não "*havia*". Ex.: ***Há*** *trinta anos a guerra* ***começava***. = ***Há*** *trinta anos a guerra* ***começou***. = ***Faz*** *trinta anos que a guerra* ***começou***. *** *O presidente Kennedy morria* ***há*** *trinta anos.* = *O presidente Kennedy* ***morreu há*** (ou ***faz***) *trinta anos.*

2) Na quarta da capa de uma famosa (e boa) gramática se lê: *Com a evolução dos estudos lingüísticos e das pesquisas em língua portuguesa, "há" muito não saía uma gramática completa que pudesse dar conta deste progresso.* Estamos, porém, plenamente convencido de que se trata de frase de algum "experto" da editora, e não do autor.

Enéias, estou aborrecido "consigo".

No português do Brasil, não convém usar *consigo* em referência à primeira pessoa, fato comum em Portugal. Entre nós, *consigo* só se usa em referência à terceira pessoa: ***Ela** fala **consigo** mesma.* *** ***Eles** trouxeram **consigo** os documentos.*

Do contrário, use sempre *com você(s), contigo* ou *com o senhor, com a senhora: Isabel, estou aborrecido **com você*** (ou ***contigo***). *** *Doutor Enéias, há uma pessoa aí fora querendo falar **com o senhor**.*

Estados Unidos

Este nome exige o verbo e determinantes sempre no plural: ***Os** Estados Unidos **são** hoje a única potência mundial.* *** ***Os** Estados Unidos **conseguiram** o acordo que desejavam.* *** ***Os** Estados Unidos **estão atentos** aos acontecimentos na América Latina.* *** ***Todos os** Estados Unidos **foram assolados** pelo cataclismo.* *** ***Os** Estados Unidos **inteiros estão preocupados** com os atos terroristas.* *** ***Os próprios** Estados Unidos **reconheceram** a falha.*

Não se usa apenas "Estados Unidos" sem o artigo, a não ser em circunstâncias especialíssimas, como em mapas, onde só aparecem mesmo os nomes dos países: *Estados Unidos, Brasil, Alemanha,* etc.

Repare nestes exemplos, todos semelhantes: *As Filipinas **sofrem** de tempos em tempos a ação devastadora de tufões e terremotos.* *** *Os Países Baixos não **possuem** petróleo.* *** *Os Alpes **ficam** na Europa; os Andes **se localizam** na América do Sul.* *** *Os Balcãs **voltaram** novamente à tranqüilidade.* *** *Você sabe onde **ficam** os Pireneus?*

Consulte, se achar importante, **Nossa gramática**, sobre outros casos semelhantes de concordância.

pernoite

É palavra masculina: ***o** pernoite, **um** pernoite, **bom** pernoite, **mau** pernoite.*

Recentemente, porém, um repórter de televisão nos deu má notícia: *"A" pernoite custa baratinho no albergue do pico do Jaraguá.*

Quem pagaria um centavo por "ela"?

O verbo correspondente a este substantivo é *pernoitar*, que não tem nenhuma forma com "ói"; portanto, *pernoito, pernoitas, pernoita, pernoitam; pernoite, pernoites, pernoite, pernoitem* (sempre com o ditongo fechado).

Um correspondente da TV Cultura nos Estados Unidos, todavia, saiu-se com esta, certa feita: *Os carros "pernóitam" nas ruas.*

Tenha sempre uma boa *"nóite"*, meu caro jornalista!

O réu é culpado. Se *não*, vejamos: ...

Perfeito. *Se não,* em duas palavras, substitui-se aqui por *caso não ser,* ou, então, por *ou: O réu é culpado.* ***Caso não seja*** *assim, vejamos:.. *** Esse homem é perigoso,* ***se não*** *perigosíssimo! = Esse homem é perigoso,* ***ou*** *perigosíssimo!*

Na verdade, mesmo neste último exemplo, há subentendimento do verbo da oração anterior. Podemos dizer, em rigor, que, ainda aqui, *se não* equivale a *caso não ser. Esse homem é perigoso,* ***caso não seja*** *perigosíssimo!*

Senão, numa só palavra, usa-se nos demais casos: *Tomara que chova,* ***senão*** *estaremos perdidos!* (***senão*** *= do contrário*) **** Não grite,* ***senão*** *você apanha!* (***senão*** *= do contrário*) **** Não fiz isso na intenção de magoá-la, senão de adverti-la.* (*senão = mas sim*) **** Você nada faz senão reclamar!* (*senão = a não ser*) **** Vanderléia não escreve duas palavras senão cometa dois erros.* (*senão = sem que*) **** Dorotéia jamais amou outra pessoa, senão a mim.* (*senão = exceto*).

gastrointestinal / gastrintestinal

Existe uma regra geral: os elementos gregos ou latinos terminados em *-o-* (*gastro-* e *psico-,* por exemplo), quando acompanham outros iniciados por vogal (*intestinal* e *análise,* por exemplo), ou por *h* (*hepatite,* p. ex.), perdem esse *-o-*. Se não, vejamos: *gastr**o** + enterite = gastrenterite; psic**o** + análise = psicanálise; nevr**o** + algia = nevralgia; encéfal**o** + ite = encefalite; gastr**o** + hepatite = gastrepatite,* etc.

Daí se conclui que, na verdade, só existem *gastrenterologistas,* especialistas em *gastrenterologia.* Não obstante, existe o Instituto Brasileiro de Estudos e Pesquisas de "Gastroenterologia". Por que não existiria também, então, o Instituto Brasileiro de Estudos e Pesquisas de "Psicoanálise"?

Bem, daí entra o argumento: É, mas está nos dicionários. Argumento fraco: alguns dicionários estão fazendo um triste papel: agasalham tudo.

EM TEMPO – 1) Os antigos (e bons) dicionários registravam ou somente *gastrenterologia,* ou as duas formas (também "gastroenterologia"), porém, conferiam a *gastrenterologia* o verbete principal (v. Caldas Aulete e Cândido de Figueiredo). No português contemporâneo, prevaleceu o critério de queda do *-o-,* fato que os que vivem no tempo do Onça desconhecem. Ou preferem ignorar.

2) Quando as palavras se formam dentro do próprio idioma, muitas vezes as duas vogais, a final e a inicial, permanecem. Ex.: aer**oe**spacial, agr**oi**ndústria, centr**oa**vante, eletr**oí**mã, micr**oo**ndas, micr**oô**nibus, turb**oé**lice, etc.

Euler: pronúncia correta

Quem quiser pronunciar corretamente este nome próprio, dirá *óiler.* Quem diz assim? Ninguém. Pois todo o mundo erra. Sim, caro leitor, todo o mundo erra.

À luz da lógica, não há como defender a pronúncia "êuler". Vou explicar por quê: o grupo *eu* alemão soa *ói. Euler* não é um nome português. Nem brasileiro. É um nome alemão. Ora, as palavras estrangeiras devem ser pronunciadas de acordo com a sua língua de origem. Daí por que pronunciamos *spráite* (Sprite), *náike* (Nike), *ráiluks* (Hilux), *uóchintan* (Washington), *maiâmi* (Miami), *renô* (Renault), *nókia* (Nokia), etc.

Voltemos, contudo,ao alemão. Como é que todo o mundo pronuncia este nome alemão: *Reuters*? Você sabe: *róiters*. (Alguém diz "rêuters"?)

Como é que todo o mundo pronuncia *Neubarth*, nome de uma repórter de televisão? Você também sabe: *nóibarç*. (Alguém diz "nêubar"?)

Como é que todo o mundo pronunciou o nome da personagem Odete *Reutman*, de uma famosa telenovela? (Alguém falava em "rêutmã"?)

Quem seria levado a sério se dissesse que a psicanálise foi iniciada com "frêud"? Em *Freud* existe o mesmo ditongo.

Ora, senhores, quem diz *fróid* (Sigmund *Freud*), não pode cair no ridículo (eu considero assim) de dizer "êuler". Ou a coerência não vale nada? E se a coerência não valer coisa nenhuma, desculpem-me todos, mas este não é um mundo razoável.

Pronunciar nome estrangeiro como se português fosse me soa no mínimo inaceitável. Não são poucos os que pronunciam "klassík" (*Classic*) nem "titaník" (*Titanic*).

O Corinthians teve um zagueiro chamado *Scheidt*. Por que ninguém pronunciava "-chêit"? Nem mesmo os locutores esportivos cometiam essa estupidez. Todos diziam *cháit*. Por quê? Porque o grupo *ei* alemão soa *ai*.

O Brasil já teve um grande militar (foi até candidato a presidente da República) com o nome *Euler*. Tem um jogador de futebol também com este nome. Só dá "êuler". Só "frêud" explica?

Nova Iorque

É assim que se escreve em português. Se quisermos escrever na forma inglesa, usaremos *New York*. O que não se recomenda é a grafia mista: *Nova "York"*. Por quê? Porque *New York* é uma locução substantiva. E nenhuma locução se aportuguesa parcialmente. O aportuguesamento de qualquer locução deve ser completo, total.

Se temos a locução *New Wave* (nome que se deu a um movimento do cinema francês, na década de 1960), temos obrigatoriamente de aportuguesá-la por completo, ou seja: *Nova Onda*, e não *Nova "Wave"*. Isto é ridículo? Pois o que certos jornalistas fazem é justamente a mesma coisa, quando escrevem *Nova "York"*. Não importa que *York* seja um nome próprio (deriva de duque de *York*). A origem não é relevante.

Veja que interessante: quem nasce em *Nova Iorque* é *nova-iorquino*. Todos os jornalistas escrevem *nova-iorquino*. Ninguém, até agora, se atreveu a grafar "nova-yorkino". Ora, como pode alguém ser de *Nova "York"* e ser *nova-iorquino*? Será, sim,se coerência valer alguma coisa, "nova-yorkino". Ah, mas isso não existe!, poderão argumentar alguns. E *Nova "York"* existe?

A Academia das Ciências de Lisboa manda que se escreva *Nova Iorque* desde 1940. A notícia ainda não chegou por aqui. Apesar de todos os avanços da tecnologia...

advertir

Quem adverte, adverte alguém de alguma coisa: *Os guardas rodoviários estão advertindo os motoristas da forte neblina na serra.* *** *Adverti-o de que não tinha razão.*

Note: em nenhum dos casos, se usa a preposição "para", nem a preposição "contra", ambas tão a gosto dos jornalistas, que costumam escrever: *Os Estados Unidos advertiram a Rússia "para" que não se envolvesse no conflito do Oriente Médio.* *** *Governador do Amazonas adverte "para" uma ocupação internacional que já estaria ocorrendo, sem alarde, na Amazônia.* *** *China adverte EUA "contra" exercício militar em Taiwan.*

Ou seja: eles usam tudo! Menos a preposição correta.

Ela já teve *bastantes* namorados.

Frase perfeita. *Bastante*, nesta frase, é adjetivo, e todo adjetivo varia.

Outros exemplos: *Comprei* ***bastantes*** *peras na feira.* *** *Tenho* ***bastantes*** *amigos na cidade.*

Muita gente estranha, mas *bastante*, aí, equivale a *muito*. Faça a substituição. Como ficam as frases?

No meio jurídico, esse mesmo adjetivo ora aparece antes, ora aparece depois do substantivo e equivale a *competente* ou a *suficiente*: *Hersílio de Sousa vem, respeitosamente, por seus advogados e* ***bastantes*** *procuradores...* *** *Não há provas* ***bastantes*** *para a condenação do réu.*

Bastante só não varia quando é advérbio; nesse caso também equivale a *muito*. Faça aqui também a substituição e veja como ficam as frases: *Essas pessoas trabalham* ***bastante***. *** *As crianças estão* ***bastante*** *doentes.* *** *Os professores ganham* ***bastante*** *mal.*

Será que os jornalistas sabem distinguir uma classe de outra? Vejamos: *A proporção ideal de carne é de apenas 30% do total de alimentos de um prato – que deve conter "bastante" verduras e legumes.*

Sabem?

Um comentarista de telejornal afirmou certa vez: *Nos países que conheço – e conheço "bastante" – os pobres moram no centro das cidades; os ricos, nas periferias. No Brasil é o contrário.*

No Brasil, tudo é ao contrário...

o bairro "das" Perdizes, em São Paulo

A cidade de São Paulo conhece apenas um bairro, por sinal muito simpático (mas dos mais vitimados pela dengue): *Perdizes* (sem o artigo). Assim, ninguém mora "nas" Perdizes, mas *em* Perdizes. Nenhuma linha de ônibus passa "pelas" Perdizes, mas *por* Perdizes.

Nomes de bairro exigem normalmente o artigo (a Lapa, a Penha, o Leblon, a Tijuca, o Leme, as Laranjeiras, os Aflitos, a Pituba, etc.), mas este é uma das exceções, a par de *Ipanema, Pinheiros, Copacabana, Santana, Itapuã, Cascadura, Brotas, Cajazeiras, Tamarineiras*, etc.

As pessoas moram *na* Lapa, *no* Leme, *nas* Laranjeiras, *na* Pituba, mas também moram *em* Ipanema, *em* Cascadura, *em* Cajazeiras, etc. Quando se usa o nome de um bairro pelo de um estádio, se houver um adjetivo, omite-se o artigo. Assim, temos: *O Náutico perdeu o título* ***em plenos*** *Aflitos.*

Recentemente, uma apresentadora de um programa esportivo pela televisão, bem ao meio-dia, anunciou uma péssima notícia: *O Fluminense perdeu em "plena" Laranjeiras.*

A beleza da moça, de lindos olhos verdes, superava qualquer gafe. Pois não é que foram substituí-la tempos depois por um sujeito intolerável? A vida tem dessas coisas: os opostos estão sempre se encontrando.

Tirou "uma fina" do meu carro, por isso discuti com ele.

Não, ninguém tira "uma fina" de coisa nenhuma. Quem passa muito rente por alguém ou por alguma coisa, geralmente com um veículo, *tira* ***um fino***. Mas há muita gente por aí que anda tirando "uma fina" dos outros. Há até gente mais corajosa, que quer passar ainda mais perto dos outros; então, tiram "uma fininha"...

meses: algarismos indicativos

Só se usa o zero antes de 1 (janeiro) e de 2 (fevereiro), para se evitarem possíveis adulterações: 12/01/1987, 15/02/2004. Se não procedermos assim, fica fácil, num escrito, mudar o mês de 1 para 11 e de 2 para 12, de acordo com a conveniência do falsificador.

Como não existem os meses 13, 14, 15, etc., não há nenhuma necessidade de usar um zero antes dos números 3 (março), 4 (abril), 5 (maio), 6 (junho), 7 (julho), 8 (agosto) e 9 (setembro). Portanto: 12/3/1949, 18/4/1999, e assim por diante, ou seja, sem o 0 antes do algarismo indicativo do mês.

O "mau" das pesquisas eleitorais

Quando um estudante confunde *mal* com *mau*, compreende-se, mas quando jornalistas de grandes e respeitados periódicos, que desejam ser formadores de opinião, fazem tal confusão, é imperdoável. Pior ainda quando, não aceitando o erro, querem justificá-lo, provocando uma emenda muito pior que o soneto.

Todo estudante que se preza sabe que *mal* pode ser substantivo (de pl. *males*), advérbio e conjunção: *O* ***mal*** *do brasileiro é sempre querer levar vantagem em tudo.* *** *Ela canta* ***mal***. *** ***Mal*** *abriu a boca, começaram a rir.*

Mau é antônimo de *bom*: *homem* ***mau***, ***mau*** *tempo*, ***mau****-humor*, ***mau****-caráter*.

Creia comigo, caro leitor, que isso é mais simples do que andar para a frente. Pois bem, mas a revista de informação de maior circulação do Brasil publicou certa vez um artigo na seção *Ponto de Vista* com este singular título: *O "mau" das pesquisas.*

Ante a enorme grita de seus assinantes mais esclarecidos, a redação da revista não teve a humildade de reconhecer que errara, coisa a que todo ser humano, por mais perfeito que seja, está sujeito. Não. Resolveu consultar um professor de Língua Portuguesa (e precisava?). Mais uma vez, foi infeliz. Escolheu *mal*: o homem abalizou o emprego do "mau", mediante algumas laudas, pelas quais recebeu naturalmente polpudos honorários. Bastaria escrever, no entanto, uma só linha: *Todo inconveniente ou toda desvantagem é um* ***mal***.

E, assim, todos estaríamos livres daquele "mau" maroto, safado, patife. O *mal* dessa revista está na caturrice crônica. (Errei?)

mau-humor

É assim que se grafa, mas muitos substituem *mau* por "mal" nesta palavra.

Ora, se *humor* é substantivo, e *mal* é advérbio, um não pode combinar com o outro, porque a palavra que modifica o substantivo é o adjetivo (*mau*); portanto, com ou sem *mau-humor*, escreva sempre corretamente.

No *site* de A Gazeta Esportiva, no entanto, se leu, recentemente: *No Parque Antártica, a chamada Turma do Amendoim é um grupo conhecido pelo latente "mal-humor".*

O time já causa mau-humor, a diretoria e os conselheiros do clube já causam mau-humor. E agora também o jornalista...

mal súbito

É assim que se escreve, porque aqui *mal* é substantivo (o *mal*, os males), e não advérbio. A imprensa, no entanto, volta e meia nos informa que alguém morreu de "mau súbito". Quase provoca outros...

250 pp. = duzent*as* e vinte páginas

Muitos usam "duzentos", não flexionando o numeral. Nenhum livro do mundo tem *"duzentos" e vinte páginas.*

Não obstante o óbvio, volta e meia se ouve alguém dizer, mormente pela televisão, que o acidente provocou *"quatrocentos" e quinze vítimas.* Aliás, a essa altura já serão *quatrocentas e dezesseis* as vítimas, porque uma sofreu mal súbito só de ouvir a tolice...

Certa vez, uma repórter de uma famosa rede de televisão noticiou a morte de *"duzentos" e noventa pessoas* que estavam a bordo de um avião iraniano, abatido pelos norte-americanos, no golfo Pérsico.

Os americanos abateram o avião; a repórter fulminou a língua.

dar "de graça"

Trata-se de clara redundância. Quem dá, já entrega de graça. Dar "de graça" é chover no molhado.

Outra bobagem é *ganhar "de graça"*. Ora, quem **ganha**, naturalmente não paga nada pelo objeto ganho.

Mas bobagens é o que mais se vê por aí. Um prefeito paulista, por exemplo, acusado de ter-se enriquecido no cargo, saiu-se com esta e com ênfase: *Eu dou "de graça" a fazenda para quem provar que tenho essa propriedade.*

Não é uma graça?

A poluição "aumenta ainda mais" no inverno, em São Paulo.

Aumentar já traz a idéia de *mais.* Comete redundância, portanto, quem "aumenta mais", ou quem "aumenta muito mais", ou quem "aumenta ainda mais". É o mesmo que "diminuir menos", "reduzir menos", "subir pra cima" e "descer pra baixo".

Certa vez, uma famosa rede de televisão anunciou-se assim: *"Aumentou ainda mais" a audiência da Globo.*

Aumentou muito não serve?

No *site* de A Gazeta Esportiva: *A crise que assola o Palmeiras pode "aumentar ainda mais" depois das declarações que o colombiano Muñoz fez na tarde desta sexta-feira.*

Aumentar muito não serve?

No *site* da Folha de S. Paulo: *Propostas norte-americanas para o plano de livre comércio para as Américas causaram reação negativa do Itamaraty e deverão aumentar "ainda mais" as divergências entre "Brasil" e "EUA".* (*Brasil* e *EUA* estão entre aspas porque aparecem sem o competente artigo: **o** Brasil, **os** EUA.)

Aumentar consideravelmente não serve?

Num editorial de O Estado de S. Paulo: *Enquanto as autoridades discutem fórmulas para coibir a violência, o desprezo a medidas sensatas já adotadas para garantir a vida de testemunhas e juízes revela como a inépcia administrativa do poder público é um estímulo para que o crime organizado aumente "ainda mais" sua eficiência operacional.*

Aumente muito não serve?

Comentário de um megaempresário, agora também dramaturgo, no *site* da Jovem Pan: *Corre-se o risco de as reformas tributária e da Previdência, como estão sendo discutidas, aumentarem "ainda mais" o desemprego e a economia informal.*

O risco é geral...

acrescentar "mais"

Se para alguns a redundância aqui é clara, mas outros nem tanto. Veja o que saiu na Folha de S. Paulo, na primeira página, da ed. 20.983: *A USP e a Escola Paulista de Medicina estão "acrescentando mais" aulas práticas aos seus currículos.*

É preciso, na verdade, *acrescentar* aulas, muitas aulas, a certos jornalistas. E os manuais de redação estão aí pelas livrarias, pretendendo "ensinar" normas da língua.

acessório

É esta a palavra que significa complemento, detalhe. Eis, todavia, o que se leu no *site* do Jornal da Tarde, alguns dias depois da queda de Saddam Hussein: *Adolescentes, adultos e velhos – homens de todas as idades – fazem fila nas barbearias de Bagdá para se livrar dos bigodes, "assessório" quase oficial nos tempos do ex-ditador.*

E os manuais de redação?

É de "se" esperar que...

Não se usa o pronome *se* entre a preposição e o infinitivo quando este conjunto equivaler a um adjetivo (*de esperar* = *esperável* ou *esperado*).

Num dos editoriais de um grande jornal paulista: *Era de "se" esperar que o realismo administrativo produzisse choques frontais contra as utopias voluntaristas dos grupos radicais do PT e, mais ainda, que a imensa gama de problemas e a lentidão dos resultados das políticas adotadas para solucioná-los aprofundassem a crise de identidade pela qual passam o presidente e seus braços direitos, obrigados inúmeras vezes a negar suas arraigadas convicções pessoais.*

Escreve outro jornalista: *Como era de "se" esperar: o PT está aparelhando o Estado brasileiro e politizando a administração.*

Sempre é de esperar que os jornalistas, um dia, evoluam, aprendam a escrever. Afinal, é do homem evoluir...

Estado "de" Mato Grosso do Sul

Os nomes de Estado que trazem modificadores exigem obrigatoriamente o uso do artigo. Portanto: Estado d**o** Rio Grande do Norte, Estado d**o** Rio Grande do Sul, Estado d**o** Mato Grosso do Sul.

O Estado d**o** Mato Grosso do Sul, no entanto mandou timbrar todos os papéis oficiais sem o artigo: Governo "de" Mato Grosso do Sul. É pouco provável, entretanto, que algum membro do governo do Mato Grosso do Sul já tenha dito que passou "por" Rio Grande do Norte ou que já tenha morado "em" Rio Grande do Sul.

Estado "do" Mato Grosso

Nomes de Estado normalmente não exigem o emprego do artigo, a não ser nos casos vistos acima e no de *Bahia*. Portanto: Estado *de* Mato Grosso, moro *em* Mato Grosso, gosto muito *de* Mato Grosso.

Que “tal” meus filhos? Não são lindos?

Não. *Tal* varia nesse caso: *que **tais** meus filhos?, que **tais** meus planos?; que **tais** meus novos óculos, Estela?*

Machado de Assis, o maior nome da literatura brasileira, fornece-nos um exemplo em *Quincas Borba: D. Tonica confessava-lhe que tinha muita vontade de ver Minas, principalmente Barbacena. Que **tais** eram os ares?*

Houve uma época em que uma escola de São Paulo anunciava assim: *Colegial tradicional? Colegial técnico? Que “tal” os 2 juntos?*

Que tais os dois, mas em outra escola?

Tempos depois, a escola faliu. Não foi sem justiça.

“bi-campeão” / “tri-campeão” / “tetra-campeão” / “penta-campeão”

Quem fica campeão de verdade duas vezes é *bicampeão*; três vezes, *tricampeão*; quatro vezes, *tetracampeão*; cinco vezes, *pentacampeão*.

Quando o São Paulo F.C. se tornou bicampeão mundial de futebol, mandaram escrever bem à frente do seu estádio: *“Bi-campeão” mundial de futebol.* Mais tarde, anos depois, fizeram a devida correção.

Os derivados também se escrevem sem hífen: *bicampeonato, tricampeonato, tetracampeonato, pentacampeonato.*

Também sem hífen se escrevem *supercampeão* e *supercampeonato.*

entre “eu” e ela há muito amor

Desconfie sempre de quem diz ou escreve “entre **eu**”. Desconfie sempre!

Eu só se usa antes de verbo (claro ou subentendido); as preposições pedem *mim*. Portanto: *Entre **mim** e ela há muito amor.* *** *Nunca mais vai haver paz entre **mim** e essa gente.*

Numa coordenação deste tipo, a prioridade é sempre para a primeira pessoa, principalmente quando um dos elementos coordenados possui certa extensão. Por exemplo: *Entre todos aqueles que me ajudaram a sair daquele inferno, que é o Vietnã, e “mim” sempre existiu mais do que solidariedade humana.*

Recentemente, um jornalista de uma famosa rede de televisão foi assaltado no Rio de Janeiro por quatro meliantes. Mesmo sem resistir, levou uma bala, que passou rente a seu ouvido esquerdo, sem atingi-lo. Considerando o fato um verdadeiro milagre, reagiu (mas só algumas horas depois): *Tenho certeza de que Deus estava entre a bala e “eu”.*

Compreendeu-se a sua emoção, mas não se perdoou a sua imperícia...

Por que o *s* de trânsito tem o som de zê, se não está entre vogais?

É que o **n** de *trânsito* não é consoante, mas sinal de nasalação (ou, mais propriamente, arquifonema nasal). Assim como o **m**, é uma letra que, no meio da palavra, exerce a função do til: *trãsito*. Note que agora o *s* está entre vogais; portanto, cabe-lhe representar o som *zê*. Estão no mesmo caso: *transa, transação, transe, transeunte, transigir* e tantas outras.

Por que *honra* se escreve apenas com um *r*?

A palavra *honra* deveria ser escrita com *rr* ("honrra"), pois o *r* entre vogais tem som brando (ca*r*a, ba*r*ata, Pa*r*á, etc.). Acontece que em português não existe nenhuma palavra com *r* brando após som nasalado; a língua, então, simplificou a escrita de *homrra* (arcaica) para *honra*, de *gemrro* (arcaica) para *genro*, etc.

Devemos acrescentar, ainda, que no português arcaico se escrevia *rrey, rrazões*, etc.

"pseuda penalidade"

Pseudo- é prefixo e, como tal, elemento invariável. Sendo assim, não pode haver "*pseuda*", "*pseudos*", "*pseudas*".

Esse prefixo só exige hífen antes de palavras iniciadas por *vogal* (*pseudo-amigo*), *h* (*pseudo-herói*), *r* (*pseudo-religião*) ou *s* (*pseudo-sábio*). Fora daí, não há hífen. Portanto, escreva: *pseudoliderança, pseudodirigente, pseudociência, pseudopoeta, pseudopenalidade, pseudopunição*, etc.

Os narradores esportivos é que apreciavam muito dizer "*pseuda penalidade*", "*pseudos árbitros*", "*pseuda liderança*", "*pseudos dirigentes*", "*pseuda infração*". Na ânsia de mostrarem erudição, acabavam enfiando os pés pelas mãos.

Se *pseudo-* é prefixo, e não adjetivo, jamais poderá haver a forma "pseudamente", já que o elemento *-mente* se pospõe a **adjetivos** no feminino. Eis, no entanto, o que se leu num editorial de O Estado de S. Paulo: *Errar, todos os partidos erram. O problema do PT é ver virtudes onde existe erro, quando o erro é seu. Os outros estão sempre errados, jamais o PT. O secretário de Comunicação, Luiz Gushiken, não apenas considerou injustas as críticas que têm sido feitas ao governo, como tentou dar uma justificativa "pseudamente" científica para o aparelhamento do Estado.*

Errar, todo o mundo erra. (Era assim que deveria ter começado o editorial...)

manter / deter / conter / entreter / obter / reter

Todos estes verbos são derivados de *ter* e por ele se conjugam: *Você é um desonesto: não **manteve** a palavra!* *** *Se ele **mantiver** a palavra, farei o negócio.* *** *O patrulheiro **deteve** o motorista bêbado.* *** *O povo não **conteve** a insatisfação e vaiou o presidente.* *** *Um dos ladrões **entretinha** o guarda, enquanto o outro roubava.* *** *O ministro voltou dos EUA dizendo que não **obteve** novo empréstimo.* *** ***Retiveram** toda a arrecadação da partida.*

Há os que usam "manteu", "mantesse", "deteu", "conteu", "entretia", "obteu", "reteram", etc. Há também até certos autores e professores que defendem estas formas. O mundo anda perigoso, caro leitor, muito perigoso...

Num caderno de esportes da Folha de S. Paulo: *O técnico e o vice-presidente do Corinthians "manteram" dois contatos sigilosos.*

Sem sigilo...

"desmistificar" a matemática

Nem mesmo o mais sábio dos homens consegue tamanha proeza! Quem faz ver uma coisa como ela realmente é *desmitifica* a coisa, e não "desmistifica-a".

Desmistificar é desmascarar. A gente precisa aprender a *desmistificar* todos esses charlatães esotéricos que pululam por aí, tungando os incautos. A política e a vida vivem *desmistificando* demagogos e corruptos. É preciso *desmistificar* o câncer de mama e incentivar o auto-exame. No jogo do amor, é preciso *desmistificar* a idéia de que os homens não gostam de se envolver e as mulheres estão sempre insatisfeitas.

Pouco antes das eleições de 2002, leu-se num jornal universitário: *A perspectiva de que um novo modelo poderia ter mais sucesso na condução da política econômica norteou também o apoio de empresários de vários setores ao candidato petista. Em uma economia globalizada, boa parte da sobrevivência econômica depende de criar competitividade. Neste cenário, muitos empresários notaram que o modelo neoliberal não era mais o adequado, apesar de o governo FHC contar com a credibilidade do mercado internacional. Parte destes empreendedores começou a ver o modelo de Lula como uma alternativa viável de crescimento econômico, ao privilegiar o mercado interno. Assim, passou-se a* ***desmistificar*** *a figura de Luiz Inácio, não mais visto como o líder de uma ruptura radical com o mercado internacional, como o patrocinador do caos.*

Perfeito.

Passemos, agora, aos imperfeitos. Recentemente, uma editora lançou uma obra sobre cálculos financeiros para todo o sistema bancário. A propaganda veio assim: *O obra procura "desmistificar" toda problemática do cálculo e torna possível aos menos versados na arte do cálculo, com a utilização da Calculadora HP12C a conclusões espetaculares.*

Num grande jornal paulista, se leu certa vez esta declaração de uma veterinária: *Temos de "desmistificar" o leite de cabra, que ainda é visto como remédio.*

Remédio é a palavra certa...

"quadriplicar"

Não existe esta forma. A palavra correta é *quadruplicar* (= redobrar, reduplicar, tornar quatro vezes maior).

Frase de uma repórter de televisão: *O número de funcionários "fantasmas" na Assembléia Legislativa este ano "quadriplicou".*

Dois erros numa frase curta. A proporção é injusta.

Não faz muito, um repórter da TV Cultura usou "quatriplicar".

“ultrassom”

O prefixo *ultra-* exige hífen antes de *vogal* (*ultra-azedo*), *h* (*ultra-higiênico*), *r* (*ultra-revolucionário*) ou *s* (*ultra-som*). Portanto, também: *ultra-sonografia.*

Repare nestas, que não se grafam com hífen: *ultracomunista, ultrabarato, ultracaro, ultraconservador, ultraleve, ultraliberal, ultramar, ultramicroscópio, ultravioleta.*

Alguns médicos acham que não têm nenhum compromisso com a língua. E fazem “*ultra-filtração” de sangue*; e usam, à frente de seus consultórios: “ultrassom”, “ultrassonografia”, etc., além de dizerem “pálato”, “catéter”, etc.

Tudo isso serve para quê? Para aumentar a confiança, naturalmente...

raios “ultravioletas”

Ultravioleta não varia no plural: *raios ultravioleta, radiações ultravioleta, luzes ultravioleta, lâmpadas ultravioleta.*

Frase de um nobre jornalista: *A camada de ozônio que protege a Terra das radiações “ultravioletas” vai continuar nesta década.*

Coisas ruins nunca deveriam continuar. Mas continuam!

“os meia dúzia”

Meia-dúzia (repare: com hífen) é palavra feminina, está bem claro, mas há os que não vêem assim. Veja como escreveu alguém, em importante jornal paulistano: *O PC do B está se esvaziando, ou seja, cresce no sentido contrário, e acabará restrito “aos meia dúzia” de dirigentes, tendo à frente o João Amazonas, que acabará falando sozinho.*

Há por aí uma meia-dúzia de jornalistas que arrepia!

subsídio

Pronuncia-se *subcídio,* e não “subzídio”. Também com valor de *c* tem o *s* de *subsistir* e de *subsistência.*

Quem diz “subzídio”, “subzistir”, “subzistência” está obrigado, por coerência, a dizer também “subzolo” e “subzecretaria”. Sob pena de não subsistir por muito tempo...

O mais incrível é que há os que têm a coragem de escrever “subexistir”! Veja o que nos informou um jornalista: “*Subexistem” algumas dúvidas a respeito do funcionamento da escala móvel, mais conhecida como gatilho salarial.*

O tal do gatilho veio mesmo para fazer estragos gerais...

tara / tarado

Por que se usam estas palavras em referência, respectivamente, à fúria sexual e ao desequilibrado sexual? Vamos a ver.

Tara, em sentido próprio, é o recipiente, o envoltório que contém determinado gênero, produto ou mercadoria; é, enfim, a diferença entre o peso líquido e o peso bruto. Assim, se na feira compramos uma caixa de uvas, *tara* é a caixa; *taradas* são as uvas.

Como foi possível daí terem passado a significar fúria sexual e desequilibrado sexual?

A estória é interessante: conta-se que um rapaz teria certa vez atacado e matado três lindas garotas para satisfazer seus instintos sexuais. Descoberto o crime, seu autor foi condenado à morte por enforcamento. Chegado o dia da execução, o algoz deparou um problema: o rapaz estava tão magro, tão raquítico, que fatalmente não teria morte instantânea, como é de desejo de todos os algozes generosos. Não teve dúvida, então, em amarrar uma barra de ferro ao peito do rapaz, para que não ficasse agonizante por muito tempo.

Cumprida a sentença, quiseram – por mera curiosidade – saber o peso do rapaz. Descontou-se, assim, o peso da barra de ferro (que era a *tara*) e se obteve o peso do morto (que era o *tarado*).

Daí por diante – dizem – os termos começaram a circular já com sentido figurado: *tara* (fúria sexual, desequilíbrio sexual) e *tarado* (furioso sexual; desequilibrado sexual).

sincero

Interessante a origem desta palavra. Na antiga Roma, fabricavam-se certos vasos com uma cera especial, tão pura, que os vasos se tornavam transparentes. Às vezes, distinguia-se perfeitamente dentro deles o objeto que continha. Referindo-se a esses vasos tão límpidos, transparentes e preciosos, dizia o romano: *Como é belo! Parece até sem cera (=* ***sine cera****).*

Vaso ***sine cera*** era, portanto, aquele que deixava ver através de suas paredes, era o que não escondia aquilo que tinha em seu interior. A expressão se transformou numa palavra, para exprimir algo semelhante, porém, de modo mais elevado. Passou-se a falar em pessoa *sincera*. Pessoa *sincera* era, então, aquela que não escondia ou ocultava seus verdadeiros sentimentos, era a que não fazia uso de disfarces, dissimulações ou malícias. Pessoa *sincera* é, ainda hoje, enfim, aquela que, à semelhança do translúcido vaso romano, deixa ver, através de suas palavras, os nobres sentimentos da alma e do coração.

Dê "um chego" até aqui!

Frase própria da língua falada despretensiosa. Em todo o caso, é sempre melhor dar *uma chegada* e até *uma chegadinha* que dar "um chego".

eis aqui

Há redundância nesta expressão? Absolutamente, não!

Segundo um manual de redação, porém, *eis* já significa *aqui está*. Teria cometido redundância Nílton Mendonça (nascido *Newton*), quando compôs, com Tom Jobim, o excelente *Samba de uma nota só*? ***Eis aqui*** *este sambinha, feito de uma nota só.* Há redundância aqui?

Redundância, redundância mesmo, de arrepiar pêlos e cabelos, é a que apareceu no jornal que publica esse mesmo manual: *Um diplomata africano contou que, ao chegar em Angola, em 1982, precisou comprar vara de pesca e anzol e "pescar peixe" para o seu jantar, tamanha a escassez de alimentos na capital angolana.*

Isso é que é re-dun-dân-cia.

eis que

Não se usa com propriedade esta locução em substituição a *porque, pois* ou *porquanto.* Assim, por exemplo: *Deve chover logo, "eis que" nuvens plúmbeas se acumulam no horizonte.* Existem certos advogados que apreciam escrever assim: *O réu foi condenado, "eis que" confessou o crime.*

Profissionais confiáveis só usam *eis que* quando a situação é de imprevisto, equivalendo a *de repente,* sem ser locução conjuntiva: *Quando os namoradinhos menos esperavam,* ***eis que*** *surge, então, o pai dela, furioso!* *** *Quando menos esperávamos,* ***eis que*** *desaba uma tempestade!*

"expo"

Quando se reduzem palavras, e a redução termina em *-e* ou em *-o,* ela se torna, geralmente, uma oxítona. Assim é que temos *apê* (de *apartamento*), *metrô* (de *metropolitano*), *expô* (de *exposição*), etc.

Além do quê, diz-se *espô,* e não "*ékspo*", como muito se ouve: *Visite a "Expo" Center Norte esta semana!*

em cumprimento *a* / em cumprimento *de*

As duas expressões são boas. Na abertura do horário político, o TRE, porém, usa apenas da primeira regência. Muita gente estranha. De notar, todavia, que usamos apenas *de* em frases como estas: *O cumprimento* **de** *promessas não é o forte dos políticos.* *** *O cumprimento* **do** *dever é próprio do bom cidadão.*

Quando, todavia, a palavra *cumprimento* (= ação ou efeito de cumprir) vem antecedida da preposição *em,* pode aparecer combinada com *a* ou *de*: *Em cumprimento* ***à*** *(ou* ***da****) lei 5.692, o ensino brasileiro mudou.*

Para pior, naturalmente.

“eme-ele”

A abreviatura do submúltiplo do litro, o *mililitro* (mL), tem sido lida desta forma: “eme-ele”.

Você vai a uma farmácia, já com algum problema, aborrecido, chateado, às vezes até com dor, e o atendente então solta a pergunta: – *O senhor quer água oxigenada? De quantos “eme-eles”?*

Como você é elegante, caro leitor, naturalmente responde educadamente: – *De 50 mililitros.* Mas há pessoas neuróticas, estressadas, que respondem de forma bem diferente...

Qualquer dia destes ainda vai aparecer um “artista” por aí que vai ler *10km* desta forma: *dez “cá-emes”*. Ou *5kg* desta: *cinco “cá-gês”*.

Cheguei, “me troquei” e saí.

Não existe o verbo “trocar-se”. Convém sempre *trocar de roupa.*

Hoje, os jogadores “aquecem” no próprio gramado.

Quando os atletas, antes de uma partida, preparam-se fisicamente para dela participar, eles *se* aquecem (o verbo é pronominal, rigorosamente). Hoje, muitas equipes *se* aquecem no próprio gramado; antigamente *se* aqueciam nos vestiários.

Declaração de um jogador: *Participei da preleção com os meus companheiros, até fiquei com o grupo no aquecimento. Só não “aqueci” junto com o pessoal, porque estava suspenso e não ia participar do jogo.*

Aquecer a língua é uma boa sugestão.

em face de

É a locução que temos: ***Em face d**as dificuldades surgidas, os ministros resolveram entregar o cargo.* *** ***Em face d**o exposto, peço a condenação do réu.* *** ***Em face d**a crise energética, devemos economizar energia.* *** ***Em face d**os boatos de ontem, o treinador resolveu pedir rescisão do contrato com o clube.*

Na linguagem forense, sobretudo, usa-se muito a locução “face a”, que não temos: *“Face ao” exposto, peço a condenação do réu.*

Os bons advogados, contudo, não a usam.

repetir “outra vez”

Redundância visível, a par de *repetir “duas vezes”*, *repetir “de novo”*, *repetir “novamente”* e quejandos.

Não há redundância nenhuma, contudo, em *repetir três vezes* ou mais.

Alguns narradores de futebol pela televisão costumam dizer: *Vamos "rever outra vez" o lance!*

Há quem tape olhos e ouvidos...

Veja-se estoutra "maravilha" colhida num jornal: *Repetindo "a mesma coisa" que aconteceu nos EUA, o filme* Matrix *(2003) não conseguiu superar a bilheteria do* Homem-Aranha *(2002).*

reincidir "de novo" no "mesmo" erro

Duas redundâncias em tão curta frase. *Reincidir* já significa, por si só, *tornar a praticar.* Quem *reincide,* só pode reincidir na *mesma* coisa, não há como fugir. Daí, a outra redundância. Procure não *reincidir no erro,* caro leitor, é sempre salutar!

Nunca vi isso "antes". Ela já havia declarado isso "anteriormente".

Nas duas frases há redundância. Se viu, só pode ter sido *antes.* Se já havia declarado, só pode ser *anteriormente.* Ou não?

lançamento novo / novo lançamento

Novas redundâncias. Nunca vi nenhuma empresa fazer lançamentos *velhos,* nem *velhos* lançamentos.

Recentemente, um conhecido professor de oratória de São Paulo, homem muito competente no seu ofício, lançou um novo livro, que teve este nome: *Um jeito bom de falar bem.* A editora que publicou a obra fez cartazes de propaganda nestes termos: *O mais "novo lançamento" do professor ...*

Não creio, porém, que o professor tenha lido o cartaz antes de o tornarem público.

em hipótese nenhuma

É a única expressão que temos: *Não vou pedir perdão a ela* ***em hipótese nenhuma****.* *** *Não vou mais lá* ***em hipótese nenhuma****.*

No Nordeste, no entanto, usa-se muito *"de" hipótese nenhuma: Não concordo com isso "de" hipótese nenhuma!*

Certa vez, em Recife, um irado pai vociferou a um pretenso genro: *Você, seu cabra-safado, não vai casar com minha filha "de" hipótese nenhuma!*

E o casamento, de fato, não saiu. Sorte ou azar do noivo?

À família enlutada, os nossos "sentidos pêsames".

"Sentidos pêsames" é coisa de "demente mental": na palavra *pêsames* já existe a idéia de *sentidos, doloridos,* etc. Trata-se, portanto, de redundância clara. Há muita gente, no entanto, que, para mostrar muita sinceridade, exagera e acaba chovendo no molhado.

contar tudo nos "mínimos" detalhes

Outra redundância, semelhante a "comer com a boca" e a "desembolsar do bolso". Em *detalhe* já existe a idéia de *mínimo.* Quem junta esse adjetivo a *detalhe* talvez não tenha a mesma insensatez de juntá-lo a *pormenor* ou a *minúcia,* sinônimos de *detalhe.* De fato, contar tudo nos *"mínimos" detalhes* ou nas *"mínimas" minúcias* é algo que transcende.

fazer "o mais" absoluto silêncio

Nova redundância: o que é *absoluto* já é máximo, ilimitado, o mais. Portanto, basta fazer *absoluto silêncio.* Ocorre que a vontade é exagerar, é exceder; daí o emprego de *"o mais" absoluto silêncio.*

milênios "de anos"

Mais redundância. Quem fala em *milênios,* já fala em *anos,* evidentemente, mas isso não bastou para que o presidente de uma central de trabalhadores declarasse, emocionado: *Há milênios "de anos" que os trabalhadores estão sendo explorados pelos empresários.*

Emoções muito fortes são, de fato, perigosas.

manter o "mesmo" time

Está claro no verbo *manter* a idéia de *mesmo, igual,* etc. Mas há muita gente que gosta de manter "a mesma" disposição da adolescência, que aprecia manter "o mesmo" dinamismo do ano passado, que deseja manter "o mesmo" entusiasmo dos colegas, etc. Trata-se de gente realmente vigorosa, que gosta de repetir tudo direitinho...

substituir um dispositivo "por outro"

Ora, sim, senhor... Alguém consegue substituir um dispositivo pelo mesmo? Quem conseguir, esteja certo: é extraterrestre...

batom "na boca"

Há certas redundâncias que arrepiam todos os pêlos e cabelos, de vivos e mortos. Certa feita uma senhora, entre admirada e crítica, disse a outra, ao nosso lado: *Veja, aquele rapaz está usando "batom na boca"!* Ora, alguém usaria batom noutro lugar?!

planos "para o futuro" / sorriso "nos lábios" / estrelas "do céu"

Quem duvidará de que há novamente aqui mais três redundâncias? Fazer planos "para o futuro" dá a entender que alguém possa fazer planos "para o passado", o que seria, sem dúvida, uma grande inovação...

Quando ela, a um galanteio, responde com um sorriso "nos lábios", tome cuidado, porque ela também pode responder com um sorriso em outro lugar...

E os românticos que encontrarem estrelas luminosas noutro lugar, que não no céu, que me escrevam!

Não vejo "qualquer" beleza nessa moça.

Qualquer se usa nas frases declarativas afirmativas; nas negativas se emprega o pronome existente especialmente para elas: *nenhum* (e variações). Portanto: *Não vejo **nenhuma** beleza nessa moça.*

Numa repartição pública se leu certa vez este aviso: *Não estão abertas "quaisquer" inscrições para o INAMPS.*

Coincidência ou não, tempos depois o INAMPS foi extinto.

Não "grita" comigo!

Frase comum na língua falada, mas que contém erro no emprego do imperativo negativo, que vem todinho do presente do subjuntivo. Como *grita* não é forma verbal desse tempo e modo, fica fácil perceber o inconveniente, que na língua escrita é imperdoável. *Não **grite** comigo!*: essa é a ordem.

Na língua falada é comum encontrarmos frases assim: *Ela teve de casar? Não "brinca"!* *** *Não "cumprimenta" esse cara! Ele é indecente!* *** *Não "amola" o papai, filhinho!* *** *Por favor, não me "beija" na frente de todo o mundo!* *** *Não "conta" isso pro seu pai!*

Para acertar a forma, basta conjugar o presente do subjuntivo. E cada uma delas aparecerá. Pela ordem: *brinque, cumprimente, amole, beije* e *conte.*

Precisa-se de secretárias. Tratar "à" Rua da Paz, 285.

O verbo *tratar*, em frases deste tipo, usa-se com *em*. Por isso, quem quer tratar de um assunto, vai tratar *em* algum lugar: *Precisa-se de secretárias. Tratar **na** Rua da Paz, 285.* *** *Interessados no emprego devem tratar **na** Avenida Um, 153.*

antiga Roma / Roma antiga

Tanto faz usar uma ou outra expressão, assim como *antiga Grécia* e *Grécia antiga.*

Nasci em Bajé, tendo "formado-me" em Majé.

Particípio não admite a posposição de pronome oblíquo. Portanto: *Nasci em Bajé, tendo* ***me*** *formado em Majé.*

Na Folha de S. Paulo: *As vendas de caminhões leves da Ford têm sido fator importante na nova fase da montadora. A comercialização nesse segmento tem "ajudado-a" a contrabalançar a ausência de lucros significativos dos carros compactos. O repórter falou com o sobrinho do governador, que teria "aconselhado-o" a evitar...*

time que já ganhou "uns par de" títulos

"Uns par de" é expressão primária. *Alguns, vários, diversos*: é só escolher qualquer destes pronomes, e tudo ficará em seu devido lugar.

"Ave-maria", que mulher feia!

Ave-maria é nome de oração. Quando alguém se admira de algo, usa-se *ave, Maria*: ***Ave, Maria****, quanta corrupção!* *** ***Ave, Maria****, que bela classe política temos!*

Vale acrescentar que o plural de *ave-maria*, em que o elemento *ave* é interjeição latina e significa *salve*, é *ave-marias.*

Certa vez, um repórter perguntou a um de nossos ministros da área econômica qual a saída para a crise. A resposta estava na ponta da língua: *A saída para crise é ajoelhar e rezar três "aves-marias".*

Ave, Maria: ministro que não sabe ao menos rezar três *ave-marias*, tem, no mínimo, que rezar dez salve-rainhas e uns vinte pai-nossos, só para poder permanecer no cargo. Coincidência ou não, três meses depois foi exonerado.

Estou "ao" par de tudo.

Quem diz *estou "ao" par* deve ficar ***a*** *par* disto: *ao par* é expressão de uso estritamente comercial; quando dois países negociam reciprocamente, e um compra do outro tanto quanto este lhe vende, o câmbio está *ao par*; também *ao par* estará a ação emitida por uma empresa quando seu valor atual é o mesmo do valor nominal, ou seja, aquele que se encontra declarado na referida ação.

No sentido de *estar ciente, inteirado; ter conhecimento*, usa-se *a par*: *estar* ***a*** *par de tudo, estar* ***a*** *par de toda a fofoca do bairro, estar* ***a*** *par da vida da vizinha, estar* ***a*** *par da cotação do dólar*,etc.

Os jornalistas parecem desconhecer a diferença. Veja como escrevem: *Jacqueline Kennedy não gostava, mas aceitava as aventuras "extra-conjugais" do marido. Estava também "ao par" dos esforços de membros do staff presidencial, a fim de conseguir encontros amorosos para Kennedy.*

De quebra, o jornalista ainda escreveu "extra-conjugais".

Por que cargas-d'água?

É assim que se usa, quando não sabemos o real motivo de algum fato: *Por que cargas-d'água ela fez isso? Não sei por que cargas-d'água ela me ofendeu. Por que cargas-d'água esses jornalistas escrevem tão mal?*

Há os que usam a expressão no singular (por que "carga-d'água"). Não sabemos por que cargas-d'água o fazem. Ou sabemos...

Virar "às" esquerda, "às" direita

É perigoso à beça fazer qualquer desses tipos de conversão. Quem, um dia, precisou tomar alguma informação numa dessas pequenas cidades do interior, fatalmente já ouviu: *Vire "às" esquerda* ou *Vire "às" direita.* Nunca faça isso, caro leitor! Prefira *tomar **à** direita* ou *tomar **à** esquerda*: o perigo de ir dar a um beco sem saída é bem menor...

Quem levou as crianças *à* escola?

Esta é a construção da norma culta. No português do Brasil, contudo, prefere-se o emprego da preposição "em": *Quem levou as crianças "na" escola?* No português elegante sempre se construirá: *A babá leva todos os dias as crianças **ao** parque.* *** *O taxista levou o turista **ao** aeroporto.* *** *O namorado queria levá-la **ao** motel, mas ela não foi.*

Hortênsia, estão chamando você "no" telefone.

Esta é uma frase típica da língua cotidiana, sempre informal, despretensiosa. No português culto se prefere o emprego da preposição *a*, porque *chamar*, aí, dá idéia de movimento, e em português todo verbo ou expressão que der idéia de movimento usa-se melhormente com a preposição *a*. Portanto, na norma culta: *Hortênsia, estão **chamando** você **ao** telefone.* *** *Virgílio, estão **chamando**-o **à** sala do diretor.* *** ***Chamei**-o **ao** escritório.* *** *Ninguém me **chamou à** cozinha, para ajudar.* *** *O professor sempre me **chama ao** quadro-negro.* *** ***Chamaram**-me **à** janela para ver o desfile.* *** *Quem é que está me **chamando ao** portão?*

São frases – convenha comigo, caro leitor – muito mais elegantes. O povo prefere chamar *"no" telefone, "na" janela, "no" portão.* Não, não está errado. É apenas uma questão de bom-gosto.

Nos jornais e revistas, essa regência popular deve ser evitada. Deve. Veja, porém, como se lê neles: *O ministro da Aeronáutica foi chamado "no" Rio para tentar explicar.*

E a elegância, o bicho comeu!

descer ao andar térreo

Também aqui se trata de um verbo de movimento (*descer*). A preposição mais indicada para acompanhar este verbo, numa linguagem formal, mais elegante, é a preposição *a*. O povo, contudo, *desce "no" andar térreo, desce "no" porão, desce "no" ponto de ônibus.*

Não, não é errado. A questão é outra.

acorrer *às* agências bancárias

Outra construção da norma culta. Quem acorre, acorre – de preferência – *a* algum lugar. Como este não é um verbo muito popular, costumam usá-lo sempre com a preposição *a*.

Veja como escreveu um jornalista, que milagrosamente atentou para a norma culta neste seu texto: *No Japão, no início da primavera, os nipônicos* ***acorrem às*** *ruas e praças e lá, à sombra das cerejeiras, ficam por todo o dia – e às vezes parte da noite – comendo, bebendo e cantando na mais perfeita ordem.*

Eis outros exemplos com a preposição *a*: *Os correntistas* ***acorreram a****os bancos, para fazer saques, ao saberem da decretação do feriado bancário. *** Os pais* ***acorreram a****o hospital, assim que souberam do acidente sofrido pelo filho. **** ***Acorremos*** *até* ***às*** *cadeias e IMLs da cidade para ver se achávamos nosso filho, mas em vão.*

A "peãozada" da obra quer aumento de salário.

Não. Uma porção de peões forma uma *peonada*, e não uma "peãozada", muito comum na língua falada despretensiosa.

Você transcreveu "certa" a frase?

Certo e *errado*, quando advérbios, não variam; equivalem, respectivamente, a *certamente* e *erradamente*. Veja exemplos: *Será que ela sabe somar* ***certo*** *a conta? *** Você transcreveu* ***certo*** *a frase? *** Enviei* ***certo*** *toda a documentação. *** Copiei* ***errado*** *a lição. *** Mandei* ***errado*** *a carta.*

Eis, agora, exemplos em que *certo* e *errado* são adjetivos, variam normalmente, portanto não equivalem a *certamente* e *erradamente*: *Ela transcreveu a frase* ***certa****, e não a frase* ***errada****. *** Ela me deu a conta* ***certa****. *** Eles me entrearam a conta* ***errada****. *** Está* ***certa*** *a sua frase. *** O professor considerou* ***errada*** *a minha lição.*

compadecer

Este verbo, no português contemporâneo, usa-se mormente como pronominal, tanto na acepção de sentir compaixão (rege *de*) quanto na de harmonizar-se, conciliar-se (rege *com*): *Cristo se compadeceu* **do** *sofrimento dos homens.* *** *Compadeci-me* **do** *seu precário estado físico.* *** *A generosidade se compadece* **com** *a humildade.* *** *Um juiz não pode compadecer-se* **com** *o crime organizado.*

De um desembargador do Distrito Federal, acusado de vender *habeas corpus* a narcotraficantes: *Não acredito que os bandidos que matam juízes pelo Brasil afora consigam aqui no Distrito Federal obter crédito em suas palavras para matar a carreira de um juiz que nunca "compadeceu" com o crime, muito menos com o tráfico de drogas.*

A língua condena...

Daqui ao estádio é uma boa "esticada": apressemo-nos!

Quem quer chegar tranqüilo a um estádio, ou a qualquer destino, sem nenhuma dor de consciência, dá uma boa *estirada* (= caminhada longa), e não "esticada". Também é *de uma estirada* que se emprega por *de uma vez, sem interrupção ou parada*: *Fui de São Paulo a Vitória* ***de uma estirada***. *** *É cansativo ir* ***de uma estirada*** *até Manaus.*

Para mim tanto "fazem" cem como duzentos reais.

A expressão *tanto faz...como* (ou *quanto*) é invariável: subentende-se *receber* ou *ter* após a forma verbal faz. Portanto: *Para Judite e Luísa tanto* ***faz*** *três presentes como quatro.* *** *Para nós tanto* ***fazia*** *oito quanto oitenta.*

Moro no "RGS".

É preciso conhecer as abreviaturas de todos os Estados brasileiros e do Distrito Federal:

AC = Acre
AL = Alagoas
AM = Amapá
AP = Amapá
BA = Bahia
CE = Ceará
DF = Distrito Federal
ES = Espírito Santo
GO = Goiás
MA = Maranhão
MG = Minas Gerais
MS = Mato Grosso do Sul
MT = Mato Grosso
PA = Pará
PB = Paraíba
PE = Pernambuco
PI = Piauí
PR = Paraná
RJ = Rio de Janeiro
RN = Rio Grande do Norte
RO = Rondônia
RR = Roraima (ãi)
RS = Rio Grande do Sul
SC = Santa Catarina
SE = Sergipe
SP = São Paulo
TO = Tocantins

Tais abreviaturas podem vir entre parênteses ou entre vírgulas, quando se faz referência a uma cidade. Ex.: Em Tietê (SP), fizeram cadeia nova. Em Tietê, SP, fizeram cadeia nova.

O arroz "pegou" no fundo da panela.

O verbo *pegar* (ficar aderente) é pronominal (*pegar-**se***) e se usa, de preferência, com a preposição **a**. Portanto: *O arroz **pegou-se a**o fundo da panela.* *** *Cozinheira que deixa alimento **pegar-se a**o fundo da panela tem de ser despedida.*

Na acepção de *agarrar-se*, usa-se indiferentemente *pegar* ou *pegar-se*, mas também de preferência com a preposição **a**. Exemplos: *Não gosto desta camisa, porque ela **pega*** (ou ***se pega***) *ao corpo.* *** *As mulheres começaram a vestir calças compridas que muito **pegavam*** (ou ***se pegavam***) *ao corpo, excitando os homens.*

chamar

É verbo transitivo direto, na acepção de convocar: *Cristo chamou Pedro para ser seu vigário na terra. = Cristo chamou-**o** para ser seu vigário na terra.*

Numa aprazível capital nordestina, uma entidade religiosa mandou afixar *outdoors* pela cidade. Neles se lia: *A vocação é uma resposta ao compromisso bastismal. Você já descobriu para que Deus "lhe" chama?*

Eu, francamente, ainda não!...

Cem vidas tivesse eu, "daria-as" por Beatriz.

Futuro nenhum aceita pronome átono posposto ao verbo. Quem deseja ser autenticamente romântico, que o seja por completo: *Cem vidas tivesse eu, dá-las-ia por Beatriz.*

Os jornalistas não são o que podemos chamar o exemplo acabado de romantismo. Veja quanto prosaísmo: *Compras externas "limitariam-se" a US$600 milhões mensais. Não há dúvida de que o S40 traz algo de diferente. Por ser feito pela Volvo, "esperaria-se" uma carroçaria quadrada, formas sisudas e um feitio conservador. Que nada!*

Que nada **mesmo**!

zircônio

Nome de um elemento químico metálico (símb.: Zr), muito leve e resistente à corrosão e ao calor, de largo emprego industrial. Muito bem, repare: o nome é *zircônio.*

Numa propaganda de um novo tipo de lentes para óculos: *As lentes Crizal são tão invisíveis que você pode esquecer que está de óculos. Isso porque elas possuem a mais avançada tecno-*

logia em anti-reflexo. Sua camada de "zircone" torna as lentes ultra-resistentes a arranhões e muito mais duráveis.

Duráveis?!

A mãe fez tudo para que o filho "sossegasse-se".

O modo subjuntivo geralmente exige uma conjunção (*que, se, quando,* etc.). Como as conjunções são fatores de próclise, isto é, exigem que o pronome oblíquo venha antes do verbo, não há como defender a colocação da frase acima, que se usa portuguesmente assim: *A mãe fez tudo para que o filho* ***se*** *sossegasse.*

Alguns jornalistas, contudo, nem mesmo consultam o ouvido (ou a orelha, termo hoje mais próprio) e escrevem: *Lula cometeu uma grosseria, ao temer que os interesses de Brizola "limitassem-se" apenas à sucessão presidencial.*

É incrível que jornalistas não saibam sequer colocar os pronomes nas frases. O próprio ouvido rejeita essa colocação. Ao que conste, os jornalistas **têm** orelhas...

Meu bisavô já não "houve" nada nada!

Parece incrível, mas ainda há gente que confunde *houve,* forma do verbo *haver,* com *ouve,* forma do verbo *ouvir.*

Num livro sobre aves, encontramos esta "pérola": *O papagaio é a única ave do mundo que imita a voz humana, repetindo tudo exatamente como "houve".*

Na Folha de S. Paulo, ed. 24.707, pág. 2-2: *Nos últimos dias, o governo andou justificando o déficit comercial, que muitos atribuem ao câmbio, ao déficit público persistente. "Ouve" até comparações entre o caso brasileiro e os twins deficits (déficits gêmeos) dos Estados Unidos.*

Que mal lhe pergunte: e os manuais de redação?...

Escrevo *d*ireito ou *D*ireito, *m*edicina ou *M*edicina?

Do jeito que achar melhor. Tais palavras, como outras que designam curso de estudo, não precisam necessariamente ser escritas com inicial maiúscula, a menos que a frase exija. Como nesta frase de pára-choque de caminhão, por exemplo, muito galhofeira: *Caso seu marido não faça Direito, eu faço.* O uso da inicial maiúscula afasta de pronto qualquer interpretação maldosa, que certamente o camioneiro não nos quer forçar a ter...

panorama "parcial" / panorama "geral"

São impróprias as duas expressões. Se *panorama* traz os elementos gregos *pan-* (= tudo) e *-orama* (= visão, espetáculo), a palavra já significa *visão total, vista de tudo, vista geral.*

Sendo assim, nenhum *panorama* pode ser "*parcial*" nem "*geral*", conforme se leu no editorial de importante revista semanal de informação (ed. 1.597): *O Brasil passa por um momento delicado, um desses instantes de sobressalto em que os sinais se confundem no painel de instrumentos. O governo parece sem rumo, o congresso gasta o seu tempo em interrogatórios e o cidadão comum tornou-se mais descrente em decorrência da maré de escândalos. Contra esse pano de fundo, nada mais recomendável do que se distanciar um pouco do epicentro da crise para observar o "panorama geral".*

Como cidadão comum – confesso – também estou descrente. Mas não surpreso: o próprio ministro da Justiça foi a uma faculdade de Direito de São Paulo para proferir uma palestra. O tema: *Drogas nas escolas: um panorama "geral"*. Pois é.

Certa vez, anotamos esta frase de um seqüestrado, logo após sua libertação: *Não fomos amarrados no cativeiro, fomos tratados como "gente humana" mesmo.*

Neste caso, é perfeitamente compreensível: a emoção superou a razão, e a síndrome de Estocolmo aflorou. Se, por acaso, você riu, não se esqueça de que "gente humana" nada fica a dever a "panorama parcial" ou a "panorama geral". Tudo é coisa de "demente mental".

Não faço isso nem por "sonho"!

Cuidado com os sonhos, eles também traem! Quando não deseja fazer algo *de jeito nenhum* ou *em hipótese nenhuma*, o povo aprecia muito colocar *sonho* no meio, mas impropriamente. Na verdade, não faça aquilo nem por *sombras*!

Se ela, que é mulher, não gosta de homem, "que dirá eu"!

"Que dirá eu" é expressão própria da língua falada. Na língua mais cuidada se usa *que se dirá de mim, que se dirá de nós,* etc.: *Se ela, que é mulher, não gosta de homem,* ***que se dirá de mim!*** *** *Se Calasãs, que é professor, escreve errado,* ***que se dirá de mim!*** *** *Se ele, que é presidente, não resolve a situação,* ***que se dirá de nós!***

Podemos usar ainda *quanto mais eu!, quanto mais nós,* etc. e até *muito menos eu!, muito menos nós,* etc., evitando, assim, "*que dirá eu!*", "*que dirá nós!*", porque *eu* não "*dirá*" nada nunca!

uma patinete / *a* matinê

É esse o gênero correto destes dois substantivos: feminino. *A patinete* ainda está na moda, mas *a matinê* parece que não tem mais vez entre os adolescentes de hoje. Ficou para trás o tempo em que os estudantes preferiam namorar n*a matinê* do cinema, tempo em que pegar na mão da namoradinha era uma doce conquista! Ficou realmente no passado *a matinê*.

Já *patinete* voltou recentemente à moda. Uma das nossas revistas semanais de informação, então, anunciou, na sua ed. 1.652, pág. 78, em manchete: "*Os velhos" patinetes viram mania.*

Em qualquer dicionário está lá: **patinete**, *s.f.* Até mesmo naquele...

gerúndio + infinitivo

Não se flexiona infinitivo que depende de gerúndio. Portanto, construiremos sempre assim: *Já foi marcada a época dos exames,* ***devendo*** *as provas* ***ser*** *realizadas no período de 5 a 20 de dezembro.* (E não: "*serem*".) *** *Alguns corpos das vítimas do acidente já foram retirados do local,* ***devendo*** *seus familiares* ***proceder*** *ao exame de reconhecimento no IML.* (E não: "*procederem*".) *** *As inscrições ao concurso estão abertas,* ***podendo*** *os candidatos* ***dirigir-se*** *à sede da empresa.* (E não: "*dirigirem-se*".) *** *A documentação está correta,* ***devendo expedir-se*** *os respectivos atestados de freqüência.* (E não: "*expedirem-se*".)

Na Folha de S. Paulo, ed. 21.130, escreveu um ex-governador paulista: *Não podem as forças democráticas "ficarem" divididas e subordinadas a interesses ou posições de intransigência.*

Começava com ele a insegurança pública, vivida até hoje pelos paulistas.

"corpo delito"

Quando alguém sofre uma agressão corporal, há repórteres que anunciam: *Foi ao Instituto Médico-Legal para fazer exame de "corpo delito".*

Isto é: falam na coisa, sem saber bem de que se trata. *Corpo* ***de*** *delito* é o conjunto dos elementos materiais que comprovam a ocorrência de um fato criminoso. Existe o *corpo* ***de*** *delito* direto, feito por meio de exame ou vistoria, e o *corpo* ***de*** *delito* indireto, que é efetivado por depoimento de testemunhas. Mas sempre corpo **de** delito.

Ela disse que mora na Avenida Sul, número "tanto".

O pronome indefinido *tanto*, neste caso, deve figurar no plural: *Ela me disse que morava na Rua da Paz, número* ***tantos****.* *** *Teresa me deu o telefone, número* ***tantos****, e partiu.*

piscicultura

A *piscicultura* é a arte de criar e multiplicar peixes para consumo ou ornamentação. A palavra nos vem do latim *pisc-* = peixe + *cultura.*

Não faz muito, porém, uma emissora de televisão apresentou uma reportagem sobre a criação de peixes em cativeiro. No vídeo apareceu (isto é incrível!): *A moderna "psicultura".*

De moderno, isso, de fato, tem tudo! As pessoas conseguem confundir o que é da alma (*psic-*) com o que é do peixe (*pisc-*).

cair na "gandalha"

Quem já não caiu, pelo menos uma vez na vida, na gandaia? Cremos que todos nós.

Uma atriz de telenovela, porém, resolveu cair de outro jeito, bem mais comprometedor: *O síndico aderiu à "gandalha"*.

Talvez tenha sido a ânsia de não parecer caipira (que diz "paia" por *palha*, "muié" por *mulher*). Preocupação, a nosso ver, descabida, já que houve até um presidente da República que declarou no exterior que os brasileiros, sem exceção, somos todos caipiras.

Mas se até o síndico aderiu à *gandaia*, a coisa devia mesmo estar muito boa!

Ela me olhou de "esgueio".

Quem olha obliquamente, de soslaio, geralmente desconfiado, olha *de* ***esguelha***. Mas muitos dizem "esgueio" ou "esgueia". A esses, devemos sempre olhar *de* ***esguelha***.

Escreveu incrivelmente correto uma jornalista, certa vez: *O namoro dos gansos começa com um olhar de* ***esguelha*** *da fêmea, "que" o macho corresponde sem inibição, mostrando sua excitação.*

Note: ela acertou no **esguelha**, mas se complicou na regência verbal e no uso do pronome relativo adequado. A frase que ela realmente quis usar, sem poder, foi esta: *O namoro dos gansos começa com um olhar de* ***esguelha*** *da fêmea, ao qual o macho corresponde sem inibição, mostrando sua excitação.*

É, portanto, mais um jornalista ao qual devemos olhar sempre de *esguelha*...

caso "seríssimo"

Não: caso *seriíssimo*. Os adjetivos terminados em *-io* antecedido de consoante possuem o superlativo com dois *ii*: *friíssimo* (de *frio*), *maciíssimo* (de *macio*), *necessariíssimo* (de *necessário*), *precariíssimo* (de *precário*), *propriíssimo* (de *próprio*), *provisoriíssimo* (de *provisório*), *reacionariíssimo* (de *reacionário*), *revolucionariíssimo* (de *revolucionário*), *sumariíssimo* (de *sumário*), *vadiíssimo* (de *vadio*), etc.

Os adjetivos terminados em *-io* antecedido de vogal possuem, todavia, o superlativo com um *i* apenas: *feíssimo* (de *feio*), *cheíssimo* (de *cheio*), etc.

Os jornais, diariamente, trazem problemas "*seríssimos*". A revista Veja, por sua vez, resolveu "inovar". Na ed. 1.794, pág. 94, trouxe: *Sob a cosmecêutica, esse nome "feiíssimo", agrupam-se os cosméticos com propriedades terapêuticas e os remédios com o poder de embelezar.*

Cabe aqui aquele conhecido dito popular: *Ouviu o galo cantar, mas não sabe onde, nem como, nem por quê.*

Um dicionário (aquele) registra todos os superlativos, como *necessariíssimo, seriíssimo* e *precariíssimo*, mas (matreiramente) não registra *provisoriíssimo* nem *sumariíssimo*. Vê-se: estamos bem de dicionários...

caixa de "Pândora"

Não, não existe esta caixa. Segundo a mitologia, *Pandora* (dó) foi a primeira mulher que surgiu no mundo. A expressão *caixa de Pandora* significa *fonte de todos os males.*

Assim, podemos afirmar que a inflação é a caixa de **Pandora** de toda a economia. Essa mesma frase foi ouvida de um jornalista especializado em economia. Mas com *caixa de "Pândora".*

Você mora em Santa Bárbara "D'Oeste"?

No Estado de São Paulo, existe uma cidade muito simpática, de povo acolhedor, amigo, e mulheres lindas, sobretudo inteligentes, chamada *Santa Bárbara* ***d'****Oeste.*

No interior de qualquer locução substantiva própria, todas as palavras átonas se grafam com inicial minúscula. Portanto, também: *Afogados* ***da*** *Ingazeira, Santo Antônio* ***d'****Aldeia, Dias* ***d'****Ávila, Estrela* ***d'****Oeste, conde* ***d'****Eu, Olho* ***d'****Água das Flores, Rio* ***d'****Una, Rápido* ***d'****Oeste, Joana* ***d'****Arc, Antônio* ***d'****Alembert,* etc.

Você mora em "S." Paulo?

Não, moro em São Paulo. Atenção para isto: nomes geográficos não se abreviam. Portanto, escreva sempre por extenso: ***São*** *Paulo,* ***Coronel*** *Fabriciano,* ***Marechal*** *Cândido Rondon,* ***Dona*** *Inês,* ***Engenheiro*** *Passos,* ***Santa*** *Bárbara d'Oeste,* ***São*** *Manuel,* ***Dom*** *Pedrito,* ***General*** *Câmara,* ***Doutor*** *Severiano,* ***Padre*** *Cícero,* ***Frei*** *Inocêncio,* ***Tenente*** *Portela,* ***Major*** *Vieira,* ***Almirante*** *Tamandaré,* etc.

A norma foi fixada pela Conferência de Geografia, em 1926, com o apoio do Instituto Histórico e Geográfico Brasileiro. Não se estende aos nomes de logradouros públicos, que se abreviam: *Avenida* ***Mar.*** *Castelo Branco, Rua* ***Gen.*** *Carneiro,* etc.

Títulos de jornais se vêem com abreviaturas. Só se perdoa àqueles periódicos que foram fundados antes de 1926.

EM TEMPO – Em Mato Grosso existe uma cidade chamada Vila Bela da Santíssima Trindade, que, em razão de sua extensão, tem seu nome abreviado assim: "*V. Bela da SS Trindade".* Haverá perdão?

"sagrar-se campeão"

Esta é outra do jornalismo esportivo brasileiro. Seus dignos representantes não se cansam de afirmar que o Corinthians "se sagrou" campeão paulista, que o Flamengo "se sagrará" campeão brasileiro. Em português, o verbo nunca admitiu tal emprego.

O mal, todavia, justamente porque é um mal, se propaga para outros setores do jornalismo. Os jornalistas da Veja, ed. 1.774, p. 29, também resolveram adotar o verbo inexistente: *Depois de fazer sucesso com a equipe feminina, o treinador Bernardinho "sagrou-se" campeão mundial de vôlei com a seleção masculina.*

Na ed. 1.807, p. 33, novamente: *Sob o comando de Luxemburgo, o time do Cruzeiro "sagrou-se" campeão brasileiro.* Aqui, dois erros, porque o Cruzeiro nem "se sagrou", nem foi campeão brasileiro, mas sim campeão da Copa do Brasil. Ante isso, não há exagero em concluir que a Veja continua mal das penas.

Nem mesmo o dicionário do "tira-teima" e do "sobressair-se" conseguiu abonar "sagrar-se" por *tornar-se.* Como se vê, o caso é grave...

Dado "ao" interesse pelo carro, seu preço subiu.

Dado, quando equivale a *por causa de,* não se usa com "a": ***Dado o** interesse pelo carro, seu preço subiu.* *** ***Dada a** importância do jogo, foi escalado um árbitro experiente.* *** ***Dados os** inconvenientes apontados, escolheu-se outra solução.* *** ***Dadas as** circunstâncias em que ocorreu o acidente, tudo indica que o chofer do ônibus dormiu ao volante.*

Quando *dado* equivale a *interessado, versado,* é que se usa *a: O rapaz não era muito **dado a**o estudo.* *** *Edite era muito **dada à** leitura.*

Nos autos de um processo, porém, colheu-se isto: *A vítima vem passando sérias dificuldades em residir no local, "dado às" constantes provocações proferidas pelas vizinhas.*

Não é provocação?

tampar = tapar?

Não. *Tampar* é fechar usando tampa ou qualquer outra peça movediça própria. Assim, *tampamos panelas, garrafas, bueiros, vidros de remédio,* etc.

Tapar é fechar, encobrir, vedar, vendar, sem necessidade do uso de tampa. Desta forma, *tapamos* tudo o que tem tampa e o que não tem tampa: *tapamos a boca, o ouvido, os olhos, o nariz, um buraco qualquer,* etc.

Numa propaganda de televisão, certa vez, recomendava-se um medicamento para desobstrução do nariz. Assim: *Dormir com o nariz "tampado" é o maior sufoco.*

Desse jeito, francamente, não dá nem para dormir...

"emissão" de posse

Convém não confundir *emissão,* do verbo *emitir* (= pôr em circulação, exprimir), com *imissão,* do verbo *imitir* (= fazer entrar, investir). Assim, temos: ***emissão** de cheques, **emissão** de opinião,* mas: ***imissão** de posse.*

Num jornal: *Para o juiz, o ministro está, no mínimo, mal informado, porque a justiça federal tem um andamento muito rápido no que se refere à "emissão" de posse.*

Quem mesmo é que está mal-informado?

campeonato sul-americano "sub-20"

É o tipo de campeonato que já começa mal entre os brasileiros. Se *subvinte* se escreve sem hífen, nada muda quando se substitui a palavra por algarismos. Assim, o correto é grafar *sub20, sub23.* É até questão de economia de espaço. Mas quem é que consegue convencer certos jornalistas da vantagem de uma economia dessas?

Qual das misses "são" as preferidas?

Erro de concordância. Qualquer pronome interrogativo no singular, antecedido da preposição *de*, exige o verbo no singular: ***Qual*** *das misses* ***é*** *a que tem mais chance de vencer o concurso?* *** ***Qual*** *das misses* ***é*** *a preferida?* *** ***Qual*** *de vocês* ***fez*** *isso?* *** ***Quem*** *de todos esses alunos* ***ganhará*** *o prêmio?*

Declara, então, a mulher de um dos candidatos derrotados ao governo de São Paulo: *As mulheres dos outros candidatos são simplesmente suas esposas. Eu não. Qual das outras mulheres dos candidatos "são conhecidas" nacionalmente, independentemente da profissão do seu marido?*

Todo pronome indefinido de singular também exige o verbo no singular, ainda que esteja seguido de nomes ou pronomes no plural. Ex.: ***Nenhum*** *dos três goleiros da seleção* ***era*** *bom.* *** ***Nenhum*** *dos atacantes* ***chutava*** *a gol.* *** ***Cada um*** *de nós* ***sabe*** *o que faz.* *** ***Cada um*** *dos ministros* ***tomava*** *uma decisão diferente.* *** ***Qualquer*** *das pessoas presentes* ***poderá*** *dar sua opinião.*

A tendência popular, neste caso, é esquecer o sujeito (o pronome indefinido) e dar toda a atenção ao nome pluralizado que se lhe segue. Daí o erro.

Minha opinião é "o" seguinte: ele é corrupto.

Não. Se *opinião* é palavra feminina, não tem cabimento tratá-la como masculina. Por isso, minha opinião é *a* seguinte: no Brasil poucos lêem e muito poucos ainda conhecem a própria língua.

Outros exemplos: *O problema é* ***o*** *seguinte: quem não lê vale menos.* *** *A verdade é* ***a*** *seguinte: sem livros não há povo educado nem povo feliz.* *** *Os problemas são* ***os*** *seguintes: falta de dinheiro, falta de incentivo, falta de vontade.* *** *As dificuldades são* ***as*** *seguintes: falta de dinheiro, falta de incentivo e falta de vontade.*

Os pivetes costumam assaltar nos "faróis".

Farol por *semáforo* ou *sinaleira*? Não. Todo *farol* pressupõe foco potente de luz. No sinal luminoso de trânsito não há esse requisito básico, por absoluta desnecessidade. Os portos têm *farol*; os veículos têm *farol*, mas nenhum sinal de trânsito tem "farol". Por isso, nunca pare no "farol" vermelho: vá sempre em frente! Se encontrar, porém, um *sinal* vermelho ou um *semáforo* no vermelho, não avance!

mau-caratismo / bom-caratismo

São neologismos. Como ***mau-caráter*** e ***bom-caráter*** não têm um substantivo correspondente, oficial, cria-se. Repare neste texto de Roberto Campos, ex-ministro do Planejamento, um dos homens mais cultos que este país produziu: *O subdesenvolvimento não resulta de espoliação internacional ou de falta de recursos naturais. É sempre um fenômeno cultural: misto de idiotice e* ***mau-caratismo****. Infelizmente, ambas as coisas são abundantes neste subcontinente.*

Se os maus-caracteres estão em todos os cantos, enquanto os bons-caracteres mínguam, tinha de existir um substantivo que representasse esse vício de personalidade tão asqueroso.

colchão / coxão

São palavras que não devem ser empregadas uma pela outra, principalmente a primeira pela segunda, quando esta designa corte de carne: *coxão mole, coxão duro.*

Chegar a um açougue e pedir um *"colchão" duro* é confiar demais na dentadura...

Será que o Corinthians "classifica"?

Não. Os verdadeiros times de futebol, aqueles que dão alguma alegria à sua torcida, *classificam-**se*** para as fases finais de seus campeonatos.

Note: o verbo é *classificar-**se***, que significa *ser qualificado num torneio ou num campeonato para a fase seguinte,* e não simplesmente "classificar".

Os repórteres esportivos vivem dizendo: *Eu acho que o Corinthians não "classifica".*

E é a preposição *para* que se usa com esse verbo, e não "a".

Nos jornais se lê comumente: *O time se classificou "à" próxima fase do torneio.* Resta saber quando é que certos jornalistas vão se classificar *para* a grande fase do jornalismo brasileiro...

concentrar

Também é verbo pronominal, quando se usa, em futebol, por *ficar em concentração*: *Os jogadores já* ***se concentraram*** *para o jogo de domingo.* *** *Há certos atletas que não gostam de* ***concentrar-se***.

Recentemente, um jornal estampou em manchete, na página de esportes: *"Concentra" ou não "concentra"?*

O jornalista, autor disso aí, é que tinha de *se concentrar* bastante antes de ir à redação.

sou “de” menor

Ninguém é “*de*” *menor* nem “*de*” *maior*. Na língua culta ou mais cuidada existe o *menor de idade* e o *maior de idade*. Portanto, diga sempre, como gente grande: *sou menor*. Ou, então, como gente que entende: *sou maior*.

No registro coloquial, todavia, só se encontra “*de*” *menor* e “*de*” *maior*. Um dicionário (aquele) abona as expressões impugnadas. Compreende-se.

Jogador de futebol que erra muitos passes deve treinar “fundamento”.

Para não continuar errando, convém que todo jogador de futebol, viciado em erros de passes, treine bastantes *fundamentos*.

Os primeiros rudimentos ou as primeiras noções básicas ou fundamentais de qualquer coisa são *fundamentos*, sempre no plural.

Agora, permita-me, caro leitor, uma opinião: jogador profissional que erra passe é algo imperdoável. Para quem só faz isso na vida, e ganha fortunas só para fazer isso na vida, é difícil aceitar. Jogador profissional que erra passes ou que erra um gol à frente da meta é comparável a professor que escreve “xarxixa”. Dá pra aceitar?

fim-de-semana = fim de semana?

Não. *Fim-de-semana* é lazer, descanso. Todo aquele que trabalha tem direito a seu *fim-de-semana* remunerado.

Fim de semana é final de semana. Todo *fim de semana* eu viajo.

Fim de semana todo o mundo tem: pobre, rico, ladrão, corrupto, bandido, político, vizinho, prostituta, etc. Todo mês tem no mínimo quatro *fins de semana*. Não há como fugir dele (a não ser morto).

Fim-de-semana é coisa de gente que pode usufruir as delícias da vida; é o *week-end* dos ingleses e norte-americanos.

Os parlamentares brasileiros invariavelmente “esticam” seus *fins-de-semana*, que começam na sexta-feira (de manhã) e se encerram na segunda-feira (à noite). Nem todos podemos tamanha proeza...

Apesar de ser clara a diferença (e muito simples de entender), há um grande jornal paulista que, vendo-se impossibilitado de percebê-la, adotou apenas a escrita *fim-de-semana* para ambos os sentidos. (E dá-lhe manual de redação!...)

Reclamo não tanto por mim, “mas” pelas crianças.

A palavra que corresponde a *não tanto* é *quanto*, e não “mas” ou “mas também”, correlativos de *não só*. Portanto, reclame, mas reclame não tanto por si, *quanto* pelas crianças.

Repare ainda nestas frases: *O namorado a beijou* ***não tanto*** *por desejo* ***quanto*** *por hábito.* *** *O jogador se contundiu* ***não tanto*** *pelo choque com o adversário* ***quanto*** *pelo mau estado do gramado.* *** *Juçara veio até aqui* ***não tanto*** *para buscar o livro* ***quanto*** *para me ver.*

Observe que tal correlação implica predomínio de um fato sobre o outro; a correlação *não só... mas também* enuncia adição de fatos, ambos importantes e significativos: ***Não só*** *eu,* ***mas também*** *o motorista pegamos no sono.* *** ***Não só*** *o garoto,* ***mas também*** *a mãe viram o disco-voador.*

sumir "com"

Ninguém *some "com"*, nem mesmo as crianças mais traquinas *somem "com"* todas as canetas do pai e "com" todos os lápis de maquiagem da mãe.

O verbo *sumir* é transitivo direto na acepção de *ocultar, fazer desaparecer.* Portanto, filhos nossos podem *sumir* todas as canetas do pai e *sumir* todos os lápis de maquiagem da mãe.

No registro coloquial, todavia, principalmente no recesso do lar, usa-se muito "sumir com", mormente por mães de filhos sadios e levadíssimos da breca.

Todo guisado deve ser cozido "em" fogo lento?

Todo guisado deve ser cozido **a** fogo lento. Justamente para não causar indigestões a estômagos mais sensíveis...

Já "terminou" de almoçar?

O verbo *terminar* é o único em nossa língua que rejeita posposição de infinitivo. Substitui-se por *acabar: Já* ***acabou*** *de almoçar?*

palavra de honra

Usa-se com *em: Dou minha* ***palavra de honra em*** *que isso é verdade.* *** *O presidente deu sua* ***palavra de honra em*** *que erradicaria o analfabetismo em cinco anos .* *** *Dê sua* ***palavra de honra em*** *que não vai cobrar isso dele!* *** *Ela deu sua* ***palavra de honra em*** *que me procuraria.*

Na primeira página de um jornal: *O novo ministro da Fazenda deu a sua palavra de honra "de" que as taxas de juros começarão a cair a partir de hoje.*

A verdade é que as taxas de juros acabaram caindo mesmo. E o ministro também...

As partes ou a parte contrária "entrarão" em acordo.

Quando há mistura de números no sujeito composto, conforme se vê nesta frase, a concordância se faz sempre com o elemento mais próximo, e o fator determinante é a conjunção *ou*, de valor corretivo. Portanto: *As partes ou a parte contrária* ***entrará*** *em acordo.* *** *Os ladrões ou o ladrão* ***conseguiu*** *fugir pela chaminé.* *** *O ladrão ou os ladrões* ***conseguiram*** *fugir pela chaminé.* *** *Os assassinos ou o assassino* ***continua*** *solto.* *** *O assassino ou os assassinos* ***continuam*** *soltos.*

Na Folha de S. Paulo, ed. 20.955, pág. 2: *Existe uma síndrome do candidato. na verdade, é o próprio candidato que fabrica sua síndrome, de modo que os sintomas ou a massa deles "variam" de acordo com a personalidade, o temperamento, o caráter (se existente) de cada caso examinado.*

Na ed. 21.025, pág. 22: *Desde 11 de setembro de 1973, "estão" em vigor no Chile um ou mais estados de exceção.*

handicap

É palavra inglesa; significa *desvantagem.* No jornalismo brasileiro é usada justamente pelo antônimo: *vantagem.*

A seleção brasileira de futebol ganhou quatro campeonatos mundiais com o *handicap* de campo e torcida. Isto é: teve campo e torcida contra si; mesmo assim, levou de roldão os adversários.

Um ex-jogador da seleção, tricampeão no México, conhecido como Canhotinha de Ouro, afirmou certa vez: *O goleiro tem grande "handicap a seu favor": pode jogar com as mãos.*

É brin-ca-dei-ra...

errata

Esta palavra é um plural latino, cujo singular correspondente é *erratum.* Assim, só tem cabimento o seu emprego quando se vai tratar de dois ou mais erros; quando se vai corrigir apenas um erro, usa-se, naturalmente, *erratum.*

Não faz muito, contudo, o Ponto Frio mandou publicar uma nota de esclarecimento na Folha de S. Paulo (ed. 25.204, pág. 5), para corrigir um único erro e encimou-a com a palavra *errata.* O Ponto Frio não teria, assim, entrado numa gelada?

Mas não é só o Ponto Frio que aprecia uma geladinha. Na pág. 10 da mesma edição da referida folha, há outra *errata.* Agora do Pão de Açúcar, que também quis consertar um erro surgido num de seus anúncios.

A vida está mesmo muito difícil. Principalmente nos supermercados...

Dublin

O nome da capital da Irlanda se pronuncia *Dâblin* (e não "*Dúblin*", como fez certa vez um humorista entrevistador, pela televisão; aliás, ele faz rir em tudo...). Afinal, ninguém diz "*púb*" quando lê *pub.*

Mulheres bonitas é o que não "faltam" no Brasil.

O sujeito de *faltar*, nessa frase, não é *mulheres*, mas o pronome relativo *que* (representante de um termo no singular, o pronome *o*). O verbo de ligação, em frases assim, concorda com o pronome neutro *o*, e não com o termo no plural. Sendo assim, temos: *Mulheres bonitas **é** o que não **falta** no Brasil.* *** *Candidatos **foi** o que não **faltou** ao emprego anunciado.* *** *Vagas **é** o que não **falta** na indústria e no comércio.* *** *Fofocas **é** o que nunca **falta** por aqui.*

Como se vê, quem conhece análise sintática não comete erro em frases deste tipo. Mas há quem não queira o ensino de análise sintática nas escolas. De certa forma, é compreensível: quem concluiu todo o seu curso superior fazendo X nas questões das provas deve ter perdido o contato com o raciocínio; por isso, compreende-se a resistência a tal ensino.

Isto são horas de chegar?

Esta é uma frase típica de pais preocupados, dita geralmente de madrugada... Muitos duvidam de sua correção, mas sem razão.

O verbo *ser*, quando aparece entre um pronome ou um nome no singular e uma palavra no plural, concorda com esta, a não ser em alguns casos especiais, como, por exemplo, quando o pronome ou o nome representa pessoa. Assim: *Você é grande, mas não **é** dois.* *** *O neto **é** as delícias dele.*

De outra forma, podemos construir sem receio: *Isso **são** ossos do ofício.* *** *Aquilo **são** estrelas ou são planetas?* *** *Meu lazer **eram** aqueles exercícios.* *** *Nossa diversão sempre **foram** esses brinquedinhos.* *** *Pesquisas **são** uma necessidade durante as eleições.*

Se, porém, o pronome demonstrativo **o** vem como predicativo, a concordância do verbo *ser* se faz geralmente com ele: *Problemas **é o** que não falta no Brasil.* *** *Risos **era o** que ninguém gostaria de ver naquele instante.*

Na Gazeta Mercantil (14/5/2003): *Mas o destaque do C3 "é" realmente as linhas modernas e bastante atraentes.*

Repare agora nestas frases, colhidas na etiqueta de uma loja: *Conforto, praticidade e beleza **é** o que procura o homem moderno. Pesquisa, tecnologia e bom gosto **é** o que oferecemos.*

frases da mídia

Veja algumas maravilhas colhidas na mídia brasileira (a correção se encontra entre parênteses, no final):

1. *Apenas um em cada oito litros de uísque consumidos no Brasil "entram" no país pelas vias legais.* (entra)

2. *Como o reflexo das tendências mundiais "demoraram" um pouco para chegar ao Brasil...* (demorou)

3. *Suplicy tem uma imagem fraca como postulante ao governo: a lentidão excessiva para expressar suas idéias lhe "dão" a aparência de maçante.* (dá)

4. *Com a forte ressaca, o calçamento das ruas "ficaram" quase totalmente "destruídos".* (ficou)

5. *Em conseqüência do acidente, a parte dianteira dos ônibus "ficaram" bastante "danificadas".* (ficou bastante danificada)

6. *O PIB dos oitos principais países "voltaram" a crescer.* (voltou)

7. *A bancada do partido no Senado decidiu suspender a senadora Heloisa Helena (AL), levantando a poeira da crise com os radicais e arrumando uma confusão com o senador Eduardo Suplicy (SP). Confusão é o que não falta na base. E as mais de 800 emendas que os deputados apresentaram para mudar as reformas "é" o exemplo maior.* (são)

8. *Segundo o jornal, a administração teme que a informação "causaria" tensões diplomáticas entre os dois países.* (causasse)

9. *Rodrigo Fabri ficou mais longe do Palmeiras. Nesta quarta-feira, o Real Madrid, dono dos direitos federativos do meia, "anunciaram" que não ajudarão a pagar o salário do jogador, de US$ 100 mil mensais (aproximadamente R$ 290 mil).* (anunciou)

10. *As negociações no Congresso para modificar o texto da reforma da Previdência estão causando desconforto em setores do governo e elevando, ainda mais, o temor de que a proposta de emenda constitucional seja desfigurada. A tentativa de manter a integralidade dos vencimentos – proposta inicialmente apresentada pelo Judiciário e encampada pelos líderes da base aliada – introduziu um elemento de incerteza quanto "a" consistência estrutural da reforma. "À" esta altura pouco "importa" as avaliações do próprio governo de que não há impacto negativo nas contas da Previdência.* (à – A – importam)

11. *A idéia deu certo porque todos as marcas lançaram seus populares e, em 1994, "chegou" a faltar automóveis.* (chegaram)

12. *A credibilidade dos Estados Unidos "dependem" disso.* (depende)

13. *Se o presidente Lula cumprir sua palavra e "impor" a lei no campo e deixar a decisão sobre produção de transgênicos para órgãos técnicos e não políticos a agricultura terá muito a comemorar. Todos nós também.* (impuser)

14. *Está na hora do presidente Lula "dá" um basta tanto nessa pressão contra a reforma da Previdência como do mercado especulativo.* (dar)

15. *O Corinthians perdeu no Maracanã tendo um monte de garotos, mas mostrou que no futuro, essa equipe tem grandes chances de "dá" certo.* (dar, afora os erros do emprego da vírgula)

16. *Picerni fará apenas uma alteração na equipe. O atacante Muñoz, internado num hospital na última quarta-feira com "gastrointerite", está fora do jogo.* (gastrenterite)

17. *A senadora Roseana Sarney herdou várias virtudes do pai, José Sarney, mas jamais a ponto de perdoar "o" governo passado de Fernando Henrique pela armadilha "que" ela ficou presa e que destruiu sua candidatura presidencial.* (ao – a que ou em que)

18. *A esperança de gols "recae" sobre o atacante Leonardo Goiano, bastante elogiado no último coletivo.* (recai)

19. *As palavras de Lula sensibilizaram, mas todos sabemos que não "surtirá" efeitos imediatos.* (surtirão)

20. *Faz parte da democracia, oposição e governo "brigar", mas é preciso algum entendimento.* (brigarem)

21. *Atendendo "a solitação" da base, o presidente acabou "sedendo". Num processo democrático é preciso fazer "conseções".* (à solicitação – cedendo – concessões).

22. *Para a deputada, as declarações do ministro José Dirceu "foi" uma confirmação das críticas que ela e outros membros do PT vêm fazendo à política econômica do governo Lula há vários meses.* (foram).

E vai por aí afora! Como é que pessoas que desejam ser formadoras de opinião não sabem sequer escrever!

Para encerrar, frase de um jornalista da Folha de S. Paulo, ed. 20.780, pág. 81, por ocasião do final de uma telenovela de sucesso: *Faltou emoção e "sobrou" risos.*

Risos é o que não falta mesmo...

Esse livro é para "mim" ler?

"Mim" não ler coisa nenhuma. "Mim" não estudar português, "mim" só gostar de ganhar presentes. "Mim" também gostar de pipoca!

Quem é que fala assim? Não é índio? Pois quem usa "mim" antes de verbo está falando quase igual. Sem saber.

Gente civilizada, educada, elegante, usa apenas *eu* onde o índio quer "mim": *Não deu para **eu** ir ao escritório hoje.* (E não: *Não deu para "mim" ir ao escritório hoje.*) *** *Deram um bom livro para **eu** ler.* (E não: *Deram um bom livro para "mim" ler.*) *** *Deixaram tudo para **eu** fazer.* (E não: *Deixaram tudo para "mim" fazer.*)

Não havendo verbo, aí, sim, empregaremos *mim*: *Deram um bom livro para **mim**.* *** *Deixaram tudo para **mim**.*

EM TEMPO – Note estas frases, todas absolutamente corretas: *É difícil para mim dirigir e prestar atenção à sua conversa.* *** *Foi duro para mim vê-la sofrendo.*

À primeira vista, podem parecer frases de índio. Não são. Neste caso, na verdade, as frases se encontram em ordem inversa. Repare na ordem direta: *Dirigir e prestar atenção à sua conversa é difícil para mim. Vê-la sofrendo foi duro para mim.*

Reparou? O *mim* nada tem que ver com o verbo; não se trata de sujeito, mas de complemento nominal: *difícil para mim, duro para mim.*

Não entendi "tamanhas" ignorância e falta de educação.

Não. Um adjetivo ou um pronome adjetivo anteposto, quando modifica dois ou mais substantivos, concorda sempre com o elemento mais próximo: *Não entendi **tamanha** ignorância e falta de educação.* *** *Foi um caso de **raro** brilho e acontecimento.* *** *Onde estão **seu** marido e filhos?* *** *Aonde foram **sua** mulher e filhos?* *** *Visitarei vocês **qualquer** dia e mês destes.*

No editorial de um importante jornal de São Paulo: *O empresário fechou o ano com um protesto de "raras" felicidade e oportunidade.*

Rara infelicidade e ocasião.

Noutro jornal de São Paulo: *O mercado imobiliário tem "menores" liquidez e rentabilidade do que muitas outras aplicações.*

Enfim, o jornalismo brasileiro vai de vento em proa...

Bom "Ano Novo" a todos!

Desejo malfeito: tanto *ano-novo* quanto *ano-bom* se escrevem com hífen e com iniciais minúsculas. Por isso, o desejo sincero só pode vir desta forma: *Bom **ano-novo** a todos!*

A edição 1.785 da Veja trouxe à pág. 50: *Fumar menos está entre suas promessas para 2003? Bem, é melhor rever seus planos para o "ano novo".*

No *site* da Folha de S. Paulo: *Feriado do "Ano Novo" deixa 109 mortos em estradas federais.* Ué! e os manuais de redação?!

Num dicionário (aquele) se lê, na definição de *réveillon*: *ceia da noite de "Ano-Novo".* (Por que as iniciais maiúsculas, se assim nem o próprio dicionarista registra?)

seja quem for

Esta é uma locução pronominal indefinida invariável, por conta do pronome *quem*. Assim, construímos: *O governo punirá todos os corruptos, **seja quem for**.* *** *A morte leva todas as pessoas, **seja quem for**, pobre ou rico.*

Por ocasião do trágico acontecimento numa das faculdades cariocas, na qual foi vítima uma estudante, que ficou tetraplégica, a direção da escola emitiu uma nota em que afirma sua disposição de colaborar com a polícia e encontrar o autor ou os autores do crime, "sejam quem forem". O criminoso, até hoje, está à solta...

Uma curiosidade

A abreviatura **SOS** ou **S.O.S.** são as três letras iniciais das palavras da frase inglesa *save our souls* = salvai nossas almas. Tais letras teriam sido usadas pela primeira vez por ocasião do naufrágio do *Titanic*, navio inglês tido como inaufragável. Na sua primeira viagem (14 de abril de 1912), porém, chocou-se com um *iceberg*, a caminho de Nova Iorque, e todos sabemos o que aconteceu.

instalações "hidro-sanitárias"

Hidro- é um elemento prefixo-radical, e nenhum elemento prefixo-radical exige hífen. Portanto: *hidrossanitário, hidroginástica, hidromassagem,* etc.

A maioria dos engenheiros e arquitetos, no entanto, continua insistindo em duas coisas: nas *instalações "hidro-sanitárias"* e no "ante-projeto". Ainda não tive o prazer de conhecer nenhum que escrevesse de outro modo, ou seja, corretamente. Ou teria sido apenas uma desagradável coincidência?

mel de abelhas: redundância?

Não. Embora o mel seja realmente um produto só de abelhas, em sentido figurado, podemos usar essa palavra como equivalente de qualquer suco de frutas em forma de melado, de aspecto semelhante ao do mel. Daí termos também o *mel de caju*, o *mel de carambola* e de outras frutas.

o corte na letra *z*

O *z* não tem corte, assim como o 7, em rigor, não deve ter corte. Inventaram um corte na letra e no algarismo, quando manuscritos, para evitar confusões.

No Sul "gia" demais no inverno.

No Sul *geia* muito no inverno. O verbo é *gear*, e não "giar". Todo verbo terminado em *-ear* ganha um *i* nas formas rizotônicas. Confira: **passear** (*passeio, passeia*), **massagear** (*massageio, massageia*), **frear** (*freio, freia*), **recear** (*receio, receias*), **torpedear** (torpedeio, torpedeia), etc.

Veja, agora, como um comentarista esportivo do Rio de Janeiro, velho botafoguense, tido até por poeta entre seus colegas, vacilou, ao escrever no Jornal do Brasil, recentemente: *Eles não fazem isto e ainda "torpediam" quem tenta defendê-los.*

Eu nunca faço isso e ainda *torpedeio* quem faz...

É preciso dar uma "freiada" na corrupção.

O verbo *frear* tem como substantivo correspondente *freada*, e não "freiada". Nessa família de palavras, só *freio* tem *i*; as demais não: *freando, freava, freasse, freado*, etc.

Anote, ainda: *afear, enfear, estrear, recear, rechear, passear*, todas sem *i*. Mas todos os substantivos correspondentes com *i*: *feio, estréia, receio, recheio, passeio.*

Escrevem os jornalistas: *O teto solar surgiu logo depois da II Guerra Mundial, quando era preciso economizar aço ao máximo e os carros tinham parte da capota substituída por tecido. Como o tecido "enfeiava" o carro, surgiu a idéia de fazer o teto abrir.* *** *A nova rede de televisão do Paraná deve "estreiar" dia 25 de fevereiro.*

E quando é que os jornalistas vão *estrear* um novo português, um português respeitoso?

“no que pertine” à questão das multas

Advogados sérios, confiáveis, não usam “no que pertine” por *no pertinente*, ou *no concernente*, ou *no referente*. Além dessas expressões, esses mesmos advogados podem usar *no que concerne* e *no que se refere*. Eles jamais usam “no que pertine”.

falar “numa boa” com os adversários

Melhor será falar *às boas* com todo o mundo, e não só com os adversários. O povo gosta muito de falar “numa boa”, de ficar “numa boa”, mas é *às boas* que significa *amigavelmente, em clima amistoso, pacificamente*.

A expressão popular se usa com propriedade quando há um termo subentendido. Assim, por exemplo: *Passei vários dias doente, mas agora estou* ***numa boa***. Isto é: *Passei vários dias doente, mas agora estou* ***numa boa condição, situação***, etc.

“louva-deus”

Nenhum bicho tem este nome. O inseto verde, predador, cuja postura, quando pousado, lembra alguém de joelhos, em oração, tem nome parecido: *louva-a-deus*. Alguns jornalistas, todavia, criaram outro bicho. Veja: *Pesquisadores norte-americanos descobriram que o “louva-deus”, inseto que parece um ramo de árvore, possui um ouvido localizado no centro do corpo que tem por função, além da auditiva, iludir seus inimigos e atrair um companheiro para reprodução.*

Em que mata se encontra esse bichinho?

do Oiapoque ao Xuí

Até bem recentemente se dizia que o Brasil ia do Oiapoque ao *Xuí*. Pois uma de nossas revistas semanais de informação, na ed. 1.626, pág. 122, informa que não é bem assim, fazendo matéria sobre o “Arroio *Chuí*”. E repete várias vezes a cacografia.

A gafe é tão grave quanto a de certa emissora de televisão, quando falou num faraó inexistente, chamado “Queóps”.

“próximos 1 km”

Nas nossas rodovias, volta e meia se lêem placas assim, quando está havendo algum reparo: *Cuidado – entrada e saída de veículos – “próximos 1 km”*.

Se 1 nunca foi plural (ao menos entre os terráqueos), como entender o uso de “próximos”? Ademais, os símbolos das unidades de medida se escrevem imediatamente após o algarismo, sem nenhum espaço. Além do quê, só se usa o algarismo de 2 em diante.

Portanto, a placa deveria trazer outro aviso, mais educativo, mais respeitoso: *Cuidado: entrada e saída de veículos* ***no próximo quilômetro*** (ou, por tolerância, ***no próximo km***). Em rigor, também não se usa abreviatura sem o devido algarismo, mas por medida de economia ou de falta de espaço nas placas de sinalização, admite-se tal prática.

Quem passava pela Rodovia dos Imigrantes, em São Paulo, notava placas de aviso assim: *Fone de emergência – "cada 1 Km"*. Ora...

Como se vê, o problema das nossas rodovias não está só nos buracos, nos enormes buracos, mas também nos furos, que talvez sejam até mais perigosos...

asa-delta

Faz no plural *asas-deltas* sem nenhuma dificuldade: qualquer estudante do ensino médio sabe fazer o plural de compostos constituídos de dois substantivos, porque os dois elementos sempre variam.

Apesar de a pluralização ser corriqueira, um jornalista resolveu complicar, ao escrever: *Brasília passou a ter seus céus cortados por "asas-delta"*.

Por que o erro? Imagino que seja porque não consta em nenhum dicionário, para a devida consulta. O mesmo "fenômeno" se dá com o plural de *sem-terra, sem-teto,* etc. Não há no dicionário. Sem bússola, o barco afunda mais rápido...

ter dor "na costa"

É difícil! As pessoas não têm "costa", mas *costas*. Países é que têm *costa,* ou seja, *litoral, região à beira-mar*. Repare na imensa diferença por estes exemplos: *Minhas* ***costas*** *estão doendo: o que será?* *** *Eu estava de* ***costas****; fui atingido pelas* ***costas****.* *** *Não sei por que Aguinaldo me voltou as* ***costas****.* *** *Qual é o único inseto que anda de* ***costas****?* *** *Suas* ***costas*** *estão vermelhas: caiu ou apanhou?* *** *A* ***costa*** *brasileira é extensa.* *** *Os navegantes alcançaram a nossa* ***costa*** *depois de mil dias.* *** *A Bolívia e o Paraguai não têm* ***costa****.*

Vem, então, um ex-presidente, acadêmico, e a um microfone diz: *O peso do combate à inflação não pode ser jogado somente "na costa" do povo pobre.*

Depois, um famoso humorista, no seu programa de entrevistas pela televisão, ao tentar desenhar o mapa do Brasil, fala em "costas do Brasil".

Como o pobre nunca teve "costa" nem o Brasil nunca teve "costas", como é que se dorme com um barulho desses?

Talibã ou "Talebã"?

Talibã é a forma correta, embora alguns periódicos brasileiros tenham estado de mãos dadas com o "Talebã" e até com o "Taleban".

depor

Este verbo, no sentido jurídico, é transitivo direto ou intransitivo, mas nunca transitivo indireto. Portanto, construímos: *A família depôs que ele sempre foi um filho problemático.* *** *Todos os funcionários da firma foram obrigados a depor na polícia.*

No *site* da Jovem Pan, porém, aparece a novidade (desagradável), ou seja, o verbo usado como transitivo indireto: *Pai do médico esquartejador depõe "à" polícia.*

Ninguém depõe "a" coisa nenhuma.

alterar

Este verbo é pronominal no sentido de *modificar-se, transformar-se, mudar,* e não é intransitivo em nenhum significado: *A cor do camaleão **se** altera de acordo com o meio.* *** *Seu humor **se** altera conforme as condições meteorológicas.*

Eis, todavia, como se leu no *site* do Jornal da Tarde: *Desempenho do Astra bicombustível não "altera" quando se troca de combustível.*

Não há o que não se altere na pena de certos jornalistas...

"manter a direita"

Quem viaja pelas nossas rodovias está fadado a ler placas com este aviso: "Mantenha a direita". Ou: "Conserve a direita". Mais seguro, porém, é *manter-**se à** direita,* é *conservar-**se à** direita.*

Outra bobagem que se lê à beira das nossas rodovias é esta: "*Mantenha a sua mão*". É o caso de perguntar: *Com quê? Com um bom hidratante? De que marca?*

"neste" sábado / "neste" domingo

Quando se diz *sábado,* já se entende que se trata do próximo sábado. Quando se diz *domingo,* da mesma forma.

As emissoras de televisão, no entanto, insistem em anunciar: "*Neste sábado" não percam o nosso programa de calouros.* *** *"Neste domingo", não percam o Domingão do Leitão.*

Se o anúncio de um programa que será exibido no sábado for numa quinta-feira, por exemplo, deverão usar *depois de amanhã*; se for numa sexta-feira, usem *amanhã*; se for no próprio sábado, usem *hoje.*

Pode ser, todavia, que as palavras *hoje* e *amanhã* e a expressão *depois de amanhã* tenham caído em desuso. Se for esse o caso, quero que todos os anunciadores de programas de televisão me perdoem...

No *site* da Folha de S. Paulo, exatamente no dia da notícia: *A partir "deste domingo", usuários de celulares terão de de escolher a operadora que fará as chamadas de DDD e DDI.*

E se fosse *a partir de **hoje***, seria diferente?

No *site* do mesmo jornal, numa segunda-feira: *O líder do governo na Câmara afirmou hoje que a base governista tentará concluir "nesta terça-feira" a votação da reforma da Previdência.*

E se fosse *amanhã*, não seria melhor?

tornar-se

Não se usa com a preposição "em": *O Brasil se tornou pentacampeão mundial de futebol. Muitos se tornaram reféns do bandido. *** Um cão da raça pastor islandês tornou-se principal personagem das manchetes dos jornais dinamarqueses, recentemente, depois que conseguiu sobreviver por 68 dias preso em um poço, perdendo a metade de seus 22kg.*

No *site* da Folha de S. Paulo, em manchete, numa linda terça-feira: *Lucélia de Carvalho se torna "na" 1.ª brasileira a ganhar dois ouros individuais em Pan.*

Depois, no início da matéria: *Lucélia de Carvalho conquistou "nesta terça-feira" a medalha de ouro no kumite acima de 58kg do caratê nos Jogos Pan-Americanos de Santo Domingo e se tornou "na" primeira atleta brasileira a ganhar dois títulos consecutivos em provas individuais na competição continental.*

Dizem que a Folha de S. Paulo se tornou o melhor jornal do país.

sassafrás

Varia normalmente no plural: *sassafrases.* Num jornal: *A morte dos cedros, "sassafrás", canelas e guapuruvus, entre outras árvores frondosas, eliminou dois andares ou patamares de floresta.*

sic

Trata de um advérbio latino que significa *assim, deste modo, desta forma, desta maneira.* Usa-se entre parênteses, para indicar que a palavra ou frase anterior está ou pode estar incorreta, mas é exatamente assim que aparece no original. Por exemplo: Num dos seus discursos, afirmou que a eleição no clube, este ano, poderia perfeitamente ser uma faca de dois legumes (*sic*).

A palavra *sic* está indicando ao leitor que o orador disse "legumes" mesmo, no lugar de *gumes.*

pagar / perdoar

Estes dois verbos se usam da mesma forma: *pagar* (ou *perdoar*) alguma coisa a alguém. Note: o objeto indireto é sempre pessoa; o direto é coisa. Portanto, *pagamos* dívidas, pecados, compromissos, etc., mas *pagamos ao* dono do armazém, *ao* dentista, *ao* médico, *ao* taxista, *à* costureira, *à* professora particular, *aos* empregados, etc. Se transformarmos isso em pronomes, eis como fica: ***Paguei-lhe*** *ontem a dívida, não foi?* *** *Eu quis* ***pagar-lhe****, mas ele não quis receber.*

Portanto, não se usa "pagá-lo", "pagar o dono do armazém" ou "pagá-la", "pagar a dona do armazém", em referência a pessoa, mas apenas *pagar-lhe, pagar ao dono do armazem, pagar à dona do armazem.*

Agora, o verbo *perdoar. Perdoamos* dívidas, pecados, desfeitas, ofensas, etc., mas *perdoamos ao* devedor, *ao* pecador, *ao* ofensor, *ao* irmão, *ao* vizinho, *ao* amigo, *ao* colega, etc. Se transformarmos isso em pronomes, eis como ficará: *Seu pai ainda não* ***lhe perdoou*** *aquela sua má-criação?* *** *Luís, seu amigo diz que nunca vai* ***perdoar-lhe****.* *** *Depois de muito tempo é que fui* ***perdoar-lhe****.*

Portanto, não se usa "perdoá-lo", "perdoar um amigo" ou "perdoá-la", "perdoar uma amiga", em referência a pessoa, mas apenas *perdoar-lhe, perdoar a um amigo, perdoar a uma amiga.*

No *site* da Folha de S. Paulo, em manchete: *Mãe perdoa "o" filho pela morte de estudantes.* Logo abaixo: *Ela pede que as famílias de Liana e Felipe também perdoem "o" seu filho.*

O crime cometido foi desses que não merecem perdão.

Uma de nossas melhores revistas semanais de informação trouxe certa vez um anúncio da própria publicação em forma de advertência: *A redação é uma das provas mais temidas pelos vestibulandos. Em geral, examinadores não "perdoam quem" foge ao tema ou comete erros grosseiros. A seção Veja Educação é uma ótima ferramenta para quem deseja escrever em bom português. Traz testes de vocabulário, reportagem sobre dificuldades da língua e dicas sobre recursos estilísticos. Há ainda a seção Erros e Acertos, com as regras seguidas pelos jornalistas da revista.*

Depois de errarem na regência do verbo *perdoar*, eles ainda se acham no direito de oferecer dicas sobre português. Durma-se com um barulho desses!

benzinho / amorzinho / brotinho

São três palavras absolutamente invariáveis em gênero, mesmo em referência a mulher. Trata-se de diminutivos carinhosos, respectivamente, de *bem, amor* e *broto,* também, naturalmente, nomes sobrecomuns. Portanto, usamos: *Ifigênia é* ***meu benzinho****.* *** *Juçara é* ***meu amorzinho****.* *** *Sua filha é um* ***brotinho lindo****!*

Há namorado apaixonado por aí que, quando comete alguma asneira, digna de fim de namoro, sai-se com esta, junto à amada: *"Benzinha", não foi por querer. Perdoa!*

Tem perdão?

Uma jornalista, talvez vizinha desse namorado imperdoável, resolve imitá-lo, escrevendo numa folha de São Paulo: *"Brotinha": se você já fez 14 anos, mas ainda não tem 21; se mede mais de "1m68", mas não ultrapassa "os 1m81"; é bonita, é bonita e é bonita, acorde!*

Acorde?! Quem usa "brotinha", "1m68" e "os 1m81", em vez de *brotinho, 1,68m* e *o 1,81m,* ainda tem coragem de pedir que alguém **acorde**?!

Aparecida

É este o nome da cidade paulista, onde se situa a maior basílica do Brasil, dedicada à padroeira do nosso país, Nossa Senhora Aparecida. Os jornalistas, porém, insistem em chamá-la Aparecida "do Norte", uma cidade que, em verdade não existe, assim como não existe Salto "de Itu", mas apenas *Salto.*

pedir para

Só se admite esta combinação, quando a palavra *licença* ou *permissão* estiver clara ou subentendida: *O aluno* ***pediu para*** *ir ao banheiro.* (Isto é: *O aluno pediu* ***licença*** *para ir ao banheiro.*)

Se não for possível tal subentendimento, usa-se apenas *que*: *Pedi* ***que*** *me trouxessem um copo d'água.*

No *site* de O Estado de S. Paulo: *A falta de componentes provocada por greves que atingiram a "região leste" da Alemanha levou a montadora BMW a pedir "para" que 10 mil funcionários da linha de montagem dos sedãs Série 3 ficassem em casa "nesta segunda-feira".*

Repare: além do malsinado "para" depois do verbo *pedir*, o jornalista usou "região leste", em vez de *Região Leste* e "nesta segunda-feira", em vez de *ontem* (a notícia estava sendo veiculada no dia seguinte ao do pedido da montadora).

No *site* da Folha de S. Paulo, título: *Cúpula islâmica pede aos EUA "para" sair do Iraque.*

Convenhamos: este não seria bem o caso de pedir *licença...*

aparte

É palavra masculina: ***o*** *aparte,* ***um*** *aparte.* No diminutivo, mantém naturalmente esse gênero: *um apartezinho.* Mas muita gente continua pedindo "uma apartezinha" por aí.

Um deputado, p. ex., num debate pela televisão, saiu-se com esta: *Hélio, se me permite "uma apartezinha rápida", gostaria de falar sobre esse assunto.*

Pois fale!...

"por causa que"

Não, não existe nada "por causa que". Mas, apesar disso, apesar de sua inexistência, um dicionário (aquele) a registra. E mais: registra também "por causo que"! É, o mundo está ficando mesmo muito estranho, muito perigoso!

Talvez "por causo" desse registro, um provedor da Internet tenha lançado recentemente em manchete esta frase: *Felipão confessou que só usa três zagueiros "por causa que" Cafu não sabe marcar.*

Certa vez, ouvi um pseudo-apaixonado se dirigir assim à namorada: "*Benzinha, onte eu num pude vim, por causo que tive doente, apesar que tava loco pa vê ocê*". Será que elas acreditam mesmo em gente assim?!

Certas passagens e frases da vida – não sei por quê – me fazem lembrar um fato relatado por uma professora e ocorrido numa de suas salas de aula:

O aluno era de péssimo aproveitamento em português. A professora, sempre muito dedicada, querendo corrigir mais um de seus inúmeros erros, mandou-o escrever cem vezes o pretérito perfeito do verbo ***caber****, porque ele só dizia "cabeu", em vez de* ***coube****. A tarefa deveria ser feita depois que as aulas terminassem, como uma espécie de castigo.*

O garoto, então, encheu a página de ***coube: coube, coube, coube...*** *No finzinho, escrupuloso, deixou uma nota no caderno à professora, já ausente:* ***Fessora, num escrevi cem vez por causo que num cabeu****.*

Já que pra chorar não dá, a gente ri...

pão-duro

Trata-se de nome absolutamente invariável em gênero: *turma pão-dur****o****, namorada pão-dur****o****, mulher pão-dur****o****, gente pão-dur****o***. Da mesma forma: *Sua amiga é* ***um*** *pão-duro de marca maior!*

A nossa melhor revista semanal de informação nos revelou, contudo, na ed. 1.626, pág. 172, que a linda modelo gaúcha Gisele Bündchen é "*pão-dura*" assumida.

Será?

No *site* do Jornal da Tarde houve a confirmação: *Descobrimos um defeito em Gisele Bündchen: ela é "pão-dura".*

Como é que tem coragem de falar em defeito aquele que está cheio deles?!

dedo-duro

A exemplo de *pão-duro*, também é nome invariável em gênero. Portanto, use sempre: *gente dedo-dur****o****, vizinha dedo-dur****o****, turma dedo-dur****o****, namorada dedo-dur****o****, colega dedo-dur****o***. Da mesma forma: *Sua namorada é* ***um*** *dedo-duro de marca maior!*

nó-cego

A exemplo de *pão-duro* e *dedo-duro*, também é nome invariável em gênero. Portanto, use sempre: *gente nó-ceg****o****, vizinha nó-ceg****o****, turma nó-ceg****o****, namorada nó-ceg****o****, colega nó-ceg****o***. Da mesma forma: *Sua irmã é* ***um*** *nó-cego de marca maior!*

"marcar-mos" / "poder-mos" / "fazer-mos"

Não, não se separa a terminação *-mos* do resto do verbo. Por isso, escreva sempre: *marcarmos, podermos, fazermos, entregarmos, pedirmos,* etc.

Só os pronomes átonos se ligam por hífen às formas verbais: *marcar-nos, fazer-nos, entregar-nos, pedir-nos,* etc.

“raspar” bigode

Ninguém, em sã consciência, faz isso. As pessoas que não são masoquistas preferem *rapar* o bigode: é bem menos dolorido!

Bigode, axilas, cabeça e pêlos se *rapam*. O que se *raspa* é taco, parede, porta, janelas e, recentemente, até bilhete de loteria.

Lembre-se das palavras de Deus a Moisés: *Os sacerdotes não **raparão** as cabeças, nem as barbas, e não farão golpes no seu corpo.*

A uma ordem de tamanha magnitude, obedece-se!

quinta e “sexta-feiras”

Não, não deve haver variação neste caso, porque *feira* não é adjetivo. Portanto, usaremos sem nenhum problema: *O comércio estará fechado na quinta e sexta-**feira***. *** *Não haverá aula na segunda e terça-**feira***.

gás lacrimogêneo

É este o nome do gás, e não “lacrimogên**i**o”, cacografia que recebeu nítida influência de *gênio*. Mas... que tem a ver *lacrimogêneo* com *gênio*? Nada. O povo, contudo, sempre vê alguma coisinha...

Não só o povo; alguns jornalistas também. Eis como se leu no *site* do Jornal do Brasil, recentemente: *Em meio ao gás “lacrimogênio”, opositores, situacionistas, policiais militares e a Guarda Nacional se misturam numa batalha campal nas ruas da capital da Venezuela.*

A luta continua...

Cheguei agora “do” Guarujá.

É assim que se ouve sempre. Mas nomes de cidade rejeitam o uso do artigo. Note que todos empregamos assim: *Cheguei agora **de** Campinas, **de** São José do Rio Preto, **de** Santos, **de** Jaú, **de** Bauru, **de** Franca,* etc., sempre sem o artigo. Portanto, também: *Cheguei agora **de** Guarujá, voltei **de** Guarujá, estou **em** Guarujá, não conheço Guarujá.*

Existe atualmente uma certa febre, principalmente de alguns repórteres de televisão, de usar o artigo não só antes dos nomes de cidade (*“o” Jaú, “o Bauru”, “a Franca”*, etc.), mas agora também com nomes de Estado que não exigem essa classe de palavras. Então, ouve-se: *“o” Sergipe, “o” Pernambuco, “o” Goiás; cheguei agora “do” Sergipe; estou “no” Pernambuco, já voltei “do” Goiás.*

No *site* da Folha de S. Paulo: *Avião da FAB some em vôo “no PE”*. Dias depois, no mesmo *site*, apareceu esta manchete: *Tornado “no” Chipre deixa 30 feridos.* Dias depois, no *site* da mesma Folha: *Portuguesa contrata jogador que estava “no” Chipre: o meia Luciano Souza, 31, que estava no AEL Limassol, “do” Chipre, assinou contrato por um ano.*

Nessa baderna toda, quem acaba se machucando são os que se orientam pelos tais manuais de redação, que são, sem dúvida, uma maravilha!...

Ou seja, é um festival de invenções, que só podem sair mesmo de cabecinhas altamente privilegiadas.

mulheres *alemãs* e crianças *catalãs*

Perfeito. *Alemão* faz no plural *alemães*; *alemã* faz no plural *alemãs*; *catalão* faz no plural *catalães;* no feminino, *catalãs.* Aliás, todas as palavras terminadas em *-ã* fazem o plural mediante o acréscimo de *s*: *fã, fãs; romã, romãs; amanhã, amanhãs,* etc.

De um jornalista: *Depois de uma guerra nuclear, não haverá "amanhães".*

Ou seja, para esse jornalista, existe "*amanhão*", e não *amanhã.*

Não é assustador?

visar / aspirar

São verbos que exigem a presença da preposição *a*, no sentido de *pretender, objetivar*: *visar* ou *aspirar a um cargo, visar* ou *aspirar a um prêmio, visar* ou *aspirar a uma boa carreira, visar* ou *aspirar a um diploma, visar* ou *aspirar à presidência da República.*

Ambos os verbos podem (note: *podem*) dispensar a preposição, se vierem antecedidos de infinitivo. Portanto: *ele visa* (ou *aspira*) *conquistar esse cargo; ele visava* (ou *aspirava*) *eleger-se no primeiro turno.* Os que primam pelo rigor, no entanto, preferem construir: *ele visa* (ou *aspira*) ***a*** *conquistar esse cargo; ele visava* (ou *aspirava*) ***a*** *eleger-se no primeiro turno.*

Na mídia: *Nas emissoras de televisão não há nenhuma preocupação com programas que visem "o" desenvolvimento da criança, como programas de cunho educativo.* *** *Parreira não conseguiu fazer o treino nesta segunda-feira na China, visando "o" amistoso marcado para quarta, às 9h30 contra a seleção chinesa.*

Acho que estamos precisando criar urgentemente um programa que **vise a**o melhor desempenho profissional de alguns jornalistas.

ver / vir

Cuidado, ao usar estes verbos! O problema maior com o primeiro se dá no futuro do subjuntivo. Muitos usam "*se eu ver*", o que não existe. O futuro do subjuntivo do verbo *ver* é este: *vir, vires, vir, virmos, virdes, virem* (que muitos pensam ser do verbo *vir*). Portanto: *Se eu **vir** Juçara, darei o seu recado.* *** *Quem **vir** meus filhos por aí, por favor, avise-me!* *** *Na hora que eu **vir** Selma, vou arrancar-lhe os cabelos!* *** *Não vou descansar, enquanto não **vir** esse caso resolvido.* *** *Aquele que **vir** a Deus e continuar ateu, não terá salvação.*

O futuro do subjuntivo do verbo *vir* é: *vier, vieres, vier, viermos, vierdes, vierem.* Eis frases com tais formas: *Se eu **vier** aqui amanhã, falarei com vocês.* *** *Quem **vier** mais cedo será* *recompensado.* *** *Quando eu* **vier** *aqui novamente, tudo será diferente.* *** *Na hora que eu* **vier** *a Salvador, resolverei esse caso.* *** *Aquele que* **vier** *a Deus e não O vir, não merecerá salvação.*

Só por mera curiosidade, eis como aparece nos jornais: *Quem passar pela Avenida Ribeiro Dantas, em Bonsucesso, e "ver" o rosto do Cristo Redentor...*

Isso me faz lembrar aquela frase de pára-choque de caminhão: *Se você me "ver" abraçado com mulher feia, separe, que é briga!*

Estamos no 2004.º ano da era cristã: como escrever por extenso?

Assim: *estamos no* **segundo milésimo quarto** *ano da era cristã.*

Suponhamos, agora, que você tenha sido o *3001°* colocado num concurso. Escreverá, então: *Fui o* **terceiro milésimo primeiro** *colocado no concurso.*

Suponhamos, ainda, que alguém seja a **5.232.ª** pessoa de uma fila. Dirá, então, revoltado, naturalmente: *Sou a* **quinta milésima ducentésima trigésima segunda** *pessoa da fila!*

Na festa *foi notada* a presença de Jeni e Heloísa.

Frase correta. O plural ("foram notadas as presenças") é inteiramente dispensável em construções deste tipo, por se tratar de nome abstrato (*presença*).

Eis outros exemplos: ***A promessa*** *de Inês e Luísa não foi levada a sério.* *** ***A permanência*** *de Virgílio e Filipe no aeroporto foi comentada.*

Se o substantivo dessa construção for concreto, o plural, então, será obrigatório: ***As cabeças*** *de Jeni e Cassilda vão rolar.* *** *Os* ***livros*** *de Inês e Luísa estão em cima da mesa.*

os *democrata*-cristãos

É este o plural de *democrata-cristão.* Quando um composto é formado de dois adjetivos, só o último varia: *social-democratas, nacional-socialistas, social-liberais, marxista-leninista, policial-militares, liberal-progressistas,* etc.

Numa revista semanal de informação: *Segundo a pesquisa, os "sociais-democratas" receberiam 40% dos votos contra 38% dos "democratas-cristãos".*

Assim, não há cristão que agüente!

"aparição" do papa no terraço da basílica

Os jornalistas brasileiros insistem em confundir *aparição* com *aparecimento.* A primeira só se usa com seres sobrenaturais e com fenômenos; a segunda é que se aplica aos demais casos. Assim, temos: *a* ***aparição*** *da Virgem, a* ***aparição*** *de um fantasma, de uma alma, a* ***aparição*** *do Sol, de um cometa,* etc.

Mas: *o aparecimento do papa no terraço da basílica, o aparecimento do governador para fa-*

lar com um seqüestrador, o aparecimento do candidato para as câmaras de televisão, etc.

Eis como se viu escrito numa de nossas revistas semanais de informação: *Jader Barbalho faz "aparições" certas nos três noticiários diários.*

O jornalista não soube informar, porém, quando foi que o ex-senador virou fantasma ou qualquer outro ser sobrenatural...

garçom / bombom / marrom / jetom / guidom / moletom

Todos estes substantivos são oxítonos e se escrevem com *-om* final, e não com "-on". Anote mais: *acordeom, batom, burbom, frissom, pistom.*

Palavras paroxítonas ou proparoxítonas, no entanto, aceitam *-on* final. Veja: *Agamênon, Ânderson, Dálton, Nélson, náilon, Nórton, Róbinson, Sólon,* etc.

Os nomes próprios oxítonos, por uma questão de respeito à tradição, só por isso, podem ser grafados com o final *-on.* Por exemplo: *Calmon, Heron, Leblon, Odilon, Partenon, Ramon, Saigon, Trianon, Zenon,* etc. Nós, particularmente, preferimos, mesmo aqui, sua grafia com *-om* final, por questão de coerência.

"Anexo" segue a foto.

Anexo não é advérbio (palavra invariável), mas adjetivo (palavra variável). Como o adjetivo toma sempre o gênero e o número do substantivo modificado, temos: ***Anexas** seguem **as** fotos.* *** ***Anexos** seguem **os** recibos.* *** ***Anexa** segue **a** nota fiscal. **Anexos** envio **os** documentos.* *** ***A** foto está **anexa** aos documentos.* *** ***A** Álvares Penteado era uma escola **anexa** ao curso superior.* *** *Vão aqui **anexos seus** livros preferidos.*

Eis outro exemplo de emprego inadequado dessa palavra: *"Anexo" à presente envio-lhe a nota fiscal.* Vemos aí *anexo* novamente como advérbio. A frase legítima é: ***Anexa** à presente envio-lhe **a** nota fiscal.*

Apenso se usa rigorosamente como *anexo.* Convém, contudo, não confundir *anexo* com *incluso* (= o que está dentro, o que está contido; ou seja, equivale a *incluído*). *Anexo* é o que está junto, ligado, unido. Repare nestes exemplos: *Já está **inclusa** na conta **a** comissão do garçom.* *** *Seguem **anexas as** novas listas de preços.*

As notas fiscais seguem "em anexo".

Os que sentiam uma natural dificuldade no emprego de *anexo* como adjetivo resolveram encontrar uma saída (pouco honrosa) para o problema: criaram a locução "em anexo", que, como locução, não sofre variação nunca. Ora, "em anexo" equivale rigorosamente a "em junto". Quem enviaria *"em junto" sua foto?*

"lapizão" de cera

O aumentativo de *lápis* – qualquer criança sabe – é *lapisão*, mas uma fábrica de lápis de cera achou de estampar na caixa do seu produto, em letras enormes: "*Lapizão" de cera.* Não tenho visto o referido produto: ou acabou, ou mudaram o nome. Se acabou, mereceu; se mudaram o nome, fizeram-no a tempo.

creme dental com "micro-partícula"

Cuidado com esse tipo de creme dental! Há uma empresa que anda divulgando aos quatro cantos do mundo que acabou descobrindo isso aí. Se tivessem feito propaganda de um produto com *micropartícula*, talvez fossem levados mais a sério.

O elemento *micro-* não se liga a nenhuma palavra mediante hífen, com apenas uma exceção: *micro-habitat*.

As vendas do comércio caíram "em" 30%.

O verbo *cair*, assim como *aumentar* e *diminuir*, não admite "em", nesta frase e semelhantes: *As vendas do comércio* ***caíram*** *30%.* *** *As vendas de veículos* ***caíram*** *10%.* *** *As vendas de chuchus* ***aumentaram*** *50%.* *** *A inflação* ***diminuiu*** *8% este ano.*

Nos jornais: *Conjunto de opcionais pode aumentar o preço de um carro "em" mais de 20%.* *** *O movimento de compensação de cheques em Salvador caiu "em" cerca de 30%.*

A paciência de alguns já caiu 100%.

puro-sangue / pele-vermelha / cara-pálida / pronto-socorro

São substantivos compostos formados por adjetivos e substantivos, elementos que variam normalmente no plural: *puros-sangues, peles-vermelhas, caras-pálidas* e *prontos-socorros* (có).

Nos jornais: *Criar cavalos "puro-sangue" é um negócio milionário.* *** *A miséria é intercalada com publicidade de jatos particulares e cavalos "puro-sangue".* *** *Gerônimo, líder dos "pele-vermelha".* *** *Com a greve dos médicos, a população passou a procurar os "pronto-socorros" da Prefeitura.*

Pois é.

Oportunidade como essa "não aparece sempre".

Nunca se usa *não* e *sempre* na mesma frase: *Oportunidade como essa* ***nem sempre aparece.*** *** ***Nem sempre*** *isso acontece.* (E não: *Isso "não" acontece "sempre".*) *** ***Nem sempre*** *se encontra garota inteligente por aí.* (E não: *"Não" é "sempre" que se encontra garota inteligente por aí.*)

Também não se usam na mesma frase *não* e *todos os dias*:
Nem todos os dias vou ao escritório. (E não: "*Não*" *vou ao escritório* "*todos os dias*".) *** *Nem todos os dias é possível ver a Lua assim tão linda!* (E não: "*Não*" *é possível ver a Lua assim tão linda* "*todos os dias*".) *** *Nem todos os dias se fazem eleições honestas.* (E não: *Eleições honestas* "*não*" *se fazem* "*todos os dias*".)

Em períodos com orações adversativas, porém, as combinações impugnadas se empregam com propriedade. Assim, por exemplo: *Isso **não** acontece **sempre** não, acontece somente aos domingos.* *** *Eleições honestas **não** se fazem **todos os dias** não, mas apenas de século em século.*

Fui eu que *fiz* isso. Fui eu quem *fez* isso.

Ambas as frases estão perfeitas. Quando se usa *que*, o verbo concorda com o sujeito anterior (no caso, *eu*); quando se usa *quem*, o verbo concorda com este pronome, que exige sempre a terceira pessoa do singular.

Eis mais exemplos: *Não éramos **nós** que **roncávamos** à noite.* *** *Não éramos nós **quem roncava** à noite.* *** *Foram **eles** que **chamaram** a polícia.* *** *Foram eles **quem chamou** a polícia.* *** *Serás **tu** que **casarás** com minha filha?* *** *Serás tu **quem casará** com minha filha?* *** *Fomos **nós** que **vimos** o crime.* *** *Fomos nós **quem viu** o crime.*

lotação

Pode ser palavra feminina ou masculina, com significados diferentes.

A lotação é a capacidade de veículos coletivos, elevadores, salas de espetáculo, estádios, etc.: ***a lotação** do ônibus é de 40 passageiros.*

***O** lotação* é redução de *autolotação*, ou seja, qualquer veículo coletivo (carro, perua, ônibus, etc.) que transporta passageiros de um ponto a outro da cidade, com maior rapidez e preços maiores que os coletivos de linha regular, saindo do ponto de origem somente quando se completa a sua capacidade de transporte. Assim, usaremos: *O motorista d**o lotação** estava nervoso, porque o prefeito o proibiu de trabalhar. Há muit**os** **lotações** clandestinos na cidade.*

Num telejornal: *A população paulistana voltou hoje a se apertar "nas" lotações, por causa da greve dos ônibus.*

muçarela

É este o aportuguesamento correto do italiano *mozzarèlla*. Nunca é demais repetir: os dois *zz* italianos dão *c* ou *ç* em português, mas jamais "ss".

Há uma variante, *mozarela*, que deve ser desprezada, porque ninguém usa. Nem o *seu* Mané, do boteco da esquina, que prefere escrever "mussarela". *Mozarela*, no entanto, ele se recusa a escrever no cartaz do seu estabelecimento. Tem bom-gosto. E bom-senso.

Um dicionário (aquele) registra *mozarela* a par de *muçarela*, mas (veja!) dá o gênero feminino para a primeira e masculino para a segunda.

A vacilação oficial acerca da ortografia deste italianismo tem provocado desencontros ortográficos em alguns periódicos, entre os quais a Veja, ed. 1.785, pág. 60, que traz três vezes "mussarela", justamente a forma preferida do seu Mané.

É para *a* frente que se anda.

Perfeito. Há muita gente que deseja andar *para trás*, quando escreve: *É "para frente" que se anda*, isto é, sem o devido uso do artigo antes da palavra *frente*. Note que em situação antônima (com o uso de *atrás*), o artigo não aparece.

Antigamente, ficou famosa uma frase entre nós: *O Brasil é um país que vai pra frente*. Está correta. Por quê? Porque aí houve a contração de *para a* para *pra*. Aliás, não eram poucos os que diziam: *O Brasil é um país que vai "pa" frente.*

A verdade é que, com *pra* ou com "pa", o país ainda não foi. Irá?

O trema ainda não caiu?

Não. Todo o mundo está esperando o dia em que o trema venha definitivamente a cair, mas o trema resiste bravamente, não cai. Daí por que todos ainda estamos obrigados a usá-lo nos grupos *gue, gui, que, qui*, quando o **u** for sonoro e átono. Portanto: *agüentar, sagüi, seqüestro, delinqüente, eqüestre, eqüino, delinqüir, eqüidistante, eqüitativo, tranqüilo.*

"semi-final" / "semi-novos"

O prefixo *semi-* só exige hífen antes de palavras iniciadas por **vogal** (*semi-**a**nalfabeto, semi-**a**utomático, semi-**e**ixo, semi-**i**nterno, semi-**o**culto, semi-**ú**mido*), **h** (*semi-**h**orda*), **r** (*semi-**r**eta*) ou **s** (*semi-**s**elvagem*). Em qualquer outro caso, não deve aparecer o hífen.

No *site* do Jornal da Tarde: *Peixe obtém um bom resultado na Cidade do México. Precisa de uma vitória simples na Vila para ir à "semi-final".*

Chega a ser inacreditável que ainda haja jornalistas que escrevam "semi-final", assim como inacreditável são as revendedoras de automóveis que vendem "semi-novos".

Ela "sequer" me veio visitar no hospital!

Sequer é uma palavra que só se usa em orações negativas, sempre junto de palavras negativas, nunca isoladamente. Assim, convém construir sempre: *Ela **nem sequer** me veio visitar no hospital!* *** *Depois do acidente, eu **não** podia **sequer** falar!* (E não: *Depois do acidente, eu "sequer" podia falar!*) *** *O ministro não veio à reunião **nem sequer** deu satisfação.* (E não: *O ministro não veio à reunião e "sequer" deu satisfação.*)

movimento “ético-moral” na política

Trata-se de uma redundância: o grego *ethike* corresponde ao latim *morale*. Sendo assim, *ética* e *moral* são rigorosamente sinônimos. Daí por que não existe nada (sério, pelo menos) que seja “*ético-moral*” ou “*ético e moral*”, tão a gosto da oposição brasileira. ***Essa é uma questão de ética e sobretudo de moral***, foi a frase de conhecido político brasileiro, que até chegou à presidência da República.

A medida tornou “inelegível” vários candidatos.

A palavra *inelegível* está modificando um termo no plural; portanto: *A medida tornou* ***inelegíveis*** *vários candidatos.*

Eis outros exemplos: *Faço* ***minhas*** *as suas palavras.* *** *Deixaram* ***esburacadas*** *as estradas federais.* *** *É preciso tornar novamente* ***agradáveis*** *as noites paulistanas.* *** *O voto eletrônico tornou* ***impossíveis*** *as fraudes.* *** *Convém tornar* ***úteis*** *os deficientes físicos.*

No *site* da Folha de S. Paulo: *O IBGE só considera como “desempregado” aqueles que procuraram emprego nos 30 dias anteriores à consulta.*

Nos jornais: *O governo vai divulgar nova tabela do IPI de modo a tornar “compatível” as alíquotas brasileiras “às” cobradas pelos seus parceiros do Mercosul.*

No lugar de “compatível” deveria estar *compatíveis*; no lugar de “às”, *com*, que é a verdadeira preposição pedida por *compatível*.

Como se vê, o jornalismo brasileiro continua evoluindo...

Neste clube *pratica*-se futebol, natação e tênis.

Frase perfeita. Na voz passiva sintética, quando há uma série de sujeitos, o verbo pode ficar no singular, concordando com o elemento mais próximo.

Eis outros exemplos: *Nesta loja* ***vende****-se camisa, meias, luvas, sapatos, eletrodomésticos, etc.* *** *No Paraguai* ***compra****-se uísque, cigarro, perfume, etc. tudo a preço baixo.*

Verbo usado antes de sujeito composto fica normalmente no singular, conforme a concordância bíblica: ***Passará*** *o céu e a terra, mas minhas palavras não passarão.*

Outros exemplos: ***Morreu*** *o motorista e todos os passageiros do ônibus.* *** ***Existe*** *o bandido e o homem de bem: a lei brasileira, hoje, parece favorecer o primeiro.*

engajado / alistado

Usam-se com a preposição *em*: *estar* ***engajado n****um movimento,* ***n****uma candidatura; estar* ***alistado n****o Exército.*

Diz-se o mesmo de *engajamento, engajar, alistamento* e *alistar*: *O* ***engajamento*** *dele* ***no*** *Exército foi há muito tempo.* *** *Vou* ***engajar****-me* ***no*** *movimento democrático.* *** *O* ***alistamento*** *dele* ***no*** *Exército se deu há dois anos.* *** *Vou* ***alistar****-me* ***no*** *Exército.*

Um jornalista escreveu recentemente: *Há, porém, dentro do próprio Palácio do Planalto, uma corrente não engajada "à" candidatura oficial.*

integrado / reintegrado

Também são palavras só usadas com a preposição *em*: *O jogador já está* ***integrado no*** *plantel.* *** *Tal sentimento se encontra* ***integrado na*** *alma do brasileiro. O funcionário público, depois de impetrar mandado de segurança, foi* ***reintegrado nas*** *suas funções.*

Todas as palavras da mesma família exigem essa preposição: *O professor* ***integrou****-o* ***no*** *grupo.* *** *Era preciso* ***reintegrá****-lo* ***no*** *quadro do magistério.* *** *A* ***integração/reintegração*** *do jogador* ***no*** *plantel ocorreu ontem.*

Além dessas, ainda *condução* e *recondução* se usam com essa preposição: *A* ***condução/recondução*** *do funcionário* ***no*** *cargo se deu por mandado judicial.*

plantel de jogadores

Plantel é palavra que se usa com propriedade em alusão a atletas de primeira linha, a craques. Assim, o Flamengo tem o seu *plantel*, o Palmeiras tem o seu *plantel*, o Cruzeiro, o Atlético Mineiro, o Grêmio, o Inter, etc.

A Folha de S. Paulo, todavia, publica em seu manual de redação exatamente o inverso, ou seja, condena o emprego da palavra *plantel* em referência a jogadores de futebol.

Isso é uma "estupideza" sem "tamanha"!

É certo que "estupideza" é uma aberração, mas nem por isso deixa de constar em dicionário (aquele).

Os que variam o pronome *tamanho*, quando faz parte da expressão *sem tamanho* (= enorme, grandioso) demonstra não conhecer absolutamente nada de língua portuguesa.

Conhecido jornalista esportivo, já notável pelos furos que comete, soltou isto, não faz muito tempo: *O deputado Eurico Miranda é de uma desfaçatez sem "tamanha"!*

Ao ouvir a desfaçatez, acabei eu próprio ficando com uma cara *sem tamanho*! O referido deputado pode ter lá seus pecados, mas até para criticar é preciso ter alguma classe, saber o que faz. Senão, perde-se a autoridade (quando se tem, naturalmente).

Não por acaso é que já lhe chamam a esse jornalista de *Zezinho Kfuro.*

Não estou hoje "nos" meus melhores dias.

Quando alguém se levanta visivelmente mal-humorado, pode dizer que não se levantou *num dos seus melhores dias*, mas não "nos seus melhores dias".

Como estou hoje *num dos meus melhores dias*, posso ainda continuar explicando: uma pessoa que dança, depois de longo tempo de inatividade, pode dizer a seu par: *Estou como **nos meus melhores dias***. Agora, sim, podemos usar a expressão toda no plural, porque se trata de uma comparação: entre os tempos antigos e os atuais.

Dersa

Sigla de *Desenvolvimento Rodoviário S.A.* Como as siglas são do mesmo gênero da primeira palavra que as formam, *Dersa* é **o**, e não "a". Não importa que seja empresa. O SBT também é empresa e é **o**, porque é ***Sistema** Brasileiro de Televisão.*

Apesar da evidência, ainda há quem continue falando em "a" Dersa. Há quem continue escrevendo "a" Dersa. A gente entende...

Os jornalistas da Veja se emendaram por um tempo, escrevendo corretamente: **o** Dersa. De repente, porém, a recaída: novamente na revista só se lê "a" Dersa. A gente sempre entende...

Comprei dois sabonetes "por" R$5,00 "cada um".

A preposição *por* se usa quando se trata de preço total. Assim, por exemplo: *Comprei dois sabonetes **por** R$10,00.*

A idéia de individualidade se traz mediante a preposição **a**: *Comprei dois sabonetes **a** R$5,00.* (Isto é: ***Cada um** dos sabonetes custou R$5,00.*)

Como se vê, uma vez empregada a preposição **a**, fica automaticamente dispensado o uso da expressão "cada um", já que a preposição, por si só, imprime caráter partitivo à comunicação.

Os sabonetes custaram R$5,00 "cada".

O pronome *cada* é sempre adjetivo, por isso não se usa isoladamente. Portanto: *cada pessoa, cada sabonete, cada um,* etc.: *Os sabonetes custaram R$5,00* ***cada um.***

Num dicionário, distribuído oficialmente nas escolas, encontrou-se esta definição de basquete: *Jogo disputado entre duas equipes de cinco pessoas em dois tempos de vinte minutos "cada".*

Quem são as vítimas? As nossas crianças, naturalmente.

Bauru

Dois comentários se devem fazer sobre essa palavra: primeiro, que ela nunca deve trazer acento gráfico; segundo, que ela contém hiato (a-u), e não ditongo (au). Assim, sua pronúncia correta é *Ba-u-ru*, e não "Bau-ru", como faz quase todo o mundo.

No Mato Grosso do Sul existe uma cidade chamada *Jauru*, que todos os apresentadores e locutores de televisão pronunciam corretamente: *Ja-u-ru*. Até hoje não se ouviu nenhum deles dizer "Jau-ru".

Há um país insular na Oceânia de nome *Nauru*, que se diz, naturalmente, *Na-u-ru*, e não "Nau-ru".

Em suma: coma seu *bauru* sossegado e visite *Bauru* quando puder (sem acento e sem ditongo)!

cheirar

Na acepção de *ter ou exalar cheiro*, este verbo se usa sempre com **a** (é transitivo indireto): *Suas mãos* ***cheiram a*** *perfume.* *** *Sua camisa está* ***cheirando a*** *cigarro.*

Pode significar também *ter semelhança com*: *Isso* ***cheira a*** *malandragem.* *** *Isso está* ***cheirando a*** *golpe.*

Um jornalista, âncora de telejornal, já disse isto, entre outras coisas censuráveis: *O desfecho desse escândalo está "cheirando pizza" com sobremesa de marmelada. ISSO É uma ver-go-nha!*

O Brasil está cheio de vergonhas.

o mesmo

É vicioso o emprego de "o mesmo" em substituição a pronomes. Repare nestas frases: *A polícia foi atrás do bandido, mas* ***ele*** *conseguiu fugir.* (E não: *A polícia foi atrás do bandido, mas "o mesmo" conseguiu fugir.*) *** *Compraram o livro e não* ***o*** *levaram.* (E não: *Compraram o livro e não levaram "o mesmo".*) *** *A inauguração do cinema se deu ontem;* ***a ela*** *compareceram várias autoridades.* (E não: *A inauguração do cinema se deu ontem; "à mesma" compareceram várias autoridades.*) *** *O fenômeno foi visto por Luísa e Manuel,* ***que*** *não quiseram dar entrevistas sobre* ***ele***. (E não: *O fenômeno foi visto por Luísa e Manuel, e "os mesmos" não quiseram dar entrevistas sobre "o mesmo".*)

Nos jornais: *Haverá maneira de se consumirem frutas e hortaliças sem que "as mesmas" percam as suas propriedades nutritivas?* *** *O signo de Touro é justamente o que exalta os valores materiais, ou a preservação "dos mesmos".* *** *De fato, foi uma grande idéia promover esta Feira de Artesanato, mas é preciso que "a mesma" seja trabalhada de maneira profissional.*

Como se vê, a imprensa continua **a mesma**...

Agora, num dicionário (aquele): ***Rapto consensual.*** *Crime que consiste em raptar mulher maior de 14 e menor de 21 anos, com o consentimento "da mesma".*

planta = usina?

Certamente, não. Alguns jornalistas brasileiros, todavia, já andam a usar *planta* por "*usina*", porque em inglês *plant* significa *usina*. Eles, comodistas, imaginando estar fazendo o maior sucesso, contribuindo com o léxico da língua portuguesa, traduzem para *planta*: *Todos sabem que a "planta" da Petroquímica União não é mais confiável do ponto de vista da sua segurança.*

dizer "em" alto e bom som

Não, é preferível dizer *alto e bom som* (sem a preposição "em"): *O pai disse* ***alto e bom som****: neste mês você não vai ter mesada!* *** *O ganso é uma boa ave de guarda: ele tem bons ouvidos e emite* ***alto e bom som*** *o seu alarme, ao perceber alguma anormalidade.* *** *Ela repetiu* ***alto e bom som****: Não quero mais nada contigo!*

Numa de nossas revistas semanais de informação (ed. 1.697, pág. 28), pudemos ler: *Garotinho disse "em" alto e bom som que sua sucessora (Benedita da Silva) irá tungar os servidores, mudando a data de pagamento do funcionalismo e deixando de antecipar o 13.º salário.*

Houve quem, sem ser servidor fluminense, tenha se sentido tungado...

Um dicionário (aquele), todavia, registra a expressão também com a preposição. Não me surpreende. A gente está acostumado a ser tungado...

Desesperado, ele "começou chorar".

Antes de infinitivo, *começar* não dispensa a preposição: *Desesperado, ele começou* ***a*** *chorar.* *** *É preciso começar* ***a*** *pensar no futuro.* *** *Quando você começará* ***a*** *ter juízo?* *** *Em que século os jornalistas brasileiros vão começar* ***a*** *escrever melhor?*

Além de *começar*, também *aprender* exige a preposição **a**: *aprender* **a** *nadar, aprender* **a** *dirigir, aprender* **a** *viver.*

No *site* da Folha de S. Paulo, recentemente: *"Aprenda cuidar" dos pés.*

Não estaria na hora de aprender **a** cuidar da língua?

Curioso é que no mesmo *site*, no mesmo dia, apareceu ainda isto: *Veja o que "vai acontecerá" hoje nas novelas.*

"Foi aconteceu" o quê?

"Viva" os brasileiros!

Embora todo o mundo use *viva* como se fosse uma interjeição, trata-se de um verbo, sujeito, portanto, a variações. *Salve!* é que é interjeição e não varia nunca. Se o sujeito do verbo *viver*, em frases assim, estiver no plural, o verbo deverá, naturalmente, acompanhá-lo. Portanto: ***Vivam*** *os brasileiros!* *** ***Vivam*** *os noivos!* *** ***Vivamos*** *nós, brasileiros!* *** ***Viva*** *eu!* *** ***Viva*** *ela!* *** ***Vivam*** *as férias!* *** ***Vivam*** *os políticos brasileiros!*

Recentemente, uma revista de moda lançou publicidade com esta frase: *"Viva" os novos tempos!*

Como os velhos ainda não morreram, que **vivam** os velhos e os novos tempos!

enfisema pulmonar

É este o nome correto da doença, embora haja por aí muitos doentes (não dos pulmões) que preferem ter "enfizema". É o caso dos jornalistas da revista ISTOÉ, por exemplo, que, na ed. 1706, à pág. 25, noticiam a morte de um ex-jogador de futebol por "enfizema" pulmonar. Aliás, quem também traz, quase semanalmente, "cataclisma", em vez de **cataclismo**, deve realmente estar muito doente (não dos pulmões)...

Preciso de ajudantes, *seja* mulheres, *seja* homens.

Frase tão correta quanto esta: *Preciso de ajudantes,* ***sejam*** *mulheres,* ***sejam*** *homens.* Na primeira, temos uma locução conjuntiva alternativa; na segunda, temos o verbo *ser.*

Outros exemplos: *Estamos cansados de radicalismos, seja* (ou *sejam*) *de esquerda, seja* (ou *sejam*) *de direita.* *** *Quero comprar carros, seja* (ou *sejam*) *nacionais, seja* (ou *sejam*) *importados.*

O verbo, porém, exige correspondência temporal. Desta forma, se optarmos pela forma verbal, e o verbo da outra oração estiver no passado, também no passado deverá estar o verbo *ser.* Observe a mudança: ***Precisava*** *de ajudantes,* ***fossem*** *mulheres,* ***fossem*** *homens.* *** ***Estávamos*** *cansados de radicalismos,* ***fossem*** *de esquerda,* ***fossem*** *de direita.*

Essas mesmas frases, com a locução conjuntiva, ficam assim: *Precisava de ajudantes,* ***seja*** *mulheres,* ***seja*** *homens.* *** *Estávamos cansados de radicalismos,* ***seja*** *de esquerda,* ***seja*** *de direita.*

Podemos, então, substituir essa locução por equivalentes: *ou...ou, quer...quer*: *Precisava de ajudantes,* ***ou*** *mulheres,* ***ou*** *homens.* *** *Estávamos cansados de radicalismos,* ***quer*** *de esquerda,* ***quer*** *de direita.*

Essas locuções não devem ter seus elementos trocados. Portanto, não se constrói: *Precisava de ajudantes,* ***quer*** *mulheres* "***ou***" *homens.* *** *Estávamos cansados de radicalismos,* ***seja*** *de esquerda* "***ou***" *de direita.*

Num de nossos principais jornais: *Mulheres e até homens vaidosos se preocupam com a própria pele,* ***seja*** *no verão* "***ou***" *no inverno. Mas será que não se esquecem "que" as crianças são muito mais sensíveis?*

Não seria o verbo *lembrar* que a jornalista gostaria de ter usado no lugar de "esquecer"? De notar, ainda: quem se lembra ou se esquece sempre se lembra ou se esquece **de**.

o elemento negro e a nossa pronúncia

Ao elemento negro devemos o fato de pronunciarmos muitas vezes:

1) os infinitivos sem o **r** final: *casá, vendê, menti;*

2) apenas **é** o **el** tônico final: *papé, ané, coroné;*

3) **tamém** (por *também*), **fulô** (por *flor*), **sinhô**, **sinhá** (por *senhor, senhora*), **fedô** (por *fedor*), etc.

4) **muié** (por *mulher*), **paiaço** (por *palhaço*), etc.

Por falar em *paiaço*, conta-se que certa vez um desses interioranos que só sabem falar "nóis ponhemo" disse, numa conversa entre amigos, que havia erguido, no seu sítio, um novo "palhol". Ao querer dizer, na verdade, *paiol*, cometeu o fenômeno inverso ao daquele provocado pela influência negra. O caso é semelhante ao daquela atriz que, numa telenovela, disse "gandalha", em vez de *gandaia*. Isso tem até nome: preciosismo.

um doze "avos"

A palavra *avo*, que só se usa com denominadores acima de dez, concorda com o numerador. Portanto, **1**/*12* se lê **um** *doze* **avo**, **2**/*12* se lê **dois** doze **avos**.

Há um dicionário que "ensina" diferente: que devemos sempre usar "avos". Não. Talvez por causa desse "ensinamento", escreveu certa vez uma jornalista: *O TGV, trem francês que desenvolve 270km/h, poderá fazer a ligação entre São Paulo e o Rio de Janeiro. Sozinho, hoje, o projeto custaria cerca de 3 bilhões de dólares – exatamente um 75 "avos" da dívida externa brasileira.*

sósia

É nome sobrecomum, ou seja, usa-se ***o** sósia* tanto para a mulher quanto para o homem, assim como *criança, vítima, testemunha, pessoa, ídolo*, etc. Portanto: *Todos queriam ver **o sósia** da rainha, que era uma mulher brasileira.* *** ***O sósia** de Julia Roberts no Brasil é uma garota de 16 anos.* *** *Estavam procurando **um sósia** para Natalie Portman, mas não encontraram.*

Os dicionários brasileiros, no entanto, insistem em registrar este substantivo como comum-de-dois, que não é nem nunca foi. Não é assim em nenhuma língua latina.

demorar "para"

Trata-se de combinação espúria esta. Não são poucos, todavia, os que a empregam diariamente, em frases como: *O juiz "demorou para" dar a sentença.* *** *O árbitro "demorou para" começar o jogo.* *** *Não "demore para" responder à minha carta!*

Já os mais elegantes preferem esta construção: *O juiz demorou-se a (ou em) dar a sentença.* *** *O árbitro se demorou a (ou em) começar o jogo.* *** *Não se demore a (ou em) responder à minha carta!*

Repare: além de o verbo ser rigorosamente pronominal, rege *a* ou *em*, mas nunca "para".

São Vicente de Paul*o*

É este o nome verdadeiro do santo para o qual todos devemos rezar. Muitos, todavia, rezam para o santo errado: São Vicente de "Paula", santo que nem mesmo a Santa Sé conhece. Sim, porque o santo que o Papa Clemente XII canonizou em 1737 foi São Vicente de Paul**o**.

Ovino, na realidade, se refere a ovelhas. *Oviário* é curral de ovelhas, e não porção de ovos; *ovinocultor* é o que cria ovelhas, e não o que vive da venda de ovos. *Ovíparo*, contudo, significa que põe ovos; *ovívoro*, que se alimenta de ovos. A raposa, por exemplo, é um animal *ovívoro*, mas não ovíparo. O homem é outro desses animais.

Quando eu "pôr" a mão naquele dinheiro...

O futuro do subjuntivo do verbo *pôr* é *puser, puseres, puser, pusermos, puserdes, puserem.* Todos os seus derivados, que são muitos, conjugam-se por ele: *apor, compor, depor, dispor, expor, impor, opor, propor, repor, sobrepor, supor, transpor*, etc.

Numa das revistas masculinas: *Às vésperas da eleição presidencial, o episódio apressou mudanças. Estava claro, então, que um novo elemento se "sobrepora" à tradicional divisão entre republicanos e democratas.*

"Sobrepora", em vez de *sobrepusera*, é de dividir não só republicanos e democratas...

O pai e o filho sofrem "dos corações".

Está claro que são dois os corações, o do pai e o do filho, mas quando algum nome genérico se aplica em sentido distributivo a duas ou mais pessoas ou coisas, usa-se o singular: *O pai e o filho sofrem d**o coração**. *** A mãe e a filha foram operadas d**o apêndice**. *** Todos os meus filhos têm defeito n**a boca**. *** Quando o pai perguntou às filhas se elas iriam ao cinema, responderam afirmativamente com **a cabeça**.*

maiúsculas e minúsculas

Os substantivos *rua, praça, avenida, beco, travessa, largo*, etc., que acompanham outros nomes, escrevem-se com inicial maiúscula: **Rua** Dias Ferreira, **Praça** 15 de Novembro, **Avenida** Atlântica, **Beco** do Leão, etc.

Os nomes de acidentes geográficos se escrevem com inicial minúscula: **baía** de Guanabara, **cabo** da Boa Esperança, **morro** das Pedras, **monte** Sinai, **mar** Morto, **península** Ibérica, **pico** da Neblina, **rio** Amazonas, **vulcão** Etna, **oceano** Pacífico, **lagoa** Rodrigo de Freitas, **ilha** de Chipre, etc.

regime autoritário = regime totalitário?

Não. No regime *autoritário*, o governo se arroga o direito de fazer e desfazer, como prender sem provas, cassar mandatos, etc. As autoridades se acham as donas da verdade e, assim, não admitem sequer o legítimo e sagrado direito de defesa do adversário.

Já no regime *totalitário,* o governo tenta impor o seu ponto de vista, o seu caminho, a sua ideologia, procurando eliminar toda corrente oposta e exigindo completa subserviência do cidadão ao Estado.

Ambos os regimes, unidos, constituem a *ditadura.*

Portanto, no período 1964-85, tivemos no Brasil, em verdade, um regime *autoritário.* Há os que, sem razão, afirmam que houve nesse período, sim, uma ditadura. Não. Nas ditaduras não há congressos abertos (nem mesmo os títeres); nas ditaduras não há eleições livres (nem mesmo as fraudulentas); nas ditaduras sempre há um só chefe: o ditador. No regime militar, além do congresso aberto, havia eleições, e a presidência da República foi ocupada por figuras distintas, algumas até de pensamentos e atitudes diametralmente opostas.

Lurdes é da mesma idade que "eu".

Nas comparações, é comum estar subentendido termo ou termos já anteriormente mencionados, mas na frase apresentada não há nexo sintático entre "eu" e outro termo anterior. Portanto, convém comparar assim: *Lurdes é da mesma idade que* ***a minha.*** (Isto é: Lurdes é da mesma idade que a minha **idade**.) *** *Hersílio é do mesmo time que* ***o meu.*** (Isto é: Hersílio é do mesmo time que o meu **time**.) [E não: *Hersílio é do mesmo time que "eu".*]

"pastor-alemão"

A raça de cães é outra: *pastor alemão* (sem hífen).

Os nomes de raças caninas ficam invariáveis quando usados como adjetivo. Exemplos: *cães* ***pastor alemão,*** *cachorra* ***pastor alemão,*** *cães* ***pequinês,*** *cadela* ***pequinês,*** *cães* ***dogue alemão,*** *cachorra* ***dogue alemão,*** *cães* ***são-bernardo,*** *cadela* ***são-bernardo.***

Flexionar os nomes de raça de cães seria admitir a "cachorra santa-bernarda", o que – convenhamos – não deixaria de ser um dislate.

Se tais nomes forem usados como substantivo, empregam-se como comuns-de-dois. Exemplos: *o/a pastor alemão, o/a pequinês, o/a dogue alemão, o/a são-bernardo,* etc. No plural: *os/as pastores alemães; os/as pequineses; os/as dogues alemães; os/as são-bernardos,* etc.

Luís, a vítima, todo ensangüentado, foi atendido no local.

Frase absolutamente correta: o adjetivo e o particípio devem concordar com o termo fundamental, e não com o aposto. Eis outros exemplos: *Manuel, a testemunha, tid**o** por mentiros**o**, não convenceu o juiz.* *** *Joãozinho, a criança acidentada, foi levad**o** ao hospital.*

Não conseguimos nos "mantermos" em pé.

Nas locuções verbais, só varia o primeiro verbo, ou seja, o auxiliar, ficando, portanto, invariável o verbo principal. Sendo assim, construímos sempre assim: *Não conseguimos* *nos manter em pé. *** Não podes entrar sem sreres anunciado. *** Vocês querem tomar um copo de leite? *** As mercadorias devem seguir amanhã.*

Repare que o sujeito de ambos os verbos de cada locução é rigorosamente o mesmo; daí a não-flexão: *nós* (de *conseguir* e de *manter*); *tu* (de *poder* e de *entrar*); *vocês* (de *querer* e de *tomar*); e *as mercadorias* (de *dever* e de *seguir*).

Às vezes, o verbo auxiliar vem separado do verbo principal: ***Podem** as autoridades estaduais **resolver** esse problema. *** **Devem** os estrangeiros **comparecer** à delegacia da Polícia Federal para fazerem o recadastramento.*

De um ex-governador de São Paulo: *Não podem as forças democráticas "ficarem" divididas e subordinadas a interesses ou posições de intransigência.*

Foi justamente no governo dele que a bagunça começou a aumentar. Ele se foi. Descansou. E deixou o "rojão" para nós...

Por outro lado, a senadora Heloísa Helena, do PT de Alagoas, saiu-se muito bem, ao afirmar: *Partidos nascem e morrem. Podem ficar vivos do ponto de vista legal, mas estar sepultados na sua razão de existir.*

Alguns poderão ver erro de concordância no verbo *estar*. Não: o verbo *poder* está oculto na forma *podem*, aparecida anteriormente.

Nesse caso, porém, ou seja, quando o verbo auxiliar se distancia do verbo principal, pode (note: pode) o verbo principal assumir a flexão. Então, essa mesma frase estaria também correta com *estarem* no lugar de *estar*.

adido

Adido é funcionário auxiliar de uma embaixada, sem pertencer ao quadro diplomático nem estar subordinado a chefes, que trabalha numa repartição em tarefas bem definidas ou específicas. O feminino é *adida*. Rege **a**: *Visitei um **adido à** embaixada brasileira em Paris. *** Hersílio é o novo **adido a** imprensa.* (Atenção: esse **a** é mera preposição, por isso não tem acento grave.)

Alguns jornalistas ainda escrevem: *A "adido" cultural "da" embaixada brasileira explicou que...*, ou seja, dois erros em cinco palavras.

Na ed. 1.802, pág. 26, da revista Veja: *Pelo menos vinte leitores estranharam a ausência de Portugal no ranking do turismo, publicado na reportagem* Os estrangeiros sumiram. *João Mota Pinto, adido comercial "da" embaixada de Portugal em Brasília, escreveu para a redação lembrando que o país recebe 12,2 milhões de turistas por ano.*

Os nomes das estações

Há alguma curiosidade neste assunto. Todos os nomes de estação provêm do latim. (Até aqui, nenhuma novidade.) No início, porém, o ano tinha apenas duas estações: o tempo bom, ou seja, a estação das flores e dos frutos (chamada *ver* ou *veris*) e o tempo ruim, ou seja, a estação da chuva e do frio (era o *hiems* ou *hibernus tempus*). Depois, o grande período do *ver* ou *veris* foi dividido em três: o primeiro era o início da boa estação (portanto *primo vere*, hoje *primavera*); o segundo foi chamado *veranus tempus* (hoje conhecido apenas como *verão*), que correspondia ao final da primavera e ao início do nosso atual verão; e, por fim, o tempo que correspondia ao final do verão, o *aestivum*, de onde provém *estio*.

A estação do tempo ruim (*hiems*) também sofreu divisão: *tempus autumnus* (o nosso outono) e *tempus hibernus* (o nosso inverno).

Como se vê, durante algum tempo, a humanidade conviveu com cinco estações do ano: *primavera, verão, estio, outono e inverno*. Posteriormente, viram que tanto o *verão* quanto o *estio* provocavam o mesmo suor e ambos convidavam muito à praia. Para que dois? Ficou, então, só o *verão*.

Ainda o dicionário 2

Para encerrarmos, eis mais algumas observações acerca do conteúdo de certo dicionário, que a grande imprensa louvou, ao seu lançamento, como o melhor dicionário da língua portuguesa. (Para quem?)

O referido dicionário não registra "imparciabilidade" (mesmo porque a palavra não existe em nossa língua). Ótimo! Nem por isso deixa de usá-la (v. **eqüidade**, acepção 3). Note que está havendo absoluta *imparcialidade* da nossa parte...

O referido dicionário traz "escandecência", "escandecente", "escandecer" e "escandecido", mas as formas corretas são mesmo *escandescência, escandescente, escandescer* e *escandescido*, embora tal sufixo verbal propicie variações, ora com *sc*, ora apenas com *c*.

O referido dicionário registra o verbo *esclerosar* apenas como transitivo direto (mas é também pronominal). No verbete logo acima, todavia, define *esclerosamento* assim: *ato ou efeito de esclerosar-se*. Afinal, o verbo é ou não é pronominal?

Não sei se o caro leitor é médico, mas *encéfalo* seria mesmo sinônimo perfeito de *cérebro*? [Hepa! acho que não. (Mas o dicionário não traz *hepa!*)].

Não sei se o caro leitor é bioquímico, mas *espermiogênese* seria mesmo sinônimo de *espermatogênese*? [Epa! Isso não. (Mas o dicionário não traz a interjeição *epa!*, que ora se grafa assim, ora se grafa com *h*)].

No verbete *estereotipar*, acepção 6, o dicionarista começa a defini-lo como verbo e termina definindo-o como adjetivo (inalterável; fixo). Afinal, *estereotipar* é verbo ou adjetivo? Todos nós estamos muito curiosos de saber...

Aumento = exagerar?

Não, está claro que não: *aumento* é substantivo, é nome; *exagerar* é verbo. Não se pode tê-los, por conseqüência, como sinônimos. Mas o dicionário 2 consegue. O dicionário consegue considerar *aumento* como sinônimo de *exagerar* (v. acepção 2 do verbete *aumento*).

Agora, finalmente, depois de ler toda esta obra, caro leitor, responda com toda a sinceridade, virtude que sempre nos deve caracterizar: acha que *aumentamos* alguma coisa, em algum comentário? Acha que, em alguma linha, *exageramos*?...

BIBLIOGRAFIA

ACADEMIA BRASILEIRA DE LETRAS. Pequeno vocabulário ortográfico da língua portuguesa.
ACADEMIA DAS CIÊNCIAS DE LISBOA. Vocabulário ortográfico da língua portuguesa.
ABREU, MODESTO. Regência verbal.
ALENCAR, METON DE. Os dez quebra-cabeças da língua portuguesa.
ALMEIDA, JOSÉ DE. Estudemos nossa língua.
______. Lições práticas do idioma nacional.
ALMEIDA, RUI. Cooperemos para a boa linguagem.
AMARAL, VASCO BOTELHO DE. Cultura, defesa e expansão da língua portuguesa.
______. Estudos vernáculos.
______. Glossário crítico de dificuldades do idioma português.
______. Maravilhas da língua portuguesa.
______. Novo dicionário de dificuldades da língua portuguesa.
______. Sutilezas, máculas e dificuldades da língua portuguesa.
ANDRADE, J. M. PAIS DE. Nos domínios do vernáculo.
AUTUORI, LUÍS. Nos garimpos da linguagem.
BARBADINHO NETO, RAIMUNDO. Sobre a norma literária do modernismo.
BARBOSA DE OLIVEIRA, ANTÔNIO RUI. Réplica às defesas da redação do projeto do Código Civil.
BARRETO, MÁRIO. Através do dicionário e da gramática.
______. De gramática e de linguagem.
______. Fatos da língua portuguesa.
______. Novíssimos estudos.
______. Últimos estudos.
BECHARA, EVANILDO. Lições de português pela análise sintática.
BERGO, VITTORIO. Erros e dúvidas de linguagem.
BRANDÃO, CLÁUDIO. Sintaxe clássica portuguesa.
CALBUCCI, ERNANI. Léxico de dúvidas de linguagem.
CALDAS AULETE. Dicionário contemporâneo da língua portuguesa.
CÂMARA JR., JOAQUIM MATTOSO. Dicionário de fatos gramaticais.
CAMPOS, AGOSTINHO DE. Glossário de incertezas, novidades, curiosidades da língua portuguesa e também de atrocidades da nossa escrita atual.
CARNEIRO, NOÊMIA. Lições de português.
CASCUDO, LUÍS DA CÂMARA. Dicionário do folclore brasileiro.
CEGALLA, DOMINGOS PASCHOAL. Dicionário de dificuldades da língua portuguesa.
CHEDIAK, ANTÔNIO J. Lições práticas de língua portuguesa.
CINTRA, ASSIS. Questões de português.
CORREIA, JONAS. Estudos de português.
COSTA, ALEXANDRE DE CARVALHO. Reflexões etimológicas.
CRUZ, JOSÉ MARQUES DA. Português prático.
CRUZ, PADRE ANTÔNIO DA. Regimes de substantivos e adjetivos.
CUNHA, CELSO. Gramática da língua portuguesa.
______. Nova gramática do português contemporâneo.
D'ALBUQUERQUE, A. TENÓRIO. Dicionário da linguagem.
FERNANDES, FRANCISCO. Dicionário de regimes de substantivos e adjetivos.
______. Dicionário de verbos e regimes.
FERNANDES, I. XAVIER. Questões de língua pátria, vols. I e II.
FERREIRA, AURÉLIO BUARQUE DE HOLANDA. Novo Aurélio século XXI.
FIGUEIREDO, CÂNDIDO DE. Lições práticas, vols. 1, 2 e 3.
______. Lições práticas da língua portuguesa.
______. Novas lições práticas da língua portuguesa.
______. Novo dicionário da língua portuguesa.
______. Problemas da linguagem, vols. 1, 2 e 3.
FLEURY, RENATO SÊNECA. Consultor popular da língua portuguesa.
FONSECA, ARTUR OLIVEIRA. Tudo sobre o hífen.

FONSECA, SIMÕES DA. Dicionário enciclopédico da língua portuguesa.
FREIRE, LAUDELINO. Grande e novíssimo dicionário da língua portuguesa.
GALVÃO, RAMIZ. Vocabulário etimológico, ortográfico e prosódico das palavras portuguesas derivadas da língua grega.
GONÇALVES, MAXIMIANO A. Dificuldades básicas da língua portuguesa.
______. Questões de linguagem.
______. Estudos da língua vernácula.
______. Dicionário de dificuldades da língua portuguesa.
______. Noções de português.
GRAÇA, HERÁCLITO. Fatos da linguagem.
GUÉRIOS, MANSUR. Dicionário etimológico de nomes e sobrenomes.
______. Dicionário de etimologias da língua portuguesa.
GUIMARÃES, JOÃO. Linguagem correta.
HOUAISS, ANTÔNIO. Dicionário Houaiss da língua portuguesa.
JOTA, ZÉLIO DOS SANTOS. Dicionário de dificuldades da língua portuguesa, 2 vols.
______. Glossário de dificuldades sintáticas.
JUCÁ (filho), CÂNDIDO. Dicionário escolar das dificuldades da língua portuguesa.
______. Língua nacional.
KURY, ADRIANO DA GAMA. Pequena gramática.
LAGO, CÂNDIDO. O que é correto.
MACHADO, JOSÉ PEDRO. Dicionário etimológico da língua portuguesa.
MAGALHÃES JÚNIOR, R. Dicionário de provérbios e curiosidades.
MAURER JR., THEODORO HENRIQUE. O infinito flexionado português.
MELO, GLADSTONE CHAVES DE. A língua do Brasil.
MORAIS, ORLANDO MENDES DE. Dicionário de gramática.
MORAIS SILVA, ANTÔNIO DE. Dicionário da língua portuguesa.
MOTA, OTONIEL. Lições de português.
______. Horas filológicas.
NASCENTES, ANTENOR. Dicionário de dúvidas e dificuldades do idioma nacional.
______. Dicionário etimológico da língua portuguesa.
______. O idioma nacional.
______. O problema da regência.
NOGUEIRA, JÚLIO. A linguagem usual e a composição.
______. Indicações de linguagem.
______. O exame de português.
NOGUEIRA, RODRIGO DE SÁ. Questões de linguagem.
______. Subsídios para o estudo das conseqüências da analogia em português.
NUNES, J. J. Digressões lexicológicas.
OEHLMEYER, AUTOMAR. Regência verbal e nominal.
OITICICA, JOSÉ. Manual de análise.
PALHANO, HERBERT. Nos domínios da boa linguagem.
PEREIRA, EDUARDO CARLOS. Gramática expositiva (curso superior).
PINTO, PEDRO A. Nugas e rusgas de linguagem.
RIBEIRO, ERNESTO CARNEIRO. Serões gramaticais.
RIBEIRO, JOÃO. Seleta clássica.
______. Estudos filológicos.
RIBEIRO, JÚLIO. Gramática portuguesa.
ROCHA LIMA. Gramática normativa da língua portuguesa.
RYAN, MARIA APARECIDA. Conjugação dos verbos em português.
SACCONI, LUIZ ANTONIO. Nossa gramática - teoria e prática, 27.ª ed.
______. Dicionário Sacconi da língua portuguesa.
______. Tudo sobre português prático.
______. GAFITE - as gafes da atualidade, 5 vols.
______. Dicionário de pronúncia correta.
SAID ALI, M. Dificuldades da língua portuguesa.
______. Gramática secundária da língua portuguesa.

______. Meios de expressão e alterações semânticas.
SAMPAIO, TEODORO. O tupi na geografia nacional.
SANTOS, DALTRO. Fundamentação da grafia simplificada.
SANTOS, JOÃO INÁCIO MIRANDA. Regras práticas de ortografia e linguagem.
SILVA, A. M. SOUSA E. Dificuldades sintáticas e flexionais.
SILVEIRA, J. FONTANA DA. Dicionário comercial.
SILVEIRA, SOUSA DA. Lições de português.
STRINGARI, JOSÉ. Regimes de verbos.
TORRES, ARTUR DE ALMEIDA. Regência verbal.
______. Moderna gramática expositiva da língua portuguesa.
______ e JOTA, ZÉLIO DOS SANTOS. Vocabulário ortográfico de nomes próprios.
VALE, QUINTINO DO. Da influência do tupi no português.
VIANA, GONÇALVES. Apostila aos dicionários portugueses.
______. Palestras filológicas.
VITÓRIA, LUÍS A. P. Dicionário de dificuldades, erros e definições de português.

Índice alfabético